Bernard A. Lietaer
Das Geld der Zukunft

*Über die destruktive Wirkung des
existierenden Geldsystems und die Entwicklung
von Komplementärwährungen*

Aus dem Amerikanischen von
Übersetzungsbüro Mihr

Originalausgabe, veröffentlicht mit Genehmigung des Autors,
vertreten durch Levine Thall, Plotkin & Menin, New York, NY, USA

Der Fragebogen »Sind Sie kulturell kreativ?« auf Seite 447 stammt aus
dem Buch *The Cultural Creatives* von Paul Ray und Sherry Anderson
(New York: Harmony Books 1999). Sein Abdruck in der deutschen Ausgabe
dieses Buches erfolgt mit freundlicher Genehmigung des Autors
und Rechteinhabers Paul H. Ray.

Für Ihre Kinder und die Kinder der Kinder

Umwelthinweis:
**Dieses Buch wurde auf 100 % Recycling-Papier gedruckt,
das mit dem blauen Engel ausgezeichnet ist.**
Die Einschrumpffolie (zum Schutz vor Verschmutzung) ist aus
umweltfreundlicher und recyclingfähiger PE-Folie.

Der Riemann Verlag
ist ein Unternehmen der Verlagsgruppe Bertelsmann

1. Auflage
© 1999 Bernard A. Lietaer
© 1999 der deutschsprachigen Ausgabe
C. Bertelsmann Verlag GmbH
Redaktion Ralf Lay
DTP-Satz: Barbara Rabus
Druck und Bindung:
Graphischer Großbetrieb Pößneck GmbH
Printed in Germany
ISBN 3-570-50008-X

Inhalt

**Vorwort: Geld regiert die Welt,
doch wer regiert das Geld?** 11
von Prof. Dr. Wilhelm Hankel

Vorwort des Verfassers 18
Drei Versprechen 18
Darlegung meines Standpunktes 21

**Einführung: Geld – Grundlage
aller Möglichkeiten** 23
Die »Zeitkompressionsmaschine« 24
   Erster »Kolben«: Die Überalterung der Gesellschaft 26
   Zweiter »Kolben«: Die Informationsrevolution 29
   *Dritter »Kolben«: Die Klimaveränderung und
   das Artensterben* 31
   Vierter »Kolben«: Währungsinstabilität 35
   Geld im Zentrum der »Zeitkompressionsmaschine« 37
Was bedeutet nachhaltiger Wohlstand? 37
Was den nachhaltigen Wohlstand verhindert 43
Vier Jahreszeiten im Jahr 2020 45
   Frühling 46
   Sommer 48
   Herbst 52
   Winter 53
Nachhaltiger Wohlstand durch
Komplementärwährungen 55
Ein Leitfaden für Ihr Geld und Ihre Zukunft 56

Teil I: WAS IST GELD? ... 59
Worum es in Teil I geht ... 61

Kapitel 1: Ein Leitfaden für das Wesen des Geldes ... 63
»Ihr« Geld in seiner Welt ... 63
- *»Ihr« Geld* ... 64
- *Die Anfänge des Bankwesens und des »modernen« Geldes* ... 65
- *Das Geheimnis des »modernen« Geldes* ... 68
- *»Alte« und »neue« Bankgeschäfte* ... 70
- *Die Kreditmärkte* ... 72

Ihre Ersparnisse: Die Speicherung von Werten ... 74
- *Die Skala der Inflationsraten* ... 74
- *Immobilien* ... 77
- *Aktien* ... 77
- *Anleihen* ... 78
- *Währungen* ... 79

Zentralbanken und andere Feuerwehrmänner ... 91
- *Die nationale Ebene* ... 91
- *»Der Stammbaum des Geldes«* ... 94
- *Die supranationale Ebene* ... 96

Geld als System ... 97
- *Die Sicht der Feuerwehrmänner* ... 98
- *Und jetzt der Bogen zurück zu Ihnen* ... 102

Kapitel 2: Unser Geld heute ... 107
Eine »einfache« Frage ... 109
- *Geheimnisvolle Geschichte* ... 110
- *Die Erfordernisse des Vertrauensspiels* ... 115
- *Warum Geld kein Ding ist* ... 117
- *Eine Arbeitsdefinition von Geld* ... 119

»Erstarrtes Begehren« und Macht ... 121
Unser heutiges Geld ... 122
- *Vier Schlüsselmerkmale* ... 123
- *Die Wirkungen von Zinsen* ... 132

Wie geht es weiter? ... 139

Kapitel 3: Die Cybersphäre – Land der unbegrenzten Möglichkeiten 141
Postindustrielle Gesellschaft = Informationszeitalter . . . 142
Die Natur der Information 144
Wirtschaftliche und gesellschaftliche Auswirkungen . . . 147
   Die positiven Auswirkungen 148
   Die negativen Auswirkungen 149
   Vertrieb und Verkauf 153
Auswirkungen auf das Geld 157
Die Folgen für Banken und andere Finanzinstitute 159
Weisheit im Informationszeitalter 160

Kapitel 4: Fünf Zukunftsszenarien 165
Die offizielle Zukunft: »Mehr vom Bisherigen« 167
Das Jahrtausend der Konzerne 172
   Ein Zeitplan für den Übergang 180
   Wie ist das möglich? 182
   Vom Informationszeitalter zum
   Jahrtausend der Konzerne 190
Schutzgemeinschaften 200
   Ein Währungszusammenbruch und ein
   großes Erdbeben in Kalifornien 206
   Die Kräfte hinter den Schutzgemeinschaften 208
Die Hölle auf Erden 211
Nachhaltiger Wohlstand 222
Die Szenarien im Vergleich 225

**Teil II:
WÄHLEN SIE IHRE ZUKUNFT
DES GELDES** 229
Worum es in Teil II geht 229

Kapitel 5: Arbeitschaffende Währungen 231
Eine wichtige Unterscheidung 232

Arbeitslos? Wer – ich? 235
   Das Arbeitslosenproblem heute 235
   Das Zeitalter des Personalabbaus 238
   Die Folgen für die Wirtschaft 242
   Keynes' Weitblick 245
   Soziopolitische Fragen 247
   Traditionelle Lösungen 252
Versäumnisse in den 30er Jahren 260
   Das deutsche Wära-System 263
   Das Experiment von Wörgl 268
   Amerikanische Depressionswährungen 272
   Politische Lektionen 275
Heutige Systeme 280
   LETS 283
   WIR 292
   Regionale Entwicklungswährungen 294
   Die Finanzierung kleiner Unternehmen 297

Kapitel 6: Gemeinschaftswährungen 299
Der Zerfall der Gemeinschaft 299
   Die Entstehung von Gemeinschaften und
   die »Geschenkwirtschaft« 301
   Wie Gemeinschaften zerfallen 307
Gemeinschaftsfördernde Währungen 309
   Time Dollars 312
   Ithaca Hours 315
   PEN Exchange 318
   Curitiba: Aufbruch aus der Dritten Welt 320
   Die japanische Pflegewährung 324
   Tlaloc 327
Komplementärwährungen im Informationszeitalter ... 328
   Integriertes Währungsdesign: Commonweal Inc. 328
   Internetgeld für virtuelle Gemeinschaften 332

Kapitel 7: Probleme in der Praxis 337
Komplementärwährungen, Gesetze, Steuerbehörden
und Zentralbanken 338
  Reaktionen der Zentralbanken auf Komplementärwährungen 339
  Warum Neuseeland recht hat 343
Eine Sozialpolitik für das Informationszeitalter 345
  Das Euro-Dilemma 346
  Ein Vorschlag 349
Ihre eigene Komplementärwährung 351
  Drei Kriterien 352
  Lektionen aus den 30er Jahren 357

**Kapitel 8: Eine globale Referenzwährung –
wie Geld nachhaltig wird** 359
Positive Wirkungen des modernen Währungssystems .. 360
Biosphäre und Währungssystem 363
Währungssysteme, Zeitbegriffe und Nachhaltigkeit 366
  »Abgezinste Investitionen« = »Abzinsung der Zukunft« .. 368
  Der Zusammenhang mit den Zinsen 372
  »Weitsichtgläser«? 373
Eine globale Referenzwährung und die
Rechnungseinheit Terra 376
  Theoretische und praktische Bewährung 378
  Wahlmöglichkeiten für die Umsetzung 380
Die globale Referenzwährung als Unternehmensinitiative 381
  Standardisierte Tauschbedingungen 381
  Ein internationaler Wertmaßstab 384
  Ein Gegengift gegen die Gefahr der Depression 385
  Ökonomie und Ökologie: die Sicht der Wirtschaft 386
  Folgerungen 387

Kapitel 9: Nachhaltiger Wohlstand 389
Ein Besuch auf dem Stanford-Campus 389
Eine integrierte Wirtschaft? 400

Eine taoistische Sichtweise: Alles ist das Gleichgewicht . . . 400
Komplementäre Yin-Yang-Währungsformen 405
Die integrierte Wirtschaft oder
Die komplementäre Yin-Yang-Wirtschaftstheorie 407
Drei Entwicklungen hin zu einem
nachhaltigen Wohlstand 410
   Der Wertewandel 411
   Die kulturell Kreativen: ein weltweiter Trend? 415
Ein Währungssystem für den nachhaltigen Wohlstand . . 417
Das Währungssystem im Jahr 2020: ein Vierganggetriebe . 424
   Die globale Referenzwährung 425
   Drei multinationale Währungen 427
   Landeswährungen 430
   Lokale Komplementärwährungen 430
Die Jahreszeiten und die Szenarien im Rückblick 432

Epilog und Auftakt 436

ANHANG

Anhang A: Die sekundären Funktionen des Geldes . . . 439
Anhang B: Wie man seine eigene
               Komplementärwährung schafft 441
               Zehn Schritte zur Gründung Ihres eigenen
               Komplementärwährungssystems 441
               Das »Was-wäre-wenn-Spiel« zur Aufklärung
               von Gemeinschaften 443
Anhang C: Sind Sie kulturell kreativ? 447
Anhang D: Glossar 449
Anhang E: Anmerkungen 459
               Bildnachweis 477
               Über den Autor 479

Vorwort: Geld regiert die Welt, doch wer regiert das Geld?
Von Prof. Dr. Wilhelm Hankel

> Kein normaler Konsument weiß heute auch nur ungefähr um die Herstellungstechnik seiner Alltagsgebrauchsgüter. Nicht anders aber steht es mit sozialen Institutionen wie dem Geld. Wie dieses eigentlich zu seinen Sonderqualitäten kommt, weiß der Geldgebraucher nicht, da sich ja selbst die Fachgelehrten streiten. *Max Weber*

Was Geld ist, weiß jeder: der Joker im Spiel des Lebens. Wer ihn zieht, hat keine Sorgen, jedenfalls keine materiellen. Er kann leben, wie er will, wo und mit wem. Er ist immer und überall willkommen, denn solange er zahlen kann, weist niemand ihn ab; er kennt nur Freunde und allenfalls Neider. Nur wer arm ist oder es wird, lernt in unserer Geldgesellschaft den Ernst des Lebens kennen: die Not, die Einsamkeit, die Verzweiflung.

Obwohl das jeder weiß, fragen nur wenige, warum es so ist. Geld zu haben, es zu verdienen, auszugeben oder zu sparen ist uns so selbstverständlich geworden, daß das Geheimnis, wie diese Geldmaschine tickt, kaum noch sonderlich interessiert. Das ist verständlich und prekär zugleich. Denn wenn alles vom Gelde abhängt und wir vom Geld, dann müßten wir ganz sicher sein, daß diese Geldmaschine – irgendwann einmal vor einigen tausend Jahren, kurz nach der Steinzeit, erfunden und seitdem ständig in Betrieb – auch wirklich pannenfrei funktioniert: ohne Wartung, Überholung und grundlegender Reparaturen zu bedürfen. Und genau das können wir nicht. Bisher hat noch jede Generation von Geldbenutzern eine schwere Geldkrise erlebt, die eine oder andere sogar deren zwei oder drei, unabhängig davon, wo: ob im alten Europa, der Neuen oder Dritten Welt.

Wir haben also allen Grund, über unser Geldwesen nachzudenken. Denn kriselt es beim Geld, dann kriselt es überall: in der Familie, in der Politik, in der Welt und in uns selber. Wer aus der Geldgesellschaft herausfällt, wird zum Ab- und Aussteiger, zum sozialen Paria. Keine Krise ist für unsere Gesellschaft so fatal – weil so total – wie die des Geldes.

Das macht das Buch Bernard Lietaers – *Das Geld der Zukunft* – so verdienstvoll wie brisant. Es zeigt die unserem Geldwesen anhaftenden Schwächen und Konstruktionsfehler ebenso kundig wie unbestechlich auf. Es macht klar, daß diese zwar historisch gewachsen, aber deswegen keineswegs zwangsläufig sind.

Als das Geld in grauer Vorzeit entstand, interessierte sich niemand für seinen genialen Erfinder. Nicht weil es damals noch kein Patentamt gab. Geld war wie Feuer, Rad oder Pflug eine jener kollektiven Erfindungen, die jede Gesellschaft aus sich heraus, aus tagtäglicher Erfahrung macht. Das neue Medium gehörte allen Menschen, die sich seiner bedienten und sich ihm anvertrauten.

Es ist die stillschweigende Übereinkunft der Gesellschaft mit sich selbst, ein »Contrat social« der Zeitgenossen und ihrer Nachkommen, Gütertausch und Arbeitsleistung gegen Geld abzurechnen – nicht nur, weil so der Handel übersichtlicher und berechenbarer wird, sondern weil sich über das Geld auch Ansprüche aus Arbeitsleistung und Warenbezug übertragen und auf die vielfältigste Weise verwerten lassen. Geld wird zum Entgelt für gegenwärtige und künftige Leistung, zur Anweisung auf heutige und künftige Güter.

Geld wird zum »Bindeglied zwischen Gegenwart und Zukunft« (J. M. Keynes) und zum eingebauten Entwicklungsmotor. Es öffnet die alte, geschlossene, statische und feudalistische Gesellschaft für neue Männer, Ideen und soziale Werte. Es macht sie ebenso dynamisch wie – trotz aller Rechenhaftigkeit – unberechenbar. Denn was die neuen Leute mit dem leichten Zugang zu fremdem und nicht ererbtem Geld wirklich in Angriff nehmen, was sie an neuen Projekten (Innovationen) am Markt testen und durchsetzen, das kann niemand voraussehen und -sagen: kein Guru und kein Nobelpreisträger der Ökonomie. Kapitalmarkt und Kreditwirtschaft lösen jenen Prozeß der »schöpferischen Zerstörung« (J. A. Schumpeter) aus, der gnadenlos die alten Strukturen wegfegt, die sich nicht mehr rechnen. Geldwirtschaft, Dynamik und sozialer Wandel werden identische Begriffe; sie bereiten der parlamentarischen Demokratie den Weg, denn die erfolgreichen Revolutionen – die bürgerlichen – gehen in der Alten und Neuen Welt von den erfolgreichen »Haves« aus, und nicht den »Haves-not« wie in Osteuropa.

Verträge, soziale wie individuelle, verdanken ihre Geltung nicht dem Stoff, aus und auf dem sie dokumentiert sind. Auch das Geldmaterial ist für seinen Wert belanglos. Die Menschheit hat lange gebraucht, bis sie das merkte. Sie glaubte jahrhundertelang an den »inneren« Wert des Gold- und Silbergeldes – und manche Zeitgenossen tun es noch immer. Aber es war lediglich die stürmische Nachfrage der Münz- und Prägestätten, die die Gold- und Silberpreise hochhielt. Nicht Gold und Silber verliehen dem Geld früherer Zeiten seinen Wert – sowenig wie vordem Kuh oder Muschel oder in unseren Tagen das Papier den Banknoten oder das Plastik den Kreditkarten. Heute, da Gold und Silber als Münzmetalle nicht mehr gebraucht werden, verfallen ihre Preise.

Doch gerade diese »Wertlosigkeit« des Geldrohstoffs wurde dem Gelde als soziale Institution zum Verhängnis. Wer immer Geld macht, macht zwangläufig Geld. Er wird sagenhaft reich, weil er die klotzige Differenz zwischen den marginalen Selbstkosten der Geldherstellung und dem hohen Markt- oder Nennwert seines Geldes einstreichen kann: den Schlagschatz, Münz- oder »Seigniorage«-Gewinn. Der erste, der das begriff, war der Lyderkönig Midas, der im 7. Jahrhundert v. Chr. lebte. Herodot berichtet, er habe alles, was er anfaßte, in Gold verwandelt. Und das kam so: Als erster Anbieter von Münzgeld (aus Elektron, einer von seinen Leuten hergestellten Gold-Silber-Legierung) begriff er schnell, was die Leute von ihm wollten: kein Elektron, sondern Geld –

Geld zum Anfassen, Zahlen und zum Zählen, denn vorher mußten sie mit der Waage unterm Arm herumlaufen und ihr Geld abwiegen. Midas' Geldmünzen brauchte man nur auf den Tisch zu legen. Sein Geld fand reißenden Absatz. Als seine Münzmeister mit der Nachfrage nicht mehr Schritt halten konnten – das Elektronangebot war viel zu knapp –, gab er Befehl, den Elektrongehalt pro Münze zu strecken. Jede neue Serie enthielt weniger Feingehalt als die vorangegangene. Dennoch nahm ihr Wert zu statt ab. Die Nachfrage war eben unersättlich, und Midas machte mit jeder neuen Serie einen höheren Münz-Stückgewinn als vordem!

Was war das nun: Geldbetrug oder geldtechnischer Fortschritt – denn die Geldherstellung wurde durch die Münzverschlechterung erheblich preiswerter?

So ist die Frage falsch gestellt. Geld muß weder teuer noch ein Kunstwerk sein. Dennoch darf die Geldversorgung der expandierenden und prosperierenden Geld- und Marktwirtschaft – eine soziale Aufgabe allerersten Ranges – weder zur »Bonanza« der Staaten und ihrer Potentaten noch später ihrer das Geld im Kreditwege verteilenden Banken verkommen. Aber genau das geschieht. Midas' Beispiel macht Schule – bis auf den heutigen Tag.

Seit Midas' Entdeckung des stoffwertlosen Geldes reklamieren die Staaten und »ihre« Zentralbanken das Geldschöpfungsmonopol für sich. Den von ihnen inzwischen voll abhängigen Geschäfts- oder Privatbanken, denn diese dürfen kein eigenes Geld mehr prägen oder drucken, überlassen sie großzügig den Geldhandel: das Kreditgeschäft der Geldübertragung. So verdienen die einen prächtig an der Geld-, die anderen an der nicht minder lukrativen Kredit»schöpfung«!

Dieses inzwischen in aller Welt praktizierte »zweistufige Bankensystem« hat seine Meriten. Aber ob Staaten und von ihnen mit Monopolstatus ausgestattete Zentralbanken wirklich die Garanten einer optimalen Geldversorgung in aller Welt sind, ob die Auswahl des jeweils besten Kapitalverwerters ausgerechnet bei Geldhändlern (Banken) in den richtigen Händen liegt und ob nicht beide – Zentral- wie Geschäftsbanken – für ihren »Service« übertrieben hoch bezahlt werden (sie verdienen jedenfalls mehr als »Peanuts«) –, das sind die eigentlichen Fragen, die 2700 Jahre nach Midas noch immer auf ihre Antwort warten.

Bernard Lietaer versucht das mit seinem Buch. Er zeigt, daß Midas noch immer lebt und mehr denn je verdient, siehe das Beispiel der USA, die sich für ihre Welt-Dollar-Versorgung ein Defizit von jährlich 200 bis 220 Milliarden US-Dollar vergüten lassen, oder das Beispiel des Euro, der sich partout an diesen abenteuerlichen Münz- und »Seigniorage«-Gewinnen beteiligen will. Die Kritik Lietaers geht weiter. Die Midas-Verfassung und -Mentalität der Weltgeldhändler, für die der Name und die Aktivitäten eines George Soros nur ein Beispiel unter vielen ist, stellen längst eine akute Bedrohung der gesamten Weltwirtschaft dar. Nur: Noch eine Weltwirtschaftskrise wie die der schrecklichen 30er Jahre, die nicht zufällig in Deutschland Hitler an die Macht brachte, der dann folgerichtig »seinen« Zweiten Weltkrieg vom Zaune brach, können und dürfen wir nicht noch einmal riskieren.

Bernard Lietaer fragt: Brauchen wir ein staatliches Währungsmonopol? Und kann dasselbe Geld beides zugleich sein: Zahlungsmittel und Vermögensspeicher?

Beide Fragen sind berechtigt. Die Verstaatlichung des Geldwesens ist nicht nur ein Bereicherungsakt, sondern ein inzwischen freilich durch Tradition und Rechtsprechung legalisierter Staatsstreich – wie einst der Raub der Sabinerinnen, den die Römer auch durch spätere Heirat mit dem Recht versöhnten. Aber deswegen auch mit den vergewaltigten Frauen?

Der frühe Staat annektierte das Geldwesen als Kriegskasse, inzwischen benutzt er es als Waffe seiner Politik, die nicht selten darauf zielt, sich mittels Inflation zu entschulden. Aber immer nimmt er sich, was eigentlich dem Bürger und der Gesellschaft gehört. Das vorläufig jüngste Beispiel in dieser langen Kette monetärer Anmaßung und Annexion erlebten die Deutschen mit den Beschlüssen von Bundesregierung, Bundestag und Bundesrat, die D-Mark durch den Euro zu ersetzen – gegen den klar erkennbaren Mehrheitswillen des Volkes. Und kein Verfassungsrichter, der dagegen Einspruch erhob! Denn wem gehört die Währung, wenn nicht ihren Benutzern!

Deswegen macht es Sinn, wenn Lietaer fordert: Laßt uns alternative Währungen mit deutlicher Ausrichtung – und Begrenzung – auf ihre Nutznießer schaffen: für private Firmen, geschlossene Subsistenzwirtschaften in Dritter und Vierter Welt oder in Kommunen, denen es ernst ist, der Jugendarbeitslosigkeit zu Leibe zu rücken, denen aber das nötige Geld dafür fehlt. Solange solche Programme im Gleichgewicht mehr Geld und reale Güter wie Arbeitsplätze schaffen, sind sie nicht nur inflationsneutral, sie liegen voll im Trend der Geldevolution: dem Menschen zu dienen und ihn nicht beherrschen oder in Zwangsjacken stecken zu wollen. Denn am Gelde dürfen weder vernünftige Projekte noch produktive, noch rentable Arbeitsplätze scheitern. Geld ist nicht Caritas, aber auch kein Argument, das Mögliche zu unterlassen. Die Inhaber der staatlichen Geldhoheit sollten in solchen Vorhaben weniger das Attentat auf ihr Geldmonopol sehen als vielmehr die Unterstützung, die sie auf Feldern brauchen, die sie selber nicht beackern können oder wollen.

Schwerer tun sich viele mit Lietaers zweiter Forderung: die Trennung von monetärem Zahlungsmittel und Geld als Vermögensspeicher. Sie stellen sich die Frage, ob das nicht nur von Lietaer vertretene Rezept, ein Geld mit »Entwertungsprämie« zu schaffen, um seinen jederzeit denkbaren Ausfall als sichere Nachfrage auszuschalten, das Aus für Kredit und Kapitalmarkt, die Rückführung der Geldes von einem Ressourcenbezugsschein zu einem für bloße Konsumwaren wäre? Freie Unternehmer, die selber weder reich sind noch Befehlsempfänger des Staates sein wollen, brauchen private Kapitalbildner: Sparer. Doch warum sollen diese sparen und ihr Kapital bei Dritten (Investoren) arbeiten lassen, wenn sie dafür statt Zinsen »Entwertungsprämien« kassieren: Verluste statt Gewinn? Wer dem Gelde seinen Vermögenscharakter nimmt, so befürchten viele, erhält weder eine Gesellschaft, die er will, noch eine, die funktioniert.

Die Lektüre dieses Buches ist jedem politisch Interessierten und Engagierten anzuraten. Bernard Lietaer ist ein Autor, der wie wenige die Geldmaterie beherrscht, und weil er sie beherrscht, auch seinen Lesern mühelos und leichtverständlich nahebringt. Sein *Geld der Zukunft* ist eine gelungene Kombination aus Sachbuch, Analyse und Provokation. Man lernt das Nachdenken über die alltäglichste Sache der Welt: unser liebes Geld. Man sieht: Es steckt noch immer voller Rätsel, Ungereimtheiten und Überraschungen. Nur eines ist sicher: Es dient seinen Herren. Deswegen ist es niemals besser oder schlechter als diese.

Wilhelm Hankel   Königswinter, im August 1999

Vorwort des Verfassers

Am wenigsten geeignet, die Natur des Wassers zu erfassen, sind die Fische. Ähnlich geht es uns hinsichtlich unserer Beziehung zum Geld: Wir verwenden einen großen Teil unserer physischen, psychischen und emotionalen Energie darauf, Geld zu bekommen, es aufzubewahren und es auszugeben – aber wie viele von uns wissen tatsächlich, was Geld ist und woher es kommt?

Drei Versprechen

Zu Beginn der Lektüre dieses Buches verspreche ich Ihnen drei Dinge. Erstens werden Sie Einblick darein gewinnen, wie die Welt des Geldes tatsächlich funktioniert, und dies in einer für den Laien verständlichen Sprache. Auf einer gewissen Ebene mag das so ähnlich sein wie die erste Sexualaufklärung, die Sie als Kind erhalten haben. Die wahre Geschichte des Geldes ist genauso faszinierend – und von noch einem größeren Geheimnis umgeben, als es damals das Thema Sexualität war.

In westlichen Gesellschaften gibt es seit jeher drei große Tabus: Sex, Tod und Geld. Die sexuelle Revolution der 60er Jahre hat an das erste Tabu gerührt, wobei wir nicht davon sprechen wollen, daß sich die Medien in periodischen Abständen hysterisch auf irgendeinen neuen Sexskandal stürzen. Die Aidsepidemie in den 80er Jahren hat uns gezwungen, in einem Atemzug von Sexualität und Tod zu sprechen, und das auch schon mit sehr jungen Menschen. Währungsprobleme werden uns dazu bringen, daß wir uns in der ersten Dekade des neuen Jahrtausends dem letzten Tabu zuwenden – dem Geld.

Dieses Buch soll für Sie so etwas sein wie eine Landkarte bei der Reise durch die Welt des Geldes vom ausgehenden Industriezeitalter ins Informationszeitalter mit seinen neuen Möglichkeiten. Es ist ein Reiseführer zu den Besonderheiten unseres gegenwärtigen Währungssystems – wie entsteht Geld in unserer Gesellschaft und wie wird es verwaltet? Die Reise wird aufschlußreich sein, und Sie werden die positiven wie die negativen Seiten unseres heutigen Währungssystems kennenlernen. Die nüchterne Darstellung wird immer wieder gewürzt mit amüsanten und überraschenden Geschichten, die beleuchten sollen, warum das System so geworden ist, wie wir es heute kennen.

Zweitens werden Sie mit fortschreitender Lektüre selbst die Antworten auf Fragen wie die folgenden geben können:
- Warum ist sinnvolle Arbeit so knapp?
- Warum haben wir immer weniger Zeit, obwohl uns doch immer wieder versprochen wurde, daß dank der technischen Entwicklung und der Entwicklung der Produktivität eine Freizeitgesellschaft entstehen würde?
- Warum können wir uns ein anständiges Gesundheitswesen und eine gute Ausbildung für unsere Kinder immer weniger leisten?
- Wie kommt es, daß wir immer weniger Gemeinschaftlichkeit kennen, je besser es uns finanziell geht?
- Warum ist Nachhaltigkeit kein selbstverständliches Anliegen für uns?
- Warum ist Geld für so viele eine Obsession?
- Warum steckt das Weltwährungssystem in immer heftigeren Turbulenzen, und was bedeutet das für jeden von uns?

Drittens werden Sie feststellen, daß eine Alternative möglich ist und daß Sie daran mitwirken können, die Alternative Realität werden zu lassen. Sie werden die neuen Möglichkeiten kennenlernen, eine Welt zu schaffen und zu erhalten, in der jeder seinen Platz findet, in der die Werte von Kooperation und Konkurrenz in harmonischer Synergie zusammenwirken. Ich nenne dies »nachhaltigen Wohlstand«. Nachhaltiger Wohlstand ist nicht nur eine theoretische Möglichkeit, sondern eine konkrete Realität. Inmitten unvorstellbarer Veränderungen und Unsicherheiten (Achterbahnfahrt der Aktienkurse, Währungszusammenbrüche auf drei Kontinenten) findet auch eine unverkennbare, ruhige Währungsrevolution statt. Dieses Buch schildert die Geburt von etwa 1900 Komplementärwährungen, die unabhängig von nationalen Banken in über einem Dutzend Ländern erfolgreich funktionieren. Sie werden erfahren, wie sich neue Währungen bereits dabei bewährt haben, die Beschäftigung, die Gemeinschaftlichkeit und die Nachhaltigkeit zu stärken. Die neuen Währungen, die sich *komplementär* zu den traditionellen Landeswährungen verhalten, können eine Lösung für viele dieser scheinbar unlösbaren Probleme bringen. Die neuen Währungssysteme sind als Folge eines grundlegenden Wandels in den Wertvorstellungen der Gesellschaften entstanden und vor allem mit bislang als »weiblich« apostrophierten Werten verbunden. Die Suche nach einem »kooperativen« Ethos – gegründet auf Zusammenarbeit, Gemeinschaftssinn und Verantwortungsgefühl gegenüber der Umwelt – wird von immer mehr Männern und Frauen als eine für unsere Zukunft entscheidende Aufgabe verstanden. Komplementärwährungen bieten die Chance, ein Gleichgewicht zwischen den neuen kooperativen Prioritäten und dem bis heute in der Wirtschaft vorherrschenden Konkurrenzprinzip herzustellen. Sie werden sehen, daß diese neuen Währungen Transaktionen ermöglichen, die anderenfalls nicht stattfinden könnten, und damit entsteht neuer Reichtum, wirtschaftlicher wie sozialer. Die Verbindung der traditionellen nationalen Währungen und der Komplementärwährungen führt zur ganzheitlichen Wirtschaft, und das ist der Schlüssel für nachhaltigen Wohlstand. Wenn Sie wollen, können Sie Teil der neuen Währungszukunft werden und beginnen, nachhaltig Wohlstand zu schaffen – gleich hier, gleich heute.

Darlegung meines Standpunktes

Meine Art des ökonomischen Denkens ist in keiner Hinsicht von einer bestimmten akademischen Schule geprägt, sondern vom Blick auf das gesamte System. Zur Systemanalyse gehört es, vier Aspekte einer gegebenen Realität zu untersuchen:
1. die (individuellen und kollektiven) *Akteure,*
2. die *Prozesse* (oder Interaktionen zwischen den Akteuren),
3. die *Regeln,* d. h. die Naturgesetze oder, in unserem Fall, die von Menschen gemachten Gesetze, die die Schaffung und den Fluß des Geldes regeln,
4. und den *Kontext,* d. h. die Beziehungen zwischen dem Geld und anderen Systemen sowie der allgemeinen Umwelt dieser Systeme.

Die ganzheitliche Systemanalyse definiert den »Kontext« in einem weitgefaßten Sinne, so daß möglichst viele wichtige Nebeneffekte mit berücksichtigt werden können. In unserem Fall bedeutet dies hauptsächlich, daß wir die Auswirkungen unterschiedlicher Währungssysteme auf die Art der Beziehungen zwischen den Menschen, auf die Gesellschaft insgesamt und auf unsere natürliche Umwelt betrachten.

In diesem Zusammenhang kann jeder Teil des vorliegenden Buches so gesehen werden, daß er Ihr Verständnis für das gesamte System, zu dem das Geld gehört, ein Stück vergrößert. Zuerst werden die Mysterien der gegenwärtigen nationalen Währungssysteme enthüllt. Später erweitert sich der Blickwinkel, und neu entstandene Währungssysteme werden mit einbezogen.

In diesem Buch geht es um das Geld in der Welt *außerhalb von uns,* es wird beschrieben, wie unterschiedliche Währungssysteme die Gesellschaft prägen. In dem geplanten weiteren Band mit dem Titel *Mysterium Geld* (erscheint im Frühjahr 2000) soll unsere Erkundungstour durch die Welt des Geldes um die *innere Dimension* erweitert werden, das Geld in unseren Köpfen. Wir erforschen eine weitere Landschaft, das Phantasiereich des Geldes und die verschiedenen Emotionen, die in unterschiedliche Währungssysteme hineinverwoben sind.

> **Kästen**
> Kurze Schlaglichter oder Anekdoten, die einen bestimmten Punkt beleuchten, werden in Kästen wie diesem eingefügt. Sie können überschlagen werden, ohne daß darunter das Verständnis für den Haupttext leidet. Aber damit entgeht Ihnen hin und wieder ein Lachen und eine Überraschung.

Die Herausforderung bestand darin, die Gedanken aus dem wissenschaftlichen und ökonomischen Elfenbeinturm herauszuholen, ohne die konzeptionelle Schärfe zu verwischen, und all dies in einen unterhaltsamen Text zu gießen, der für eine breite Leserschaft verständlich bleibt. Ich habe mich deshalb entschieden, komplexe Zusammenhänge, die für das Verständnis der zentralen Gedanken nicht essentiell wichtig sind, in Anmerkungen und Anhängen näher zu erläutern. Das vorliegende Buch ist keine Gesamtdarstellung des Geldwesens, denn meine Absicht ist es, nur die Aspekte herauszuarbeiten, die uns zeigen, welche Entscheidungen über unser Geld wir treffen und wie wir damit unsere Zukunft in den nächsten zwanzig Jahren gestalten können.

Geschichten

In den Text werden immer wieder Geschichten eingestreut, manche wahr, manche ganz und gar der Phantasie entsprungen. Es sind Zeitungsausschnitte darunter, Briefe an einen Freund, Märchen für mein sieben Jahre altes Patenkind oder Aufzeichnungen von meinen Reisen. Die Geschichten erscheinen in Kursivschrift wie hier. Zwar stehen sie jeweils in einem bestimmten Zusammenhang zum übrigen Text, aber sie können auch allein gelesen werden.

Einführung
Geld – Grundlage aller Möglichkeiten

»Geld ist wie ein eiserner Ring, den man sich durch die Nase zieht.
Er führt uns, wohin er will.
Wir vergessen dabei nur, daß wir ihn selbst geschaffen haben.« *Mark Kinney*

»Wir bewegen uns nicht einfach auf die Zukunft zu, sondern wir gestalten sie.
Die Wege müssen nicht gefunden, sondern geschaffen werden, und dabei verändern sich sowohl der Gestalter wie auch die Richtung.«
John Schaar

»Die modernen Krisen sind vom Menschen geschaffen und unterscheiden sich von vielen früheren Krisen dadurch, daß sie bewältigt werden können.« *Zweiter Bericht an den Club of Rome*[1]

Dieses Buch zeigt, wie wir in nur einer Generation auf der ganzen Welt einen »nachhaltigen Wohlstand« schaffen können. Zwischen Kapitel 1 und 9 erfahren Sie, warum ein nachhaltiger Wohlstand kein Widerspruch in sich ist. Sie lernen die historischen Bedingungen kennen, die diesen Wohlstand bis heute verhindert haben. Mit Hilfe von Hintergrundinformationen werden Sie Entwicklungen verstehen, die einen nachhaltigen Wohlstand in absehbarer Zeit möglich machen und derzeit auf der ganzen Welt zu beobachten sind. Dieses Kapitel zeigt, warum solch eine entscheidende Verbesserung paradoxerweise aus einer Krisensituation hervorgehen kann – genauer: aus dem Zusammentreffen von gesellschaftlichen und wirtschaftlichen Herausforderungen, die sich uns in noch nie dagewesener Weise stellen. Ob wir die

Herausforderungen nun annehmen oder nicht, ihr Zusammentreffen zwingt uns dazu, dramatische Veränderungen in Betracht zu ziehen.

Die »Zeitkompressionsmaschine«

Es war einmal ein außergewöhnlich reicher und schöner Planet. Dessen einfallsreiche Bewohner erfanden einst zu ihrem eigenen Vergnügen eine gigantische Maschine. Wie überrascht waren sie jedoch, als sie herausfanden, daß sie mit ihrer Maschine die Zeit verdichten konnten. Aufgrund dieser ungewöhnlichen Eigenschaft zwang die kolossale Erfindung die Bewohner dazu, sich einiger Mißstände in ihrem Leben bewußt zu werden – Mißstände, die zwischen liebgewordenen, festen Gewohnheiten und ihren eigenen Überlebensaussichten standen.

Ein zentraler Mechanismus der Maschine bestand darin, daß sich vier mächtige Entwicklungen wie gigantische Kolben gleichzeitig aufeinander zubewegten. Die vier Entwicklungen waren nur schwer zu erkennen und noch schwerer anzugehen, vielleicht weil sie von den sehr einfallsreichen Bewohnern des Planeten selbst geschaffen worden waren. Die »Zeitkompressionsmaschine«, die von diesen begabten, doch leider kurzsichtigen Erfindern entwickelt worden war, ist in Abb. 1 dargestellt. Bei genauerer Betrachtung werden Ihnen diese Leute, ihr Planet und ihre »Zeitkompressionsmaschine« wahrscheinlich sehr bekannt vorkommen.

Die »Zeitkompressionsmaschine« besteht aus vier Entwicklungen, die wie gesagt ähnlich vier gigantischen Kolben mit unterschiedlicher Geschwindigkeit auf denselben Punkt zusteuern. Stellen Sie sich zwei Kolben als Eisberge vor – die »Überalterung der Bevölkerung« sowie die »globale Klimaveränderung und das Aussterben der Arten« –, beide bewegen sich langsam, aber unaufhaltsam in Richtung auf dieselbe Stelle. Die beiden anderen gigantischen Kolben – die »Währungsinstabilität« einerseits und

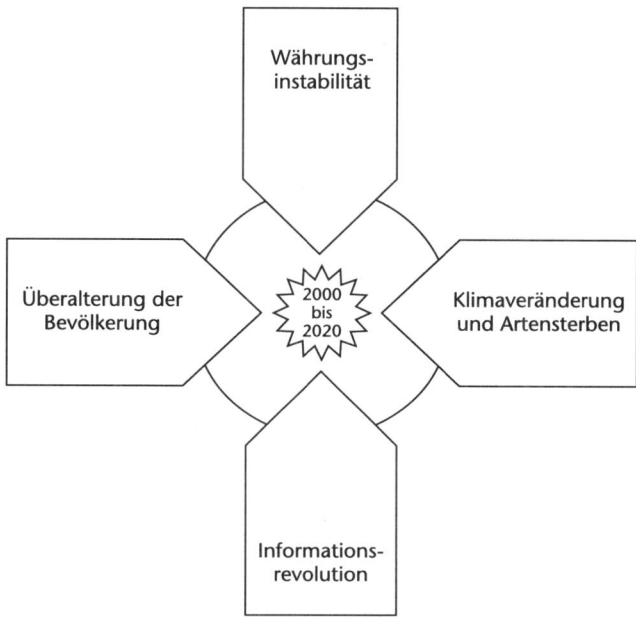

Abb. 1: Die »Zeitkompressionsmaschine«[2]

die »Informationsrevolution« andererseits – bewegen sich schneller und unregelmäßiger wie Schiffe, die »Titanic« zum Beispiel, ebenfalls zur gleichen Zeit auf dieselbe Stelle zu.

Diese vier »Megatrends« sollen im folgenden kurz beschrieben werden. Jedes Thema wird dabei zu einer knappen »Geldfrage« zusammengefaßt, einer Grundsatzfrage, auf die es innerhalb der nächsten zehn Jahre gewollt oder ungewollt eine Antwort geben wird. Anschließend zeigen wir, wie aus diesen »Geldfragen« die Chance entstehen kann, einen nachhaltigen Wohlstand in die Realität umzusetzen.

Der erste Schritt ist die Erkenntnis, daß »für den Vogel Strauß schwere Zeiten anbrechen«, wie das Magazin *The Economist* am 1. 1. 1999 schrieb. Wenn jemand wie ein Strauß seinen »Kopf in den Sand steckt«, weil er eine Gefahr nicht sehen will, findet er vielleicht kurzzeitig seelischen Halt, doch lebenswichtige Teile seiner »Anatomie« sind stark gefährdet. Kurz gesagt, ist es also an der Zeit, unsere Köpfe aus dem Sand zu ziehen.

Fangen wir an mit der Überalterung der Bevölkerung – es ist die langsamste dieser Entwicklungen, doch gleichzeitig auch die, die unvermeidlich kommen wird.

Erster »Kolben«: Die Überalterung der Bevölkerung

Das *durchschnittliche* Lebensalter des Menschen lag im Verlauf seiner Geschichte bei etwa 18 Jahren. Während des 19. Jahrhunderts und verstärkt in den letzten Jahrzehnten des 20. Jahrhunderts führten dramatische Fortschritte in der Hygiene, Ernährung, Lebenshaltung und Medizin zu einer Steigerung der Lebenserwartung. In den Industrieländern beträgt das Lebensalter heute im Schnitt 80 Jahre für Frauen und 76 Jahre für Männer. Als Folge davon leben zwei Drittel aller Menschen, die jemals über 65 Jahre alt wurden, in der heutigen Zeit.[3] Die Zahl 65 wurde, nebenbei bemerkt, von Reichskanzler Bismarck im 19. Jahrhundert als offizielles »Rentenalter« festgelegt, also in einer Zeit, da die Lebenserwartung in Deutschland bei etwa 48 Jahren lag. Damals ging man davon aus, daß nur wenige das »biblische« Alter von 65 Jahren erreichen würden. Unser ganzer Generationenvertrag zur Rentenversicherung ist daher eigentlich nur auf die Versorgung weniger Menschen ausgerichtet.

In den letzten Jahrzehnten werden wir die Auswirkungen dieser demographischen Veränderung zu spüren bekommen. Der Wandel ist absehbar, denn die daran beteiligten Menschen leben schon heute. Durchschnittlich ist etwa ein Bewohner von sieben in den Industrieländern bereits über 65. Im Jahr 1960 war dagegen lediglich einer von elf so alt oder älter. In nur 20 Jahren wird einer von fünf Bewohnern das Rentenalter erreicht haben und im Jahre 2030 fast jeder vierte (siehe Abb. 2).

Diese noch nie dagewesene »Alterslawine« wird die Weltwirtschaft und Weltpolitik verändern. Ein Experte meinte dazu: »Die weltweite Überalterung der Bevölkerung ist im 21. Jahrhundert

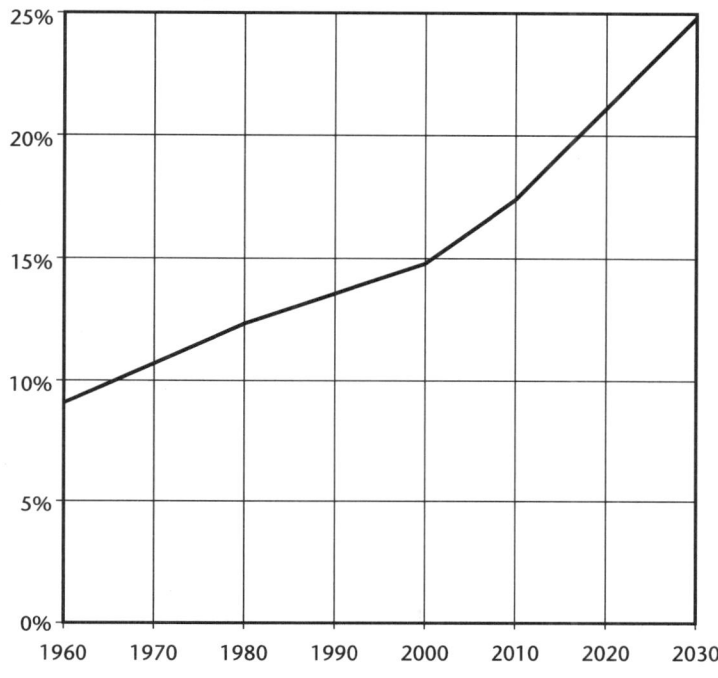

Abb. 2: **Die graue Lawine –**
Anteil der über 65jährigen an der Gesamtbevölkerung (OECD)

nicht nur in der Wirtschaft, sondern auch in der Politik das beherrschende Thema. Sie wird die Innenpolitik der Industrieländer dominieren, ja geradezu heimsuchen, und eine Umgestaltung unserer Sozialverträge erforderlich machen.«[4] Für die Probleme, vor die uns diese Alterslawine weltweit stellt, gibt es in der Geschichte keinen Präzedenzfall, an dem wir uns orientieren könnten.

Der weltweite Überalterungsprozeß bietet allerdings auch einige positive Auswirkungen. Beispielsweise ist die Chance, zu dieser historisch einmaligen Altersgesellschaft zu gehören, größer als je zuvor. Es besteht sogar die Hoffnung, daß sich aufgrund des hohen Prozentsatzes an erfahrenen und reifen Menschen in der kommenden Wissensgesellschaft eine Ära entwickelt, die den Namen »Zeitalter der Weisheit« verdient. Die Zeit wird es zeigen.

Die weltweite Überalterung: Zahlen und Fakten
- In Florida ist heute bereits fast jeder fünfte (18,5 Prozent) 65 Jahre alt oder älter. Hier zeigt sich schon jetzt die zukünftige Entwicklung. Die »Florida-Altersgrenze« wird in den folgenden Ländern in den jeweils angegebenen Jahren erreicht: Italien 2003, Japan 2005, Deutschland 2006, Großbritannien 2016, Frankreich 2016, Kanada 2021, USA 2023.
- Der Überalterungsprozeß betrifft jedoch nicht nur die Industrieländer. In den Entwicklungsländern setzt die »Alterslawine« zwar etwas später ein, wird dann aber wesentlich schneller ablaufen als in den Industrieländern. So dauerte es beispielsweise in Frankreich ein Jahrhundert, bis der Anteil der alten Menschen an der Bevölkerung von 7 auf 14 Prozent stieg. In Südkorea, Taiwan, Singapur und China rechnet man, daß sich dieselbe Entwicklung in einem Zeitraum von nur 25 Jahren vollzieht.
- Nach einer Prognose der UNO wird die Zahl der 65- bis 84jährigen bis zum Jahr 2050 von 400 Millionen auf 1,3 Milliarden steigen (also um das Dreifache). Die Zahl der Menschen über 85 Jahre wird von 26 Millionen auf 175 Millionen wachsen und sich damit versechsfachen. Auch die Zahl der über 100jährigen wird von 135 000 auf 2,2 Millionen anwachsen (eine Steigerung um das 16fache). (Die Daten stammen von Peter G. Petersen, siehe Anm. 3.)

In der momentanen Übergangsphase müssen wir uns allerdings erst einmal den ernüchternden Tatsachen stellen. So sind etwa ungedeckte Rentenverpflichtungen ein ernstes Problem. Dabei handelt es sich um Leistungen, die den heutigen Berufstätigen bereits zustehen, für die aber keine Rücklagen existieren, weil die Gelder bereits jetzt an die derzeitigen Rentenempfänger ausbezahlt werden. Diese ungedeckten Verpflichtungen belaufen sich allein in den OECD-Ländern[5] auf 35 Billionen Dollar[6] (eine Summe, die von der amerikanischen Wirtschaft in fünf Jahren erwirtschaftet wird). Rechnet man noch die Kosten für die Gesundheitsfürsorge hinzu, ist die Zahl mehr als doppelt so hoch. Dabei haben wir bei diesen schwindelerregend hohen Zahlen nicht einmal den zukünftig steigenden Anteil der alten Menschen an der Bevölkerung mit einbezogen, der in Abb. 2 dargestellt ist.

> Die folgende knappe »Geldfrage« faßt das sozialwirtschaftliche Dilemma zusammen, das die Überalterung der Bevölkerung mit sich bringt: *Wie wird die Gesellschaft das Geld für die alten Menschen im Hinblick auf ihr erhöhtes Lebensalter aufbringen?*

Zweiter »Kolben«: Die Informationsrevolution

Vor über 200 Jahren behauptete Benjamin Franklin, daß ein Arbeitstag nur noch fünf Stunden dauern müßte, wenn jeder produktiv arbeitete. Vor 60 Jahren schätzten der englische Philosoph Bertrand Russell und Louis Mumford, ein amerikanischer Schriftsteller und Gesellschaftskritiker, daß eine 20-Stunden-Woche ausreiche, um alle nötigen Güter und Dienstleistungen für unsere Gesellschaft zu produzieren. Seit 30 Jahren prophezeien viele Wirtschaftsexperten immer wieder kürzere Wochenarbeitszeiten oder den Beginn des Rentenalters mit 38 Jahren.

Im Gegensatz zu all diesen optimistischen Voraussagen wird jedoch überall ein erbitterter Kampf um die Jobs ausgetragen. Weltweit sind mindestens 700 Millionen willige und leistungsfähige Menschen seit langer Zeit ohne Anstellung oder unterbeschäftigt. Arbeitslosigkeit galt früher hauptsächlich als Problem der Entwicklungsländer, inzwischen hat sie aber längst auch auf die »entwickelten« Länder übergegriffen. Europa erlebt seine schlimmste Beschäftigungskrise seit den 30er Jahren; in Japan war die Arbeitslosigkeit noch nie so hoch wie gegenwärtig. In den USA macht sich der Kampf um die Stellen weniger in Form von Beschäftigungslosigkeit als vielmehr in einer Verschlechterung der Arbeitsbedingungen bemerkbar: Zwischen 1973 und 1993 stieg zwar die Arbeitsleistung in den USA um 30 Prozent, die Bezahlung dagegen sank im selben Zeitraum inflationsbedingt um etwa 20 Prozent. Gleichzeitig nahm die Zahl der Arbeitsstunden um 15 Prozent zu. »Workaholismus« gilt mittlerweile als Voraussetzung, wenn man seinen Job behalten will. Der Psychologin

Barbara Killinger zufolge hat sich diese krankhafte Sucht »zur Hauptursache für das Scheitern einer Ehe« entwickelt.[7] Die Internationale Arbeitsorganisation der UNO bezeichnet den Streß im Berufsalltag als »ein weltweites Phänomen«.[8]

Die bittere Wahrheit ist, daß die postindustrielle Weltwirtschaft die Arbeitskraft aller sechs Milliarden Menschen gar nicht braucht und ihnen daher nicht mehr Jobs anbieten kann (von den acht Milliarden Erdenbürgern im Jahr 2019 wollen wir erst gar nicht sprechen). Und für viele große Konzerne ist ein Wachstum ohne die Schaffung zusätzlicher Stellen keinesfalls Zukunftsmusik, sondern bereits heute Realität. Das Ausmaß des Problems zeigt sich anhand von Statistiken, die bei William Greider[9] zitiert werden: In den vergangenen 20 Jahren konnten die 500 größten Konzerne der Welt ihre Produktion und ihren Absatz um 700 Prozent steigern, gleichzeitig bauten sie aber Personal *ab*.

Wirtschaftsexperten werden sofort argumentieren, Produktivitätssteigerungen in einem Sektor schafften normalerweise Arbeitsplätze in anderen Bereichen und der technische Fortschritt habe, »langfristig« gesehen, keine Bedeutung für die Entwicklung der Beschäftigtenzahlen. Es kann allerdings niemand behaupten, daß der technische Fortschritt nicht zu einer massiven *Verlagerung* der Arbeitsplätze führt. Auch die erforderlichen Qualifikationen verändern sich grundlegend. Wenn sich der Wandel rasch vollzieht – wie es bei der Informationsrevolution der Fall ist –, sind solche Arbeitsplatzverlagerungen genauso destruktiv wie ein Verlust des Arbeitsplatzes auf Dauer. Wie viele Stahlarbeiter können z. B. realistischerweise damit rechnen, zu Computerprogrammierern oder Anwälten umgeschult zu werden, so groß die Nachfrage in diesen Bereichen auch sein mag?

William Bridges, ein Experte für die Zukunft der Arbeit, vertritt in diesem Zusammenhang folgende Ansicht: »In nur einer Generation wird unser Gerangel um Arbeitsplätze dem Kampf um Liegestühle an Bord der Titanic ähneln.«[10]

Die einzigen Gesellschaften auf der Welt, die heute weniger als vier Stunden am Tag arbeiten, sind die wenigen noch existierenden »primitiven« Naturvölker, die wie schon vor 20 000 Jahren als Jäger und Sammler leben. Ähnlich verhält es sich in der Landwirtschaft: Im mittelalterlichen Europa des 10. bis 13. Jahrhunderts verbrachte ein Bauer durchschnittlich weniger als die Hälfte seines Tages mit Arbeit.[11] Machen wir etwas falsch?

Wassily Leontief, Nobelpreisträger für Wirtschaftswissenschaften, faßt die Entwicklung folgendermaßen zusammen: »Die Bedeutung des Menschen als wichtigster Produktionsfaktor wird sich genauso verringern wie einst die Bedeutung der Pferde in der Landwirtschaft, die schließlich durch die Einführung des Traktors völlig überflüssig wurden.«[12] Wir konnten die Arbeitspferde friedlich aussterben lassen, aber was machen wir mit den Menschen?

Hier lautet die »Geldfrage«: *Wie können wir zusätzlichen Milliarden Menschen einen Lebensunterhalt bieten, wenn der technische Fortschritt keine zusätzlichen Arbeitsplätze schafft?*

Dritter »Kolben«: Die Klimaveränderung und das Artensterben

Um uns die Gefahr und die wahrscheinlichen Konsequenzen der Klimaveränderung zu vergegenwärtigen, betrachten wir einmal die folgenden Fakten:

- Das Jahr 1998 wurde von der UN-Versicherungsinitiative (bestehend aus Versicherungs- und Rückversicherungsgesellschaften aus der ganzen Welt) hinsichtlich der Naturkatastrophen zum schlimmsten Jahr erklärt, das je aufgetreten ist. Die Häufigkeit größerer Naturkatastrophen ist heute *dreimal* so hoch wie noch in den 60er Jahren. Nach den Angaben der »Münchener Rück«, der größten Rückversicherungsgesellschaft der Welt, waren die Leistungen der Assekuranzen aufgrund von Stürmen, Überschwemmungen, Dürren und Bränden allein für das Jahr 1998 höher als alle Zahlungen, die zusammen in den 80er Jahren geleistet wurden. Derzeit finden weltweit 85 Prozent aller Versicherungsleistungen Verwendung für die Schadensbegleichung bei Naturkatastrophen. Als Gründe für diese Probleme werden die Abholzung der Wälder und die Klimaveränderung genannt.[13] Natürlich berücksichtigt man bei der Schadensaufnahme nur die wenigen Vermögenswerte auf der Welt, die überhaupt versichert sind. Ein weiteres Anzeichen für die Zunahme der Naturgewalten ist die Tatsache, daß heute viermal so viele Menschen bei Naturkatastrophen sterben als bei Kriegen oder Unruhen.

- Überall werden deutliche Veränderungen der Großwetterlagen beobachtet.
- Das amerikanische Museum für Naturkunde führte 1998 eine Umfrage unter Biologen (nicht Ökologen) durch, von denen die meisten für große Konzerne arbeiten. Auffälligerweise kamen 69 Prozent zu dem Schluß, daß wir derzeit das »sechste Artensterben« erleben. Das Aussterben geht offensichtlich rascher vor sich und betrifft eine größere Artenvielfalt als die bisherigen fünf Aussterbewellen. Es verläuft sogar schneller als das letzte Artensterben vor über 60 Millionen Jahren, als die Dinosaurier ausstarben. Vermutlich verlieren wir allein in den nächsten 20 bis 30 Jahren 30 bis 70 Prozent der Artenvielfalt unseres Planeten. Ein weiterer Unterschied zum früheren Artensterben besteht darin, daß dieses Sterben auf das Verhalten einer Spezies zurückzuführen ist – unsere eigene –, die gleichzeitig auch noch behauptet, als einzige Art Intelligenz und ein Bewußtsein zu besitzen.
- Die folgende »Warnung an die Menschheit« wurde einstimmig von 1500 Wissenschaftlern beschlossen, darunter auch zahlreichen Nobelpreisträgern im naturwissenschaftlichen Bereich: »Wir brauchen eine deutliche Veränderung in der Verwaltung der Erde und des Lebens auf ihr, wenn menschliches Elend vermieden und unser Heim auf diesem Planeten nicht unwiederbringlich zerstört werden soll ... Wenn unserem derzeitigen Vorgehen nicht Einhalt geboten wird, stellt es eine ernste Be-

Erkenntnisse zur Klimaveränderung
- Beim Bau von Überlaufbecken, Brücken und Abwasserkanälen berücksichtigten Ingenieure früher eventuelle »Jahrhundertstürme«. Thomas Karl von der National Oceanic and Atmospheric Administration erklärt: »Heutzutage gibt es keine Naturkatastrophe mehr, die nur einmal in 100 Jahren vorkommt. Die Jahrhundertstürme treten alle paar Jahre auf.« Einige Stürme der Jahre 1997 und 1998, z. B. der Hurrikan Mitch, gelten als »500-Jahre-Sturm«.
- Charles Keeling vom Scripps-Institut für Ozeanographie zeigte, daß der Frühling weltweit etwa eine Woche früher beginnt und daß die Temperaturschwankungen stärker ausfallen (*Nature,* Juli 1996). In den Jahren 1990, 1995 und 1997 gab es die seit 500 Jahren wärmsten Tage der nördlichen Hemisphäre (*Nature,* April 1998). Außerdem häufen sich die Anzeichen, daß eine permanente Klimaveränderung auch in einer ungewöhnlich kurzen Zeitspanne möglich ist, also innerhalb von Jahrzehnten anstelle von Jahrhunderten, wie man bisher meinte.
- Der Gefrierpunkt in der Atmosphäre – die Höhe, in der die Lufttemperatur an den Gefrierpunkt kommt – steigt seit 1970 um 4,5 Meter pro Jahr. Tropische Gletscher schmelzen mit »beunruhigender Geschwindigkeit«, wie die Wissenschaftler von der Ohio State University meinen. »Der Lewis-Gletscher auf dem Mount Kenia hat 40 Prozent seiner Masse verloren, im Ruwenzori-Gebirge ziehen sich alle Gletscher massiv zurück. Auch in Patagonien schmelzen die Gletscher ... Die Pflanzen besiedeln wieder die Berghänge ... Ehrlich gesagt, weiß ich nicht, was für Beweise Sie noch brauchen«, erklärt Ellen Mosley Thompson von der Forschungsgruppe der Universität.
- Die Aufnahmen der europäischen Forschungssatelliten ERS-1 und ERS-2 zeigen, daß der westatlantische Eisschild jedes Jahr um über einen Kilometer zurückgeht. Barclay Kamb, ein bekannter Glaziologe am California Institute of Technology, meint dazu: »Ich stand der Vorstellung, daß das antarktische Eis schmilzt, skeptisch gegenüber ... Aber jetzt sind die Belege für rapide Veränderungen des Eises so eindeutig, daß man sich Gedanken über den Ernstfall machen muß ... Wenn das Eis schmilzt, steigt der Meeresspiegel um etwa 5 Meter.« Weltweit stünden dann viele Küsten unter Wasser, Hafenstädte würden sich in Sümpfe verwandeln, und die meisten Pazifikinseln wären nicht mehr bewohnbar.[14] Am 17. 4. 1998 berichteten amerikanische Wissenschaftler, daß ein 194 km^2 großes Stück des Larsen-Eisschelfs (an der Ostseite des Antarktikeises) weggebrochen war, und

> machten die globale Klimaveränderung dafür verantwortlich. »Das kann der Anfang vom Ende für das Larsen-Eisschelf sein«, meinte Ted Scambos vom U.S. National Snow and Ice Data Center.
> - Der kanadische Eisbrecher »Des Groseillers« liegt seit September 1997 als Eisstation im arktischen Eis. Er ist Teil des Projekts SHEBA, eines umfassenden Versuches zur Untersuchung des Wärmehaushalts des Polarmeers. »Die Endergebnisse liegen noch nicht vor, doch durch SHEBA wurde eine besorgniserregende Tatsache bereits bestätigt: Das Schelfeis ist dünner und instabiler als üblich, und die Eiskappe bildet sich rapide zurück.«[15]
> - Etwa die Hälfte der Weltbevölkerung lebt in den »Küstengebieten«, die von Veränderungen des Meeresspiegels direkt betroffen wären.[16]

drohung für die Zukunft dar, die wir der menschlichen Gesellschaft, der Tier- und Pflanzenwelt wünschen. Der Raubbau durch den Menschen könnte die Erde so verändern, daß es uns unmöglich sein wird, das Leben so zu erhalten, wie wir es kennen. Grundlegende Veränderungen sind dringend notwendig, wenn wir den Zusammenstoß vermeiden wollen, den unser derzeitiger Kurs mit sich bringt.«[17]
- Im Rahmen einer anderen Initiative beschlossen 2800 Wirtschaftsexperten, darunter die Nobelpreisträger James Tobin und John Harsanyi, bei einem Weltgipfel einstimmig: »Die globale Klimaveränderung verkörpert eine reale, drohende Gefahr«, die neben der Umweltzerstörung auch erhebliche wirtschaftliche, soziale und geopolitische Probleme mit sich bringt.[18]

All diese Ermahnungen zerschellen jedoch an einer Mauer aus finanziellen Interessen. Die Finanzmärkte sind auf die Erträge des jeweils nächsten Quartals ausgerichtet. Wenn ein Unternehmensvorstand auf Kosten eines raschen Gewinns langfristigere Prioritäten setzte, würde er oder sie sofort den Job verlieren. Erst wenn wir die nächste »Geldfrage« gelöst haben, besteht eine reale Chance, gegen die Klimaveränderung und das Artensterben rechtzeitig und systematisch vorzugehen.

> Daher lautet unsere entscheidende Frage: *Wie können wir den Konflikt zwischen kurzfristigen finanziellen Interessen und einer langfristigen, nachhaltigen Wirtschaftsweise lösen?*

Vierter »Kolben«: Währungsinstabilität

Michel Camdessus, der als erster dreimal zum geschäftsführenden Direktor des Internationalen Währungsfonds (IWF) gewählt wurde, beschrieb die Beinahe-Katastrophe vom Dezember 1994 in Mexiko als »die erste Finanzkrise des 21. Jahrhunderts«. Ein völliger wirtschaftlicher Zusammenbruch wurde nur durch Rettungsmaßnahmen verhindert, die die USA in letzter Minute auf die Beine stellten und die bis dahin unerreichte Summe von 50 Milliarden Dollar umfaßten. Doch selbst nach der Krise in Mexiko rechnete nicht einmal Camdessus mit der Südostasienkrise von 1997, deren Ausmaß und rasches Fortschreiten den Zwischenfall in Mexiko weit in den Schatten stellte. Im Vergleich zu dem Finanzpaket für Südostasien nahmen sich die Maßnahmen für Mexiko regelrecht kläglich aus. Auf die Krise in Südostasien folgten die Krise in Rußland 1998 und die Krise in Brasilien Anfang 1999.

Wenn nichts unternommen wird, besteht zumindest eine 50prozentige Chance, daß es in den nächsten fünf oder zehn Jahren zu einer Dollarkrise kommen wird, die sich zu einem globalen Währungszusammenbruch entwickeln könnte. Bisher hat die Währungskrise schon drei Kontinente erfaßt. Robert E. Rubin, der amerikanische Finanzminister, kommt zu einem ähnlichen Schluß: »Noch nie zuvor haben wir erlebt, daß so viele Länder gleichzeitig in Schwierigkeiten stecken.« Paul Krugman, »der renommierteste Wirtschaftsexperte seiner Generation«[19], kommt in einem Artikel zu dem düsteren Fazit: »Noch vor zwei Jahren war ich wie die meisten meiner Kollegen sehr zuversichtlich, daß die Welt zwar weiterhin wirtschaftliche Schwierigkeiten haben würde, diese Probleme aber nur eine entfernte Ähnlichkeit mit der Krise in den 30er Jahren aufweisen ... Tatsächlich birgt die

Weltwirtschaft aber mehr Gefahren, als wir uns vorstellen konnten. Probleme, die wir für lösbar hielten, erweisen sich plötzlich als sehr hartnäckig, wie vorübergehend unterdrückte Bakterien, die schließlich eine Resistenz gegen Antibiotika entwickeln … Kurz gesagt: Ein Hauch 30er Jahre liegt in der Luft.«[20]

In Kapitel 1, dem »Leitfaden über das Wesen des Geldes«, werden Sie erfahren, warum diese wiederholten Zusammenbrüche keine Zufälle sind, sondern Anzeichen für systematische Verlagerungen im offiziellen Währungssystem. Das bedeutet, daß kein Land gegen solche Probleme immun ist: weder China noch Deutschland, nicht einmal Europa und auch nicht die USA.

Die letzte Geldfrage lautet ganz direkt: *Wie können wir uns auf eine mögliche Währungskrise vorbereiten?*

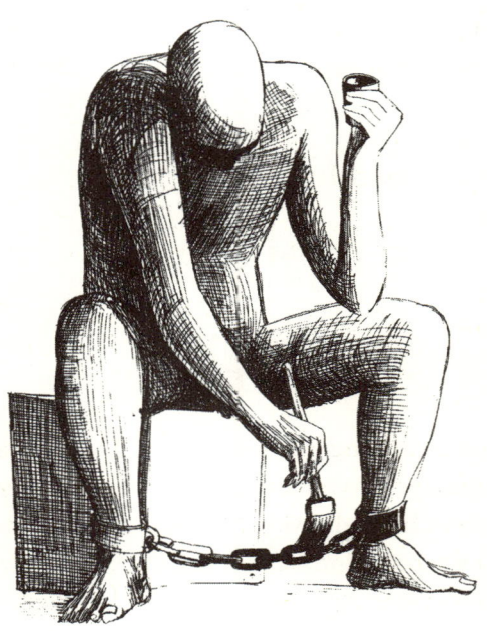

Gefangen in unserer Definition von Geld

Geld im Zentrum der »Zeitkompressionsmaschine«

Das außergewöhnliche Zusammentreffen dieser vier Entwicklungslinien innerhalb der nächsten zwei Jahrzehnte zeigt, warum Peter Russell mit seiner Vorhersage recht hat, nämlich daß »sich in den nächsten 20 Jahren weltweit soviel verändern wird wie in den vergangenen 200 Jahren«.[21] Ich gehe noch weiter und sage: Um mit den gerade genannten Herausforderungen fertig zu werden, müssen wir unsere Einstellung zu Geld in den nächsten 20 Jahren im selben Maße verändern, wie wir es in den vergangenen 5000 Jahren getan haben.

Abb. 3 faßt die vier Geldfragen der »Zeitkompressionsmaschine« zusammen. Ob es uns gefällt oder nicht, irgendeine Antwort wird sich für jede dieser Fragen ergeben. Zusammen zeigen sie, daß sich unser jetziger Umgang mit Geld grundlegend ändern muß. Wenn wir diese Probleme angehen wollen, müssen wir die heutige Vorstellung vom Geld in Frage stellen. Bleiben wir hingegen im bestehenden Geldparadigma gefangen, verhalten wir uns schließlich genauso wie die Figur in der Karikatur des Zeichners Cardon, S. 36.

Was bedeutet nachhaltiger Wohlstand?

> »In Zeiten außergewöhnlichen Wandels ist es nicht so schlimm, wenn wir daran scheitern, alles zu verwirklichen, was uns in den Sinn kommt – schlimmer ist es, wenn uns nicht alles in den Sinn kommt, was wir verwirklichen könnten.«[22]   *Dee Hock*

Es ist aber auch eine andere Art des Wirtschaftens machbar, eine, die zu nachhaltigem Wohlstand führt. Nachhaltiger Wohlstand bietet der Menschheit die Möglichkeit, materiell, emotional und spirituell zu wachsen und sich zu entfalten, ohne die Ressourcen der Zukunft zu vergeuden. Ein Synonym dafür wäre »Wachstum mit Weisheit«. Der nachhaltige Wohlstand kennzeichnet eine Gemeinschaft, eine Gesellschaft, ein Land oder ein globales Sy-

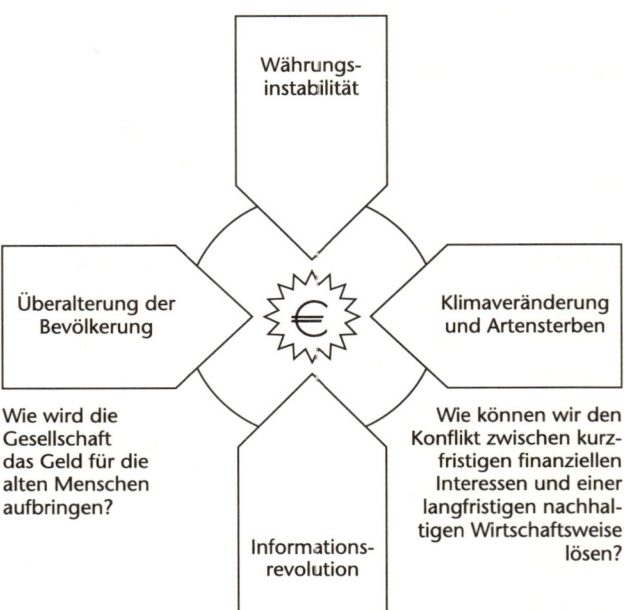

Abb. 3: **Geld im Zentrum der »Zeitkompressionsmaschine«**

stem, das den Menschen die Möglichkeit bietet, ihren kreativen Fähigkeiten Ausdruck zu verleihen, ohne kommenden Generationen die Aussicht auf eine vergleichbare oder eine bessere Lebensweise zu schmälern. Es geht darum, unsere materiellen Bedürfnisse so zu stillen, daß wir unser höchstes Potential als Menschen entdecken können.

Unter dieser Voraussetzung hätte jeder die Chance, sein wahres Potential zu entwickeln, sie wäre quasi von Geburt an garantiert – ungehindert durch einen Mangel an Geld. Der nachhaltige Wohlstand wendet sich gegen Probleme wie die drückende Armut in der Dritten Welt oder den Verlust des Gemeinschaftsgefühls in den Industrieländern, gegen die ökologische Katastrophe oder dagegen, daß das intellektuelle Potential eines Kindes verlorengeht, weil es nicht ausreichend gefördert wird.

Beim nachhaltigen Wohlstand geht es nicht darum, die Reichen zu enteignen und ihren Besitz unter den Armen zu verteilen. Im Gegenteil, er bietet jedem die Gelegenheit, *neuen Reichtum zu schaffen.* Wenn Sie die Prinzipien des nachhaltigen Wohlstandes kennenlernen, können Sie Teil dieser stillen, aber bedeutsamen Entwicklung werden.

Der nachhaltige Wohlstand erscheint vielleicht wie ein Traum, doch mittlerweile ist er zu einer realen Möglichkeit geworden. Die notwendigen Sämlinge haben gekeimt und fangen an, Wurzeln zu schlagen. Die Geschichte dieser Keimlinge, die verschiedenen Innovationen, die derzeit in unseren Währungssystemen zu beobachten sind, wird hier erzählt. Sie werden feststellen, warum dieser Wandel durch den Übergang vom Industriezeitalter zum Wissenszeitalter mit seinen neuen Werten plausibler wird und auch auf welche Weise uns die derzeitige Informationsrevolution dabei behilflich sein kann.

Der nachhaltige Wohlstand klingt für manche vielleicht wie ein Widerspruch in sich. »Grüne« unterstützen eine nachhaltige Wirtschaftsweise, stehen dem Wohlstand aber manchmal mißtrauisch gegenüber. In der Wirtschaft wird man sich für den Wohlstand aussprechen, aber möglicherweise die Nachhaltigkeit in Frage stellen. Diese offensichtlichen Widersprüche heben sich auf, sobald wir die Möglichkeiten eines neuen Währungssystems in ihrer ganzen Tragweite verstehen.

Folgende These bildet die Grundlage dieses Buches: *Wir erleben derzeit einen Strukturwandel, und dieser Strukturwandel bietet uns die einmalige Chance zur Schaffung eines nachhaltigen Wohlstandes.*

Der Begriff »Strukturwandel« läßt sich folgendermaßen definieren: »In der Systemforschung bedeutet ein Systemwandel die *Veränderung der Informationsketten* innerhalb eines Systems. Der Inhalt und die Aktualität der Daten, mit denen die Führungskräfte umgehen, muß verändert werden und ebenso auch die Zielvorstellungen, die Anreize zum Handeln sowie die Bewertung von Kosten; Faktoren also, die das Verhalten motivieren oder einschränken.«[23]

Bemerkenswert ist daran, daß der bedeutendste Faktor unserer wirtschaftlichen Informationssysteme, nämlich unser Währungssystem, als wichtigster Ansatzpunkt für notwendige und wünschenswerte Veränderungen übersehen wird – selbst nachdem die Schlüsselrolle der Informationssysteme bei einem Strukturwandel erkannt wurde. Diese Lücke will dieses Buch schließen.

Es dürfte nicht besonders überraschen, daß Veränderungen im Währungssystem in zunehmendem Maße während einer Informationsrevolution möglich sind. Geld ist das zentrale Informationssystem in einer modernen Gesellschaft, vergleichbar mit dem zentralen Nervensystem im menschlichen Körper (siehe »Geld als Informationssystem«). Mutationen sind in einem Nervensystem zwar relativ selten, dafür aber um so wichtiger für die biologische Evolution einer Spezies. Ähnlich besitzt eine Veränderung in der Natur unseres Währungssystems das Potential zu einem fundamentalen Wandel in unserer Gesellschaft.

Wichtig ist in diesem Zusammenhang, daß es sich beim nachhaltigen Wohlstand nicht um einen Zustand, sondern einen Prozeß handelt.[24] Wenn wir an diesem Prozeß teilhaben wollen, müssen wir:
- die Grundlagen verstehen, auf denen das derzeitige Währungssystem basiert;
- andere Währungssysteme kennenlernen, die Funktionen erfüllen können, für die sich unsere konventionellen Landeswährungen als ungeeignet erwiesen;
- auf diesem Wissen bewußte Entscheidungen treffen, welche Währungen wir für welche Transaktionen verwenden – Entscheidungen, die zu dem Verhältnis passen (etwa ein gegenseitiges Geben und Nehmen oder ein Konkurrenzverhältnis), das wir mit unserem Gegenüber bei einem Austausch herstellen möchten.

Geld als Informationssystem
Geld ist unser *ältestes* Informationssystem – sogar die Schrift wurde in Mesopotamien ursprünglich zur Buchführung erfunden.[25] Die ältesten Texte, die uns heute bekannt sind, stammen aus Uruk aus dem Jahr 3200 v. Chr. Sie beschreiben verschiedene finanzielle Transaktionen, darunter gedeckte und ungedeckte Kredite und den Transfer von »Devisen«.

Geld ist unser am *weitesten verbreitetes* Informationssystem, denn es zirkuliert täglich bei Milliarden von Tauschgeschäften in allen Gesellschaftsschichten.

Heutzutage ist Geld ein wirklich *globales* Informationssystem – Billionen Dollar bewegen sich mit Lichtgeschwindigkeit rund um die Uhr in einem völlig integrierten computerisierten Devisenmarkt.

Geld ist auch unser *universellstes* Informationssystem, nachdem selbst das »kommunistische« China sich entschlossen hat, zur Motivierung seiner riesigen Bevölkerung primär auf privatwirtschaftliche finanzielle Anreize zu vertrauen.

Kurz gesagt, unser derzeitiges Weltwährungssystem hat eine ähnliche Funktion wie das *vegetative Nervensystem* im menschlichen Körper. Es ist notwendig, damit alles funktioniert, wurde bis heute aber nur unbewußt wahrgenommen und lag jenseits der Willenskraft des einzelnen. Wenn wir in diesem Bild bleiben, besteht unser Ziel nun darin, ein Bewußtsein für die Auswirkungen verschiedener Währungssysteme zu schaffen und die Entscheidungsmöglichkeiten aufzuzeigen.

Sie werden feststellen, daß die konventionellen Landeswährungen und Währungssysteme das Konkurrenzdenken fördern und stets nur in begrenztem Maße vorhanden sind. Bei einer Auswahl verschiedener Währungen wird es sinnvoll sein, für Geschäftliches wie z. B. für den Kauf eines Autos oder von Benzin und zur Begleichung Ihrer Telefonrechnung weiterhin eine konventionelle Währung zu verwenden. Doch beim Umgang mit Ihren Nachbarn, in der Altenpflege oder bei der Ausbildung Ihrer Kinder möchten Sie vielleicht eine gemeinschaftsfördernde Währung benutzen. Man kann diese beiden Währungsformen als *komplementär* betrachten, da sie sich parallel verwenden lassen. Oft wird es sogar sinnvoll sein, sie für gemischte Zahlungen zu benutzen (ein Teil in der konventionellen Landeswährung, ein Teil in der Komplementärwährung).

Eine bemerkenswerte Vielfalt unkonventioneller Währungen ist durch den Fortschritt in der Informationstechnik entstanden. Einige sind uns bereits vertraut, wie etwa die Bonusmeilen für Vielflieger. Es handelt sich dabei um Unternehmenswährungen, eine private Währung, die von Fluggesellschaften herausgegeben wird. Abgesehen von Flugtickets kann man sie auch bei einer wachsenden Zahl von Dienstleistungen erwerben, z. B. bei Hotelübernachtungen und Mietwagenverträgen. Von ebenso großer Bedeutung sind die lokalen Gemeinschaftswährungen, die ebenfalls zu diesen unkonventionellen Währungen zählen – obwohl sie von den meisten Menschen als Kuriositäten am Rande betrachtet werden (etwa Tauschwährungen wie LETS, Time Dollars, Ithaca Hours oder Tauschringe). Dazu gehören auch die japanischen »Pflege-Verhältnis-Tickets«, die speziell für die Altenpflege entwickelt wurden, oder eine brasilianische Müll-Recyclingswährung. All diese neuen Währungen sind die Vorläufer einer sich abzeichnenden Währungsrevolution.

Die Zukunft des Geldes liegt daher nicht nur in einer weiteren Computerisierung unserer konventionellen Währungen – wie z. B. des Dollar, Euro oder Yen – durch SmartCards und andere neue Informationstechnologien. Solche Veränderungen kommen natürlich auch. Doch die Informationstechnologien bieten auch neuen, unkonventionellen Komplementärwährungen eine Existenzmöglichkeit neben den bestehenden Währungen. Das gibt uns Mittel an die Hand, mit denen wir drängende Probleme sowohl auf lokaler als auch auf globaler Ebene angehen können.

Allerdings ist der nachhaltige Wohlstand nur eine von mehreren möglichen Entwicklungen, die sich aus der gegenwärtigen Übergangsphase ergeben können. Seine Entstehung erfolgt weder automatisch, noch ist sie vorherbestimmt. Er erfordert zum ersten Mal seit Jahrhunderten eine veränderte Wahrnehmung unserer Beziehung zum Geld.

Zunächst sollten wir noch festhalten, daß keiner der hier vorgeschlagenen Ansätze eine permanente Lösung darstellt. Statt dessen handelt es sich um Übergangslösungen, die vielleicht in den nächsten 10 oder 20 Jahren nützlich sind, wenn wir uns vom Industrie- ins Wissenszeitalter begeben. Wir erleben gerade ein Intervall, eine äußerst unangenehme Zeit, in der wir mit den Worten des Philosophen Thomas Berry erkennen, daß wir »zwischen zwei Geschichten feststecken. Die alte Geschichte funktioniert nicht mehr richtig, und die neue Geschichte haben wir noch nicht gehört«. In diesem Buch geht es darum, was wir in dem Intervall »zwischen den Geschichten« tun können.

Was den nachhaltigen Wohlstand verhindert

Das erste Hindernis für den nachhaltigen Wohlstand ist die Tatsache, daß wir über unser Währungssystem und die Art, wie Geld in unserer Gesellschaft geschaffen und gehandhabt wird, größtenteils nicht richtig Bescheid wissen. Selbst professionelle Finanzmanager verstehen selten, wie durch die Art des Geldes, das wir verwenden, bestimmte Verhaltensmuster bei unseren Transaktionen programmiert sind. Wir alle sind Teil einer Geldmaschinerie, deren meiste Rädchen wir gar nicht wahrnehmen, geschweige denn verstehen oder bedienen können. Dennoch bestimmt das bestehende Währungssystem unsere Wirtschaftsweise sowie einen Großteil unseres derzeitigen Sozialverhaltens und politischen Klimas. Unser fehlendes Wissen erklärt auch einige merkwürdige Gegebenheiten. So haben wir beispielsweise die Kapazitäten, ausreichend Nahrungsmittel für jeden Menschen auf unserem Planeten zu produzieren, und es gibt auch genug Arbeit für alle. Das Geld allerdings, mit dem man dies finanzieren kann, ist nicht vorhanden. Das bedeutet, daß der Schlüssel zu einem nachhaltigen Wohlstand in unserem Währungssystem selbst liegt, ebendem System, über das wir ironischerweise kaum Bescheid wissen – bis jetzt.

Das zweite Hindernis für einen nachhaltigen Wohlstand sind alte Gewohnheiten und Traditionen sowie die damit verbundenen Interessen. Allerdings schwindet diese Form der Macht derzeit aus dem einfachen Grund, weil sich mit der Verbreitung der Informationstechnologien auch die Kontrolle über die Schaffung von Geld und die damit verbundenen finanziellen Interaktionen auf verschiedene Instanzen verteilt.

Wichtig ist vor allem das Wissen, daß sich das Währungssystem derzeit unwiederbringlich verändert – mit tiefgreifenden Implikationen. Wie die »Zeitkompressionsmaschine« zeigt, ist die Verwendung des derzeitigen Währungssystems zur Kontrolle des wirtschaftlichen Wohlergehens unserer Gesellschaft mittlerweile kontraproduktiv. In den vergangenen zehn Jahren gewann das offizielle Weltwährungssystem eine beispiellose Macht, die sich von keiner nationalen oder internationalen Autorität mehr kontrollieren läßt. Die Währungskrisen, die regelmäßig Schlagzeilen machen, offenbaren die Risse im alten Währungssystem. Der Umbruch hat viel weitreichendere Konsequenzen als die Einführung einer gemeinsamen europäischen Währung (Euro), die Einführung von SmartCards, das explosionsartige Wachstum des Handels im Internet oder eine Reform der internationalen Geldinstitute. Mit dem wachsenden Einfluß der Informationsrevolution und mit den wiederholten Erschütterungen des Status quo werden die Symptome eines grundlegenden Wandels sichtbar.

Eine Auswirkung der oben beschriebenen Entwicklung zeigt sich bei der Frage, *wer* Geld emittiert. Es sind nicht mehr nur die traditionellen Landesbanken, sondern auch private Unternehmen und lokale Gemeinschaften. Ebenso haben sich die Bedingungen für die Ausgabe von Geld geändert, beispielsweise durch das Aufkommen des zinsfreien Geldes. Der Entschluß zur Verwendung unterschiedlicher Währungsformen kann ein verändertes Sozialverhalten nach sich ziehen – wie gesagt fördern einige Währungssysteme die Kooperation, andere verstärken den Wettbewerb. Wenn wir die verschiedenen Geldsysteme und ihre Auswirkungen kennen, können wir entscheiden, welche Währungsform wir für bestimmte finanzielle Transaktionen verwenden. So ermöglicht uns unser Wissen, Entscheidungen zu treffen, uns verschiedene Lebensformen in der Zukunft vorzustellen, zu gestalten und zu fördern.

Da wir nun über das Konzept hinter einem nachhaltigen Wohlstand Bescheid wissen, können wir uns den Auswirkungen in der Praxis zuwenden. Die folgenden vier Skizzen vermitteln uns einen Eindruck, wie der nachhaltige Wohlstand im Alltagsleben in verschiedenen Gesellschaften der Welt aussehen könnte.

Vier Jahreszeiten im Jahr 2020

Alle vier Geschichten, die zu den nächsten Abschnitten gehören, spielen im Jahr 2020. Jede hängt mit einem der vier »Kolben« in der »Zeitkompressionsmaschine« zusammen und zeigt, wie man eine drohende Krise in eine Chance zur Schaffung des nachhaltigen Wohlstands verwandeln kann, wenn man ein bestehendes Komplementärwährungssystem verwendet. Die Szenen bieten einen Vorgeschmack darauf, wie der nachhaltige Wohlstand im Jahr 2020 aussehen könnte. Einige Szenen wirken vielleicht zuerst wie aus dem Reich der Phantasie entsprungen. Doch wie schon der Science-fiction-Autor Arthur C. Clarke sagte: »Phantasie ist jede ausreichend entwickelte Technik.« Hinter jeder dieser Geschichten steht Technik – in Verbindung mit Geld. Alle vier Szenen beschreiben die Auswirkungen einer Währungsinnovation, die erfolgreich durchgeführt wurde. Darüber hinaus handelt es sich jedesmal um ein Projekt, das derzeit irgendwo auf der Welt ausprobiert wird. Zu jeder Szene wird ein kurzer Hinweis auf einen bereits heute existierenden frühen Prototyp gegeben, der die Plausibilität dieser Geschichten zeigt.

Zusätzliche Belege für die Fundiertheit dieser neuen Währungstechnologien und die Möglichkeiten, die aus ihnen erwachsen, sind Thema der anschließenden Kapitel.

Frühling

Herrn Yamadas Altersvorsorge

Morgen ist Herrn Yamadas 105. Geburtstag – ein wichtiger Tag. Für das Fest werden emsig Vorbereitungen getroffen. Herr Yamada hat die Pflanzen im japanischen Teegarten gestutzt, durch den die Gäste sein Haus betreten. Seine Augen sind zwar zu schwach zum Autofahren, aber er sieht immer noch gut genug, um den Zen-artigen Frieden der Büsche und Felsen genießen zu können. Auch die ersten Frühlingsboten, die Blüten an seinem Bonsai-Kirschbaum, hat Herr Yamada bemerkt.

In ein paar Minuten wird ein Nachbar vorbeikommen, ein Student der nahe gelegenen Universität. Er bringt Herrn Yamada das Abendessen und hilft ihm bei dem so wichtigen täglichen Baderitual. Herr Yamada hat sein ganzes Leben unabhängig und in Würde verbracht, und seine Weisheit und Lebenserfahrung sind bei seiner Familie und seinen Nachbarn hoch geachtet.

»Guten Abend, Yamada-san«, grüßt ihn der Student. »Ich habe Ihnen Ihr Lieblingsfischgericht gebracht, Yosenabe, genau so, wie Sie es mögen.« Herr Yamada lächelt zurück.

Das Leben kann mit 105 so schön sein, selbst mit der mageren Rente eines Bankangestellten, der schon lange nicht mehr arbeitet.

Der Anteil der alten Menschen an der Bevölkerung ist in Japan von allen Ländern am zweithöchsten. Schon jetzt brauchen etwa 1,8 Millionen alte oder behinderte Japaner tägliche Pflege. Herr T. Hotta, ein hochangesehener ehemaliger Staatsanwalt und japanischer Justizminister, beschloß Anfang der 90er Jahre, etwas gegen das Problem zu unternehmen. Er gründete 1995 eine private Organisation namens Sawayaka Human Welfare Institute, die eine Spezialwährung namens »Hureai Kippu« (wörtlich »Pflege-Beziehungs-Tickets«) verwendete. Die Rechnungseinheit ist eine Stunde Dienst. Verschiedene Dienstleistungen werden unterschiedlich gewertet (beispielsweise wird der Einkauf oder die Zubereitung von Mahlzeiten für einen älteren Menschen mit einem niedrigeren Stundensatz verrechnet als die körperliche Pflege).

Wer diese Dienste verrichtet, kann sein Guthaben in einem »Gesundheitsfürsorge-Zeitkonto« sammeln, auf das er beispielsweise im Krankheitsfall zurückgreift. Diese Guthaben ergänzen das normale Krankenversicherungsprogramm, das in Yen bezahlt wird, der konventionellen japanischen Währung. Darüber hinaus überschreiben viele Japaner einen Teil oder ihr gesamtes »Hureai-Kippu«-Guthaben ihren Eltern, die oft in einem anderen Landesteil wohnen. Daraus sind zwei private elektronische Clearing-(Verrechnungs-)Stellen entstanden, die solche Transferleistungen auf regionaler Ebene durchführen. Die japanische Regierung berät derzeit über die Möglichkeit, eine offizielle nationale Clearingstelle zu schaffen, damit solche Transfers für alle Gesundheitsfürsorge-Zeitguthaben überall im Land möglich sind.

Ein Resultat des Projekts ist von besonderer Bedeutung. Da die alten Menschen sich bei den Mitgliedern von Sawayaka besser versorgt und aufgehoben fühlen, ziehen sie die Dienste der in »Hureai Kippu« bezahlten Pfleger gegenüber dem in konventionellen Yen bezahlten Personal vor. Für den Studenten in unserer kleinen Geschichte ist Herr Yamada eine Art Ersatz für seinen eigenen alten Vater, der in einem anderen Landesteil wohnt und dem er einen Teil seines Zeitguthabens zukommen läßt.

All das geschieht im Jahr 1999 und ist als Ergänzung zur nationalen Gesundheitsversicherung zu sehen. Diese deckt die notwendigen professionellen Leistungen ab, die nach wie vor in Yen bezahlt werden muß. Wenn Herr Yamada z. B. wegen seiner Nieren regelmäßig zur Dialyse müßte oder bei einem Chiropraktiker in Behandlung wäre, würde das von der nationalen Krankenversicherung in Yen gezahlt werden. Herr Hotta sagte mir in einem Gespräch, das ich im Februar 1999 mit ihm führte, voraussichtlich werden »ein Drittel oder die Hälfte der konventionellen monetären Funktionen durch diese neuen Währungen ersetzt werden. Mit dem Ergebnis, daß die Bedrohung einer Rezession und der Arbeitslosigkeit an Schrecken verlieren.«

Eine Krankenversicherung namens Elderplan im US-Bundesstaat New York akzeptiert seit 1995 die Bezahlung der Mitgliedsbeiträge bis zu einem Viertel des Betrags in Time Dollars, einer Erfindung von Edgar Cahn, einem bekannten Rechtsanwalt und Professor in Washington, D. C. Elderplan betreibt außerdem eine »Care Bank«, bei der 125 Mitglieder im Durchschnitt etwa 800 Arbeitsstunden im Monat eintragen lassen. Das Projekt begann als Heimreparaturservice, durch den mögliche Probleme beseitigt wurden, bevor sie Unfälle verursachten. Die Care Bank hat das Motto: Bei einem defekten Handtuchhalter läßt die gebrochene Hüfte nicht lange auf sich warten.[26] Auch hier berichten die Teilnehmer, daß sie die Verbesserung der zwischenmenschlichen Beziehungen begrüßen, die durch diesen Ansatz ermöglicht wurde.

»Hureai Kippu«, Elderplan und verschiedene andere Währungen, die das Gemeinschaftsgefühl fördern, werden später ausführlich beschrieben.

Sommer

Eine Welt im Gleichgewicht

Es ist 13 Uhr. Für Anna, Leiterin der Kundenbetreuung bei der größten Telekommunikationsgesellschaft in München, ist Feierabend. Mit der Hochgeschwindigkeitsmetro fährt sie in 15 Minuten in ihre andere Gemeinschaft, in ihr Dorf zurück.

Anna gefällt ihr Beruf, doch sie kann es kaum erwarten, bis sie wieder in ihrem Studio ist und an ihren Buntglasarbeiten weitermacht. Vor kurzem begann sie ihr bisher ehrgeizigstes Projekt: ein großes Buntglasfenster, das die wichtigsten Ereignisse in der Geschichte ihres Heimatdorfes zeigt. Beim nächsten zweiwöchigen Kunstfestival im Sommer will sie das Fenster dem Zentrum für Erwachsenenbildung stiften.

Annas Kollegen in der Firma führen alle ein ähnliches Leben. Wolfgang aus der Finanzabteilung ist ein begeisterter Freund des afrikanischen Tanzes und hat seine eigene Tanzgruppe gegründet. Birgit in der EDV-Abteilung ist Holzschnitzerin und überlegt, ob sie die speziellen Holzrahmen für Annas Fenster machen soll; Reiner aus der Personalabteilung restauriert alte Lauten und andere Musikinstrumente.

Da Komplementärwährungssysteme beide Formen der Arbeit fördern, hat jeder in Annas Dorf die Möglichkeit zu einer dualen Karriere. Manche entscheiden sich für die traditionelle Ganztagsbeschäftigung bei einem Unternehmen. Andere konzentrieren sich auf ihre künstlerischen Interessen und verdienen einen Großteil ihres Lebensunterhalts in der Gemeinschaftswährung. Viele kombinieren beides, weil sie die Möglichkeit dazu haben und das Leben in einer »Welt im Gleichgewicht« einfach lebenswerter ist.

Das Informationszeitalter brachte eine Produktionssteigerung mit sich, dank deren wir laut Juliet Schor, einer außerordentlichen Professorin für Wirtschaft an der Universität von Harvard, einen Vier-Stunden-Arbeitstag haben könnten. Eine andere Möglichkeit wäre, »ein Arbeitsjahr, das nur sechs Monate dauert. Oder jeder Berufstätige in den USA könnte sich jedes zweite Jahr freinehmen – mit Bezahlung«. Warum ist es nicht dazu gekommen?

Der Prototyp, der unserer »Welt im Gleichgewicht« am nächsten kommt, findet sich für die 90er Jahre auf Bali und in einigen anderen traditionellen Gesellschaften. Besucher Balis zeigen sich erstaunt über das dynamische Alltagsleben und die hier zu findende künstlerische Qualität. Fast jeder Mann ist ein begabter Künstler, jede Frau eine anmutige Tänzerin, und alle finden einen Weg, ihrer Kreativität Ausdruck zu verleihen. In jedem Dorf werden im Jahr 50 oder mehr Feste mit aufwendigen künstlerischen Vorbereitungen begangen. Die Häuser sind mit eleganten Schnitzereien verziert, die Landschaft ist einmalig.

Was unterscheidet Bali und die Balinesen von uns? Warum sind unsere Städte, die Welt, unser Leben Bali nicht ähnlicher? Viele Touristen wissen nicht, daß die Balinesen die Vorführungen für die Urlauber als »Probeaufführungen« betrachten. Die »eigentlichen Aufführungen« finden im Tempel oder bei vom Tempel organisierten Aktionen statt. Die Balinesen verwenden 30 bis 40 Prozent ihrer Arbeitsstunden auf den Tempel, von dem aus gemeinschaftliche, fürsorgerische, künstlerische und religiöse Aktivitäten organisiert werden. Dies sind Dimensionen des Lebens, die ich als »kooperativ« definiere. Die meisten Erwachsenen auf Bali haben auch einen »normalen« Beruf, mit dem sie zwei Drittel ihrer Arbeitszeit verbringen – in dem von mir als »Konkurrenzwirtschaft« bezeichneten Sektor, der einzigen Interpretation von Arbeit, die wir im Westen kennen.

Die »Tempelzeit« ist Teil der traditionsreichen »Geschenkwirtschaft« auf Bali. In der westlichen Welt sind wir wahrscheinlich auch nicht in der Übergangsphase vom postindustriellen zum Informations- bzw. Wissenszeitalter bereit für eine reine Geschenkwirtschaft. Dennoch können wir in Zukunft unserem Alltagsleben eine kooperative Dimension hinzufügen. Vielleicht brauchen wir dazu nur ein Mittel, das uns den Übergang erleichtert, ein Prozeß, durch den wir wieder ein Gemeinschaftsgefühl und Vertrauen in eine Geschenkwirtschaft schaffen können?

Auf der ganzen Welt haben verschiedene Gruppen bereits Komplementärwährungen geschaffen, die mit einer Geschenkwirtschaft vereinbar sind oder dazu führen. Diese Währungen, die auf gegenseitigem Kredit gründen, können stets in ausreichenden Mengen ausgegeben werden und sind nie knapp. Im Gegensatz zu den wettbewerbsorientierten Landeswährungen basieren sie nicht auf Knappheit. Sie werden von den Teilnehmern im Moment der Transaktion geschaffen. Wenn Sie mir z. B. einen Dienst von einstündiger Dauer erweisen, wird Ihnen eine Stunde gutgeschrieben, mein Konto wird dagegen mit einer Stunde belastet. Wenn ich im Austausch direkt etwas für Sie im Wert von einer Stunde machte, wäre das ein einfaches Tauschgeschäft. Doch unter Verwendung der Gutschriftwährung können Sie frische Eier auf dem Bauernmarkt kaufen, und ich kann mein Konto durch einen anderen Dienst ausgleichen. Das bedeutet, daß wir eine richtige Währung geschaffen haben – und dazu noch eine, die nicht künstlich knapp gehalten wird. Immer wenn wir mit einer Transaktion einverstanden sind, können wir das Geld schaffen.

Die erste Knappheit, gegen die wir vorgehen müssen, ist der

Mangel an Arbeitsplätzen. Mittlerweile werden weltweit 1900 Komplementärwährungssysteme verwendet, von denen die meisten zur Schaffung von *Arbeits*plätzen in Gebieten mit hoher Arbeitslosigkeit entstanden. Über 400 Gemeinden in Großbritannien gründeten ihr eigenes elektronisches Komplementärwährungssystem, das sogenannte Local Exchange Trading System (LETS). In Deutschland heißen solche Systeme »Tauschringe«, in Frankreich »Grains de Sel«. In beiden Ländern gibt es mehrere hundert dieser »Graswurzelprojekte«. In den USA folgten 39 Kommunen dem Beispiel Ithacas im Staat New York und schufen ihre eigene Papierwährung, die nur innerhalb der Kommune einlösbar ist. Später werden wir noch ausführlich darauf zu sprechen kommen.

In den Medien und akademischen Kreisen werden solche Initiativen nur als Kuriositäten am Rande behandelt. Doch in Neuseeland, Australien, Schottland und 30 verschiedenen US-Bundesstaaten wurde der Aufbau solcher Systeme mit staatlichen Mitteln gefördert, da sie sich bei der Lösung lokaler Beschäftigungsprobleme als effektiv erwiesen. Die Europäische Union finanziert komplementäre Pilotwährungsprojekte in vier sehr unterschiedlichen Umgebungen und Infrastrukturen: zwei in ländlichen Gegenden Schottlands und Irlands und zwei in den Metropolen Madrid und Amsterdam. In Neuseeland hat die Zentralbank erkannt, daß Komplementärwährungen zur Inflationskontrolle beitragen. In späteren Kapiteln wird mehr davon vorgestellt.

Wohl jeder kann sich ausmalen, was wir machen würden, wenn 40 Prozent unserer Arbeitszeit in welcher Form auch immer als »Tempelzeit« genutzt werden könnten. Würde sich mit diesem Ansatz die industrielle Revolution nicht zu einem echten Zeitalter des Wissens entwickeln? Was würde jeder von uns gerne lernen? Wie würden Sie Ihr Leben verbessern?

Stellen Sie sich vor, was Sie allein oder zusammen mit anderen schaffen könnten!

Herbst
Eine Vorstandssitzung der Firma Bechtel im Jahr 2020
Der folgende Text bietet einen Auszug aus dem Protokoll der jährlichen Vorstandssitzung der Firma Bechtel, der größten Bau- und Ingenieursfirma der Welt.

»Der Vorstand beriet über die zwei großen Investitionsprojekte, die heute auf der Tagesordnung standen:
- ein auf 300 Jahre angelegtes Projekt zur Wiederherstellung der Wasserscheide im südlichen Himalaja,
- ein auf 500 Jahre angelegtes Wiederaufforstungsprojekt im Sahel.

Der Vorstand entschied sich in geheimer Wahl für das auf 500 Jahre angelegte Sahelprojekt, da die langfristige Rendite bei diesem Projekt eindeutig höher ist. Der Vorsitzende fügte hinzu, daß bei seiner Entscheidung der Beitrag dieses Projekts zu einer globalen Klimastabilität ein zusätzlicher Anreiz gewesen sei.«

Heutzutage werden die meisten geschäftlichen Entscheidungen innerhalb eines Planungszeitraums von fünf Jahren getroffen, manchmal sogar nur von einem Quartal zum nächsten. Selbst langfristige Anleihen, sog. »Langläufer«, konservative Investitionen mit langer Laufzeit, sind maximal auf 30 Jahre ausgelegt. Unter den derzeit vorherrschenden finanziellen Kriterien ist eine Entscheidung wie die obengenannte undenkbar.

Wir werden später noch auf ein Währungssystem zu sprechen kommen, das derartige Entscheidungen nicht nur ermöglicht, sondern völlig logisch erscheinen läßt. Unter einem solchen Währungssystem wären langfristige Überlegungen die Norm, für die man sich spontan entscheiden würde. Derartige Überlegungen wären nicht nur mit finanziellen Interessen vereinbar, sondern würden von ihnen sogar vorangetrieben. Unternehmen und Anleger müßten nicht mehr erst durch besondere Regulierungen oder künstliche Steueranreize dazu gebracht werden, in Gedanken an die kommenden Generationen zu handeln und zu denken.

In der Geschichte gab es mindestens zwei Kulturen, deren Währungssystem als wesentliche Eigenschaft den Vorzug besaß, den Menschen sehr langfristige Investitionen »profitabel« erscheinen zu lassen. Diese zwei historischen Präzedenzfälle sind das alte Ägypten und das »Zeitalter der Kathedralen« (das Mittelalter vom 10. bis 13. Jahrhundert in Europa). In beiden Fällen war diese Eigenschaft, bekannt als Überliegegeld (eine Form der Negativzinsen, die das Horten von Geld verhindert), mehrere Jahrhunderte lang vorherrschend. Die Menschen schufen Gebäude und Kunstwerke, die für die Ewigkeit gedacht waren. Man kann sie heute noch bewundern. Dieser Schlüsselmechanismus hinter dem Währungssystem kann übernommen und dem 21. Jahrhundert angepaßt werden. Später wird ausführlich auf diese Möglichkeit eingegangen.

Was werden unsere Nachfahren von dem, was wir im 20. Jahrhundert geschaffen haben, im Jahr 3000 bewundern können? Wenn man heute ein derart langfristig orientiertes Währungssystem verwendete, was wären die »Kathedralen des 21. Jahrhunderts«? Was stellen Sie sich vor, was es sein könnte?

Winter

Die Chinareise Ihrer Großnichte

Ihre Großnichte interessiert sich sehr für frühe chinesische Kalligraphie und Dichtung. Nächstes Jahr will sie ihr Mandarin-Chinesisch durch einen sechsmonatigen Aufenthalt in China verbessern. Ihr Reisebudget setzt sich folgendermaßen zusammen:

- *Flug: wird mit Bonusmeilen bezahlt, die sie und ihre Eltern gesammelt haben.*
- *Ausgaben vor Ort: In den letzten Jahren hat sie ihre »Pflege-Beziehungs-Tickets« durch die Betreuung zweier betagter Nachbarn in ihrer Universitätsstadt gesammelt. Sie wird ihr Guthaben einfach über das Internet überweisen, damit es in die lokale Währung der chinesischen Universitätsstadt, in der sie wohnen will, eingetauscht werden kann.*

- *Sie haben beschlossen, ihr zu Weihnachten noch zusätzlich 500 Euro in bar zu schenken. So kann sie unterwegs unerwartete Ausgaben bezahlen oder das Geld als Sicherheit bei einem Notfall verwenden.*

Die Möglichkeit, nachhaltige Währungen für einen Teil unserer Bedürfnisse zu verwenden, bedeutet schon einen erheblichen Unterschied. Eine Clearingstelle für Komplementärwährungen, die weltweit über das Internet operiert, könnte schon heute Realität sein. Es würde den Beteiligten an jeder Komplementärwährung (LETS, Time Dollars, »Hureai Kippu« usw.) die Möglichkeit geben, miteinander über das Internet zu handeln, wobei jeder seine eigene Währung verwendet. Nicht einmal die Idee Ihrer Großnichte, bei ihrer Reise Komplementärwährungen als Tauschmittel zu verwenden, ist neu. Das Global Eco-Village Network (GEN), ein Verband von Öko-Dörfern, der 1994 gegründet wurde, empfiehlt solche Gemeinschaftsprojekte und den Tausch zwischen den verschiedenen beteiligten Gruppen.[27]

Komplementärwährungen und private Zahlungssysteme können ein nützliches Sicherheitsnetz für das offizielle Währungssystem bilden. Ein derartiges Ersatzrad scheint vielleicht überflüssig – bis Sie eine Reifenpanne auf der Autobahn haben. Im Finanzsektor wird das privat betriebene Zahlungssystem »Goldene Krone« von einer Gruppe russischer Unternehmen für Tauschgeschäfte untereinander verwendet. Hier zeigt sich im realen Leben, wie nützlich ein »Ersatzreifen« sein kann, wenn die Landeswährung ernstlich ins Trudeln gerät.[28] Dieselbe lebenswichtige Funktion zeigte sich beim Zusammenbruch des Baht 1997/98 in Thailand, als auf unterer Ebene lokale Währungen zur Verfügung standen. Ein weiteres Beispiel sind die »Redes de Trueque« (wörtlich »Tauschnetzwerke«), die jahrelang in Argentinien existierten. Derartige Währungen werden später noch näher erörtert.

Nachhaltiger Wohlstand durch Komplementärwährungen

Wir müssen die positiven Eigenschaften des bestehenden Währungssystems nicht vollkommen über Bord werfen, doch wir können ihm neue Möglichkeiten zur Seite stellen. Es heißt oft, daß alle Krisen versteckte Chancen beinhalten. Das chinesische Schriftzeichen für »Krise« enthält sogar ausdrücklich die Wurzel »Chance«. Die Chance, die in diesem Buch beschrieben wird, wirkt vielleicht so ungewöhnlich wie die Krise selbst. Sie werden erfahren, wie man die »Zeitkompressionsmaschine« in eine »Maschine« für nachhaltigen Wohlstand umwandeln kann. Das geschieht durch eine Überprüfung der vorherrschenden Interpretation von Geld, durch das Wissen darüber, wie Geld tatsächlich »funktioniert«, und durch die Anwendung dieses Wissens.

Die grundlegende These dieses Buches kann nun genauer formuliert werden: Bewährte Währungsinnovationen können die vier »Geldfragen« von Abb. 3 lösen und den nachhaltigen Wohlstand schon innerhalb einer Generation verwirklichen. Der Schlüssel dazu liegt in der Einführung von Komplementärwährungen – parallel zum bestehenden Währungssystem –, die bereits bewiesen haben, daß sie zur Lösung dieser Fragen beitragen können.

Eine Komplementärwährung beruht auf dem Abkommen zwischen einer Gruppe von Menschen und/oder Unternehmen, eine neue Währung als Tauschmittel zu akzeptieren. Die Bezeichnung »Komplementärwährung« stammt daher, daß es nicht darum geht, die herkömmlichen Landeswährungen zu ersetzen. Komplementärwährungen sollen vielmehr solche sozialen Funktionen erfüllen, die für das offizielle Währungssystem nicht vorgesehen sind.

Die Transaktionen, die durch das Zusammenwirken von einer konventionellen Währungswirtschaft und den Komplementärwährungen erleichtert werden, bilden eine Wirtschaftsform, die ich als »integrierte Wirtschaft« bezeichne. Die integrierte Wirtschaft hat die Prozesse zum Inhalt, mit denen sich die traditionellen Wirtschaftswissenschaften befassen, geht aber auch darüber hinaus. So umfaßt sie beispielsweise auch die Transaktionen innerhalb der 1900 Komplementärwährungssysteme, die heute bereits auf lokaler Ebene in verschiedenen Ländern auf der ganzen Welt verwendet werden.

Dies sind also die Währungsinnovationen, die als Grundlage für unsere Szenen aus den vier Jahreszeiten im Jahr 2020 dienen.

Wir können uns nun wieder der »Zeitkompressionsmaschine« zuwenden und überlegen, wie man aus ihr eine »Maschine« für nachhaltigen Wohlstand schafft. Abb. 4 zeigt, wie sich unsere vier Szenen in den Prozeß einfügen. Dieses Buch bietet ausführliche Belege, daß eine solche Veränderung durchaus möglich ist.

Ein Leitfaden für Ihr Geld und Ihre Zukunft

Der erste notwendige Schritt besteht darin, daß wir das heutige konventionelle nationale und internationale Währungssystem entmystifizieren und die Veränderungen ausmachen, die im System verborgen sind. Hier setzt der erste Teil des Buches an: Was ist Geld? Dieser Teil lüftet den Schleier, der unser Geld und Währungssystem umgibt, und macht uns mit der Natur des Geldes vertraut, mit der Schaffung und dem Funktionieren der konventionellen Landeswährungen. Darüber hinaus wird noch ein neues Experimentierfeld für unsere Währungen untersucht, die »Cybersphäre«, die Entwicklungsmöglichkeiten für zahlreiche Währungsinnovationen bietet. Danach erörtern wir verschiedene mögliche Zukunftsszenarien für unser Währungssystem und die Veränderungen, die diese für unsere Gesellschaft bringen würden. Bei den Szenarien handelt es sich um kurze Episoden, die verschiedene Formen des Zusammenlebens im Jahr 2020 schildern.

**Vier Jahreszeiten im Jahr 2020
Vier Beispiele für nachhaltigen Wohlstand**

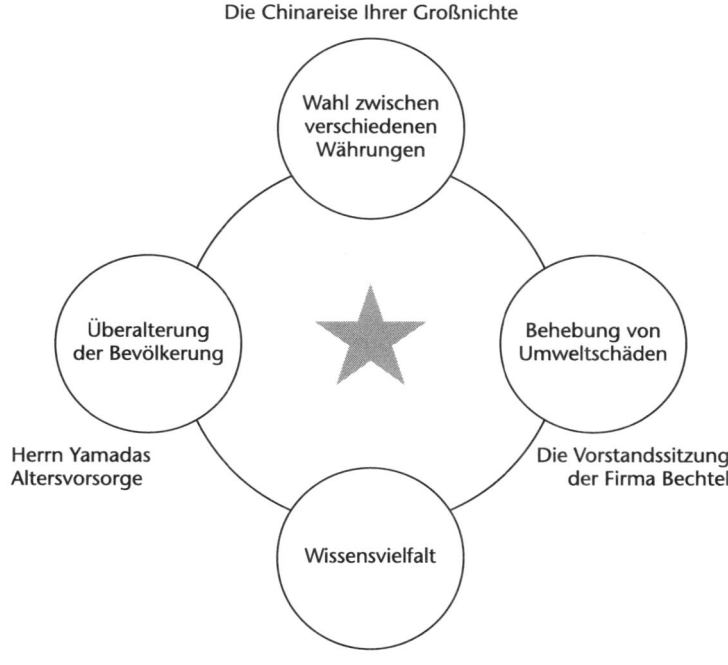

Abb. 4: Die Szenen aus den vier Jahreszeiten werden so in das Schaubild eingepaßt, daß aus der »Zeitkompressionsmaschine« eine »Maschine« für nachhaltigen Wohlstand wird

Mit diesem Wissen können Sie erkennen, was so einzigartig an den Währungsinnovationen ist, die derzeit in der Erprobung sind.

Damit kommen wir bei Teil 2 unseres Buches an: der Entscheidung über die Zukunft Ihres Geldes. In diesem Teil werden die zahlreichen unkonventionellen Währungen vorgestellt, die zur Zeit im Umlauf sind. Sie werden erfahren, wie unterschiedliche Ziele durch eine Währung gefördert – oder behindert – werden können. Vor allem die Schaffung von Arbeitsmöglichkeiten, die

Förderung des Gemeinschaftslebens und die Abstimmung einer nachhaltigen Wirtschaftsweise mit kurzfristigen finanziellen Interessen lassen sich durch die Verwendung bestimmter Währungen verwirklichen, die für solche Zwecke geschaffen wurden. Doch beginnen wir ganz am Anfang mit der täuschend einfach wirkenden Frage: »Was ist Geld?«

Teil I
WAS IST GELD?

»Wirtschaft hat mit Geld zu tun, und darum ist sie gut.« *Woody Allen*
(Und Geld hat ... womit zu tun?)

»Geld ist einer der Grundstoffe, mit dem die Menschheit das Gebäude der Zivilisation errichtet.« *Lewis Lapham*[29]

Wenn wir über Geld nachdenken, nehmen wir seine grundlegenden, seit Jahrhunderten unveränderten Merkmale als gegeben an. Deshalb kümmern wir uns normalerweise nicht um die verborgenen Annahmen in unserem vertrauten Währungssystem, ganz zu schweigen davon, daß wir sie auf der Suche nach Lösungen in Frage stellen.

Teil I deckt die verborgenen Annahmen hinter unserem Währungssystem auf. Dabei kommen auch neue Interaktionsmöglichkeiten rund um unser Geld zutage. Teil I handelt nicht davon, wie wir am besten Geld verdienen, investieren und ausgeben. Darüber gibt es bereits genug Bücher. Es geht vielmehr um das Konzept des Geldes und darum, wie unterschiedliche Währungssysteme die Gesellschaft prägen.

Sie werden erfahren, warum grundlegende Veränderungen in unserem Währungssystem unausweichlich geworden sind. Das Ausmaß der Veränderungen mag vielleicht erschreckend erscheinen, sie enthalten aber auch das Versprechen einer einmaligen Chance.

Das Informationszeitalter wird wie gesagt innerhalb von Jahrzehnten unsere Wirtschaftsgepflogenheiten und Zahlungsgewohnheiten von Grund auf verändern. Ob schrittweise oder schlagartig, im Reich des Geldes sind bereits weltweit bedeutende Veränderungen im Gange. Der bekannte Managementexperte Peter Drucker formuliert es so: »Alle paar hundert Jahre gibt es in der abendländischen Geschichte einen tiefen Einschnitt. Innerhalb weniger Jahrzehnte ordnet sich die Gesellschaft neu – in ihrer Weltsicht, ihren Grundwerten, ihren sozialen und politischen Strukturen, ihren Künsten und ihren wichtigsten Institutionen –, und die Nachgeborenen können sich eine Welt wie die, in der ihre Großeltern lebten und in die ihre Eltern hineingeboren wurden, gar nicht mehr vorstellen. Gegenwärtig erleben wir eine solche grundlegende Veränderung.«[30]

Eine solche einzigartige Entwicklung ohne »Sicherheitsnetz« zu erleben kann sehr viel Angst machen. Fragen Sie nur einen von zwei Milliarden Mexikanern, Asiaten oder Osteuropäern, die immer noch dabei sind, sich von einem über Nacht erfolgten Umbruch des Währungssystems zu erholen, Folge einer radikalen Machtverschiebung von ihren Regierungen zu den internationalen Finanzmärkten. James Carville, Bill Clintons Wahlkampfmanager im Wahlkampf 1992, sagte einmal: »Früher habe ich gedacht, wenn es eine Wiedergeburt gäbe, würde ich gern als Präsident oder als Papst wiederkommen. Heute weiß ich, daß ich am liebsten der Finanzmarkt wäre: Dann kannst du jeden einschüchtern.«

Aber der Umbruch bietet uns auch eine einzigartige Chance. Wenn sich das Geld ändert, ändert sich noch eine Menge mehr. Und fast alles wird möglich. Eine so grundlegende Veränderung bietet die Gelegenheit zu Neuerungen, die weit über das hinausgehen, was frühere Generationen sich nur träumen lassen konnten.

Worum es in Teil I geht

Geld ist wichtig. Die Art, wie Geld in einer bestimmten Gesellschaft geschaffen und verwaltet wird, prägt die Wertvorstellungen und Beziehungen in dieser Gesellschaft ganz entscheidend. Genauer gesagt, begünstigt – oder behindert – die *Art* der Währung, die in einer Gesellschaft verwendet wird, bestimmte Gefühle und Verhaltensmuster.

Unser vorherrschendes Währungssystem ist ein unbewußtes Produkt der Weltsicht des modernen Industriezeitalters, es ist der mächtigste und hartnäckigste Former und Verstärker der Werte und Befindlichkeiten des Industriezeitalters. Zum Beispiel erleichtern alle unsere nationalen Währungen den wirtschaftlichen Austausch mit unseren Landsleuten gegenüber dem Austausch mit »Ausländern«, und auf diese Weise stärken sie unser Nationalbewußtsein. Gleichzeitig sind diese Währungen so ausgelegt, daß sie die Konkurrenz zwischen den Nutzern fördern und nicht die Kooperation. Geld ist auch der verborgene Motor, der die Tretmühle des permanenten Wachstums antreibt, die zum Merkmal der Industriegesellschaften geworden ist. Und schließlich prämiert das gegenwärtige Währungssystem die Akkumulation von individuellem Reichtum und bestraft gnadenlos all jene, die diesem Gebot nicht entsprechen.

Doch nach jahrhundertelanger fast vollständiger Hegemonie unserer »normalen« nationalen Währungen (US-Dollar, Pfund, Yen, Deutsche Mark usw.) als einzige Tauschmittel in der Wirtschaft war in den letzten zehn Jahren eine Art Renaissance unterschiedlicher Arten von privaten Währungen zu beobachten.

Zunächst einmal wird inzwischen bis zu einem Viertel des weltweiten Handels als Tauschhandel abgewickelt, das heißt ganz ohne eine Währung, weder eine nationale noch eine andere. Pepsi-Cola beispielsweise bringt seine Gewinne aus dem Rußlandgeschäft in Form von Wodka zurück nach Hause und verkauft den Wodka dann in den USA und in Europa. Die Franzosen haben im Nahen Osten Atomkraftwerke für die Lieferung von Erdöl gebaut.

Darüber hinaus finden wie gesagt neue Formen von Unternehmenswährungen zunehmend Verbreitung, etwa die verschiedenen Vielfliegerprogramme. Diese Währungen entstehen für die »internationale Elite der Reisenden«. Weit unterhalb der VIP-Ebene – und weniger spektakulär – schießen geradezu explosionsartig eine Fülle von Komplementärwährungen aus dem Boden, wie wir bereits in der Einführung angedeutet haben. Was hat all dies zu bedeuten?

Kapitel 1

Ein Leitfaden über das Wesen des Geldes

»Die Sache, die Menschen von Tieren unterscheidet, ist Geld.«　*Gertrude Stein*

»Wir haben das Geld erfunden, und wir benutzen es, aber wir verstehen seine Gesetze nicht und können sein Wirken nicht kontrollieren. Es hat ein Eigenleben.«　*Lionel Trilling*[31]

»Ihr« Geld in seiner Welt

»Daß Geld kein Thema ist, behaupten nur Menschen, die so viel Geld haben, daß sie der häßlichen Last, sich darüber Gedanken machen zu müssen, enthoben sind.« So dachte einst die amerikanische Schriftstellerin Joyce Carol Oates. Dieser Leitfaden wird erklären, warum heute auch die wenigen Reichen sich Gedanken über Geld machen sollten.

Haben Sie sich jemals die Frage gestellt, woher Ihr Geld kommt, wie der Wert Ihres Geldes festgesetzt wird, wer *wirklich* die Verantwortung für Ihre Ersparnisse hat?

Damit wir diese Fragen beantworten können, müssen wir die Spielregeln des globalen Geldspiels verstehen, müssen wir auch die Mitspieler kennen und wissen, warum sie so handeln, wie sie handeln. In diesem Leitfaden begegnen Sie den Schlüsselakteuren unseres Geldsystems, und Sie lernen die wichtigsten Elemente der Karte des aktuellen Weltwährungssystems kennen, auf das wir uns später beziehen, wenn wir die gegenwärtig zu beobachtenden fundamentalen Veränderungen in diesem System erforschen. Niemals zuvor hatten Währungsfragen überall auf der Welt einen so großen Einfluß auf die Politik, und deshalb tun wir gut daran, wenn wir uns informieren, um was es geht. All dies wird dramatische Auswirkungen auf Ihr Geld und Ihre Zukunft haben, genau wie eine radikale Klimaveränderung dramatische Auswirkungen auf die Blumen in Ihrem Garten hätte.

Der Ausgangspunkt ist der folgende: Sie müssen sich bewußt werden, daß »Ihr« Geld tatsächlich eine Partnerschaft zwischen Ihnen und dem Bankensystem Ihres Landes repräsentiert. In diesem Kapitel erfahren Sie, wie das Bankwesen entstanden ist und wie jede Form der Wertaufbewahrung (Immobilien, Aktien, Anleihen und Währungen) durch Banken in zusätzliches neues Geld verwandelt werden kann.

Die Ursache der zahlreichen Währungskrisen in jüngster Zeit (Mexiko, Asien, Osteuropa) wird zurückverfolgt auf die beispiellosen gegenwärtigen Veränderungen auf den globalen Devisenmärkten. Weil die Banken sich in der Geschichte als sehr fragile Institutionen erwiesen haben, wurden »Feuerwehr«- oder Interventionsorganisationen geschaffen: eine Zentralbank in jedem Land und auf globaler Ebene der Internationale Währungsfonds (IWF) sowie die Bank für Internationalen Zahlungsausgleich (BIZ). Wir untersuchen ihre Rolle bei der Bewältigung der zunehmenden Instabilität des Weltwährungssystems. Dann kehren wir zu der Eingangsfrage zurück, welche Auswirkungen all dies auf Ihr Geld und Ihre Zukunft hat.

»Ihr« Geld

»Als ich jung war, glaubte ich, daß Geld wichtig sei; jetzt bin ich alt und weiß, daß es wichtig ist«, hat Oscar Wilde einmal gesagt. Vielleicht sind Sie bereits zu dem gleichen Schluß gelangt. Was auch immer Sie in Ihrem Leben vorhaben, Sie werden unweigerlich Geld dafür brauchen. Geld ist ein sehr praktisches Tauschmittel, gewiß praktischer als die Alternative in Naturalien, wie die Geschichte von Mlle. Zélie zeigt. Doch Ihr Geld »gehört« Ihnen

> **Mlle. Zélies Scheck**[32]
> Die französische Opernsängerin Mlle. Zélie gab bei einer Welttournee im 19. Jahrhundert einen Liederabend auf den Gesellschaftsinseln. Der Abend war ein großer Erfolg, und als Gage erhielt sie ein Drittel der Einnahmen. Manches ändert sich übrigens nicht: Soviel nimmt auch Plácido Domingo heute von einem Konzert mit nach Hause.
> Aber Mlle. Zélies Anteil bestand aus drei Schweinen, 23 Puten, 44 Hühnern, 5000 Kokosnüssen und beträchtlichen Mengen an Bananen, Zitronen und Orangen. Bedauerlicherweise konnte die Künstlerin nur einen kleinen Teil davon verzehren, und anstatt ein großes Fest zu veranstalten, wie es auf den Inseln Brauch gewesen wäre, befand sie es für nötig, die Früchte an die Schweine und das Geflügel zu verfüttern. Eine stattliche Gage endete als Viehfutter.

niemals in dem Sinne, wie Ihnen Ihre Augen gehören, Ihre Hände, Ihr Auto oder Ihr Haus, nachdem es abbezahlt ist. Mit »Ihrem« Geld verhält es sich eher wie mit »Ihrer« Ehe: Ein Partner – Ihr Mann oder Ihre Frau – ist in das Arrangement hineinverwoben. Das moderne Geld ist eine Übereinkunft zwischen zwei Partnern. Es ist nur deshalb für Sie ein Aktivposten, weil es für jemand anderen eine Verbindlichkeit ist. Und das moderne Bankensystem ist bei solchem »Kreditgeld« das notwendige Gegenstück.

Als erstes müssen wir Sie daher mit Ihrer Bank bekannt machen, und zwar nicht deshalb, weil da Ihr Geld liegt, sondern weil es dort geschaffen wird.

Die Anfänge des Bankwesens und des »modernen« Geldes
Im späten Mittelalter waren Goldmünzen die Währung mit dem höchsten Nennwert. Die Goldschmiede galten als besonders geeignet, die Reinheit der Münzen zu prüfen. Darüber hinaus besaßen sie stabile Kassetten, in denen sie das Gold sicher vor Dieben aufbewahren konnten. So wurde es üblich, daß man aus Sicherheitsgründen Gold den Goldschmieden zur Aufbewahrung überließ. Der Goldschmied händigte eine Quittung für die Münzen aus und stellte eine kleine Gebühr für die Aufbewahrung in Rech-

nung. Wenn der Besitzer des Goldes eine Zahlung zu leisten hatte, löste er die Quittung ein, und der Goldschmied zahlte die Münzen aus. Im Laufe der Zeit fand man es bequemer und sicherer, Zahlungen nur mit den Quittungen zu begleichen. Wenn alle wußten, daß der Goldschmied ein vertrauenswürdiger Bursche war, warum sollte man dann das Risiko eingehen und das Gold tatsächlich bewegen? So wurden die Quittungen des Goldschmieds Pfänder für das Versprechen zu zahlen. Und wann immer jemand den Gutschein als Zahlung akzeptierte, schloß er implizit einen Kreditvertrag mit dem Goldschmied. Die Entwicklung ging von Geld auf der Grundlage von Waren, in dem Fall Gold, über zu Geld auf der Grundlage eines Kredits oder Bankdarlehens. Und so ist es bis heute geblieben.

Die erfolgreichen Goldschmiede merkten bald, daß die Goldmünzen die meiste Zeit in ihren Kassetten lagerten. Einem unternehmerisch denkenden Goldschmied kam deshalb eines Tages der Gedanke, daß er mehr Quittungen ausstellen konnte, als der Menge der Goldmünzen entsprach, die bei ihm lagerten, weil wohl kaum alle Besitzer ihre Goldmünzen gleichzeitig bei ihm abholen würden. Auf diese Weise konnte er seine Einnahmen erhöhen, ohne daß er seine Goldreserven erhöhen mußte. Das europäische Papiergeld und das »moderne« Bankwesen entstanden gemeinsam auf den Bänken der Goldschmiede im Italien des 13. Jahrhunderts; das Wort »Bank« leitet sich ab vom italienischen Wort *banco* für den Ort, an dem diese frühen Transaktionen stattfanden: die »langen Tische des Geldwechslers«.[33] Damit waren die wichtigen Zutaten vollständig: Papiergeld als Verbindlichkeit eines Partners, der gute Ruf dieses Partners als wichtiger Faktor und ein Verfahren, das heute »Mindestreservehaltung« heißt. Dieses einschüchternde Etikett bezeichnet den schlichten Vorgang, daß das Banksystem in der Lage ist, mehr Geld zu schaffen, als den Einlagen entspricht, die es im Besitz hat.

Geld außerhalb des Abendlandes

In diesem Leitfaden geht es um Geld im Abendland, nicht weil beides hier am meisten entwickelt oder am wichtigsten wäre, sondern weil das gegenwärtige Weltsystem direkt aus den abendländischen Institutionen hervorgegangen ist. Tatsächlich war der Westen eher ein Nachzügler.

Die frühesten schriftlichen Zeugnisse sind um 3200 v. Chr. in der sumerischen Stadt Uruk entstanden. Sie handeln von Einlagegeschäften, »Außenhandels«-Transaktionen, besicherter und unbesicherter Kreditvergabe in der eigenen Stadt und mit angrenzenden Stadtstaaten. Die ersten offiziellen Bankgesetze sind Teil des Codex Hammurabi (um 1750 v. Chr.). Die älteste Privatbank, deren Name überliefert ist, ist die Gesellschaft der »Enkel von Egibi« im 7. vorchristlichen Jahrhundert in Babylon. Diese babylonischen Banken »können in Anbetracht ihrer durchstrukturierten Organisation, der Zahl ihrer Filialen und Angestellten, ihrer täglichen Aufzeichnungen und der Buchführung über das dort investierte Kapital durchaus mit den größten Banken des 19. und 20. Jahrhunderts unserer Zeitrechnung verglichen werden«.[34]

Die erste unserem modernen Geld ähnliche Papierwährung wurde in China während der Herrschaftszeit von Hien Tsung (806–821 n. Chr.) als vorübergehender Ersatz für die traditionellen Bronzemünzen ausgegeben.[35] Um 900 n. Chr. war Papiergeld in China sehr verbreitet, und China hat auch die zweifelhafte Ehre, als erstes Land eine Hyperinflation erlebt zu haben: Im Jahr 1020 wurde im Übermaß Papiergeld ausgegeben im Gegenwert von insgesamt 2830000 Unzen Silber. »Man wählte sogar eine parfümierte Mischung aus Seide und Papier, um dem Geld zu höherem Ansehen zu verhelfen, doch vergebens; Inflation und Geldentwertung entwickelten sich in einem Ausmaß, das mit den Zuständen in Deutschland und Rußland nach dem Ersten Weltkrieg zu vergleichen ist.«[36] Der Westen hörte von Papiergeld – ungläubig staunend – zum ersten Mal durch Marco Polo, der von 1275 bis 1292 China bereiste. »In der Stadt Kanbalu befindet sich die Münze des Großkhans, von dem man zu Recht sagen kann, daß er das Geheimnis der Alchemisten besitze, da er die Kunst beherrscht, Papiergeld zu machen ... Sämtliche Armeen seiner Majestät werden mit dieser Währung entlohnt, und sie bedeutet ihnen das gleiche wie Gold oder Silber. Darum können wir mit Fug und Recht sagen, daß der Großkhan über größere Reichtümer gebietet als irgendein anderer Herrscher im Universum.«[37] Das Papiergeld des Kublai Khan war auch eine der ersten Weltwährungen, zeitweise wurde sie von China bis zum Baltikum akzeptiert, fast 500 Jahre bevor dies in Europa üblich wurde.

Das Geheimnis des »modernen« Geldes

Das Geheimnis bei der Schaffung von Geld besteht darin, die Menschen dazu zu bringen, daß sie die Aussage »Ich schulde dir etwas« (das Versprechen, in der Zukunft zu zahlen) als Tauschmittel akzeptieren. Wer immer diesen Trick beherrscht, kann aus dem Vorgang ein Einkommen ziehen (im Mittelalter die Gebühren des Goldschmieds, heute die Zinsen auf das Darlehen, aus dem das Geld entsteht).

Nachdem der Nationalstaat die maßgebliche Macht geworden war, schlossen die Regierungen und das Bankensystem einen Handel ab. Das Bankensystem erhielt das Recht, Geld als »gesetzliches Zahlungsmittel«[38] in Umlauf zu bringen, und im Gegenzug verpflichtete es sich, jederzeit finanzielle Mittel in der von der Regierung benötigten Höhe zur Verfügung zu stellen. Die älteste überlieferte Vereinbarung dieser Art ist die Lizenz der »Bank der Reichsstände« in Schweden aus dem Jahr 1668 (1867 wurde der Name in »Riksbank« geändert, und so heißt die schwedische Zentralbank bis heute). Das schwedische Modell wurde ein Jahrzehnt später in Großbritannien mit der Gründung der Bank of England

---

Die Alchemie des Geldes

Die Alchemie des modernen Geldes (oder mit der offiziellen Bezeichnung der »Geldmengenmultiplikator«) beginnt damit, daß, sagen wir, 100 Millionen »Zentralbankgeld« in das Bankensystem eingeschossen werden, z. B. weil die Zentralbank Rechnungen der Regierung in dieser Höhe begleichen muß. Diese Mittel werden schließlich von den Empfängern irgendwo im Bankensystem hinterlegt, und das ermöglicht der Bank, die eine solche Einlage erhalten hat, irgend jemandem ein Darlehen über 90 Millionen zu geben (die restlichen 10 Millionen werden »stillgelegte Mittel«). Das Darlehen über 90 Millionen wird wiederum eine Einlage in entsprechender Höhe erbringen, damit ist die nächste Bank in der Lage, ein weiteres Darlehen über 81 Millionen zu vergeben – usw.

Auf diese Weise können auf dem Weg durch das Bankensystem aus den ursprünglich 100 Millionen der Zentralbank 900 Millionen als »Kreditgeld« entstehen.

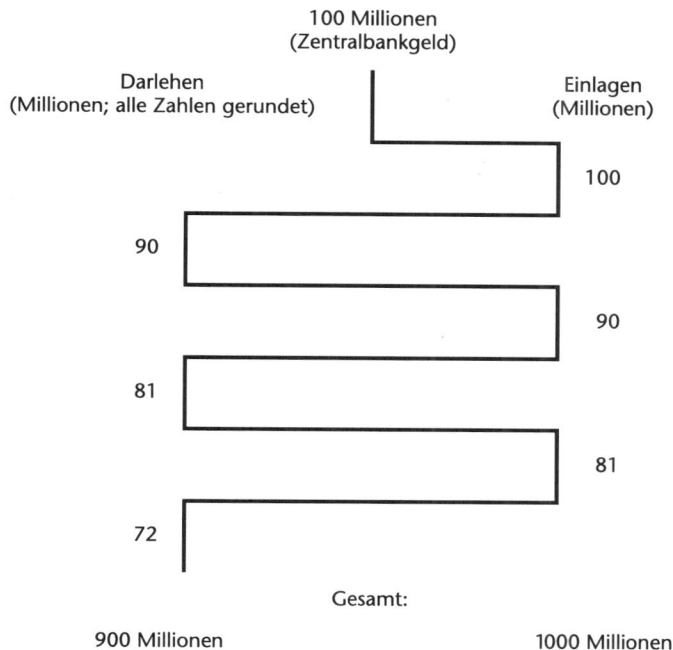

Abb. 5: Die Alchemie des Geldes

(1688)[39] kopiert, und von dort aus verbreitete es sich über die ganze Welt. Die kleine alte Dame aus der Threadneedle Street, wie die englische Zentralbank in der Londoner City heißt, »ist in jeder Hinsicht für das Geld, was der Petersdom für den christlichen Glauben darstellt. Und der Ruf ist wohlverdient, denn der größte Teil der Kunst des Umgangs mit Geld, einschließlich aller ihrer geheimnisvollen Elemente, nahm von hier seinen Ausgang.«[40]

Eine Zentralbank nimmt jede Staatsanleihe, die die Öffentlichkeit nicht kauft, entgegen und stellt im Gegenzug einen Scheck über die entsprechende Summe aus. Der Scheck deckt die Ausgaben der Regierung, und die Empfänger lösen sie auf ihre eigenen Bankkonten ein.

An dieser Stelle kommen die geheimnisvollen »Mindestreserven« ins Spiel. Jede Bank kann für jede Einlage, die sie entgegennimmt, neues Geld ausgeben, hauptsächlich in Form eines Darlehens an einen Kunden, wobei das Darlehen bis zu 90 Prozent des Werts der Einlage ausmachen darf.[41] Das neue Darlehen – beispielsweise eine Hypothek, damit Sie ein Haus kaufen können – hat zur Folge, daß der Verkäufer des Hauses irgendwo im Bankensystem eine neue Einlage tätigt. Im Gegenzug darf die Bank, die die Einlage erhält, ein weiteres Darlehen über 90 Prozent der neuen Einlage gewähren, und so fließt die Kaskade über Einlagen und Darlehen durch das Bankensystem. Was als Scheck der Zentralbank über 100 Millionen begonnen hat (sog. Zentralbankgeld), erlaubt auf dem Weg durch die Geschäftsbanken die Schaffung von weiteren 900 Millionen in Form von Darlehen. Wenn Sie diese »Alchemie des Geldes« verstanden haben, haben Sie bereits das tiefste Geheimnis unseres Geldwesens gelüftet.

Durch dieses Zusammenspiel wird der Handel zwischen den Regierungen und dem Bankensystem umgesetzt, und deshalb steht hinter »Ihrem« Geld letztlich das gesamte Bankensystem Ihres Landes. Geld und Schulden sind somit buchstäblich die beiden Seiten einer Münze. Wenn wir alle schlagartig unsere sämtlichen Schulden zurückzahlen müßten, würde das Geld aus unserer Welt verschwinden, weil der gesamte Prozeß der Schaffung des Geldes – weiter oben beschrieben als »Alchemie des Geldes« – sich damit umkehrte. Die Rückzahlung aller Kredite (die linke Seite in unserer Darstellung) hätte in der Tat die Auflösung aller Einlagen zur Folge (die rechte Seite). Selbst das Zentralbankgeld würde sich in Luft auslösen, wenn die Regierung ihre Schulden zurückzahlen könnte.

»Alte« und »neue« Bankgeschäfte

Martin Mayer erzählt in seinem Klassiker *The Bankers* (1974)[42] die folgende wahre Geschichte: Ein Mann wurde für 50 Jahre treue Dienste in ein und derselben Bank in Virginia geehrt. Bei der Jubiläumsfeier fragte man ihn, was er für »die wichtigste Veränderung im Bankwesen im Laufe des letzten halben Jahrhunderts« halte.

Der Mann überlegte kurz, ging dann zum Mikrophon und sagte: »Die Klimaanlage.« In einem zweiten Buch aus dem Jahr 1997 mit dem Titel *The Bankers: The New Generation* schreibt Mayer: »20 Jahre später ist diese Geschichte vollkommen überholt. Sie ist immer noch lustig, aber gänzlich unverständlich. In diesen 20 Jahren hat sich das Bankwesen bis zur Unkenntlichkeit verändert ... Nahezu niemand, der heute einen Job in einer Bank hat, arbeitet noch so, wie seine Vorgänger vor 20 Jahren gearbeitet haben.«[43]

Das Bankwesen hat sich in den letzten 20 Jahren stärker verändert als in mehreren Jahrhunderten davor. 1970 definierte das Bankgesetz der Vereinigten Staaten eine Bank immer noch als eine Institution, die »die Transaktionskassen einer Gemeinschaft zusammenführt, um sie gegen Zinsen an ihre kommerziellen Unternehmen zu verleihen«. Diese Definition stimmt weitgehend mit der Definition überein, die Adam Smith zwei Jahrhunderte zuvor gegeben hat. Sie enthält den Kern des Bankwesens und drückt das aus, was die Babylonier und die italienischen Goldschmiede auf ihren Bänken getan haben, wenn sie Erspartes einsammelten und gegen Gebühr an Geschäftsleute ausliehen.

Heute gibt es nur noch wenige Banken, die so arbeiten. Die meisten Banken haben inzwischen mit anderen Geschäften zu tun. Im Jahr 1996 entfielen fast 85 Prozent der Einnahmen des Bankensektors auf andere Quellen als besicherte Einlagen. Der Lebensnerv der größten Banken ist nicht die Kreditvergabe an Unternehmen, sondern die Vergabe von Kreditkartendarlehen an Konsumenten (Citicorp erwirtschaftet in diesem Geschäftsbereich mehr als 2 Milliarden Dollar pro Jahr – über die Hälfte des Gewinns). Kurz gesagt nehmen die Banken ihr Geld dort ein, wo sie es finden, und für jede legale Tätigkeit, die profitabel aussieht. Sie haben das traditionelle Tätigkeitsfeld verlassen und sich dem weiten Feld der »Finanzdienstleistungen« zugewendet. Letzten Endes rührt dieser einzigartige Wandel von den Auswirkungen des Informationszeitalters her. Sie haben die Wettbewerbsbedingungen auf den Kreditmärkten grundlegend verändert.

Die Kreditmärkte
MASCHINEN STATT MENSCHEN

Mayer merkt an, daß in der »guten alten Zeit« vor 20 Jahren »die Banken sich als Berater ihrer Kunden verstanden« hätten. Tatsächlich nutzten die Banken nur den Vorteil des Umstands, daß sie das Informationsmonopol über den Finanzmarkt besaßen. Mit der Verbreitung der Computer hatte plötzlich jedermann direkten Zugang zu Finanzmarktdaten, und die Banken verloren das Fundament ihrer bisherigen Existenz. Viele Unternehmen nutzten die Situation dazu, unter Umgehung der Geschäftsbanken eigene Unternehmenswährungen herauszugeben.

Die traditionellen Banken wurden von diesen massiven Veränderungen überrollt. Seit 1980 haben im Zuge der Umbrüche mehr als ein Drittel der Banken fusioniert oder sind ganz von der Bildfläche verschwunden. Und die verbliebenen Banken haben ihren Personalbestand drastisch reduziert. »Geschäftszeiten« bei Banken gehören inzwischen der Geschichte an. Geldautomaten haben die Arbeit übernommen und im Zeitraum von etwas mehr als zehn Jahren (1983 bis 1993) die Arbeitsplätze von rund 179 000 menschlichen Ansprechpartnern (37 Prozent der insgesamt bei amerikanischen Banken Beschäftigten) vernichtet. Deloitte und Touche schätzten in einer Untersuchung aus dem Jahr 1996, daß im Laufe weiterer fünf Jahre 50 Prozent der damals bei Banken beschäftigten Personen ihre Posten verlieren würden. Und diese Schätzungen berücksichtigten noch nicht einmal gebührend die Auswirkungen der zweiten Welle der Computerentwicklung, die gerade erst begonnen hat – die Internet-Revolution –, der Entstehung einer neuen Cyber-Ökonomie und einer ganz neuen Welt der Offenen Finanzen (mehr dazu in Kapitel 3).

KREDITKARTEN

Durch die Einführung der Kreditkarten sollten in den Anfängen des Automobilzeitalters in Amerika der Benzinkauf, die häufigen Ölwechsel und die Abrechnung der Reparaturen erleichtert wer-

> **Magisches Geld**
> Ein Mann fiel am 30. 5. 1887 in Schlaf und wachte am 30. 9. 2000 wieder auf. Mit am meisten verwunderte ihn, daß die Amerikaner immer noch in Dollar und Cent rechneten, aber ihre Einkäufe in riesigen, straßengroßen Warenhäusern mit »Kreditkarten aus Karton« bezahlten. So beginnt der Roman *Looking Backward: 2000–1887* von Edward Bellamy, der 1888 veröffentlicht wurde. Schriftsteller denken sich doch wirklich die verrücktesten Dinge aus ...

den. Die Kreditkarten wurden von den Ölgesellschaften ausgegeben, die damit die Markentreue der Kunden fördern wollten – genauso, wie heute die Luftfahrtgesellschaften mit ihren Vielfliegerprogrammen verfahren.[44] Im Jahr 1949 schuf Diners Club die erste moderne »Kundenkreditkarte«, auf der Rückseite waren stolz sämtliche 27 Restaurants – »die besten des Landes« – aufgeführt, in denen man mit der Karte bezahlen konnte. Wie in Bellamys Zeitreise waren diese Kreditkarten aus Karton. 1955 ging Diners Club zu Plastik über.[45] 1958 brachten die Bank of America und die American Express Company, die sich bereits als »die Scheckgesellschaft des Reisenden« etabliert hatte, jeweils eigene Kreditkarten aus Plastik auf den Markt. Die BankAmericard wurde nach einer größeren Umstrukturierung im Jahr 1971 als VISA-Card-Verbund weitergeführt. 20 Jahre später gehörten nicht weniger als 20 000 Finanzinstitutionen überall auf der Welt zu VISA, 655 Millionen Kunden besitzen eine VISA-Card, der jährliche Umsatz beläuft sich auf eindrucksvolle 1,3 Billionen Dollar. VISA ist zwar das größte, aber nur eines unter Tausenden von Kreditkartenunternehmen rund um den Globus. Mit den Kreditkarten ist eine ganz neue Art der Darlehensvergabe entstanden.

Die für Kreditkartendarlehen erhobenen Zinsen sind sehr viel höher – oft um ein Vielfaches – als die Zinssätze, die Banken für normale Unternehmens- oder Konsumentenkredite verlangen können. Das macht diesen Weg, Geld in Umlauf zu bringen, für die Kreditkartenfirmen so unwiderstehlich.

Im Zeitraum von weniger als einer Generation haben die Banken somit ein jahrhundertealtes Tätigkeitsfeld, die Kreditvergabe an Unternehmen, verlassen und durch die Ausgabe von Kreditkarten an Konsumenten ersetzt.

Ihre Ersparnisse: Die Speicherung von Werten

Endlich halten Sie Ihr schwer verdientes Geld in der Hand, doch wie können Sie es für die sprichwörtlichen schlechten Tage aufbewahren? Die Antwort auf diese Frage ist nicht nur für Sie persönlich wichtig. Je nachdem, wie Werte gelagert werden, hat dies auch Einfluß darauf, wieviel zusätzliches Geld durch Darlehensvergabe der Banken geschaffen werden kann. Der Vorgang wurde bereits im Zusammenhang mit der Arbeitsweise von Banken erläutert.

Anders als manche Menschen meinen, ist Geld keine gute Möglichkeit, Werte zu speichern. Geld ist bestenfalls geeignet für die »vorübergehende Aufbewahrung von Kaufkraft«[46], eine Möglichkeit, Vermögen kurzfristig zu lagern für den Zeitraum zwischen dem Augenblick, in dem Sie Ihr Einkommen erhalten, und dem Augenblick, in dem Sie es ausgeben. Sofern Sie Ihre Ersparnisse unter der Matratze aufbewahren – und auch wenn Sie sie auf einem Bankkonto liegen haben –, sollte der folgende Überblick über die Inflationsentwicklung eine Warnung für Sie sein.

Die Skala der Inflationsraten

Am deutlichsten erkennen Sie, was aus Ihrem Geld geworden ist, wenn Sie sich anschauen, wie sich die Kaufkraft entwickelt hat. In den letzten Jahren sind die meisten großen Währungen so weit stabil gewesen, daß manche Menschen glauben, die Geldentwertung (oder »Inflation« mit dem Fachbegriff) sei ein für allemal gebannt. Doch bevor wir uns mit diesem Urteil zufriedengeben, sollten wir das Thema über einen längeren Zeitraum von, sagen wir einmal 25 Jahren, untersuchen.

Wieviel ist Ihr Geld wert?		
Wenn Sie in dem Land leben	betrug der Wert Ihrer Währung 1996 (1971 = 100)	Rangplatz unter den 108 größten Währungen der Welt
Deutschland (Deutsche Mark)	42,28	1
Schweiz (Schweizer Franken)	39,79	3
Japan (Japanischer Yen)	33,24	11
Vereinigte Staaten (Dollar)	24,72	17
Kanada (Kanadischer Dollar)	22,26	23
Frankreich (Französischer Franc)	19,48	31
Australien (Australischer Dollar)	15,11	46
Großbritannien (Pfund Sterling)	12,57	55
Italien (Lira)	8,65	68
Spanien (Peseta)	7,77	69
Mexiko (Peso)	0,066	101
Brasilien (Cruzeiro/ Cruzado/Real)	0,000	108

Werfen wir einen Blick auf die Tabelle oben, und betrachten wir z. B. die Kaufkraftentwicklung der D-Mark, der seit dem Zweiten Weltkrieg »stabilsten« Währung der Welt, in den letzten 20 Jahren. Hätten Sie seit 1971 einen Hundertmarkschein unter Ihrer Matratze aufbewahrt, hätte er Ende 1996 nur noch eine Kaufkraft von 42,28 DM gehabt.[47] Mit anderen Worten: Selbst die Wäh-

> **Währungskrisen bringen Reiche zu Fall**
> Der Niedergang einer Währung kann auf unterschiedliche Weise vonstatten gehen. Am schlimmsten ist die galoppierende Inflation, die extreme Form der Inflation, bei der die Währung praktisch wertlos wird. Soziale Unruhen oder sogar der Zusammenbruch waren die Folge, wenn ein Staat über seine Verhältnisse lebte oder aus Prestigegründen zuviel Geld in Umlauf brachte und damit eine Hyperinflation der Währung auslöste.
>
> Sumer, einer der ältesten historisch gut dokumentierten Stadtstaaten, brach zusammen, nachdem fortgesetzte Kriege mit seinen Nachbarn um 2020 v. Chr. zur Hyperinflation führten. Die Nachfolger Alexanders des Großen brachten riesige Schätze aus Persien mit nach Hause. Ergebnis war eine Hyperinflation und der Zerfall des einst mächtigen griechischen Weltreiches. Das gleiche widerfuhr 2000 Jahre später dem spanischen Reich, als die spanischen Eroberer mit dem Gold und Silber nach Hause zurückkehrten, das sie in der Neuen Welt geraubt hatten.
>
> Hyperinflation ist immer noch in vielen Ländern eine Geißel. Es seien nur einige extreme Beispiele aus unserem Jahrhundert genannt: Deutschland in den 20er Jahren, Lateinamerika in den 70er und 80er Jahren, Jugoslawien 1989 bis 1991 und Rußland 1991/92 und dann wieder 1998. In all diesen Fällen hat die Hyperinflation unweigerlich schwere soziale und politische Krisen verursacht.

rung, die im weltweiten Vergleich am besten abschneidet, hat in dem Zeitraum von 25 Jahren mehr als die Hälfte ihres Wertes verloren. Auch 100 Schweizer Franken aus dem Jahr 1971 sind 1996 nur noch 39,79 Franken wert. Die Kaufkraft von 100 US-Dollar liegt bei 24,72 US-Dollar, die Kaufkraft von 100 britischen Pfund bei 12,57 Pfund usw.

Manchmal gerät die Inflation völlig außer Kontrolle, und für eine Gesellschaft, die von einer solchen galoppierenden Inflation heimgesucht wird, kann das verheerende Folgen haben.

Ein kluger Umgang mit dem Ersparten läuft deshalb darauf hinaus, das Geld auf die drei großen klassischen Anlageformen aufzuteilen: Immobilien, Anleihen und Aktien. Im Laufe der letzten zehn Jahre ist noch eine weitere wichtige Anlageform hinzugekommen, die uns ganz besonders interessieren wird: Währungen.

Es sei kurz skizziert, wie sich die Rolle der genannten Anlageformen im Laufe der Zeit verändert hat, damit wir ein Bild von der Entwicklung erhalten.

Immobilien

Vom Beginn der Agrarrevolution bis ins letzte Jahrhundert hinein war Grundbesitz die vorherrschende Form des Vermögensspeichers auf der Welt. Der Reichtum einzelner Personen konnte in der Regel danach ermessen werden, wieviel Land sie besaßen und von welcher Qualität das Land war.

Dies veränderte sich vollkommen mit Beginn des Industriezeitalters, als Aktien und Anleihen von Unternehmen zur bevorzugten Vermögensanlage wurden. Heute beschränkt sich der Haus- und Grundbesitz der meisten Menschen auf ihr Eigenheim oder ihre Wohnung, und darauf lastet in der Regel eine Hypothek.

Aktien

Eine Aktie ist ein Besitzanteil an einem Unternehmen. Anders, als die meisten Menschen glauben, ist die Aktie ein uraltes Investitionsinstrument. Im Verlauf des letzten Jahrzehnts wuchsen die Aktienmärkte rund um die Welt immer enger zusammen. Man folgte der Theorie, daß durch eine möglichst breite geographische Streuung das Risiko der Aktienanlage gemindert würde.

Diese Theorie zerplatzte im Aktiencrash des Jahres 1987, der gleichzeitig alle Börsen rund um den Globus erfaßte und zeigte,

---

Welche Aktie auf der Welt ist neu?
Die Anfänge der Aktien gehen zurück auf die Seefahrer und Karawanen. Die antiken Phönizier kannten die Aktienanlage, im 13. Jahrhundert waren Aktien in Venedig und Genua für die Allgemeinheit frei handelbar. »Männer und Frauen aus allen Schichten besaßen Geschäftsanteile ... Sie galten als besonders gute Sicherheit für eine der beliebtesten Formen der Investition in Übersee, der Seeanleihe, die nur zurückgezahlt wurde, wenn das Schiff wohlbehalten zurückkehrte.«[48]

daß es nicht mehr so einfach ist, Risiken durch weltweite Diversifizierung zu verringern. Auch für den Anleger, der nur in heimische Aktien investiert, gilt heute die Devise: Denke global und handle global, denn die Auswirkungen globaler Ereignisse sind überall spürbar.

Anleihen

Eine Anleihe ist ein Darlehen an die Organisation, die die Anleihe begeben hat. Es ist ein Versprechen, das Darlehen bei Fälligkeit zurückzuzahlen. Der Käufer eines Bonds gibt Bargeld für dieses Versprechen. Die Schlüsselbedingung dabei ist die regelmäßige Bezahlung von Zinsen.

»Wucher« oder die Berechnung von Zinsen wurde seit ihrer Begründung von allen drei großen Religionen (Judentum, Christentum und Islam), die im Buch ihres Glaubens die Offenbarung Gottes erkennen, nicht gern gesehen (mehr dazu auf S. 130). Nur der Islam ist bis heute dabei geblieben. In England legalisierte Heinrich VIII. (1491 bis 1547) die Zinserhebung nach seinem Bruch mit Rom. Aber erst im 18. und 19. Jahrhundert traten verzinste Anleihen an die Stelle der Geldanlage in Grund und Boden.

Diese Entwicklung fand auch in protestantischen Ländern statt. Die katholische Kirche »vergaß« die Sünde des Wuchers erst ge-

---

In Anleihen haben wir Vertrauen
Bonds oder Anleihen setzen breites Vertrauen in die langfristige Stabilität der Währung voraus, in der sie ausgestellt sind. Die Laufzeit eines Bonds gibt darum eine Vorstellung davon, wie groß das Vertrauen in die betreffende Währung ist. Die »Weltmeister« in dieser Hinsicht sind die holländischen »Deichbau-Anleihen« ohne festgesetztes Fälligkeitsdatum, auf die seit dem 16. Jahrhundert zuverlässig Zinsen gezahlt werden. Im Jahr 1903 konnte es sich die britische Regierung leisten, »Schuldscheine« mit einer Laufzeit von 300 Jahren zu einem Zinssatz von 2,5 Prozent auszugeben. Vergleichen Sie das einmal mit den heutigen »Langläufern« mit einer Laufzeit von höchstens 30 Jahren und einer Verzinsung von 5 Prozent.

gen Ende des 19. Jahrhunderts, von da an gehörten Bonds und andere Formen von verzinsten Anleihen sogar auch in kirchliche Portfolios.

Währungen

Im Laufe der Geschichte waren Währungen für einige Spezialisten wie Geldwechsler und international tätige Banken schon immer eine wichtige Form der Geldanlage. Und jedes moderne, global diversifizierte Portfolio hat definitionsgemäß auch einen Währungsanteil (in dem Sinne, daß der Besitz einer japanischen Anleihe oder japanischer Aktien automatisch bedeutet, daß der Besitzer eine Position in japanischen Yen hält). So ist das Halten von Devisen selbst zu einer logischen Erweiterung geworden. Devisen sind mittlerweile in den Portfolios der meisten professionellen Anleger ein wichtiger Posten.

In den letzten zehn Jahren hat sich etwas sehr Bemerkenswertes ereignet: Der Devisenmarkt ist der größte Einzelmarkt auf der Welt geworden. Devisentransaktionen (der Kauf und Verkauf von Währungen) stellen heute das Handelsvolumen bei allen anderen Anlagearten in den Schatten, selbst das Volumen des gesamten Welthandels. Als Folge davon haben die Devisenmärkte erstmals in der überlieferten Geschichte für nahezu jedermann lebenswichtige Bedeutung erhalten – auch wenn dies möglicherweise den meisten Menschen noch nicht richtig bewußt ist.

DEVISENMÄRKTE

Wenn Sie schon einmal ins Ausland gereist sind, haben Sie Geschäfte auf dem Devisenmarkt getätigt. Sie sind in eine Bank oder eine Wechselstube gegangen und haben einen kleinen Stapel Ihnen vertrauter Geldscheine gegen buntere, fremdartiger aussehende Noten eingetauscht. Am Tag nachdem jemand das Geld erfunden hat, muß sein Nachbar mit dem Geldwechseln angefangen haben ... Was kann es also Neues auf den Devisenmärkten geben? Tatsächlich ist eine ganze Menge neu.

Das erste Anzeichen für bedeutende Veränderungen ist allein der Umfang der Devisentransaktionen. In der »prähistorischen« Zeit der 70er Jahre schwankte das tägliche Volumen der weltweiten Devisentransaktionen zwischen 10 und 20 Milliarden Dollar. 1983 lag es bereits bei 60 Milliarden. 1995 hat es schwindelerregende 1,3 Billionen[49] erreicht, und die Schätzungen für einen »normalen« Tag im Zeitraum 1998/99 belaufen sich auf über 2 Billionen.

Einfache Sterbliche wie wir können sich unter solchen Zahlen gar nichts vorstellen (siehe die »Quizfrage«). Nehmen wir folgendes zum Vergleich: Der genannte Wert ist mehr als das 150fache des gesamten weltweiten täglichen Umschlags von Rohstoffen, Fertigwaren und Dienstleistungen. Er entspricht mehr als dem 100fachen der täglich an allen Börsen der Welt gehandelten Effekten. Er ist 50mal mehr als die Summe der pro Tag in allen Industrieländern produzierten Waren und Dienstleistungen (BSP). Zudem wächst das Volumen der Devisentransaktionen mit der halsbrecherischen Rate von 20 bis 25 Prozent pro Jahr, die jährliche Wachstumsrate des Welthandels hingegen liegt lediglich bei 5 Prozent. Daraus können wir nur den Schluß ziehen, daß auf den weltweiten Devisenmärkten etwas sehr Ungewöhnliches geschieht, etwas, das wir noch nie zuvor erlebt haben.

> **Eine Quizfrage**
> Stellen Sie sich einmal vor, Sie hätten eine Druckerpresse in Ihrer Garage und würden damit Dollarnoten drucken, und zwar einen Dollar pro Sekunde. Wann hätten Sie Ihre Druckerpresse anwerfen und mit dem Druck beginnen müssen, damit die 2 Billionen Dollar für einen typischen Devisenhandelstag heute fertig wären? Im Ersten Weltkrieg, während der amerikanischen Revolution, bei Christi Geburt, in der Steinzeit oder zur Zeit des Cro-Magnon-Menschen? Die Antwort finden Sie in der Anmerkung.[50]

DAS GLOBALE KASINO

Es geschieht folgendes: »Spekulativer« Handel (d. h. Handel, dessen einziger Zweck darin besteht, von den Wertschwankungen der Währungen zu profitieren) dominiert auf den Devisenmärkten nahezu vollständig. Im Gegensatz dazu ist die »echte« Wirtschaft (d. h. Transaktionen, die mit dem Kauf und Verkauf von realen Gütern und Dienstleistungen im Ausland zusammenhängen einschließlich Portfolio-Investitionen) an den Rand gedrängt worden und spielt nur noch eine untergeordnete Rolle in dem weltweiten Kasino, in dem der spekulative Devisenhandel stattfindet.

Abb. 6 illustriert, wie dramatisch sich das Gewicht von »realen« zu spekulativen Transaktionen verschoben hat. Mittlerweile sind 98 Prozent aller Devisentransaktionen spekulativer Natur, und nur 2 Prozent hängen mit realen Geschäften zusammen.[51]

Spekulation kann auf jedem Markt eine positive Rolle spielen: Theorie und Praxis zeigen, daß Spekulation die Effizienz der Märkte verbessern kann, weil sie die Liquidität und die Tiefe[52] des Marktes vergrößert. Aber augenblicklich ist die Spekulation gänzlich außer Kontrolle geraten. »Spekulanten mögen unschädlich sein als Seifenblasen auf einem steten Strom der Unternehmungs-

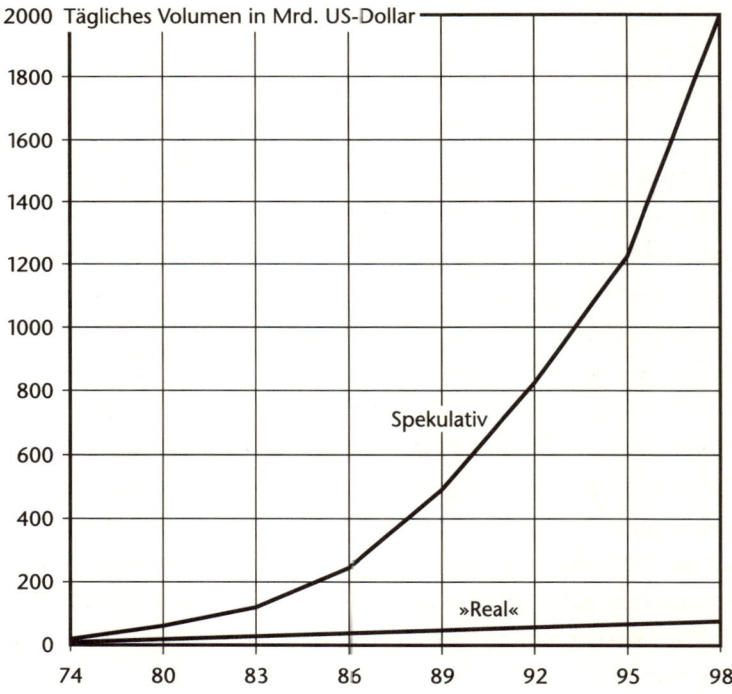

Abb. 6: Devisentransaktionen pro Tag nach Angaben der Bank für Internationalen Zahlungsausgleich (BIZ) im Vergleich zu Devisentransaktionen, denen ein »echter« wirtschaftlicher Austausch zugrunde liegt

Währungen: Ein ideales Instrument für Spekulanten
Verglichen mit anderen Anlageformen, bieten die Devisenmärkte Spekulanten heute eine Reihe von Vorzügen:
- Liquidität rund um die Uhr: Devisen sind die liquidesten aller Anlageformen (liquider als Anleihen und Aktien, die nur zu den örtlichen Börsenzeiten gehandelt werden können, und viel liquider als Grund und Boden).
- Sehr geringe Transaktionskosten: In großem Umfang Devisen zu kaufen oder zu verkaufen ist sehr viel billiger als der Kauf und Verkauf von Aktien, Anleihen oder Grund und Boden. Kosten verursacht nur die Differenz zwischen Ankaufspreis und Verkaufspreis der Währung, die den Gewinn der Bank ausmacht.
- Tiefe der Devisenmärkte: Wenn institutionelle Anleger große Geldmengen plazieren wollen, würde der Kauf von Aktien den Kurs in die Höhe treiben. Umgekehrt drückt der Verkauf großer Aktienbestände den Kurs in den Keller. Solche Probleme gibt es bei Devisentransaktionen nicht: Dank der Tiefe der Devisenmärkte sind selbst Milliarden von Dollar nur ein Tropfen auf den heißen Stein.

lust. Aber die Lage wird ernsthaft, wenn die Unternehmungslust die Seifenblase auf dem Strudel der Spekulation wird. Wenn die Kapitalentwicklung eines Landes das Nebenerzeugnis der Tätigkeiten eines Spielsaales wird, wird die Arbeit voraussichtlich schlecht getan werden.«[53] John Maynard Keynes' Einschätzung ist zwar schon über ein halbes Jahrhundert alt, aber nie war sie zutreffender als heute. Hinzu kommt, daß Währungen ein ideales Spekulationsinstrument sind.

Der Großteil der spekulativen Geschäfte wird von den Devisenabteilungen der Banken betrieben. Gleichwohl ist abzusehen, daß im Falle einer weltweiten Währungskrise der Hauptteil der öffentlichen Kritik die Hedge-Fonds – Fonds, die sich auf Währungsspekulationen spezialisiert haben – treffen wird, weil sie »die Neuen« sind. In allen Finanzkrisen – angefangen mit der holländischen Tulpenkrise 1637 bis zum Crash an der Wallstreet 1987 – wurde immer die zuletzt eingeführte Neuerung dafür verantwortlich gemacht.[54]

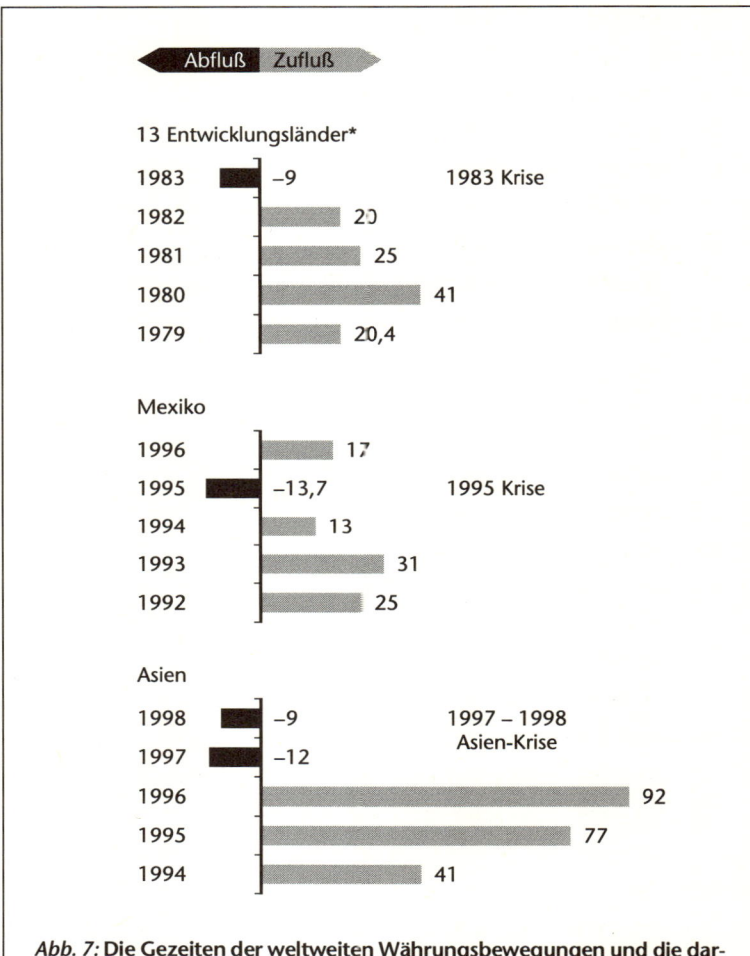

Abb. 7: Die Gezeiten der weltweiten Währungsbewegungen und die daraus resultierenden Währungskrisen 1983 bis 1998 (in Mrd. US-Dollar)[55]
* »13 Entwicklungsländer« sind Argentinien, Bolivien, Brasilien, Chile, Ecuador, Elfenbeinküste, Kolumbien, Nigeria, Mexiko, Marokko, Paraguay, Peru und Venezuela.

Abb. 7 zeigt einen Überblick über die Währungsströme, die zwischen 1983 und 1998 drei Krisen auslösten. Eine Währungskrise kann gesehen werden als plötzlicher, massiver Abfluß von Geldmitteln aus einem Land, die Gegenbewegung zu einem früheren massiven Geldzufluß.

Anzumerken ist, daß der »Tidenhub« der Gezeiten immer größer wird – Spiegelbild des in Abb. 6 skizzierten wachsenden Anteils der spekulativen Devisentransaktionen. 1983 belief sich die Differenz zwischen Geldzuflüssen und -abflüssen von 13 Ländern auf zusammen 30 Milliarden US-Dollar. 1995 erlebte allein Mexiko eine Währungsbewegung in dieser Größenordnung. Nicht einmal drei Jahre später flossen bei der Asienkrise zwischen 1996 und 1997 mehr als 100 Milliarden US-Dollar. Diese starken Währungsbewegungen sind eine Folge der massiven Spekulation.

WARUM WIRD MIT WÄHRUNGEN SPEKULIERT?

Das außerordentliche Anwachsen der Spekulation kann durch das Zusammenwirken dreier Veränderungen im Laufe der letzten Jahrzehnte erklärt werden:
1. Eine strukturelle Veränderung: Am 15. 8. 1971 löste Präsident Nixon den Dollar vom Gold und leitete damit eine neue Ära ein, künftig wurde der Wert von Währungen in erster Linie durch die Kräfte des Marktes bestimmt. Das System veränderte sich dadurch nachhaltig, und der Wert der Währungen konnte jederzeit erheblich schwanken. Damit begann die Zeit der »freien Wechselkurse« und eröffnete all jenen große Profitchancen, die die Schwankungen auszunutzen wußten.
2. Die Deregulierung der Finanzmärkte in den 80er Jahren: Die Regierungen von Margaret Thatcher in Großbritannien und Ronald Reagan in den USA leiteten gleichzeitig Programme für eine massive Deregulierung der Finanzmärkte ein. Der Baker-Plan (ein nach dem damaligen amerikanischen Finanzminister James Baker benanntes Reformpaket) zwang angesichts der Schuldenkrise der Schwellenländer 16 wichtige Entwicklungsländer zu vergleichbaren Deregulierungsmaßnahmen. Sie ermöglichten einem sehr viel breiteren Spektrum von Einzelpersonen und Institutionen, sich an Devisengeschäften zu beteiligen.

3. Technologische Innovationen: Parallel zu der unter Punkt 2 beschriebenen Entwicklung entstand durch den Vormarsch des Computers im Devisenhandel erstmals in der Geschichte ein täglich 24 Stunden weltweit integrierter Markt. Damit änderten sich das Tempo und der Umfang möglicher Devisentransaktionen rund um die Welt in dramatischer Weise.

In einem Rückblick auf 5000 Jahre Geschichte des Geldes identifizierte Glyn Davies den technologischen Wandel als eine von nur zwei außerordentlich wichtigen Veränderungen: »Es gab zwei bedeutende Veränderungen. Die erste fand im ausgehenden Mittelalter statt, als das Drucken von Papiergeld allmählich das Schlagen von Münzen ersetzte, und die zweite ist die Erfindung des elektronischen Zahlungsverkehrs in unserer Zeit.«[56] Rückblickend können wir sagen, daß die erste Veränderung den Herrschern ihre maßgebliche Rolle bei der Geldschöpfung genommen hat, aber wozu wird die zweite Veränderung führen?

Um die Kontrolle über die sich entwickelnden neuen Formen von Geld hat ein Titanenkampf angehoben. Die Banken handeln mittlerweile in der Mehrzahl genauso wie computerisierte Telekommunikationsunternehmen. Gleichzeitig haben Unternehmen in anderen Branchen wie Telekommunikation, Computer-Hardware und -Software, Kreditkartenverarbeitung, Einkaufen im Internet, selbst Kabelfernsehgesellschaften entdeckt, daß sie vielfach die gleichen Dienstleistungen wie eine Bank anbieten können. Wer den Kampf um die Kontrolle über das neue elektronische Währungssystem gewinnt, wird letztlich die Macht haben, Geld in Umlauf zu bringen. Wie der Bankier Sholom Rosen sagte: »Es ist neu, es ist revolutionär – und wir sollten verflucht Angst davor haben.«[57] Wenn schon gutinformierte Banker Angst vor der Geschwindigkeit und dem Ausmaß der Veränderungen im Geldwesen haben, wie sollte es uns Durchschnittsmenschen dann gehen?

DERIVATE

Neben der Revolutionierung des Bankwesens und der Beschleunigung von Währungsbewegungen haben Computer die Devisenmärkte noch in einer ganz anderen Weise verändert: Sie ermöglichten die explosionsartige Entwicklung eines ganzen Bündels neuer Finanzprodukte, der sog. Derivate.[58] Derivate erlauben es, ein finanzielles Risiko in seine einzelnen Bestandteile zu zerlegen und jeden Risikobestandteil separat zu behandeln. Charles Sanford, der ehemalige Vorstandsvorsitzende von Bankers Trust und einer der Pioniere auf diesem Geschäftsfeld, sagte einmal über Derivate, sie bildeten eine »Teilchentheorie der Finanzen«.
Eine Anleihe in japanischen Yen kann z. B. in mindestens drei Risikobestandteile zerlegt werden: Sie enthält ein Währungsrisiko (das Risiko, daß der Yen gegenüber Ihrer heimischen Währung an Wert verliert), ein Zinsrisiko (das Risiko, daß die Zinssätze steigen, nachdem Sie Ihre Anleihe erworben haben) und ein Emitten-

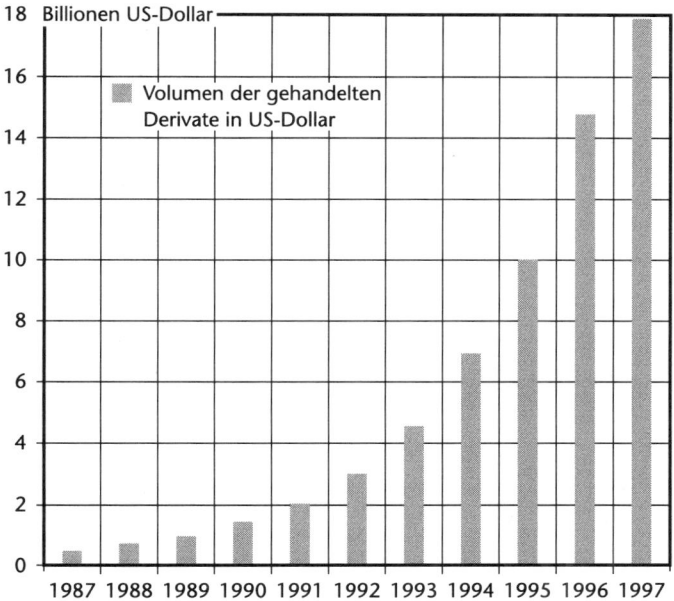

Abb. 8: Handel mit Finanzderivaten (1987 bis 1997)[59]

> **Die Barings**
> Der Herzog von Richelieu sagte im Jahr 1818, in Europa gebe es sechs Großmächte: Frankreich, England, Preußen, Österreich, Rußland und die Brüder Baring. Der Ruf half indes im Februar 1995 nichts mehr, als ein einziger junger Devisenhändler innerhalb von wenigen Tagen 1,5 Milliarden – das Doppelte des Kapitals der Bank – am Derivatemarkt in Singapur verlor. Hinter den Mauern der Bank muß man darüber besonders überrascht gewesen sein, denn Ron Baker, der Leiter der Abteilung Finanzprodukte der Baring Bank, beurteilte die Transaktionen von Nick Leeson geradezu enthusiastisch: »Nick hatte einen phantastischen Tag an der SIMEX ... Baring Singapur war der Markt ... Nick sieht einfach phänomenale Chancen, und dann ergreift er sie.«[60]

risiko (das Risiko, daß das Unternehmen, welches die Anleihe begeben hat, keine Zahlungen leistet). Derivate versetzen den Investor in die Lage, genau zu bestimmen, welche Risikokomponente er in sein Portfolio aufnehmen und welche er auf keinen Fall darin haben möchte.

Stellen Sie sich das Ganze so vor: Anstatt eine Karte für ein Konzert oder eine Oper zu kaufen, können Sie auf einmal die Bestandteile nach Wunsch auswählen und Ihre liebste Sopranistin, Ihren liebsten Tenor, Ihren liebsten Violinisten, Dirigenten usw. für die Aufführung Ihres Lieblingsstückes zusammenführen. Wenn Sie wissen, was Sie tun, kann das Ergebnis dieser neuen Freiheit ganz außerordentlich sein und alles übertreffen, was Sie bei der »Paketlösung« einer normalen Aufführung bekommen. Doch wenn Ihre Kenntnisse nur begrenzt sind, kann Ihre individuell gestaltete Aufführung zu einer Katastrophe werden. Derivate geben Investoren eine vergleichbare Freiheit bei der Zusammenstellung ihrer Portfolios, verlangen aber in ganz ähnlicher Weise deutlich mehr Wissen, als der durchschnittliche Investor vorzuweisen hat.

Risiken zu verschieben ist so lange in Ordnung, wie derjenige, bei dem das Risiko am Ende landet, sich gut genug auskennt und stark genug ist, daß er es auch tragen kann. Martin Mayer hat allerdings als Gesetz formuliert, daß »Instrumente zur Risikoverschiebung das Risiko letzten Endes auf jene verschieben, die am wenigsten in der Lage sind, damit umzugehen.«[61] Ich halte dies zwar für eine zu grobe Verallgemeinerung, aber es bleibt die Tatsache, daß viele Institutionen katastrophal Schiffbruch erlitten haben, ohne überhaupt zu begreifen, was ihnen widerfahren ist. Die Baring Bank, seit 230 Jahren ein großer Name in der Londoner City, ist dafür ein besonders spektakuläres Beispiel.

Derivate haben dennoch ihre Existenzberechtigung, denn wenn sie richtig eingesetzt werden, können sie gleichermaßen nützlich für die Gesellschaft und profitabel für den Investor sein. Wir sollten uns deshalb mit dem Gedanken vertraut machen, daß sie uns einige verblüffende Überraschungen bescheren können, ähnlich wie manche Orchesterkombinationen von Amateuren in dem weiter oben gebrauchten Bild. Genau wie sich Dr. Jekyll in Mr. Hyde verwandelt, kann ein Blinken auf dem Computerbildschirm im Handumdrehen eine Position in Derivaten vollkommen anders aussehen lassen.

DAS ZENTRALNERVENSYSTEM DES KAPITALISMUS

Währungen nur als eine weitere Anlageform zu betrachten wäre unzureichend. Die Währung eines Landes ist noch sehr viel mehr. Sie spielt die Rolle des Zentralnervensystems, das über den Wert aller anderen Anlageformen in dem jeweiligen Land bestimmt. Das wird deutlicher, wenn wir uns ansehen, in welcher Weise die drei traditionellen Anlageformen ganz direkt von den Entwicklungen bei der Währung betroffen sind. Wir haben bereits erläutert, daß Anleihen nur dann eine attraktive Investition sind, wenn die Währung, in der sie ausgegeben werden, stabil bleibt (d. h., wenn die Inflationsrate gering ist oder fällt). Es ist weiterhin wohlbekannt, daß die Aktienkurse fallen, wenn die Zinssätze steigen, und die Zinssätze steigen in der Regel rasch an, wenn eine Währung unter Druck gerät. Komplizierter sieht es bei der letzten Anlageform aus, den Immobilien. Immobilienbesitz ist auf der einen Seite der beste Schutz gegen Inflation. Auf der anderen Seite ist er sehr wenig liquide (d. h. schwer innerhalb kurzer Zeit zu verkaufen). Wenn ernsthafte Finanzprobleme auftreten, müssen Menschen, die ihre Hypotheken nicht mehr bedienen können, ihren Immobilienbesitz möglicherweise unter Wert losschlagen. Darum ist Immobilienbesitz ein zweischneidiges Schwert.

Die Verflechtung zwischen den verschiedenen Finanzmärkten macht die Währungsschwäche zu einer so gefährlichen Krankheit. Abb. 9 zeigt, wie sich die Krise, die als Schwäche der thailändischen Währung begann, über die Aktienmärkte von zehn verschiedenen Ländern ausbreitete.

Wenn wir feststellen, daß alle unsere Eier in demselben Korb – nämlich der Währung – liegen, ist es meines Erachtens sehr empfehlenswert, diesen Korb genau im Auge zu behalten. Einige

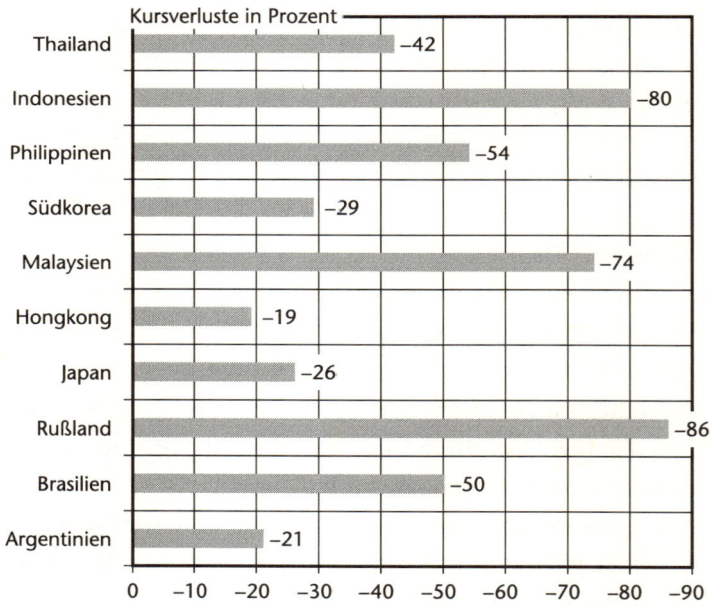

Abb. 9: **Einbruch der Aktienmärkte in zehn Ländern (Juni 1997 bis Dezember 1998)**[62]

hochqualifizierte Leute werden dafür bezahlt, ebendies zu tun. Diese Leute möchte ich Ihnen vorstellen und damit das Bild von den Schlüsselakteuren auf der weltweiten Bühne des Geldes vervollständigen.

Zentralbanken und andere Feuerwehrmänner

Der Finanzsektor war schon immer »etwas Besonderes«. Selbst heute wird er nicht einfach als ein Dienstleistungsbereich neben anderen angesehen. Das hat positive und negative Gründe:

- Auf die positive Seite gehört die Feststellung, daß Finanzinstitutionen – auch die privaten – eine lebenswichtige öffentliche Funktion erfüllen und, so ist zu hoffen, allen am Wirtschaftsgeschehen Beteiligten eine stabile Währung zur Verfügung stellen.
- Auf die negative Seite gehört, daß Finanzinstitutionen sich oft als sehr anfällige Bestandteile einer Gesellschaft erwiesen haben. Und es gibt reichlich Beispiele – von den Sumerern bis Jugoslawien – dafür, daß ganze Gesellschaften zusammenbrechen können, wenn die Währung in Schwierigkeiten gerät.

Die nationale Ebene

Brände sind selten, aber wenn sie auftreten, können sie verheerend sein. Ganze Städte sind niedergebrannt, weil ein einziger Mensch unvorsichtig war, und darum wurden Feuerwehren und Brandwachen eingerichtet. Genauso steht es auch mit dem Geld: Weil die Finanzinstitutionen sich als so anfällig erwiesen haben, wurden die Zentralbanken geschaffen.

Im 19. Jahrhundert bezeichnete der Begriff »Zentralbank« eine Bank mit Hauptsitz in der Hauptstadt eines Landes, die das Monopol für die Ausgabe von Papiergeld in der jeweiligen Landeswährung besaß. Hin und wieder leisteten sich diese Zentralbanken gegenseitig Hilfe. So halfen beispielsweise 1825 die Franzosen

Warum sind Banken so anfällig?
Banken sind von jeher sehr unfallgefährdet. Um nur die jüngsten Bankenprobleme zu nennen, sei auf die Schwierigkeiten der US-Großbanken in Lateinamerika in den 80er Jahren verwiesen und auf die größte Bankenpleite in der Geschichte, das Savings-and-Loans-Debakel in den 90er Jahren. Die skandinavischen Banken brauchten Anfang der 90er Jahre Hilfe. Die japanischen Banken gerieten dreimal hintereinander in Schwierigkeiten: erst bei der Krise der Entwicklungsländer in den 80er Jahren, dann folgte eine Immobilienklemme in den 90er Jahren und 1997 bei der Krise in Südostasien. Die deutschen Banken wurden 1998 schwer von der Rußlandkrise in Mitleidenschaft gezogen. Besonders heikel sind die Krisen, wenn global agierende Banken darin verwickelt sind wie beim Zusammenbruch von BCCI 1991. Mit diesem Fall beschäftigen sich bis heute die Gerichte rund um den Globus.

Warum sind Banken bis heute so anfällig? Hier zeigt sich ein Dilemma, das bisher noch niemand gelöst hat. Zum Wesen der Geschäftstätigkeit von Banken gehört es, daß sie Anlagen mit geringen Risiken entgegennehmen (Einlagen) und sie in Anlagen mit höherem Risiko investieren. Wenn die Risiken sich auszahlen, zahlen sich die Investitionen aus, und die Inhaber der Bank streichen den Gewinn ein. Wenn die Risiken sich nicht auszahlen und die Bank Schiffbruch erleidet, werden die Verluste zwischen den Inhabern der Bank und den Einlegern (oder einem Sicherheitsnetz in Form einer staatlichen Versicherung, die neuerdings die Einleger schützt) aufgeteilt. Deshalb gibt es für Banken eine sozusagen ins System eingebaute Versuchung, auf hohe Risiken zu setzen, die hohe Gewinne versprechen. Im Sprachgebrauch der Zentralbanken heißt das »Risiko des fahrlässigen Verhaltens«.

Das Dilemma sieht folgendermaßen aus: Wenn die Banken überhaupt keine Risiken eingehen dürften, gäbe es keine Bankgeschäfte. Aber soll für eine Großbank die Gefahr des Zusammenbruchs bestehen, wenn sie große Risiken eingeht? Große Bankenpleiten können das gesamte Finanzsystem destabilisieren. Und damit nicht genug. Wenn die an Tausende von Unternehmen vergebenen Kredite zurückgefordert werden, kann die Krise rasch alle erdenklichen Bereiche ökonomischer Aktivität erfassen. Auf einmal stehen Millionen Arbeitsplätze und der Lebensunterhalt von Millionen Menschen auf dem Spiel. Schwierigkeiten der Banken werden rasch zu Problemen für jedermann.

Nach Angaben der Weltbank haben nicht weniger als 69 Länder seit Ende der 70er Jahre schwere Bankenkrisen mitgemacht, und 87 Länder haben seit 1975 einen Sturm auf ihre Währung erlebt.[63]

der Bank of England und schickten gegen Silber eine Schiffsladung Gold nach England, weil in London große Nachfrage nach Gold bestand. 1860 revanchierten sich die Engländer für den Gefallen und halfen der Banque de France aus einer Notlage. Doch solche Fälle wechselseitiger Unterstützung blieben selten, wurden eher diskret abgewickelt und galten ganz gewiß nicht als Teil der offiziellen Pflichten einer Zentralbank.
Die Situation änderte sich vollkommen mit dem Abkommen von Bretton Woods.

Das Abkommen von Bretton Woods
Im Juli 1944 unterzeichneten die Vertreter von 45 Ländern im Hotel »Mount Washington« in Bretton Woods im amerikanischen Bundesstaat New Hampshire die erste schriftlich fixierte, weltumspannende Währungsverfassung. Darin verpflichteten sich die Staaten, ihre Währungen mit einer festen Parität an den US-Dollar zu binden, und die Vereinigten Staaten verpflichteten sich im Gegenzug, den Dollar auf Ersuchen jeder Zentralbank zu jedem beliebigen Zeitpunkt gegen Gold zu konvertieren, und zwar zu dem festen Kurs von 35 Dollar je Unze Gold. Durch dieses System wurde der US-Dollar de facto die Achse, um die sich das gesamte Weltwährungssystem dreht. Zur Überwachung des Systems wurde eine neue Institution geschaffen, der Internationale Währungsfonds (IWF). Jede Auf- oder Abwertung einer Währung bedurfte der vorherigen Zustimmung des IWF. Dieses System funktionierte mehr als zwei Jahrzehnte gut, bis Präsident Johnson während des Vietnamkriegs seine Strategie »Gewehre und Butter« propagierte und Kriegführung mit Wohlstand zugleich ganz oben auf die politische Tagesordnung setzte. Dies hatte einen einzigartigen Abfluß von Dollar aus den Vereinigten Staaten zur Folge. Einige Jahre später, 1971, zwangen die beträchtlichen Dollarbestände der ausländischen Zentralbanken Präsident Nixon, das Versprechen zurückzunehmen, daß der Dollar jederzeit in Gold getauscht werden könne. Dies war das Ende des Systems von Bretton Woods. Der Dollar ist jedoch die Achse des Weltwährungssystems geblieben. Dieser Umstand erhöhte den Einfluß der USA in Weltwährungsangelegenheiten und die Abhängigkeit der Welt vom Dollar.
Auch die Einführung des Euro hat daran nichts geändert, denn der internationale Wert des Euro bleibt an den Dollar gekoppelt.

In Bretton Woods wurde der Rahmen für die weltweite Nachkriegsordnung festgelegt. Die Rolle der Zentralbanken ist seither viel komplexer:

- Sie fungieren als »Feuerwehr«, wann immer eine Bank oder das ganze System in Schwierigkeiten steckt. Diese Funktion wird als »Refinanzierungsinstitut der letzten Instanz« oder »System-Risikomanagement« bezeichnet.
- Die Zentralbanken tragen die Verantwortung für die Begrenzung der Inflation im jeweiligen Land. In den letzten zehn Jahren wurden die Zentralbanken von der breiten Öffentlichkeit hauptsächlich mit dieser Aufgabe identifiziert.
- Die Zentralbanken halten die Inflation durch eine Reihe von Mechanismen zur Steuerung des Geldumlaufs im Zaum. Sie erteilen keine direkten Befehle, sondern senden »Signale« aus wie Veränderungen bei den Leitzinsen oder Ankauf bzw. Verkauf von Staatsanleihen (die sog. Offenmarktpolitik) oder Devisen auf Devisenmärkten (die sog. Interventionen).
- Die Zentralbanken sind Banken wie andere auch, allerdings haben sie keine Einzelpersonen als Kunden: Ihre Kunden sind die Banken ihres jeweiligen Landes, für die sie Zahlungen abwickeln.

»Der Stammbaum des Geldes«

Abb. 10 zeigt anhand eines »Stammbaums«, was die einzelnen Akteure des Geldwesens miteinander zu tun haben. Der Stammbaum hat die Form einer umgedrehten Pyramide mit Tausenden von Geschäftsbanken ganz oben, 170 Zentralbanken auf der mittleren Ebene (je nach Inhaberschaft in drei Kategorien zusammengefaßt) und zwei supranationalen Organisationen ganz unten.

Ich habe die Geschäftsbanken in jedem einzelnen Land ganz oben in das Schema eingefügt, weil sie an vorderster Front mit der Geldschöpfung durch Kreditvergabe befaßt sind. Die Zentralbanken bildeten ursprünglich nur das Auffangnetz hinter ihnen, sie waren die Feuerlöscher, wenn etwas schiefging. Bis ins Jahr 1936

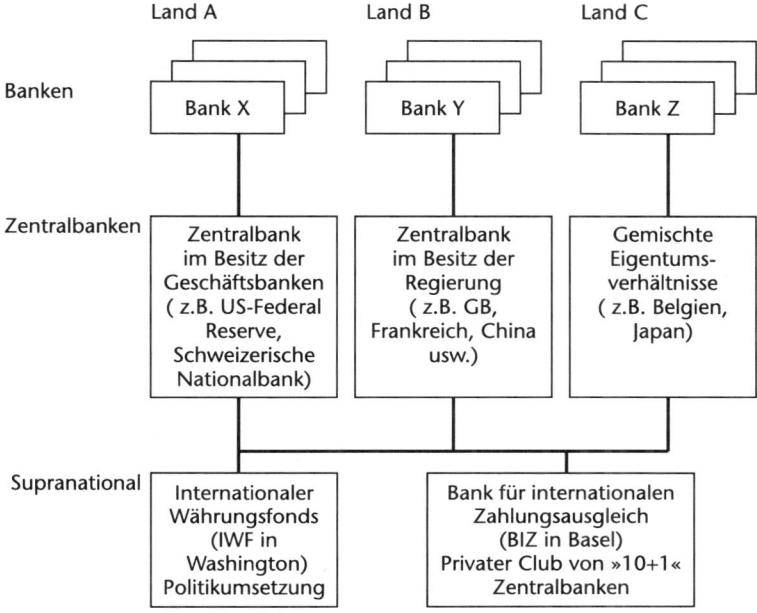

Abb. 10: **Organigramm des heutigen Weltwährungssystems**

befanden sich nahezu alle Zentralbanken im Besitz der größten Privatbanken des jeweiligen Landes. Bis zum heutigen Tag sind zehn Zentralbanken Privatunternehmen im Besitz von Banken, darunter die neue Europäische Zentralbank, die Federal Reserve in den USA, die Schweizerische Nationalbank, die Bank von Italien und auch die Südafrikanische Reservebank.

In den 50er Jahren hatten 56 Länder eine Zentralbank. Heute gibt es 170 Zentralbanken, die meisten Neuzugänge werden von den Regierungen kontrolliert. Aber es gibt auch Zentralbanken, die Regierungen und Banken gemeinsam gehören (z. B. in Belgien und Japan). Entgegen den Erwartungen deutet nichts darauf hin, daß die unterschiedlichen Besitzverhältnisse sich irgendwie auf das Handeln oder die Effektivität der Zentralbanken auswirken. In allen drei Besitzkategorien finden wir sehr angesehene und effektive Zentralbanken und ebenso ausgesprochene Schlußlichter.

Die supranationale Ebene

Schließlich gibt es noch zwei wichtige Familienmitglieder, die die bedeutendsten supranationalen Koordinationsinstrumente zwischen den Zentralbanken darstellen:

- einen Polizisten, das ist der Internationale Währungsfonds (IWF), und
- einen privaten Club, das ist die Bank für Internationalen Zahlungsausgleich (BIZ).

Der IWF wurde 1945 geschaffen und sollte die Einhaltung des Abkommens von Bretton Woods überwachen. Er ist der Kontrolleur von Zentralbanken rund um die Welt. Dem 24köpfigen Exekutivdirektorium untersteht ein Stab von rund 2300 Mitarbeitern, die meisten davon Ökonomen. Der IWF ist »Refinanzierungsinstitut der letzten Instanz«, er kann Mitgliedsländern in Zahlungsschwierigkeiten Kredite gewähren aus einem Pool von 210 Milliarden US-Dollar, die alle Mitgliedsländer dem IWF als »Quoten« zur Verfügung gestellt haben. Die Kreditvergabe des IWF ist üblicherweise an strenge Auflagen hinsichtlich der Haushaltsdisziplin geknüpft, daher rührt sein Ruf als Weltfinanzpolizist. Die Vereinigten Staaten beherrschen den IWF: Sie haben nicht nur ein Vetorecht bei Entscheidungen, sondern der Amtssitz des IWF ist außerdem »in Reichweite« der Regierung in Washington.

Die BIZ hat eine sehr spezielle Geschichte. Sie wurde 1930 für die Abwicklung der deutschen Reparationszahlungen geschaffen. Sie entstand als privater Club im Besitz und unter der Leitung der wichtigsten »10 + 1« Zentralbanken. Die »10 + 1« sind die zehn Gründungsmitglieder einerseits und die Schweiz als gastgebendes Land andererseits (als Folge der schweizerischen Politik der »aktiven Neutralität« ist die Schweiz oft zugleich »drinnen« und »draußen«; bis heute gehört sie beispielsweise nicht »offiziell« dem IWF an und auch nicht der UNO). Die BIZ sollte sich jedes wichtigen Anliegens annehmen, das am effektivsten mit Diskretion behandelt wurde. Politiker, Vertreter des Fiskus und Finanzminister sind in ihren Hallen nicht gern gesehen, nicht einmal Präsidenten und Premierminister.

Beinahe gerät in Vergessenheit, daß die BIZ auch eine Bank ist, ihre einzigen Kunden sind allerdings Zentralbanken. Diesem Umstand verdankt sie die Bezeichnung »Zentralbank der Zentralbanken«. In jüngster Zeit wurde ein großer Saal für Währungstransaktionen eingerichtet, von wo aus es möglich ist, in Echtzeit das gesamte Weltfinanzsystem im Auge zu behalten und in großem Stil Transaktionen für die Zentralbanken, die Mitglieder sind, abzuwickeln.

Gemessen an ihrem enormen Einfluß ist die BIZ eine bescheidene Institution: Sie hat heute nur 450 Mitarbeiter, einschließlich einer Forschungsabteilung mit rund 50 Ökonomen, die u. a. alljährlich einen sehr angesehenen Bericht über den Zustand des Weltfinanzsystems vorlegen. Die BIZ hat sich in der Vergangenheit einen Namen in der wirkungsvollen Krisenbekämpfung gemacht, und sie wird mit Sicherheit auch in Zukunft der »Feuerwehr« angehören.

Dies waren kurze Porträts der wichtigsten Akteure im Finanzsystem. Sollte der Eindruck entstanden sein, daß dieses System etwas Statisches ist, so wird sich das auf der Stelle ändern, sobald wir die einzelnen Bestandteile des Puzzles zusammengefügt haben.

Geld als System

Das Geldspiel verändert sich in der Tat unter unseren Augen, und zwar mit einer bislang unbekannten Geschwindigkeit, in einer bislang unbekannten Größenordnung und Vielschichtigkeit. Aus zwei Sichtweisen ergibt sich ein jeweils unterschiedlicher Eindruck: aus der Sicht der »Feuerwehrleute« und aus der Sicht der Menschen wie Sie und ich.

Die Sicht der Feuerwehrmänner
In den Augen der Zentralbanken wird die Welt eindeutig jedes Jahr härter und unübersichtlicher. Vor allem die regelrechte Explosion von Entwicklungen auf den Devisenmärkten hat etliche Auswirkungen, die ich unter drei Überschriften zusammenfasse:
- »Machtverschiebung«,
- »Zunehmende Volatilität« und
- »Stabil oder instabil, das ist die Frage«.

MACHTVERSCHIEBUNG
Eine bedeutende Machtverschiebung im globalen System hat bereits stattgefunden. Alle Regierungen auf der Welt, auch die sehr mächtige wie die der Vereinigten Staaten, werden heute von den globalen Devisenmärkten kontrolliert. Wenn eine Regierung irgendwo auf der Welt es wagt, sich diesem finanziellen »Diktat« zu widersetzen, wird auf der Stelle eine Kapitalflucht einsetzen und die Regierung wieder zur Räson bringen. Der französische Staatspräsident Mitterrand in den 80er Jahren, der britische Premierminister John Major und die Skandinavier 1992, die Mexikaner 1994, die Regierungen von Thailand, Malaysia, Indonesien und Südkorea 1997, die russische Regierung 1998 – sie alle haben bitter für diese Erkenntnis bezahlt.

Selbst *Business Week* kommt zu dem Schluß: »In diesem neuen Markt ... können in Sekundenschnelle Milliarden in eine Volkswirtschaft hineinströmen oder aus ihr abfließen. Die Macht des Geldes ist so groß geworden, daß in den Augen mancher Beobachter das ›heiße Geld‹ (Summen, die rasch von einem Land in ein anderes verschoben werden können) so etwas wie eine Schatten-Weltregierung geworden ist – und die Vorstellung von der Souveränität des Nationalstaats ein für allemal ausgehöhlt hat.«[64] Zeiten der Machtverschiebung sind immer besonders schwierig. Per Definition sind es Zeiten der Unsicherheit. Die Form der Unsicherheit, die Zentralbanken und andere Währungshüter am meisten fürchten, ist die Volatilität von Währungen.

ZUNEHMENDE VOLATILITÄT

Die Volatilität einer Währung ist ein Maß dafür, wie sich ihr Wert gegenüber allen anderen Währungen verändert. Wie nicht anders zu erwarten, schätzen Zentralbanken eine volatile Währung überhaupt nicht, und Volatilität ist nun einmal eine der unerwarteten Folgen des massiven Anwachsens von Spekulation. Noch in den 60er Jahren argumentierten die Befürworter freier Wechselkurse, daß die Volatilität rasch abnehmen würde, wenn die freien Märkte erst etabliert wären. Heute sind die Devisenmärkte gewiß sehr viel offener und freier als in den 60er Jahren, als noch das Abkommen von Bretton Woods mit seinen festen Wechselkursen galt. Doch eine statistische Untersuchung der OECD hat einige ernüchternde Erkenntnisse erbracht, die der theoretischen Annahme diametral widersprechen.[65] In den letzten 25 Jahren mit freien Wechselkursen lag die durchschnittliche Volatilität viermal höher als im System von Bretton Woods mit festen Wechselkursen.

Man muß kein As in Statistik sein, um zu verstehen, warum die Volatilität mit dem Umfang der spekulativen Transaktionen ansteigt. Der gesunde Menschenverstand reicht für die Erklärung vollkommen aus. Nehmen wir einmal an, die Währung Ihres Landes stünde unter Druck und nur bescheidene 5 Prozent der wichtigen Währungshändler seien Ihrer Währung gegenüber »negativ eingestellt«. In der Praxis bedeutet dies, daß Händler, die im Besitz Ihrer Währung sind, sie verkaufen, und daß Händler, die sie nicht besitzen, leer verkaufen.[66] 1986 lag das Volumen der Transaktionen pro Tag bei rund 60 Milliarden Dollar, eine Bewegung von 5 Prozent des Marktvolumens hätte also 3 Milliarden entsprochen: ohne Zweifel eine Herausforderung für eine Zentralbank, aber eine, die zu bewältigen wäre. Heute werden pro Tag 2 Billionen umgesetzt, und die gleichen 5 Prozent würden eine Bewegung von 100 Milliarden gegen Ihre Währung bedeuten – dagegen wäre jede Zentralbank machtlos.

STABIL ODER INSTABIL, DAS IST DIE FRAGE

Nach dem oben Gesagten können wir uns gut vorstellen, daß die Verantwortlichen in den Zentralbanken zunehmend nervös werden. Nicht genug damit, daß sie es mit einer Welt wachsender Unsicherheit und Volatilität der Währungen zu tun haben, die Bewegungen auf den Devisenmärkten laufen auch noch an ihnen vorbei. Die »offiziellen Reserven« der Zentralbanken sind genau das Äquivalent zu den Wasserreserven der Feuerwehr: Es sind Bestände in Fremdwährungen, mit denen die Zentralbanken auf den Devisenmärkten intervenieren können. Wenn die eigene Währung unter Druck gerät und die betreffende Zentralbank den Wechselkurs stabilisieren möchte, setzt sie ihre Devisenbestände für Stützungskäufe der eigenen Währung ein.

»Besonders dramatisch war der Einsatz der Devisenreserven im Sommer 1992 und 1993, als die Währungen der Europäischen Union massiv unter Druck seitens der Devisenmärkte kamen. 1992 wurden rund 400 Milliarden DM (über 225 Milliarden US-Dollar) aufgeboten, 1993 nicht ganz soviel – Beträge, die alles in den Schatten stellen, was jemals in der Vergangenheit für Interventionen ausgegeben wurde. Doch trotz dieser enormen Aufwendungen waren die Zentralbanken die Verlierer und die Märkte die Gewinner.«[67]

Heute wären sämtliche Reserven aller Zentralbanken zusammengenommen (rund 1,3 Billionen US-Dollar einschließlich 340 Milliarden in Goldbeständen, bewertet zu aktuellen Marktpreisen) an einem einzigen normalen Handelstag aufgezehrt. Vergleichen Sie dies mit der Situation in der noch gar nicht weit zurückliegenden Vergangenheit, im Jahr 1983 (siehe Abb. 11): Damals waren die Reserven noch ein recht gutes Ruhekissen.

Selbst jene, die von der explosiven Ausdehnung der Spekulation profitieren, machen sich mittlerweile ernsthaft Sorgen. George Soros beispielsweise, der gemeinhin als der größte Spieler im Währungskasino gilt, hat gesagt: »Freie Wechselkurse sind ihrem Wesen nach instabil; zudem schaukelt sich die Instabilität auf,

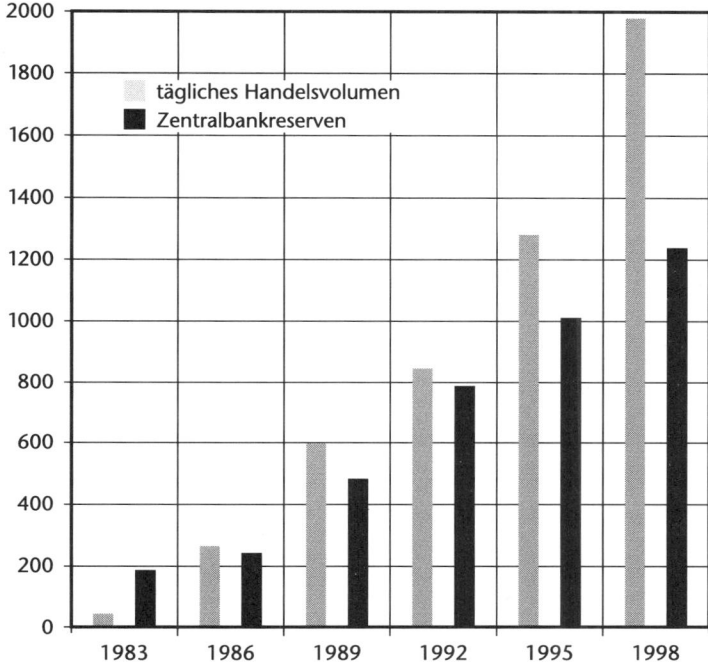

Abb. 11: **Die Zentralbankreserven der Industrieländer im Vergleich zum täglichen Handelsvolumen auf den Devisenmärkten**
(Quellen: BIZ, IWF, The Economist, für 1998 Schätzung)

und deshalb ist es so gut wie sicher, daß das System der freien Wechselkurse über kurz oder lang zusammenbrechen wird.«[68] Joel Kurtzman, Wirtschaftsredakteur bei der *New York Times,* schätzt die Gefahr noch größer ein. Er hat einem seiner Bücher den Titel gegeben: *Der Tod des Geldes: Wie die elektronisch gesteuerte Wirtschaft die Weltmärkte destabilisiert hat.*[69]

Ein Meister des Understatements wie Paul Volcker, der ehemalige Vorsitzende der amerikanischen Federal Reserve, hat seine Sorge kundgetan, daß ein »Kreis von Interessenten an Instabilität« entstanden sei; d. h., daß bestimmte Personen mit bestimmten finanziellen Interessen von der gewachsenen Instabilität profitieren.[70] Diesen letztgenannten Punkt illustriert ein typischer

Kommentar eines Devisenhändlers, den die *Washington Post* mit folgendem Urteil über eine Periode relativer Stabilität zitiert: »So kannst du kein Geld verdienen. Die Bewegungsspanne des Dollars ... ist zu eng. Wer mit dem Dollar oder einer anderen Währung handelt oder spekuliert, kann kein Geld verdienen und auch keines verlieren. Du kannst überhaupt nichts machen. So eine Situation ist einfach schrecklich.«[71]

Der Nettoeffekt der Aktivitäten jener »Interessenten an Instabilität« sind die Wirtschaftskrisen, die regelmäßig Schlagzeilen auf den Titelseiten machen (vgl. den nebenstehenden Auszug aus dem Artikel »Bewegung des Geldes wird als anhaltende Bedrohung gesehen« aus der *New York Times*; alle wichtigen Akteure des Geldspiels, die Sie inzwischen kennen, treten dort im realen Leben in Erscheinung). Die Frage, die niemand zu stellen wagt, lautet: Wer wird der nächste sein? Lateinamerika? Westeuropa? China? Wann werden die Vereinigten Staaten, das größte Schuldnerland der Welt, ins Visier geraten? Und was würde das bedeuten?

Das ist nicht die einzige Herausforderung für das Finanzsystem. Wir werden weiter unten noch sehen, daß Banken und Finanzdienstleistungen gegenwärtig am Anfang einer weiteren Umgestaltung stehen, diesmal unter Druck der Cyberökonomie. Wir werden feststellen, daß Neuerungen wie der Offene Finanzmarkt es selbst für die Überwachungsinstitutionen zunehmend schwerer machen werden, zu definieren, was eine Bank ist und um welches Geld sie sich kümmern soll.

Und jetzt der Bogen zurück zu Ihnen

Wir haben diesen Leitfaden mit u. a. folgenden Fragen begonnen: Wie wird der Wert Ihres Geldes bestimmt? Wer trägt *wirklich* die Verantwortung für Ihre Ersparnisse? Jetzt können wir diese Fragen beantworten:

1. Der Wert Ihres Geldes entscheidet sich letztlich in einem zunehmend volatileren globalen Kasino, wo 98 Prozent der Transaktionen auf Spekulationen beruhen.

Bewegung des Geldes wird als anhaltende Bedrohung gesehen[72]
»Wenn es eine Lektion aus der Erschütterung gibt, die Asien so heftig erbeben ließ, dann lautet sie, daß die Finanzsysteme in vielen rasch wachsenden Ländern nicht darauf vorbereitet waren, mit den riesigen, nervösen Geldzuflüssen umzugehen, die sie angezogen haben.

... Nationale Systeme, die zu dem Zweck geschaffen wurden, die Banken in den Heimatländern zu überwachen, sind hinter der raschen Entwicklung auf dem globalen Finanzmarkt zurückgeblieben, wo nationale Grenzen so gut wie keine Rolle spielen. Es gibt keine internationale Institution, welche die Funktion eines globalen Regulators übernehmen könnte, und die Vereinigten Staaten ebenso wie andere Länder sind nicht in der Lage, den oftmals widerspenstigen Regierungen und Banken in den bedrohten Ländern Maßnahmen aufzuzwingen.

... Unter Führung des Internationalen Währungsfonds haben multinationale Organisationen und nationale Regierungen über 100 Milliarden US-Dollar aufgebracht, um bei der größten internationalen Rettungsaktion in der Geschichte den Ländern in Asien aus dem Schlamassel zu helfen. Doch paradoxerweise hat keine globale Einrichtung die Macht und das Mandat, das Problem grundsätzlich anzugehen.

... ›In den letzten Jahren ist uns klargeworden – man könnte einwenden, zu spät klargeworden –, daß Bankenstabilität für sehr viele Länder außerordentlich wichtig ist‹, sagte Andrew Crockett, der Generaldirektor der Bank für Internationalen Zahlungsausgleich. ›Der öffentliche Sektor, dessen Finanzen in Ordnung sind, kann gegebenenfalls den Zusammenbruch der Währung verhindern. Darum braucht der öffentliche Sektor eine Stimme.‹ Und er fuhr fort: ›Wie können wir die Länder dazu bringen, daß sie diese Standards übernehmen? Die Antwort lautet, daß wir es nicht können.‹

... ›Die nationale Überwachung vielschichtig verflochtener globaler Unternehmen und globaler Märkte entspricht nicht mehr den Erfordernissen der heutigen Zeit‹, formulierte es John G. Helmann, der Leiter der Abteilung Globale Finanzinstitutionen bei Merrill Lynch.

... Auf Geheiß der amerikanischen Banken drängten die Vereinigten Staaten vor einigen Jahren Südkorea, seine Finanzmärkte zu öffnen, aber ›Washington half der koreanischen Regierung nicht, sich darauf vorzubereiten, was dann passierte – es ging einfach zu schnell‹, sagte Yun Dae Ju, Professor für Internationales Finanzwesen an der Universität von Korea und ehemals Mitglied der Währungsbehörde in Seoul.

... Wie man das Problem auch anpackt, niemand hat die Vorstellung, daß es rasch und leicht zu lösen sein wird.«

> **Auf dem Weltmarkt ist niemand eine Insel**[73]
> Die *New York Times* spürte den Geldanlagen des Ehepaares Paoni nach, einer typischen Familie aus dem Mittleren Westen. Die Paonis hatten ihr Geld in ihrer Stadt bei Edwards Money Market Funds angelegt. Von dort fand das Geld seinen Weg zu Bangkok Land, einem thailändischen Immobilienunternehmen, das bei der Währungskrise in Thailand bankrott ging, und zu J. P. Morgan, einem der aktivsten Derivatehändler während der Asienkrise. Über den Pensionsfonds ihres Heimatstaates Illinois floß ein Teil des Geldes der Paonis in das berühmte russische Kaufhaus Gum, das nach dem Kurssturz des Rubels Konkurs machte, und an Peregrine Investments, ein Investmenthaus in Hongkong, das seine Einnahmen buchstäblich aus dem Nichts auf 25 Milliarden US-Dollar im Jahr 1996 steigerte und 1998 spektakulär zusammenbrach. Über 2000 Gläubiger verloren mehr als 4 Milliarden Dollar. Beide Investitionen sind heute praktisch wertlos.
>
> Die Globalisierung der Finanzmärkte bedeutet, daß Sie, selbst wenn Sie es nicht wissen, höchstwahrscheinlich an dem weltweiten Geldspiel beteiligt sind und die Folgen der Instabilität mittragen müssen.

2. Ob das wichtigste Ei in Ihrem Nest Ihr Haus ist, ein Wertpapierportfolio oder sogar das Bargeld in Ihrem Geldbeutel, all Ihre Ersparnisse sind aufs engste mit dem Währungssystem verknüpft. Deshalb hängt die Zukunft Ihrer Ersparnisse, egal, in welcher Form Sie sie angelegt haben, ganz entscheidend davon ab, was mit der Währung Ihres Landes passiert.
3. Selbst wenn Sie glauben, daß Sie mit »globalen Finanzen« nichts zu tun haben, weil Sie sich in keiner Weise am internationalen Geldspiel beteiligen, ist das in den meisten Fällen eine Illusion, weil Ihre Versicherung oder Ihre Bank direkt oder indirekt in solche Geschäfte verwickelt ist.
4. Selbst wenn Sie keinerlei Geldanlagen und Ersparnisse besitzen, bleiben Sie von den Entwicklungen der Finanzmärkte nicht unberührt, denn Ihr Heimatland bekommt die Auswirkungen zu spüren, wenn irgendwo auf der Welt eine Währung in Turbulenzen gerät. Abb. 12 zeigt den Kauf ausländischer

Aktien, ausgedrückt in Prozent des Bruttosozialprodukts, für drei Länder. Deutschland beispielsweise hat heute das Zweieinhalbfache seines Wertes des BSP in ausländische Aktien investiert.

Außerordentlich viel steht auf dem Spiel. Letzten Endes ist Geld Vertrauen, und Vertrauen lebt (und stirbt) in den Köpfen und Herzen von Menschen. Währungssysteme, auch das, was wir gegenwärtig besitzen, sind Mechanismen und Symbole, die dazu dienen, dieses Vertrauen am Leben zu erhalten. Im Laufe der Geschichte wurden ganze Kulturen auf wechselseitigem Vertrauen errichtet, weil es der Kern des Selbstvertrauens ist, das eine Gesellschaft braucht, um zu gedeihen oder auch nur zu überleben. Umgekehrt bedeutet das aber auch, daß, wenn eine Gesellschaft das

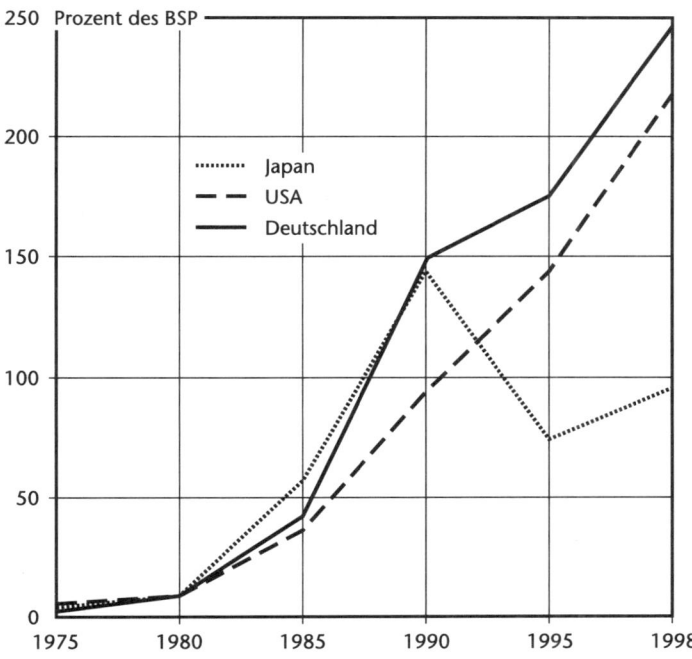

Abb. 12: **Käufe ausländischer Aktien in Prozent des Bruttosozialprodukts (BSP), 1975 bis 1998**[74]

Vertrauen in ihr Geld verliert, sie das Vertrauen in sich selbst verliert. Der Soziologe und Philosoph Georg Simmel schrieb schon zu Anfang unseres Jahrhunderts, daß sich die Diskussion über die Zukunft des Geldes nicht um Inflation oder Deflation, um feste oder schwankende Wechselkurse, um Goldstandard oder Papiergeldstandard drehe, es gehe vielmehr darum, in welcher Gesellschaft das Geld gelten soll.[75]

Kapitel 2
Unser Geld heute

»Mehr als bei allen anderen Zweigen der Wirtschaftswissenschaften haben wir es beim Geldwesen mit einer Disziplin zu tun, in der die Komplexität häufig nur dazu dient, die Wahrheit zu verschleiern, statt sie für jedermann verständlich darzustellen.« *John Kenneth Galbraith*[76]

»Das einzige, was man mit Geld nicht kaufen kann, ist Bedeutung.« *Jacob Needleman*[77]

»Mama, gibst du mir Geld für Süßigkeiten?« Für die meisten von uns bestand die erste Begegnung mit Geld in der Erkenntnis, daß Geld nötig ist, um in einem Laden die Dinge zu bekommen, die wir haben wollten. Wir haben das mit dem Pragmatismus des unschuldigen Kindes hingenommen und waren uns des Mysteriums hinter der Transaktion gewiß nicht bewußt.

Im Laufe des Heranwachsens haben wir das Geheimnis vieler Mysterien der Erwachsenenwelt gelüftet. Wir fanden heraus, wo die Babys herkommen, und praktizierten den Vorgang selbst. Wir haben gelernt, daß alle Lebewesen irgendwann sterben, und mußten den Tod eines Verwandten, eines Freundes oder vielleicht eines geliebten Haustiers miterleben. Wir haben erfahren, wie die Regierung arbeitet und wer die Regeln aufstellt, an die wir uns im Leben zu halten haben.

Und doch bleibt ein großes Geheimnis unseres Lebens in der Gesellschaft, das Geld, für nahezu alle Menschen dunkel. Wie schon im Vorwort gesagt wurde, setzen wir einen großen Teil unserer körperlichen, seelischen und mentalen Energie dafür ein, Geld zu bekommen, zu behalten und auszugeben – aber wie viele von uns wissen wirklich, woher das Geld kommt, wer seinen Wert bestimmt und wer die Spielregeln festlegt? Die meisten Menschen haben wohl den Verdacht, daß eine Antwort auf diese Fragen nur im Studium der Wirtschaftswissenschaften und der Geldtheorie zu finden ist, und wir alle wissen, wie langweilig diese Gebiete sind – nichts als trockene Gleichungen ohne emotionalen Saft.

Ironischerweise ist das Geld ein emotional sehr »saftiges« Thema. Wenn jemand an einem öffentlichen Ort Geld auf den Boden wirft, erregt er damit mindestens soviel Aufsehen, als würde er sich ausziehen. Diejenigen, die auf den Finanzmärkten arbeiten, wissen, daß bei den meisten Geldfragen starke Gefühle im Spiel sind: Gefühle, die allgemein verbreitet, heftig, unstet und außerordentlich mächtig sind. Seltsamerweise widmet weder die Wirtschaftswissenschaft noch die Geldtheorie der emotionalen Seite des Geldes irgendwelche Aufmerksamkeit. Statt dessen verdrängen sie mit voller Absicht die im Grunde emotionale Natur des Geldes, damit sie es »wissenschaftlich« untersuchen können. Was geht da vor?

Die Geldschöpfung vollzieht sich für das ungeübte Auge beinahe unsichtbar und wirkt fast wunderbar. Die meisten Menschen reagieren auf die Aufklärung, woher das Geld wirklich kommt, genauso ungläubig wie manche Kinder, wenn sie hören, woher die Babys kommen. »Kann das denn wirklich wahr sein?« staunen sie.

Lehrbücher der Wirtschaftswissenschaften behandeln die Frage, was Geld tut, aber nicht, was Geld ist. Die trügerisch einfache Frage »Was ist Geld?« führt uns auf die Spur der uralten Magie des Geldes. In diesem Kapitel wird das Mysterium aufgeklärt. Wir erläutern, daß Geld – wie schon angesprochen wurde – kein Ding ist, sondern eine Übereinkunft – üblicherweise eine unbewußte.

In den heutigen Gesellschaften stimmen wir nicht nur – ohne daß uns das bewußt ist – dem bestehenden Währungssystem zu, wir verleihen ihm darüber hinaus ungeheure Macht. Im folgenden wird untersucht, um was für eine Macht es sich dabei handelt, und die normalerweise nicht weiter hinterfragten wesentlichen Merkmale des modernen Geldes werden erläutert. Die Existenz nationaler Währungen macht beispielsweise Geschäfte mit Mitbürgern wünschenswerter als Geschäfte mit »Ausländern«, und dadurch stärkt sie unser Nationalbewußtsein. Nicht so offensichtlich ist die Wirkung der Zinsen, die, wie wir zeigen werden, den Wettbewerb zwischen Besitzern derselben Währung schürt.

Eine »einfache« Frage

Einer der bekannten Ökonomen des 20. Jahrhunderts, John Maynard Keynes, muß verstanden haben, was es mit dem Geld auf sich hat. Immerhin war er einer der Architekten unseres Währungssystems, auch wenn auf der Konferenz von Bretton Woods eher seine orthodoxen Gegenspieler zum Zuge kamen als er. Der französische Finanzjournalist Marcel Labordère meinte in einem Brief an Keynes einmal: »Es liegt auf der Hand, daß der Mensch niemals wissen wird, was Geld ist, genausowenig wie er jemals wissen wird, was Gott in der spirituellen Welt ist. Geld ist nicht das Unendliche, sondern das Unbestimmte, ein erstaunliches Konglomerat aller möglichen psychologischen und materiellen Reaktionen.«[78]

Keynes' Antwort an Labordère ist nicht überliefert, aber aus folgendem Bonmot können wir seine Meinung zu dem Thema ableiten: »Ich kenne nur drei Leute, die das Geld wirklich verstehen. Der eine ist Professor an einer anderen Universität, der zweite einer meiner Studenten, und der dritte ist ein kleiner Angestellter bei der Bank von England.« Da Keynes ein vorsichtiger Mann war, nannte er keine Namen. Mit dem Bonmot wollte er sagen, daß Sie einen Experten ganz oben auf der Liste befragen können und immer noch keine Antwort auf die scheinbar so einfache Frage »Was ist Geld?« bekommen werden.

Die Vertreterin der Regierung Clintons beim IWF gab folgende aufschlußreiche Definition: »Geld ist Magie. Die Währungshüter in den Zentralbanken sind Magier. Und wie alle Magier wollen sie ihre Tricks nicht verraten.« Meinte sie echte Magie oder Taschenspielertricks? Die Antwort lautet: beides. Magie und Mysterium haben das Geld seine gesamte Entwicklungsgeschichte umgeben. Aus zwei Gründen erscheint uns das Geld so geheimnisvoll:
- einmal wegen seiner Geschichte
- und dann, weil immer Vertrauen mit im Spiel ist.

Geheimnisvolle Geschichte

Keynes schrieb: »Das Geld ist, wie einige andere wesentliche Bestandteile der Zivilisation, eine Einrichtung von erheblich höherem Alter, als uns noch vor wenigen Jahren gelehrt wurde. Seine Ursprünge verlieren sich in die Nebelzeiten des schmelzenden Eises; sie mögen sich wohl zurückerstrecken bis in jene paradiesischen Perioden zwischen den Eiszeiten, als das Wetter schön war und der unbeschwerte Geist der Menschen empfänglich für neue Ideen – zu den Inseln der Hesperiden oder Atlantis oder zu einem Eden Zentralasiens.«[79]

Die genauen Ursprünge des Geldes sind unbekannt, wir wissen nur, daß seine frühesten Erscheinungsformen aufs engste mit den Mysterien des Heiligen zusammenhingen und daß seine erste Rolle die eines Symbols war. Ein Symbol ist »ein wahrnehmbares Zeichen, das stellvertretend für etwas nicht Wahrnehmbares steht«, lesen wir im *Brockhaus*. Weiter wird ausgeführt, daß alle frühen Symbole mit religiösen Vorstellungen verbunden waren.

Eine der ältesten Münzen ist ein sumerisches Bronzestück aus der Zeit um 3200 v. Chr. Die eine Seite der Münze zeigt eine Weizengarbe, die andere eine Darstellung von Inanna (die Ischtar der Babylonier), der Göttin von Leben, Tod und Fruchtbarkeit. Die Sumerer nannten die Münze »Schekel« und betrachteten sie als heiliges Symbol, das die Mysterien der Fruchtbarkeit allen Lebens in sich barg. Der Schekel ist ein typisches Beispiel.

Das Mysterium des Schekel
Die Sumerer nannten ihre erste Münze »Schekel«, denn »Sche« bedeutet Weizen, und »Kel« war ein Maß ähnlich einem Scheffel. Somit war die Münze ein Symbol für den Wert von einem Scheffel Weizen. (Das Wort »Schekel« lebt heute im Hebräischen als Bezeichnung für die israelische Währung fort.)
Der ursprüngliche Zweck des Schekel war, daß man damit für den heiligen Geschlechtsverkehr im Tempel von Inanna/Ischtar bezahlte, der Göttin von Leben, Tod und Fruchtbarkeit. Der Tempel war zum einen ein rituelles Zentrum, zum anderen auch die Lagerstätte der Weizenvorräte, die in Notzeiten die Priesterinnen und die gesamte Gemeinschaft ernährten.
Die Bauern erfüllten also ihre religiösen Pflichten gegenüber der Gesellschaft und gegenüber der Göttin, wenn sie ihren Anteil Weizen in den Tempel brachten. Im Gegenzug erhielten sie eine Schekelmünze und damit die Berechtigung, zur Festzeit die Priesterinnen zu besuchen.
2000 Jahre später hatte die patriarchalische Ordnung die Bedeutung und die Natur jener Rituale verändert, und die Bibel bezeichnete die Priesterinnen als »Tempelhuren«. Die Vorgänge müssen jedoch in ihrem angestammten kulturellen Kontext gesehen werden. Die »heiligen Huren« waren Vertreterinnen der Göttin, und Geschlechtsverkehr mit ihnen war Geschlechtsverkehr mit der Göttin der Fruchtbarkeit, ganz gewiß keine Belanglosigkeit. Damals war Fruchtbarkeit im wahrsten Sinn des Wortes eine Sache von Leben und Tod. Bei einer Mißernte mußten alle unweigerlich verhungern oder zumindest bis zum nächsten Jahr Hunger leiden. Und natürlich bot die Erfüllung des magischen Rituals die Gewähr für die Fruchtbarkeit der Felder, der Tiere und der Menschen – all dies Voraussetzungen für künftigen Wohlstand.
Geld, Sex und Tod sind deshalb so mächtige Tabus in den abendländischen Gesellschaften geworden, weil sie alle mit dem Archetyp der Großen Mutter zusammenhängen, wie das Beispiel des Schekel zeigt.[80]

Im Laufe der Geschichte hat nahezu jede Gesellschaft ihrer Währung geheimnisvolle, heilige Qualitäten zugesprochen.

Mehr als 2000 Jahre nach dem sumerischen Schekel tauchten die ersten griechischen Münzen auf. Sie wurden den Bürgern gewissermaßen als Quittung dafür ausgehändigt, daß sie pflichtgemäß ihre Abgaben entrichtet hatten. Die Münzen konnte man für

Auf einer gewaltigen Alabastervase (über 1 Meter hoch) aus der Zeit zwischen 3100 und 2900 v. Chr. ist dargestellt, wie ein nackter Mann einen großen Korb, randvoll mit Nahrungsmitteln, zu Inannas Tempel bringt. Die Gottheit steht vor zwei kunstvollen Torsäulen, dem traditionellen Symbol für ihren Tempel. Ihre Krone ist nur teilweise sichtbar wegen einer Reparatur mit kupfernen Nieten, die schon in der Antike ausgeführt wurde und darauf hindeutet, daß die Vase wertvoll war.

eine Teilnahme an der jährlichen »Hekatombe«, dem heiligen Mahl mit den Gottheiten, ausgeben.

Ohne daß religiöse Institutionen weiter intervenieren mußten, blieben Gold und Silber auf symbolische Weise mit der Sonne und dem Mond verbunden. Jahrhundertelang hielt sich ihr Preisverhältnis auf geheimnisvolle Weise bei 1 zu 13,5 und entsprach damit einem astrologischen Maß für die himmlischen Sphären. Die beiden Metalle blieben göttlich verordnete Währungen, auch als der astrologische Hintergrund längst vergessen war. Viele Leute plädieren bis heute dafür, daß »richtiges« Geld die Rückkehr zum Goldstandard bedeuten müsse. Manche verweisen sogar immer noch auf die biblischen Ursprünge.[81]

Es liegt eine gewisse Ironie darin, daß bei der mythologischen Einkleidung auch der allmächtige Dollar keine Ausnahme macht. Die ganz gewöhnliche Ein-Dollar-Note, in Umlauf gesetzt in einem Land mit einer von Anfang an strikten Trennung zwischen Kirche und Staat, wo sich bis heute die Gemüter über das Schulgebet erhitzen können, trägt den Schriftzug »In God we Trust« (»Auf Gott vertrauen wir«). Auf derselben Note sind beide Seiten des Großsiegels der Vereinigten Staaten abgebildet. Joseph Campbell hat ausgeführt, daß dieses Siegel hochgradig mit esoterischem Symbolgehalt geladen ist (siehe nächste Seite, »Die esoterische Dimension der Ein-Dollar-Note«).

Es kann faszinierend sein, der Frage nachzugehen, welche Mystik in Zukunft das Geld tragen wird. Liberia beispielsweise hat als gesetzliches Zahlungsmittel Münzen mit den Porträts von Captain James T. Kirk und Captain Jean-Luc Picard vom »Raumschiff Enterprise« herausgegeben und dafür Tantienem an Viacom bezahlt, den Inhaber der Vermarktungsrechte für Star Trek.[82] Bis in jüngste Zeit hinein war es Mode, Banken baulich am Vorbild von Tempeln zu orientieren, und eine ähnliche Ehrfurcht wie im Tempel weht durch die Hallen einer Bank. Selbst die erste Internet-Bank, die First Security National Bank, die nur aus einer Internet-Adresse besteht und keine Geschäftsstellen hat, sah sich bemüßigt, ein Bankgebäude im griechischen Stil als Emblem auf ihre Homepage zu setzen.

Die Währungshüter in den Zentralbanken umgeben ihr Tun besonders gern mit einem priesterlichen Mysterium. Ein Auftritt des Vorsitzenden der Federal Reserve im Kongreß ist eine genauso rituelle und bewußt uneindeutige Angelegenheit wie die Befra-

Die esoterische Dimension der Ein-Dollar-Note[83]
Ich lade Sie ein, sich die wohlvertraute Dollarnote einmal *richtig* anzusehen. Die interessantere Seite ist nicht die mit dem Porträt von George Washington, sondern die andere mit dem Großsiegel der Vereinigten Staaten.

Links ist die hintere (normalerweise verborgene) Seite des Siegels abgebildet, und dort sehen Sie eine Darstellung, wie die Gründungsväter der amerikanischen Union die Quelle der Offenbarung interpretierten. Sie hat die Form eines Pyramidenstumpfes, gekrönt mit dem Dreieck des Lichts und darin dem alles sehenden Auge Gottes. Dies stellt die spirituelle Macht dar, die über die Entstehung der Materie gebietet. Das Auge steht für die »Augenöffnung« von Jahwe oder Brahma, wodurch er die physische Welt geschaffen hat. Damit ist das Auge gemeint, das die erste Welt darstellte – in unserer heutigen naturwissenschaftlichen Sprache würden wir vom Urknall reden. Die lateinischen Worte *Annuit Coeptis* bedeuten soviel wie »Es ist unserem Unterfangen günstig«. Interessanterweise ist das Lateinische hier geschlechtsneutral, es impliziert nicht notwendigerweise einen »männlichen« Gott. Der zweite Text *Novus Ordo Seclorum* bedeutet »Die neue Ordnung der Jahrhunderte«.

Die andere Seite des Siegels (die offiziell sichtbare) zeigt die Quelle der Tat, symbolisiert durch den Adler – ein Zeichen für Zeus und der einzige Vogel, der in die Sonne schauen kann. Der Adler hält 13 Pfeile (Symbol der Macht) im linken Fang und einen Olivenzweig (Symbol des Friedens) im rechten Fang.

Die Zahl 13, die Zahl der Transformation, steht auf der exoterischen Ebene für die Zahl der amerikanischen Gründerstaaten. Sie kann hier aber auch in ihrer esoterischen Bedeutung verstanden werden, da sie in

> der Darstellung außerordentlich oft vorkommt: Nicht weniger als siebenmal wird auf die 13 Bezug genommen! Die Pyramide besteht aus 13 Reihen Steinen, der Adler hält 13 Pfeile, die lateinischen Worte *Annuit Coeptis* haben 13 Buchstaben, und der weitere Text (einschließlich der römischen Buchstaben für die Jahreszahl) ergibt 26 Buchstaben (oder zweimal 13).
> Um auf die richtige Zahl von Buchstaben zu kommen, wurde sogar ein Rechtschreib»fehler« in dem lateinischen Text in Kauf genommen (*seclorum* statt *seculorum*). Die 13 Sterne über dem Adler bilden ein »Siegel des Salomon« (auch »Davidstern« genannt) und sollen uns weitere Hinweise geben. Der sechszackige Stern ist in der Tat eines der reichsten kabbalistischen und alchemistischen Symbole. Müssen wir noch mehr Punkte anführen, um den Beweis zu erbringen, daß selbst in unserer heutigen durch und durch säkularen Welt der global gebräuchlichste Geldschein ganz erheblich von »gehemnisvollen heiligen Qualitäten« durchdrungen ist?

gung des Orakels von Delphi im antiken Griechenland. Zwei Zitate zeigen dies sehr schön. Das erste ist meine Lieblingsweisheit aus dem Munde von Alan Greenspan: »Wenn Sie mich verstanden haben, kann ich mich *nicht* klar ausgedrückt haben.« Das zweite Zitat stammt von Wiliam Greider und steht in seinem Bestseller über die Federal Reserve, *The Secrets of the Temple*: »Wie der Tempel antwortete die Fed den Menschen nicht, sondern sie sprach zu ihnen. Ihre Beschlüsse wurden in einer geheimnisvollen Sprache kundgetan, welche die Menschen nicht verstanden, aber ihre Stimme, das wußten sie, war mächtig und wichtig.«[84]

Gleichwohl ist das Mysterium des Geldes mehr als nur die Widerspiegelung des etablierten Konservativismus der Finanzwelt.

Die Erfordernisse des Vertrauensspiels

Nehmen Sie einmal an, ein Freund würde Sie wählen lassen zwischen einer 20-Dollar-Note und einem Stück Papier mit der Aufschrift »Ich verspreche, dem Inhaber dieses Papiers 20 Dollar zu bezahlen«. Welches von beiden würden Sie einstecken? Vielleicht kennen Sie Ihren Freund als ehrlichen und vertrauenswürdigen

Menschen. Aber wenn Sie versuchen, den Zettel im Haushaltswarengeschäft gegen einen neuen Gartenschlauch einzutauschen, werden die Verkäufer nicht mitmachen. Sogar wenn die Verkäufer Ihren Freund ebenfalls kennen, werden sie daran zweifeln, daß sie ihre Lieferanten mit seiner Quittung bezahlen können. So nehmen Sie natürlich lieber die 20-Dollar-Note, denn lebenslange Erfahrung hat Sie gelehrt, daß die 20-Dollar-Note von jedermann als Gegenwert von 20 Dollar akzeptiert wird. Sie haben die feste Überzeugung – und das ist der Schlüssel bei der Sache –, *nicht* daß die Banknote 20 Dollar wert ist, sondern daß jeder andere den Wert von 20 Dollar anerkennen wird. Es spielt im Grunde keine Rolle, was Sie über Ihr Geld denken, Sie wissen jederzeit, Sie können es ausgeben. Sie glauben, daß jeder andere glaubt, das Geld habe einen bestimmten Wert. Wir sprechen hier über *eine Überzeugung von einer Überzeugung*.

Überzeugung und soziale Übereinkunft sind mächtig und praktisch unzerstörbar. In der Geschichte gibt es eine Fülle von Beispielen, daß Menschen lieber Folter und Tod gewählt haben, als ihre Überzeugungen aufzugeben. Wir wissen auch, daß jemand hartnäckig an einer Überzeugung festhalten kann, selbst wenn er mit reichlich Beweisen für das Gegenteil konfrontiert wird. Glauben und Überzeugung spielen somit eine beeindruckende Rolle in der menschlichen Psyche.

Eine »Überzeugung von einer Überzeugung« ist indes etwas vollkommen anderes. Sie ist zerbrechlich und flüchtig. Mag sein, daß nichts meine Überzeugung erschüttern kann, aber meine Überzeugung von Ihrer Überzeugung kann durch ein Gerücht ausgehöhlt werden, durch eine unbestimmte Ahnung, ein Gefühl. Zudem ist eine Kette von Überzeugungen über Überzeugungen nur so stark wie ihr schwächstes Glied. Wenn ich denke, daß jemand am unteren Ende der Welt den Glauben an den mexikanischen Peso, den thailändischen Baht oder den russischen Rubel verloren hat, dann fürchte ich, daß es mit seinen Nachbarn bald genauso gehen könnte. Als Folge kann das ganze Kartenhaus zusammenfallen, wie es in Mexiko 1994 passierte, in Thailand Ende 1997 und in Rußland im August 1998.

Das Spiel mit dem Geld ist, kurz gesagt, genau wie das Orakel in der griechischen Antike ein Spiel mit *Glauben und Vertrauen.* Wenn der Kaiser keine Kleider anhat (d. h., wenn eine »Vertrauenskrise« droht), hoffen die Eingeweihten inständig, daß kein argloser Bursche eine unvorsichtige Bemerkung machen wird. In solchen Situationen hilft eine Fassade von erhabenem Vertrauen, Mysterium, Etikette und Ritualen, die lange und zerbrechliche Kette der Überzeugungen intakt zu erhalten.

Warum Geld kein Ding ist

Machen wir uns nun daran, die wichtigste Illusion in der Magie, die das Geld umgibt, zu zerstören: *Geld ist kein Ding.*

Die meiste Zeit in der Geschichte schien Geld eindeutig ein Ding zu sein, genaugenommen eine unglaubliche Vielfalt von Dingen. Ohne die in der modernen Zeit vorherrschenden Erscheinungsformen des Geldes wie Papier, Gold, Silber und Bronze überhaupt zu erwähnen, hat Glyn Davies mit einer kleinen Auswahl der Gegenstände, die als Symbole für Wert dienten, ein regelrechtes Alphabet des Geldes zusammengestellt: Achat, Bernstein, »Cacao«, Draht, Eier, Felle, Glocken, Hacken, Jade, Kaurimuscheln, Leder, Messer, Nägel, Ochsen, Perlen, Quarz, Reis, Steinscheiben, Trommeln, Umiaks, Vieh, Waffen und Zappozats, das sind kunstvoll verzierte Äxte.[85]

Interessanterweise können wir durch ein einfaches Gedankenexperiment allen diesen Gegenständen die Aura des Geldes nehmen. Stellen Sie sich einmal vor, Sie wären allein auf einer einsamen Insel gestrandet. Wenn Sie dabei nur einen einzigen Gegenstand in der Tasche hätten – sagen wir einmal ein Messer –, dann wäre das Messer auf jeden Fall als Messer auf der Insel nützlich.

Stellen Sie sich nun weiter vor, Sie hätten eine Million Euro in der Tasche, in einer beliebigen Form: Bargeld, Schecks, Kreditkar-

> **Vom Kleinsten bis zum Größten**
> Ganz unterschiedliche Gegenstände, auch ganz unterschiedlich in der Größe, wurden im Laufe der Geschichte als Symbole für Geld verwendet. Die kleinsten Geldstücke waren wahrscheinlich bestimmte Münzen in Lydien, dem Reich, in dem nach allgemeiner Auffassung um 600 v. Chr. die »moderne« Münzprägung erfunden wurde. Der kleinste Nennwert wurde in Münzen von 0,006 Unzen ($1/15$ des Gewichts eines heutigen Pfennigs) Elektrum geschlagen, einer natürlich vorkommenden Legierung von Gold und Silber.
> Den Rekord für die schwerste Währung hält fraglos die Insel Yap in der Inselgruppe der Karolinen im Westpazifik. Die dortigen Münzen sind riesige, runde Scheiben mit fast 2 Metern Durchmesser eines speziellen Kalksteins, der an einem Berg auf einer 400 Meilen entfernten Insel gebrochen wird. Die Kalksteinscheiben sind eine »Macho«-Währung und werden zu zeremoniellen Zwecken von den Männern verwendet, ohne daß sie dabei von der Stelle bewegt werden. Die Frauen der Insel benutzen eine handlichere Währung in Form von Muschelketten.

te, Goldbarren, Schweizer Franken oder einer der obengenannten Gegenstände, der Ihnen besonders gut gefällt. Welche Form Sie auch wählen, auf Ihrer Insel verwandelt sich dieses Geld in Papier, Plastik, Metall oder irgend etwas anderes, auf jeden Fall ist es kein Geld mehr.

Ereignisse in der jüngsten Geschichte unseres Jahrhunderts haben den nichtmateriellen Charakter des Geldes noch weiter deutlich werden lassen. Wie gesagt gaben die Amerikaner im Jahr 1971 den Goldstandard für den Dollar auf. Seit diesem Zeitpunkt ist der Dollar ein Versprechen der US-Regierung – einen anderen Dollar dafür zu zahlen. Solange der Dollar mit Gold gedeckt war, konnten wir leichter glauben, daß er einen objektiven Wert hatte. Mit der Abkehr vom Goldstandard ist es schwieriger geworden, diese Selbsttäuschung aufrechtzuerhalten.

Und noch eine andere Analogie zwischen Geld und Magie gibt es – zum Programm eines jeden Zauberers gehört es, etwas verschwinden zu lassen. Das Geld führt dieses Kunststück auf recht spektakuläre Weise vor. In ferner Vergangenheit, als Geld überwiegend aus Gold- und Silbermünzen bestand, begannen die Banken Scheine aus Papier auszugeben, auf denen stand, wo das Metall aufbewahrt wurde. Der nächste Akt des Zauberkunststücks ist heute im Gange. Der größte Teil unseres Papiergelds hat sich weiter aufgelöst und ist zu Bits in den Computern unserer Banken, Brokerhäuser oder anderer Finanzinstitutionen geworden, und es gibt ernstzunehmende Stimmen, die davon sprechen, daß all dies bald ganz in der virtuellen Welt aufgehen könnte. Müssen wir warten, bis der letzte Geldschein in irgendeiner Cyber-Geldbörse verschwunden ist, bis wir endlich erkennen, daß Geld seiner Natur nach nichts Materielles ist?

Eine Arbeitsdefinition von Geld

Nun können wir freiheraus unsere Arbeitsdefinition von Geld vorlegen: Geld ist eine *Übereinkunft* innerhalb einer *Gemeinschaft*, etwas als *Tauschmittel* zu verwenden.

Bewohner der Insel Yap mit Geldsteinen. Die hier präsentierten »Münzen« sind eher als »Kleingeld« einzustufen. Viele dieser Steine sind mehr als mannshoch, einzelne erreichen einen Durchmesser von 4 Metern.

Jeder der drei *kursiv gedruckten* Begriffe ist wichtig bei dieser Definition. Als *Übereinkunft* hat Geld vieles gemeinsam mit anderen sozialen Vereinbarungen wie politischen Parteien, Staatsangehörigkeit oder der Institution der Ehe. All diese Konstrukte sind real, auch wenn sie nur in den Köpfen der Menschen existieren. Die Übereinkunft über das Geld kann formell oder informell zustande kommen, frei oder unter Zwang, bewußt oder unbewußt.

Als Übereinkunft ist Geld immer nur innerhalb einer bestimmten *Gemeinschaft* gültig. Manche Währungen gelten nur in einer kleinen Gruppe von Freunden (wie Quittungen beim Kartenspiel), nur für einen bestimmten Zeitraum (wie die Zigaretten als Währung bei den Frontsoldaten während des Zweiten Weltkriegs) oder nur bei den Bürgern eines bestimmten Landes (wie die meisten »normalen« Währungen heute). Eine solche Gemeinschaft kann weltumspannend sein (wie es heute durch Vertrag für den Dollar gilt, solange er als Reservewährung akzeptiert wird) oder eine über den ganzen Globus verstreute Gruppe (wie die Internetnutzer).

Schließlich ist die Schlüsselfunktion, die einen gewählten Gegenstand zu einer Währung macht, seine Verwendung als *Tauschmittel*. Unser Geld erfüllt heute immer mehr andere Funktionen, es ist Rechnungseinheit, Vermögensspeicher, Spekulationsinstrument usw. Für das Thema unseres Buches sind alle diese Funktionen jedoch vergleichsweise zweitrangig, wenn wir bedenken, daß sich manche Währungen als sehr effizient erwiesen haben, obwohl sie einige oder alle dieser Funktionen nicht erfüllen.

Zusammenfassend können wir sagen, daß einem »Ding« die »Magie« des Geldes verliehen wird, sobald eine Gemeinschaft übereinkommt, dieses »Ding« als Tauschmittel zu verwenden.

»Erstarrtes Begehren« und Macht

Wir statten Geld nicht nur mit Magie aus, sondern auch mit Macht. Wie Marcel Proust sagte, haben materielle Gegenstände für sich allein keine Macht, doch wir statten sie gewöhnlich mit Macht aus ....[86] James Buchan hat die Gründe, warum wir das tun, anschaulich beschrieben: »Der Unterschied zwischen einem Wort und einem Geldstück liegt darin, daß das Geldstück jetzt und in aller Zukunft für unterschiedliche Menschen Unterschiedliches bedeutet: Der eine denkt beim Anblick einer Banknote an einen Drink in einem Pub, der andere an einen Besuch im Vergnügungspark, der dritte an einen Diamantring, der vierte an einen Akt der Nächstenliebe, der fünfte an Rettung aus Verfolgung, und für den sechsten bedeutet sie ganz einfach Bequemlichkeit und Sicherheit. Denn *Geld ist erstarrtes Begehren* ... Der Prozeß von Wunsch und Vorstellung, der einemillionmal in der Sekunde beginnt oder endet, ist der Motor unserer Zivilisation ... Denn die Objekte menschlichen Begehrens sind unbegrenzt, oder vielmehr nur begrenzt durch die Vorstellungskraft, was auf dasselbe hinausläuft.«[87]

Geld ist darum sehr viel mehr als eine technische Angelegenheit. Jede Währung, die innerhalb einer Gemeinschaft gültig ist, enthält implizit eine Aussage über die Machtverteilung in der Gemeinschaft. Als Priester und Priesterinnen die Macht hatten, gaben Tempel das Geld aus. Als Könige herrschten, sprach Aristoteles ihnen persönlich das »allerhöchste Recht« zu, »eine Währung auszugeben«. Im Industriezeitalter wurde der Nationalstaat der Inbegriff der Macht, und automatisch setzten sich nationale Währungen durch.

Heute verschiebt sich die Macht weg von den Nationalstaaten, und so dürfte es uns eigentlich nicht überraschen, daß neue, nichtnationale Währungen auf dem Vormarsch sind. Manche Menschen glauben immer noch, daß es in der modernen Welt nur eine mögliche Form von Geld gibt – die vertraute Landeswährung in Scheinen und Münzen. Der erste Zaubertrick beim Geld besteht darin, uns vorzugaukeln, wir bräuchten die Hilfe des Zauberers, damit Geld entsteht. Das ist eindeutig nicht der Fall, es sei denn, wir nehmen ein Fingerschnippen für die Realität. In der Vergangenheit haben unterschiedliche Arten von Geld nebeneinander bestanden, und heute ist es genauso. Die bereits zitierten Bonusmeilen aus Vielfliegerprogrammen oder Internetgeld sind nur zwei frühe Beispiele für Währungen, wie wir sie in einem Informationszeitalter erwarten können.

Bevor wir diese neuen, nicht so vertrauten Währungen untersuchen, brauchen wir eine solide Ausgangsbasis, von der aus wir sie mit den Merkmalen vergleichen, die allen unseren vertrauten Landeswährungen gemeinsam sind und von der aus wir ihre sozialen Auswirkungen betrachten können.

Unser heutiges Geld

Alle Währungssysteme dienen dazu, den Austausch zwischen Menschen zu vereinfachen. Wann immer ein bestimmtes Finanzsystem entworfen wird, wird die bemerkenswerte Motivationskraft des Geldes unweigerlich dazu eingesetzt, eine Fülle anderer Ziele zu verfolgen – manchmal sind es bewußte Ziele, meistens unbewußte –, vom Prestigegewinn für Götter oder Herrscher bis zu sozioökonomischen Absichten.

Die Hauptmerkmale unseres heutigen Systems wurden im präviktorianischen England zusammengefügt, gerade rechtzeitig, um die industrielle Revolution in Gang zu bringen. Ihr Vermächtnis – das heute vorherrschende Währungssystem – macht den Eindruck, *als ob* sich seine Architekten die folgende Frage gestellt hätten: Wie können wir ein Währungssystem schaffen, das unseren Nationalstaat stärkt und die Ressourcen so bündelt, daß eine systematische und konkurrenzfähige Entwicklung der Schwerindustrie möglich wird?

Auch wenn sich die Architekten des Systems diese Frage nicht wirklich gestellt haben, hat sich das System als bemerkenswert gut geeignet für die Erreichung dieser Ziele erwiesen. Jedes Land auf der Welt, unabhängig von seinem Entwicklungsstand und seiner politischen Orientierung, hat sich in dieses präviktorianische Modell eingekauft. Sogar die kommunistischen Länder haben alle seine wesentlichen Merkmale übernommen mit einer Ausnahme: Die Banken befanden sich statt in Privatbesitz überwiegend in staatlicher Hand, was sich in der Praxis nicht bewährt hat.

Vier Schlüsselmerkmale

Alle Währungen des Industriezeitalters haben vier Schlüsselmerkmale gemeinsam, die sich um die Zeit des 17. und frühen 18. Jahrhunderts in England allmählich als selbstverständlich durchsetzten. Wir dürfen uns das nicht so vorstellen, daß eine konspirative Schar von Engländern in einem dunklen, rauchgeschwängerten Raum zusammengesessen und sich unser gegenwärtiges Währungssystem ausgedacht hätte. Tatsächlich vollzog sich vielmehr eine langsame, schrittweise Entwicklung bei den Zahlungs- und Bankgepflogenheiten. Damit einher gingen dramatische individuelle Erkenntnisse und kollektive Krisen – etwa der Geldbedarf zur Finanzierung von Kriegen und der größeren Finanzcrashs wie des »Südseeschwindels« in den 20er Jahren des 18. Jahrhunderts. Ein solches Zusammenspiel von mehr oder weniger bewußten Entscheidungen auf seiten der vielen und auf seiten der wenigen schuf ein Währungssystem, das bemerkenswert gut zum präviktorianischen *Zeitgeist*[88] in England paßte, zu den Prioritäten und Mentalitäten eines Insellandes, das sich anschickte, sein Weltreich zu schmieden.

Viele Aspekte des modernen Währungssytems können bis zu den Geldverleihpraktiken der mittelalterlichen Goldschmiede zurückverfolgt werden oder bis zu den toskanischen und lombardischen Banken zur Zeit der Renaissance. Aber viele dieser geheiligten Traditionen wurden ohne weiteres fallengelassen und durch andere ersetzt, wenn sie sich mit dem Zeitgeist des präviktorianischen England nicht mehr in Einklang bringen ließen. So wurde es z. B. normal und üblich, Zinsen auf verliehenes Geld zu erheben – was über mehr als 20 Jahrhunderte hinweg aus moralischen und rechtlichen Gründen verboten gewesen war.

Während sich die Zahlungsgepflogenheiten und die Modalitäten der Bankgeschäfte (d. h. die Art, *wie* wir Dinge tun) weiterhin dramatisch verändert und verbessert haben, scheinen die fundamentalen Ziele, die wir mit dem System verfolgen (d. h. die Gründe, *warum* wir die Dinge tun), heute nicht so vollkommen andere zu sein als im viktorianischen England. Unter diesem Blickwinkel leben wir heute noch mit denselben Zielen, die am Beginn und während der industriellen Revolution so wirksame Antriebskräfte waren.

Vier wesentliche Merkmale charakterisieren nach wie vor unser »normales« Währungssystem und bestehen bis heute im Grunde unhinterfragt: Geld ist üblicherweise mit einem (1) *Nationalstaat* verbunden. Es ist (2) *»Fiat«*- oder *»ungedecktes« Geld,* das heißt aus dem Nichts geschaffen durch (3) *Bankdarlehen* gegen die Zahlung von (4) *Zinsen.*

Das mag vielleicht selbstverständlich klingen, ja trivial, aber die vollen Implikationen eines jeden Merkmals sind ganz und gar nicht klar. Wenn wir die Annahmen hinterfragen, können wir bisweilen eine Fülle neuer Erkenntnisse gewinnen. Nehmen wir sie uns einmal einzeln vor.

NATIONALE WÄHRUNGEN

Wir haben heute Schwierigkeiten, uns eine Währung anders als von einem bestimmten Land oder, wie beim Euro, von einer Gruppe von Ländern herausgegeben vorzustellen. Doch es ist hilfreich, wenn wir uns daran erinnern, daß das Konzept des Nationalstaats selbst erst zwei Jahrhunderte alt ist.[89] Deshalb waren die meisten Währungen in der Vergangenheit private Währungen und wurden von dem Herrscher oder einer sonstigen lokalen Autorität in Umlauf gebracht.

Doch wenn Sie ein nationales Bewußtsein erzeugen wollen, ist die Schaffung einer nationalen Währung eines der mächtigsten Hilfsmittel. Die Währung macht im Alltagsleben die Grenzen sichtbar, die sonst nur in einem Atlas zu sehen sind. Nehmen wir ein Beispiel aus der jüngsten Vergangenheit: Beim Zusammenbruch der Sowjetunion war die Schaffung einer jeweils eigenen nationalen Währung eine der ersten Maßnahmen der unabhängig gewordenen Republiken. »Eine gemeinsame Währung bedeutet ein gemeinsames Informationssystem, so daß die Inputs und Outputs gemessen und zwischen den Teilen verglichen werden können.«[90] Mit der gemeinsamen Währung entsteht ein unsichtbares, aber sehr wirkungsvolles Band zwischen allen Sektoren einer Gesellschaft und eine Informationsgrenze zwischen »uns« und »ihnen«. In diesem Sinn soll auch der Euro – die im Januar 1999 eingeführte gemeinsame Währung, die in elf Mitgliedstaaten der Europäischen Union die nationale Währung ersetzt – das gemeinsame europäische Bewußtsein fördern.

Über dem Umstand, daß nationale Währungen auf der ganzen Welt verbreitet sind, sollten wir nicht vergessen, daß in den wenigen Jahrhunderten der jüngeren Vergangenheit, in denen es nationale Währungen gab, für den weltweiten Handel immer noch eine andere, transnationale Währung zur Verfügung stand, nämlich Gold. Die einzige Ausnahme von dieser Regel bilden die letzten fast drei Dekaden des 20. Jahrhunderts, als eine bestimmte nationale Währung – der US-Dollar – zugleich die globale Währung wurde. Diese Konstellation hatte erhebliche negative Auswirkungen für alle Beteiligten einschließlich der USA.

Und wie gesagt künden in jüngster Zeit neue weltumspannende, nicht geographisch abgegrenzte Gemeinschaften wie das Internet von bedeutsamen Veränderungen im Reich der transnationalen Währung. Darauf werden wir später eingehen.

»ES WERDE GELD«

Die einfache Frage »Woher kommt das Geld?« bringt uns zurück in die Welt der Magie. Beim Geld gibt es jedoch nicht nur ein Verschwinden und Wiederauftauchen, es wird buchstäblich aus dem Nichts geschaffen. Damit wir diesen Vorgang richtig verstehen, müssen wir unter die Oberfläche dringen. Auf den ersten Blick sieht es so aus, als würden die nationalen Währungen mit den Druckerpressen der Zentralbanken geschaffen oder, in den Vereinigten Staaten, des Finanzministeriums. Aber das ist nicht der Ort, an dem das Geld geschaffen wird. Das Kaninchen, das der Zauberer aus dem Hut zieht, kommt auch nicht wirklich aus dem Hut. Wenn wir wissen wollen, woher das Kaninchen kommt, müssen wir seinen Weg durch den Ärmel des Zauberers zurückverfolgen.

Was tun Sie, wenn Sie 100 Mark bar auf die Hand brauchen? Sie gehen zum Bankschalter und sagen dem Angestellten, daß Sie gern 100 Mark hätten. Er oder sie (oder heute der Geldautomat) wird Ihren Kontostand überprüfen. Wenn mindestens 100 Mark auf Ihrem Konto sind, wird die Summe dem Konto belastet, und Sie bekommen 100 Mark in bar. Wenn der Kontostand darunter liegt und Sie keinen Dispokredit haben, bekommen Sie ein entschuldigendes Lächeln oder eine Mitteilung auf dem Bildschirm des Geldautomaten, aber kein Geld.

Ihr Geld ist in Wahrheit das, was Sie auf Ihrem Konto haben, denn die vertrauten Banknoten aus Papier werden Ihnen auf Wunsch ausgehändigt, solange Ihr Konto einen positiven Saldo ausweist bzw. Ihr Dispolimit nicht überschritten ist. Genauso wird die Zentralbank Ihrer Bank so viele Banknoten geben, wie sie will, und sie wird das Konto der Bank mit dem entsprechenden Betrag belasten.

Wie kommt nun das Geld auf Ihr Bankkonto? Meistens liegt es dort, weil Ihr Gehalt dorthin überwiesen wurde oder Sie eine andere Form von Einkommen auf das Konto eingezahlt haben. Aber woher bekommt Ihr Arbeitgeber das Geld? Um die bekannte Zeile von Truman zu zitieren: Wo kommt jeder Schein wirklich her?

BANKGELD

Im Leitfaden (Kapitel 1) wurde bereits eine Tatsache erwähnt, die für manche Leser verwunderlich sein mag: Jeder Dollar, jeder Euro und jede andere in Umlauf befindliche nationale Währung hat als Bankdarlehen begonnen. Wenn Sie z. B. die Bedingungen für eine Hypothek über 100 000 Euro erfüllen, die Sie für einen Hauskauf brauchen, überträgt die Bank einen Kredit in dieser Höhe auf Ihr Konto und schafft diese 100 000 Euro buchstäblich aus dem Nichts. Dies ist die wahre Geburtsstunde des Geldes. Natürlich sind solche Darlehen üblicherweise durch einen Vermögenswert wie ein Haus, ein Auto, eine Bürgschaft o. dgl. gesichert. Sobald Sie den Kredit haben, können Sie den Betrag wiederum auf das Konto des Hausverkäufers überweisen; und so zirkuliert das Geld immer weiter, bis eines Tages jemand ein Darlehen zurückbezahlt. Dann verschwindet das Geld, kehrt es wieder in das Nichts zurück, aus dem es geschaffen wurde ...

Darum ist Papiergeld in der Tat »der Teil der Staatsschuld, auf den keine Zinsen bezahlt werden«, wie es die Radcliff Commission des britischen Parlaments einmal zusammengefaßt hat.[91] Dieser einfache Vorgang der Geldschöpfung wird im Englischen mit dem passenden, aus dem Lateinischen abgeleiteten Begriff *fiat money* (»Fiat«-Geld ohne Edelmetalldeckung) bezeichnet. *Fiat lux,* »Es werde Licht«, waren nach der Genesis die ersten Worte, die Gott sprach. Weiter heißt es: »Und es wurde Licht. Gott sah, daß das Licht gut war.« Wir haben es hier mit der wahrhaft gottähnlichen Funktion zu tun, etwas aus nichts *(ex nihilo)* durch die Kraft des Wortes zu schaffen.

Kein Wunder, daß Sie sich womöglich beklommen fühlen, wenn Sie das nächste Mal bei Ihrer Bank in aller Bescheidenheit einen Kreditantrag stellen! Genau wie der Zauberer, der ein Taschentuch über dem Hut schwenkt, bevor er das Kaninchen herauszieht, braucht auch der Verantwortliche bei der Bank einen Schleier. Im Vorgang der Schaffung von Geld wird Ihre Aufmerksamkeit auf langweilige technische Details gelenkt, womöglich

> **Das Nichts in der Mitte**
> Der amerikanische Autor Ayn Rand stellt die Frage: »Sie denken also, daß das Geld die Wurzel allen Übels ist. Haben Sie sich jemals gefragt, was die Wurzel allen Geldes ist?«
> Ein wesentlicher Unterschied zwischen dem östlichen und dem westlichen Denken ist der, daß in der östlichen Philosophie das Nichts ausdrücklich am Anfang aller Dinge steht, im Westen hingegen immer ein Gott, ein »Logos« (Wort) oder eine »Monade« (Einheit), ein Prinzip, aus dem alles hervorgeht und das alles ordnet.
> Tatsächlich hat der Westen das Nichts im Mittelpunkt seines Geldsystems versteckt. Ist das vielleicht einer der Gründe, warum das Geld eine solche Faszination auf uns ausübt?

auf die Mechanismen, die den Wettbewerb um Kundengelder zwischen den Banken fördern sollen, auf Mindestreservevorschriften und die Rolle der Zentralbank bei der Feineinstellung der Ventile des Systems. Diese technischen Einzelheiten haben alle ihre sinnvolle Bestimmung (genau wie das Taschentuch des Zauberers), aber sie regeln nur, wieviel ungedecktes Geld eine jede Bank schaffen kann (wie viele Kaninchen aus welchem Hut gezaubert werden können).

Besonders einfallsreich an dem Ablauf, der bis ins präviktorianische England zurückverfolgt werden kann, ist die Tatsache, daß auf diese Weise Gesellschaften den scheinbaren Widerspruch zwischen zwei Zielen lösen können: Nationalstaaten zusammenschweißen sowie stärken und zugleich die individuelle Initiative und den Wettbewerb zwischen den Staaten ausnutzen. Vor allem ist dieses Verfahren eine bequeme Möglichkeit, die Geldschöpfung der Landeswährung zu privatisieren (was theoretisch eine öffentliche Aufgabe ist) in der Form eines Privilegs des Bankensystems insgesamt, während zugleich der Wettbewerbsdruck auf die einzelnen Banken erhalten bleibt, möglichst viel Einlagen von Kunden einzusammeln.

Die Geldschöpfung durch die Banken hat noch einen sehr wichtigen inhärenten Aspekt. Jackson und McConnell haben dies in der Formel zusammengefaßt:»Giralgeld verdankt seinen Wert der Tatsache, daß es im Verhältnis zu seinem Nutzen knapp ist.«[92] Mit anderen Worten: Damit ein auf Bankdarlehen gegründetes Währungssystem ohne Edelmetalldeckung überhaupt funktioniert, muß Knappheit künstlich erzeugt und systematisch eingeführt und erhalten werden. Dies ist einer der Gründe, warum unser heutiges Währungssystem nicht selbstregulierend ist, sondern aktive Zentralbanken braucht, die für Knappheit sorgen. Man kann sogar sagen, daß die Zentralbanken miteinander wetteifern, ihre jeweilige Währung international möglichst stark zu verknappen. Mit Hilfe der Knappheit wird der relative Wert erhalten.

Wir werden später sehen, daß es noch andere Arten von Währungen gibt, sog.»wechselseitige Kreditsysteme«, die eher selbstregulierend sind als nationale Währungen und deren Wert durch die Güter und Dienstleistungen gewährleistet ist, für die sie innerhalb der jeweiligen Gemeinschaft stehen. Solche Währungen können in ausreichender Menge verfügbar sein und erfordern keine künstlich erzeugte Knappheit.[93]

ZINSEN

Das letzte offensichtliche Merkmal aller offiziellen nationalen Währungen sind die Zinsen. Wieder glauben wir, daß Zinsen irgendwie naturgemäß dazugehören, und vergessen dabei, daß dies die meiste Zeit in der Geschichte ganz und gar nicht der Fall war; denn wie schon gesagt wurde, haben alle drei »Offenbarungsreligionen« den »Wucher« nachdrücklich verdammt, und Wucher bedeutete *jede* Form, Zinsen auf Geld einzustreichen. Nur islamische Religionslehrer halten bis heute an diesem Grundsatz fest (siehe auch S. 78). Bisweilen gerät in Vergessenheit, daß die katholische Kirche beispielsweise bis ins 19. Jahrhundert an vorderster Front gegen die »Sünde des Wuchers« kämpfte.

Die Religionen und der Wucher

Explizit war im Judentum der Wucher nur zwischen Juden verboten. »Du darfst von deinem Bruder keine Zinsen nehmen: weder Zinsen für Geld noch Zinsen für Getreide noch Zinsen für sonst etwas, wofür man Zinsen nimmt« (Deuteronomium 23,20). Dies ermöglichte den Juden, gegen Zinsen Geld an Nichtjuden zu verleihen. Im Mittelalter war dies einer der Gründe für die Unbeliebtheit der Juden. Der Islam verdammt den Wucher umfassender: »Und was ihr auf Wucher ausleiht, um es zu vermehren mit dem Gut der Menschen, das soll sich nicht vermehren bei Allah« (Koran, 30. Sure 38).

Da sich die Entwicklung der modernen Welt größtenteils unter christlichem Einfluß vollzog, ist für den Zusammenhang unseres Themas der mehrfache Richtungswechsel der christlichen Religion im Laufe der Zeit von besonderem Interesse. Die geschichtliche Bedeutung des Wuchers in den Lehren der christlichen Kirche könenn wir nur damit vergleichen, welche Bedeutung heute sexuelle Verirrungen und Abtreibung für sie haben. Das Verbot des Wuchers war unbestreitbar eines der besonders beständigen Dogmen der Kirche. Ein früher Kirchenvater, Clemens von Alexandria, führte aus: »Die Gesetze verbieten einem Bruder, Wucher anzunehmen, und ein Bruder ist nicht nur der, der von denselben Eltern geboren ist, sondern auch einer von derselben Abstammung und Denkungsart ... Glaubt nicht, dieses Gebot sei von Menschenliebe bestimmt.«

Die Liste der Konzile, auf denen der Wucher als eine besonders schlimme Sünde verdammt wurde, ist eindrucksvoll: die Konzile von Elvira (305–306), Arles (314), Nizäa (325), Karthago (348), Taragona (516), Aachen (789), Paris (829), Tours (1153), das Laterankonzil (1179), die Konzile von Lyon (1274) und von Wien (1311). Das letztgenannte Konzil urteilte noch radikaler als die früheren: Jeder Herrscher, der nicht alle Wucherer in seinem Herrschaftsbereich aburteilte, sollte exkommuniziert werden (auch wenn der Herrscher selbst sich nichts hatte zuschulden kommen lassen!). Da die Zinszahlungen oft mit verschiedenen Vorwänden kaschiert wurden, mußten die Geldverleiher den kirchlichen Autoritäten ihre Bücher zeigen. Das fünfte Laterankonzil (1512 bis 1517) bekräftigte noch einmal die Definition von Wucher als »jegliche Zinszahlung auf Geld«.

Im Jahr 1545 legalisierte Heinrich VIII. nach seinem Bruch mit dem Papst erstmals in der abendländischen Welt die Zinszahlung. Innerhalb der katholischen Kirche wurde die Lehre zum ersten Mal 1822 in Frage gestellt. Eine Frau aus dem französischen Lyon hatte Zinsen für Geld genommen, und ihr sollte so lange die Absolution verweigert werden, bis sie den unrechtmäßigen Gewinn wieder zurückgezahlt haben würde. Bischof Rhedon suchte um Klarstellung in Rom nach und erhielt folgenden Bescheid: »Laß die Bittstellerin wissen, daß ihre Anfrage zur gegebenen Zeit beantwortet werden wird ...; unterdessen mag sie das Sakrament der Absolution empfangen, wenn sie uneingeschränkt bereit ist, sich den Lehren des Heiligen Stuhls zu unterwerfen.« Eine baldige Entscheidung wurde noch einmal 1830 in Aussicht gestellt und von der Propaganda-Kongregation erneut 1873. Doch die versprochene Klarstellung kam nie. Die Sünde des Wuchers wurde nie offiziell gestrichen, sondern geriet einfach in Vergessenheit. Das kanonische Gesetz aus dem Jahr 1917 (Kanon 1523), das bis heute gilt, verlangt von Bischöfen zu investieren: »Die Pflichten der kirchlichen Vermögensverwalter ergeben sich aus dem allgemeinen Grundsatz, daß sie ihr Amt mit der Sorgfalt eines guten Hausvaters verwalten müssen ... Sie haben die Pflicht ..., überflüssige Gelder soweit als möglich zum Nutzen der Kirche fruchtbringend anzulegen.« Kein Wort über Zinsen.

Später jedoch wird Wucher definiert als die Berechnung überhöhter Zinsen.

Es muß ein Zufall sein, daß die Sünde des Wuchers genau zu dem Zeitpunkt »in Vergessenheit« geriet, als die Kirche selbst Kapitaleignerin geworden war (d. h. eine Quelle von Geld) und nicht mehr wie traditionell in der Geschichte nur Landbesitzerin (d. h. Nutzerin von Geld) war.

Estelle und Mario Carota, zwei mexikanische Katholiken, richteten in der Hoffnung, sie könnten die lateinamerikanischen Länder in der Schuldenkrise der 80er Jahre von ihrer drückenden Last befreien, 1985 ein formelles Ersuchen an den Vatikan, seine Position zum Wucher darzulegen. Sie wurden von keiner geringeren Instanz als der Kongregation für die Glaubenslehre unter der Leitung von Kardinal Ratzinger beschieden, daß die Lehre über den Wucher nie neu formuliert worden sei, daß sich nichts geändert habe. Informell wurde ihnen weiter mitgeteilt, daß es unglücklicherweise keinen einzigen Experten zu dieser Frage mehr in Rom gebe, weil sich unterdessen alle auf die Themen Sexualität und Abtreibung spezialisiert hätten. Die beiden Mexikaner suchten weiter nach einem Experten bei den Jesuiten, Augustinern, Dominikanern, Salvatorianern und befragten sogar Professoren der Moraltheologie, die in Seminaren über die Dritte Welt eine Theologie der wirtschaftlichen Gerechtigkeit lehrten. Doch sie fanden niemanden, der sich noch an das Verbot des Wuchers erinnerte.

Die Wirkungen von Zinsen

Am wenigsten klar von den obengenannten vier Merkmalen sind die Auswirkungen, die es mit sich bringt, wenn Zinsen auf die Darlehen erhoben werden, durch die Geld geschöpft wird. Doch die Folgen von Zinsen für die Gesellschaft sind weitreichend und schwerwiegend. Es lohnt sich deshalb, sie genauer zu untersuchen. Zinsen haben drei Konsequenzen, die wir im einzelnen betrachten wollen, und zwar:

1. Zinsen fördern indirekt den Wettbewerb zwischen den Beteiligten des Systems,
2. Zinsen verstärken die Notwendigkeit des unbegrenzten wirtschaftlichen Wachstums, auch wenn der tatsächliche Lebensstandard stagniert,
3. Zinsen tragen zur Konzentration von Reichtum bei, weil sie die große Mehrheit zugunsten einer kleinen Minderheit belasten.

DIE FÖRDERUNG VON WETTBEWERB

Die folgende Geschichte aus Australien veranschaulicht, wie Zinsen in den Stoff unseres Geldes hineinverwoben sind und wie sie den Wettbewerb zwischen den Menschen stimulieren, die mit einer Zinsen enthaltenden Währung umgehen.

Das elfte Lederstück

Es war einmal ein kleines Dorf im australischen Busch. Dort bezahlten die Menschen alles mit Naturalien. An jedem Markttag spazierten sie mit Hühnern, Eiern, Schinkenkeulen und Broten herum und verhandelten lange miteinander über den Tausch der Güter, die sie brauchten. In wichtigen Zeiten im Jahr, etwa zur Ernte oder wenn jemand nach einem Unwetter seinen Stall reparieren mußte, erinnnerten sich die Menschen wieder an die Tradition, einander zu helfen, die sie aus der alten Heimat mitgebracht hatten. Jeder wußte, wenn er einmal in Schwierigkeiten geraten sollte, würden die anderen ihm helfen.

An einem Markttag tauchte ein Fremder auf. Er trug glänzende schwarze Schuhe und einen eleganten weißen Hut und beobachtete das Treiben mit einem sardonischen Lächeln. Beim Anblick eines Farmers, der verzweifelt versuchte, die sechs Hühner einzufangen, die er gegen einen großen Schinken eintauschen sollte, konnte er sich das Lachen nicht verkneifen. »Die armen Leute«, stieß er hervor, »wie primitiv sie leben.«

Die Frau des Farmers hörte seine Worte und sprach ihn an. »Meinen Sie, Sie kämen mit den Hühnern besser zurecht?« fragte sie ihn.

»Mit den Hühnern nicht«, erwiderte der Fremde, »aber es gibt einen viel besseren Weg, sich den ganzen Ärger zu ersparen.«

»Ach ja, und wie soll das gehen?«

»Sehen Sie den Baum dort?« sagte der Fremde. »Ich gehe jetzt dorthin und warte, bis einer von euch mir eine große Kuhhaut bringt. Dann soll jede Familie zu mir kommen. Ich werde euch den besseren Weg erklären.«

Und so geschah es. Er nahm die Kuhhaut, schnitt gleichmäßige runde Stücke davon ab und drückte auf jedes Stück einen kunstvoll gearbeiteten, hübschen kleinen Stempel. Dann gab er jeder Familie ein rundes Stück und erklärte, daß es den Wert von einem Huhn habe. »Jetzt könnt ihr mit den Lederstücken Handel treiben anstatt mit den widerspenstigen Hühnern.«

Das leuchtete den Farmern ein. Alle waren sehr beeindruckt von dem Mann mit den glänzenden Schuhen und dem interessanten Hut.

»Ach, übrigens«, meinte er noch, nachdem jede Familie ihre zehn runden Lederstücke entgegengenommen hatte, »in einem Jahr komme ich zurück und sitze wieder unter diesem Baum. Ich möchte, daß jeder von euch mir elf Stücke zurückgibt. Das elfte Stück ist ein Unterpfand der Wertschätzung für die technische Neuerung, die ich in eurem Leben eingeführt habe.«

»Aber wo soll das elfte Stück denn herkommen?« fragte der Farmer mit den sechs Hühnern.

»Das werdet ihr schon sehen«, erwiderte der Mann und lächelte beruhigend.

Angenommen, die Bevölkerungszahl und die Produktion bleiben im folgenden Jahr genau gleich, was, glauben Sie, wird geschehen? Bedenken Sie, daß das elfte Lederstück gar nicht abgeschnitten wurde. Darum, so *lautet die Schlußfolgerung, muß jede elfte Familie ihre gesamten Lederstücke verlieren, auch wenn alle gut wirtschaften, den nur so können die übrigen zehn ihr elftes Stück bekommen.*

Als das nächste Mal ein Unwetter die Ernte einer Familie bedrohte, waren die Menschen nicht so schnell bei der Hand mit dem Angebot, beim Einbringen der Ernte zu helfen. Zwar war es wirklich sehr viel bequemer, an Markttagen nur die Lederstücke auszutauschen und nicht die Hühner, aber die neue Sitte hatte die unbeabsichtigte Nebenwirkung, daß sie die traditionelle spontane Hilfsbereitschaft im Dorf hemmte. Statt dessen entwickelte das neue Geld einen systembedingten Sog zum Wettbewerb zwischen allen Beteiligten.

Genauso bringt das heutige Währungssystem alle am Wirtschaftsleben Beteiligten in eine Konkurrenzsituation zueinander. Die Geschichte von den australischen Bauern isoliert die Rolle des Zinses – des elften Lederstücks – im Rahmen des Prozesses der Geldschöpfung und seine Auswirkungen auf die Beteiligten.[94]

Wenn die Bank Geld schöpft, indem sie Ihnen einen Hypothekenkredit über 100 000 Euro zur Verfügung stellt, schafft sie mit dem Kredit nur das Ausgangskapital. Sie erwartet nämlich, daß Sie ihr im Laufe der nächsten, sagen wir einmal, 20 Jahre 200 000 Euro zurückbringen. Wenn Sie das nicht können, sind Sie Ihr Haus los. Ihre Bank schafft nicht die Zinsen, sondern sie schickt Sie hinaus in die Welt in den Kampf gegen alle anderen, damit Sie am Schluß die zweiten 100 000 Euro mitbringen. Weil alle anderen Banken genau das gleiche tun, verlangt das System, daß einige der Beteiligten bankrott gehen, denn anders kommen Sie nicht zu den zweiten 100 000 Euro. Um es auf eine einfache Formel zu bringen: Wenn Sie der Bank Zinsen auf Ihr Darlehen zahlen, brauchen Sie das Ausgangskapital von jemand anderem auf.

Mit anderen Worten: Der Mechanismus, mit dem die für die Giralgeldschöpfung unverzichtbare Knappheit erzeugt wird, bedingt, daß die Menschen miteinander um das Geld konkurrieren,

> **Was ist »natürlich« – Konkurrenz oder Kooperation?**
> Professor Imanishi, der an der Universität von Kioto Biosoziologie lehrt, hat nachgewiesen, daß Darwins Sicht der Natur als Lebenskampf vollkommen blind ist für die sehr viel häufigeren Fälle von Koevolution, Symbiose, gemeinsamer Entwicklung und harmonischer Koexistenz, die in allen Bereichen der Evolution zu beobachten sind. Selbst unsere Körper könnten nicht lange überleben ohne die symbiotische Zusammenarbeit von Milliarden Mikroorganismen, beispielsweise in unserem Verdauungstrakt.[95]
> Die Evolutionsbiologin Elisabet Sahtouris hat gezeigt, daß überwiegend kompetitives Verhalten charakteristisch ist für eine junge Spezies nach ihrem Erscheinen auf der Welt. In reifen Systemen hingegen wie einem alten Wald steht die Konkurrenz, beispielsweise um Licht, in einem ausgewogenen Verhältnis zur Kooperation verschiedener Arten. Arten, die nicht lernen, mit anderen Arten zu kooperieren, auf die sie angewiesen sind, gehen unweigerlich zugrunde.[96]
> Unser gegenwärtiges Währungssystem fördert einseitig die Konkurrenz. Darum sind *komplementäre* Währungssysteme so wichtig (wie sie später beschrieben werden), die mit der Belohnung von Kooperation ein Gegengewicht dazu setzen.

das noch nicht geschaffen wurde, und bestraft sie im Falle des Mißerfolgs mit dem Bankrott.

Wir verfolgen die Zinspolitik der Zentralbanken mit Interesse, und das ist einer der Gründe dafür. Wenn die Zinsen angehoben werden, verursacht das zusätzliche Kosten, und dies wiederum führt unweigerlich zu einem Anstieg der Konkurse in der nächsten Zukunft. Damit kehren wir zu den Zeiten zurück, als die Hohepriester entschieden, ob die Götter mit dem Opfer von nur einer Ziege zufrieden wären – oder ob sie statt dessen den erstgeborenen Sohn verlangen würden. Weiter unten auf dem Totempfahl, wenn Ihre Bank Ihre Kreditwürdigkeit überprüft, checkt sie in Wirklichkeit, ob Sie in der Lage sind, mit den anderen Spielern zu konkurrieren und gegen sie zu gewinnen, d. h. etwas aus ihnen herauszupressen, was gar nie geschaffen wurde.

Zusammenfassend halten wir fest, daß das moderne Währungssystem uns dazu zwingt, uns kollektiv zu verschulden und mit anderen in der Gemeinschaft zu konkurrieren, damit wir die Mittel erhalten, die Austausch zwischen uns ermöglichen. Kein Wunder, daß die Welt hart ist und daß Darwins Erkenntnis vom »Überleben des Stärksten« im England des 18. Jahrhunderts bereitwillig als offensichtliche Wahrheit akzeptiert wurde, genau wie bis heute alle Gesellschaften fraglos die Prämissen ihres Währungssystems akzeptiert haben und wir es heute tun. Glücklicherweise haben wir heute reichlich Belege, die für eine weniger strenge Definition der »natürlichen Welt« sprechen.

DIE NOTWENDIGKEIT VON UNBEGRENZTEM WACHSTUM

Die wichtigste simplifizierende Annahme in der Geschichte von dem »elften Lederstück« ist die, daß innerhalb eines Jahres alles beim alten bleibt. In Wirklichkeit leben wir nicht in einer Welt ohne Wachstum der Bevölkerung, der Produktion und der Geldmenge. In unserer realen Welt gibt es bei all diesen Variablen Wachstum im Verlauf der Zeit, und das Währungssystem verlangt sogar zwingend Wachstum, damit Zinsen gezahlt werden können. Selbst dabei gibt es lange vergessene Vorläufer in den Religionen. Die »erste Frucht der Ernte« wurde in vielen alten Gesellschaften zeremoniell den Göttern dargebracht.

Die Dynamik hat zur Folge, daß es sehr viel schwieriger als in der Geschichte von dem »elften Lederstück« ist, zu erkennen, was tatsächlich vorgeht. Gleichwohl ist unendlich kumulierter Zins in der realen Welt eine mathematische Unmöglichkeit, wie die Ausführungen zum »Josefspfennig« zeigen.

DIE KONZENTRATION VON REICHTUM

Eine dritte systemimmanente Wirkung von Zinsen auf die Gesellschaft ist der kontinuierliche Transfer von Reichtum von der breiten Mehrheit auf eine kleine Minderheit. Die reichsten Einzelpersonen und Organisationen besitzen Anlagen, die Zinsen abwer-

> **Der »Josefspfennig«** *oder*
> **Die mathematische Unmöglichkeit unendlicher Zinsen**
> Unendliche Zinseszinsen sind in der realen Welt eine rechnerische Unmöglichkeit. Wenn beispielsweise zur Zeit von Christi Geburt Josef einen Pfennig zu einem Zinssatz von 5 Prozent angelegt hätte, hätte die Anlage im Jahr 1749 einen Wert erreicht, der dem einer Kugel Gold von der Größe der Erde entspräche. 1990, im Jahr der deutschen Wiedervereinigung, hätten sich die Zinsen auf den unvorstellbaren Wert von 134 Milliarden Kugeln Gold von der Größe des Planeten summiert![97]

fen. Sie erhalten eine stetige Rente von all jenen, die sich Geld leihen müssen, um das erforderliche Tauschmittel zu besitzen.

Das beste Beispiel, wie sich durch Zinsen der Transfer von Reichtum von einer sozialen Gruppe zu einer anderen vollzieht, bot Deutschland im Jahr 1982. Damals lagen die Zinssätze bei niedrigen 5,5 Prozent.[98] Alle Deutschen wurden in zehn Einkommenskategorien aufgeteilt, jede Kategorie umfaßte 2,5 Millionen Haushalte. In dem einen Jahr 1982 belief sich der Kapitaltransfer zwischen den zehn Kategorien auf insgesamt 270 Milliarden DM in Form von Zinszahlungen. Was genau passiert, wird sehr deutlich, wenn wir den *Netto*-Zinstransfer (eingenommene Zinsen *minus* gezahlte Zinsen) für jede der zehn Haushaltsgruppen grafisch darstellen (siehe Abb. 13).

Am meisten Kapital floß von den mittleren Kategorien (3 bis 8) zu der Spitzengruppe von 10 Prozent der Haushalte (Kategorie 10), dieser Transfer summierte sich auf 5 Milliarden DM. Selbst die einkommensschwächsten Haushalte, Kategorie 1 (man hätte vermuten können, daß diese Haushalte nicht leicht Kredite bekommen würden), zahlten in Form von Zinsen noch 1,8 Milliarden DM jährlich an die Spitzengruppe. Der Nettoeffekt sah so aus, daß die Spitzengruppe der 10 Prozent reichsten Haushalte allein in dem einen untersuchten Jahr 1982 netto 34,2 Milliarden DM in Form von Zinszahlungen vom Rest der Gesellschaft entgegennehmen konnte.

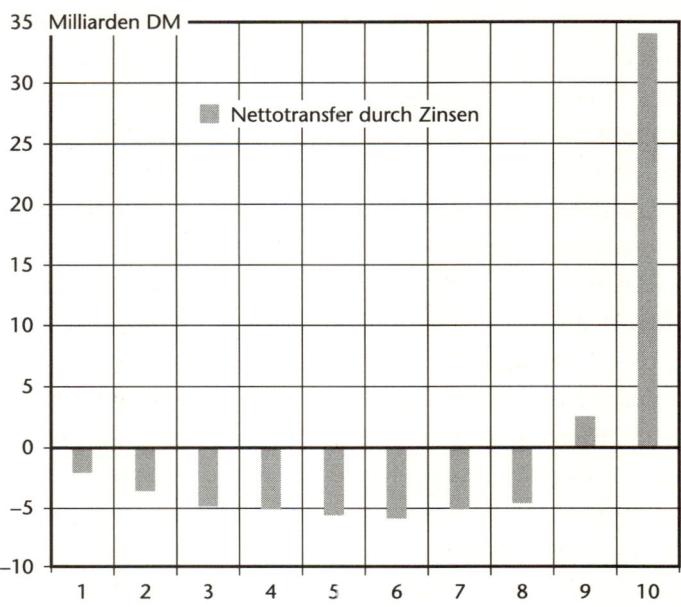

Abb. 13: **Nettotransfer durch Zinsen (in Milliarden DM) für zehn Gruppen von jeweils 2,5 Millionen Haushalten (Deutschland 1982)**

Abb. 13 zeigt anschaulich den systemimmanenten Transfer von Reichtum von der breiten Masse – 80 Prozent – der Bevölkerung zur Spitzengruppe mit 10 Prozent der Haushalte. Dieser Transfer ist ausschließlich eine Folge des Währungssystems, wie wir es heute haben, und hat nichts mit der Klugheit und dem Fleiß der Beteiligten zu tun – womit üblicherweise große Einkommensdifferenzen gerechtfertigt werden.

Finanzieller Wohlstand ist definitionsgemäß die Ansammlung von Einkommen im Laufe der Zeit. Ergebnis des beschriebenen Vorgangs ist eine Verstärkung der Ungleichgewichte in der Wohlstandsverteilung. »Die obersten 1 Prozent der amerikanischen Bevölkerung besitzen heute größeren persönlichen Reichtum als die unteren 92 Prozent zusammen.«[99] Dieser Konzentrationsprozeß findet auf allen Ebenen statt; z. B. wuchs in den USA das Vermögen der sehr kleinen Gruppe der 500 Familien an der Spitze im Zeitraum von 1983 bis 1989 von 2,5 Billionen US-Dollar auf 5 Billionen.[100] Die 447 Milliardäre auf der Welt haben ein Vermögen angehäuft, das größer ist als das gesamte Jahreseinkommen von mehr als der Häfte der Weltbevölkerung.[101] Das Vermögen der drei reichsten Milliardäre ist größer als das Bruttosozialprodukt der 48 ärmsten Länder der Welt.[102]

War es die Sorge um soziale Gerechtigkeit und Stabilität, die einstmals alle drei großen Religionen – Judentum, Christentum und Islam – veranlaßt hat, einhellig die Erhebung von Zinsen zu verurteilen? Es ist interessant, daß nach der offiziellen Billigung der Zinserhebung nahezu alle Länder die Notwendigkeit sahen, Wege zur Umverteilung von Einkommen einzurichten und damit wenigsten ansatzweise ein Gegengewicht zu der Ungleichentwicklung zu schaffen. Einige dieser Wege wie soziale Sicherungssysteme und progressive Besteuerung werden immer häufiger als ineffektiv kritisiert. Ist nun das alles umfassende Währungssystem zu effektiv oder die Umverteilung zu ineffektiv? Oder beides?

Wie geht es weiter?

Die drei Nebenwirkungen von Zinsen – Wettbewerb, die Notwendigkeit von kontinuierlichem Wachstum und die Konzentration von Reichtum – sind die verborgenen Motoren, die während der industriellen Revolution wirksam waren. Beides, das Beste wie das Schlechteste, was uns die moderne Zeit beschert hat, kann darum indirekt auf die verborgenen Nebenwirkungen der Zinsen zurückgeführt werden – und das bildet heute das scheinbar unauffällige Gesicht des vorherrschenden Währungssystems.

Zunehmend herrscht Einigkeit darüber, daß das Industriezeitalter dem Ende entgegengeht. Wir navigieren bereits in den noch nicht kartierten Gewässern des Informationszeitalters. Seltsamerweise gedeihen, unbemerkt vom Großteil der Medien und von der akademischen Welt, in rund einem Dutzend Ländern der Welt erste Experimente mit neuen Währungssystemen. Meiner Ansicht nach eröffnen diese Innovationen realistische Möglichkeiten, wie die krassen Auswirkungen und Ungleichgewichte unseres aktuellen Systems ohne Revolutionen und Gewalt korrigiert werden können. Noch wichtiger dürfte es sein, daß diese neuen, komplementären Währungen neben den vorherrschenden nationalen Währungssystemen dazu beitragen, daß neuer Reichtum geschaffen wird, und zwar finanzieller wie sozialer. Sie haben außerdem bereits bewiesen, daß damit einige unserer drängendsten sozialen Probleme angegangen werden können, ohne daß Steuern und Gesetze nötig wären. Es ist kein Zufall, daß die neuen Währungen typischerweise keines der oben beschriebenen vier Merkmale nationaler Währungen aufweisen, z. B. gibt es bei den neuen Währungssystemen keine Zinsen.

An dieser Stelle sollten wir uns eines Ausspruchs von John F. Kennedy erinnern: »Wer die friedliche Revolution unmöglich macht, macht die gewaltsame Revolution unausweichlich.«

Kapitel 3

Die Cybersphäre – Land der unbegrenzten Möglichkeiten

»Geld hat sich von Muscheln über bedrucktes Papier zu einem kunstvollen Arrangement des Binärsystems entwickelt.« *Dee Hock*[103]

»Der Sinn einer Entdeckungsfahrt besteht nicht in der Erforschung neuer Landstriche, sondern darin, eine andere Sichtweise zu entwickeln.« *Marcel Proust*

»Das Wort ›Verwirrung‹ wurde erfunden, um eine Ordnung zu bezeichnen, die wir noch nicht verstehen.« *Henry Miller*

Der von Daniel Bell geprägte Begriff der »postindustriellen Gesellschaft« ist innerhalb von 20 Jahren durch den Begriff »Informations-«, »Wissens-« bzw. »Kommunikationszeitalter« ersetzt worden. Die zunehmende Bedeutung der Informationen hat nicht nur für die Wirtschaft, sondern auch für die Struktur unserer Gesellschaft dramatische Folgen.

Wie wir gesehen haben, sind Währungssysteme unsere ältesten Informationssysteme – schließlich wurde sogar die Schrift ursprünglich zur Aufzeichnung finanzieller Transaktionen erfunden. Daher dürfte es nicht überraschen, daß Geld auch im computerisierten Cyberspace eine wichtige Rolle spielt. Wir müssen nicht nur bei den Zahlungssystemen für konventionelle Währungen mit fundamentalen Veränderungen rechnen, sondern auch mit der Entwicklung neuer Formen des Geldes.

Postindustrielle Gesellschaft = Informationszeitalter

In den 40er Jahren prophezeite Thomas Watson, der erste Vorstandsvorsitzende von IBM, daß es einen Markt für »vielleicht fünf Computer« geben würde. Im Jahr 1975 waren ungefähr 50 000 Rechner im Einsatz und 1997 schon über 140 Millionen.[104] Zusätzlich werden weltweit noch 170 Millionen Chipkarten verwendet[105], außerdem gibt es unzählige »unsichtbare Computer« in Form von Mikrochips – in einem ganz normalen Auto steckt heute mehr Rechenleistung als im ersten Raumschiff, das 1969 auf dem Mond landete.

Die Erklärung für diese explosionsartige Zunahme ist einfach: Noch nie zuvor hat die Welt bei einem Industrieprodukt einen derartig schwindelerregenden Preisverfall erlebt. Wir haben uns an den Gedanken gewöhnt, daß ein moderner Laptop im Wert

> **Kommunikationskosten im Vergleich**
> - Der Versand eines 42seitigen Dokuments von New York nach Tokio dauert mit Luftpost normalerweise 5 Tage und kostet zur Zeit 7,40 Dollar.
> - Es geht auch schneller, aber wesentlich teurer: Per Kurier gelangt das Dokument zu einem Preis von 26,25 Dollar innerhalb von 24 Stunden ans Ziel; mit einem Faxgerät dauert es 31 Minuten und kostet 28,85 Dollar.
> - Im Vergleich dazu dauert eine E-Mail nicht mehr als 2 Minuten und kostet lediglich 9,5 Cent. Es ist daher kein Wunder, daß sich der Internetverkehr alle 100 Tage verdoppelt!
> - Im Jahr 1980 konnten Telefonkabel aus Kupfer pro Sekunde eine Seite an Daten transportieren. Heute kann die dünne Faser eines Glasfaserkabels das Zigtausendfache in der Sekunde übertragen. Der Preisverfall bei den Kosten im Kommunikationsbereich wird sich noch weiter beschleunigen, da die verfügbare Bandbreite proportional zur Glasfasermenge ansteigt. Derzeit steht nur 4 Prozent aller Telefonkunden die Glasfasertechnologie zur Verfügung; innerhalb der nächsten 20 Jahre soll sich der Anteil jedoch auf 95 Prozent steigern (siehe Abb. 14).[106]

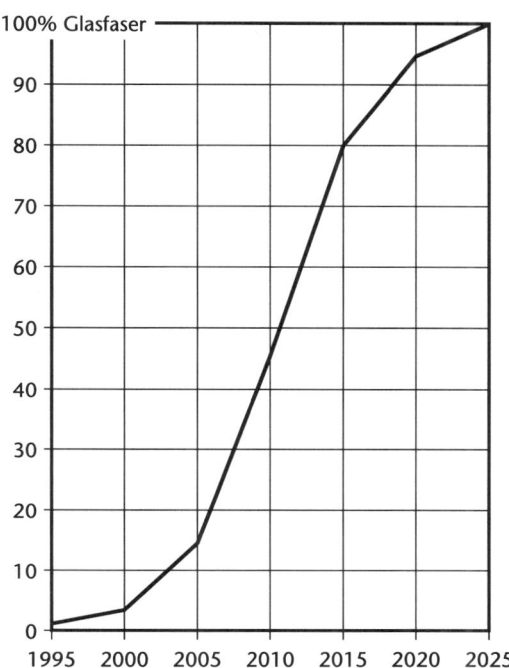

Abb. 14: Der Einsatz der Glasfasertechnologie in den kommenden Jahren

von 2000 Euro leistungsfähiger ist als ein Großrechner im Wert von 10 Millionen Euro vor 20 Jahren. Wenn sich die Leistungssteigerung und die Kosten im Automobilsektor ähnlich entwickelt hätten, würde man heute für eine Fahrt von Lissabon nach Oslo mit einem kleinen Abstecher nach Athen nur einen Tropfen Benzin brauchen – und das in einem Auto, das weniger als einen Euro kosten würde.

Bei der Einführung der Dampfmaschinen zu Beginn der Industrialisierung war Dampfkraft anfangs nicht viel billiger als Wasserkraft. Es dauerte 60 Jahre, von 1790 bis 1850, daß sich der Preis für die Dampfkraft halbierte.[107] Ähnlich verhielt es sich mit dem Strompreis, er sank zwischen 1890 und 1930 um etwas mehr als die Hälfte.[108] Der Preis der Computerleistung halbiert sich dagegen alle 18 Monate. Das nach dem Präsidenten von Intel benannte »Mooresche Gesetz« beschreibt sogar noch eine beeindruckendere Rate: Alle 18 Monate verdoppelt sich die Rechnergeschwindigkeit, und der Preis sinkt um die Hälfte.

Allein ein Aspekt dieser Entwicklung – das Internet – ist jeden Monat Thema von etwa 12 000 Artikeln in der amerikanischen Presse, und diese Schätzung schließt noch nicht einmal die Artikel über das Internet mit ein, die direkt im Internet erscheinen. Noch nie zuvor wurde der technische Fortschritt von einer solchen Informationsflut begleitet George Gilder spricht von einer »unaufhaltsamen technologischen Gewalt«. Bill Gates erklärt: »Die Vor- und Nachteile, die aus der Internetrevolution entstehen, werden wesentlich größer sein als die, welche die Computerrevolution mit sich brachte.«

Im Gegensatz zu anderen Revolutionen sind wir uns der Wirkung der Informationsrevolution bewußt. Obwohl angesichts übergroßer Euphorie Skepsis angebracht ist, könnte sich diese Umwälzung als echte Revolution erweisen. Die Literatur über die neue Technologie würde ganze Bibliotheken füllen. Wir wollen uns hier nur auf die Bedeutung der Informationsrevolution und die Möglichkeiten konzentrieren, die sich uns bei der Auswahl unserer Währungssysteme in naher Zukunft bieten werden.

Die Natur der Information

Die Macht jedes Wirtschaftssystems basiert auf der Kontrolle wichtiger Ressourcen. In Zukunft könnten Informationen als Rohstoff für die Bildung von Wissen die Rolle dieser Ressourcen übernehmen. »Nach unserer Ansicht werden Informationen in Zukunft die treibende Kraft in der Wirtschaftsgeschichte sein, wie es bisher menschliche Arbeitskraft, Stein, Bronze, Land, Mineralien, Metalle und Energie waren.«[109]

Wenn Informationen zum wichtigsten Rohstoff werden, wirkt

sich das aufgrund ihrer besonderen Eigenschaften auch auf die Gesellschaft aus. Harlan Cleveland[110] und Howard Rheingold[111] haben eine Zusammenfassung dieser Eigenschaften erstellt, die sich hervorragend für unsere Zwecke eignet:[112, 113]

- Informationen werden geteilt, nicht ausgetauscht. Bei den bisherigen Ressourcen – egal, ob es sich nun um eine Feuersteinspeerspitze, ein Stück Land, ein Pferd oder ein Barrel Erdöl handelt – verhielt es sich so, daß man das Tauschobjekt verlor, wenn man es jemandem gab. Beim Austausch von Informationen haben beide Beteiligten die Information. Der Kauf dieses Buches oder einer Zeitschrift oder der Zugangserlaubnis zu einer Datenbank erscheint auf den ersten Blick vielleicht wie ein traditionelles Tauschgeschäft. Aber gekauft und dann besessen wird das Medium, nicht die Information. Selbst wenn die Botschaft mit dem Käufer geteilt wird, behält sie der Verkäufer weiterhin. Verwendet man Software, hält man nicht Millionen andere davon ab, sie ebenfalls zu benutzen, wie das früher bei den wichtigen Ressourcen der Fall war. Daher wird Information von Wirtschaftswissenschaftlern als »nicht rivalisierendes« Produkt bezeichnet.
- Der kraftvollste Katalysator des Wandels ist jedoch nicht die Information selbst, sondern die Kommunikationsrevolution. In der letzten Dekade hat sich das Volumen der weltweiten elektronischen Kommunikation um den Faktor vier gesteigert. Für die darauffolgenden zehn Jahre sollten wir mit einer weiteren Vervielfachung rechnen, diesmal jedoch um den Faktor 45![114] Die Vermittlung von Informationen multipliziert ihre Stärke. Die Telekommunikation machte Informationen transportierbar. Zu einem geringen Preis wandern sie fast mit Lichtgeschwindigkeit durch elektronische Netzwerke. Daher liegt es in der Natur der Information, daß sie sich verbreitet. Je mehr sie sich verbreitet, desto mehr haben wir davon, und desto mehr Menschen »besitzen« sie. Geheime Verschlußsachen, Handelsgeheimnisse, Rechte zum Schutz des geistigen Eigen-

tums und vertrauliche Mitteilungen stellen Versuche dar, die natürliche Verbreitungstendenz künstlich einzuschränken. Diese Versuche scheitern jedoch immer öfter, da Informationen an sich nicht »besessen« werden können, sondern nur die Medien, über die sie vermittelt werden. Obwohl Cleveland einräumen muß, daß er noch keinen Patentanwalt ausfindig gemacht hat, der ihm recht gibt, betrachtet er »die Bezeichnung ›geistiges Eigentum‹ als Oxymoron, als Verbindung widersprüchlicher Begriffe«.[115]

- Als Folge der beiden obengenannten Punkte vervielfältigt sich Information bei der Verwendung. Information tendiert zum Überfluß, nicht zur Knappheit. In gewisser Weise entwickelt sich das schnell zum Nachteil: Wir alle klagen über die Informationsflut. Denn die menschliche Aufnahmefähigkeit ist ebenso begrenzt wie unsere Fähigkeit zu verstehen, Informationen in Wissen umzusetzen und die uns zur Verfügung stehenden Informationen anzuwenden.
- In der konventionellen Wirtschaftswissenschaft gibt es die Theorie des »vollkommenen Wettbewerbs«. Diese Theorie basiert auf der Annahme, daß alle Beteiligten über die nötigen Informationen zur Optimierung eines Kaufes verfügen, daß sich die Transaktionskosten auf null belaufen und daß es für neue Lieferanten keine Zugangsbeschränkungen gibt. Bei den Transaktionen in der »realen« Welt treffen diese Bedingungen selten zu. Interessanterweise könnte die Cyberwirtschaft der erste »fast vollkommene Markt« größeren Ausmaßes sein. Im Cyberspace stehen Informationen beinahe unbegrenzt zur Verfügung und sind vielen Menschen zugänglich. Die Transaktionskosten sind im Internet besonders niedrig. Außerdem spielen viele der Hindernisse für junge Unternehmen wie etwa der Standort, Kapitalerfordernisse usw. kaum eine Rolle. Da der Preisvergleich im Internet so einfach ist, können die Preise auf diesem Markt sehr sensibel reagieren. Aber selbst dann scheint die sich abzeichnende Marktatmosphäre des Informationszeit-

alters perfekt der konventionellen wirtschaftswissenschaftlichen Theorie zu entsprechen.
- In anderer Hinsicht stellt die Informationswirtschaft traditionelle Wirtschaftstheorien jedoch völlig auf den Kopf. Geradezu revolutionär ist die Erkenntnis, daß Informationen und Wissen die einzigen Produktionsfaktoren sind, die nicht dem Gesetz von der fallenden Profitrate unterworfen sind.[116] Genau das Gegenteil ist der Fall, für sie gilt das Gesetz der steigenden Profitrate.[117] In der Praxis bedeutet dies, daß Informationen mit zunehmender Verfügbarkeit auch wertvoller werden. Dieses Phänomen wird auch als »Fax-Effekt« bezeichnet. Stellen Sie sich vor, Sie haben das erste Faxgerät gekauft, das überhaupt gebaut wurde. Was nützt Ihnen dieses Gerät? Praktisch nichts, denn in diesem Stadium gibt es niemanden, mit dem Sie kommunizieren können. Aber jedes neu installierte Faxgerät erhöht den Wert Ihres eigenen. Das ist die Umkehrung der traditionellen Wirtschaftswissenschaft, in der Mangel den Wert bestimmt. Zum Beispiel sind Gold oder Diamanten, Land oder andere klassische Handelswaren wertvoll, weil sie begrenzt sind.

Wirtschaftliche und gesellschaftliche Auswirkungen

Welche Folgen haben diese Merkmale für eine Gesellschaft, die Informationen als ihre wesentliche wirtschaftliche Ressource verwendet? Zunächst einmal entmaterialisiert sich eine solche Wirtschaft im wahrsten Sinne des Wortes. Alan Greenspan, der Vorsitzende der amerikanischen Zentralbank, bemerkte 1996: »Gemessen in Tonnen, produziert die amerikanische Industrie soviel wie vor 100 Jahren, dennoch stieg das Bruttoinlandsprodukt in dieser Zeit um das 20fache.« Das durchschnittliche Volumen der amerikanischen Exporte im Wert von einem Dollar ist gegenüber 1970 inflationsbereinigt um mehr als die Hälfte gesunken. Selbst der Wert von »Fertigwaren« setzt sich zu 75 Prozent aus Dienstleistungen zusammen: Forschung, Entwicklung, Verkauf und Werbung. Ein Großteil dieser Arbeitsschritte könnte in ein anderes Land verlagert und per Datenleitung übertragen werden. Neben anderen Faktoren erschwert dieser Entmaterialisierungsprozeß den Regierungen oder Regulierungsbehörden die Kontrolle, denn Informationen lassen sich nur schwer messen, besteuern oder regulieren. So wird die französische Regierung Schwierigkeiten haben, die Produkte der amerikanischen Medien mit Importkontrollen aus Frankreich fernzuhalten, wenn diese Produkte über Fernsehsatelliten oder das Internet übertragen werden können. Werden Informationen zu Ressourcen, kann der Staat weniger eingreifen (oder stören, je nach Standpunkt). Gegenüber dem sozialen Wandel, der mit ungeheurer Geschwindigkeit voranschreitet, ist der Staat fast machtlos.

Die positiven Auswirkungen
Harlan Cleveland faßt die positiven Auswirkungen wie folgt zusammen: »Eine Gesellschaft, die plötzlich über reichlich Informationen verfügt, muß nicht unbedingt fairer oder ausbeuterischer, sauberer oder schmutziger, glücklicher oder unglücklicher sein als die Industrie- oder Agrargesellschaften vor ihr. Die Qualität, Genauigkeit, Bedeutung und Verwertbarkeit von Informationen sind nicht vorgegeben. Diese Eigenschaften hängen vom Nutzer des neuen Rohstoffs ab und davon, wie klug und zu welchen Zwecken Informationen verwendet werden. Der Unterschied liegt darin, daß Informationen mehr Menschen *zugänglich* sind, als es die wichtigsten Ressourcen der Welt je waren. Es lag in der Natur der *Dinge,* daß nur wenige Menschen zu den wichtigen Ressourcen Zugang hatten. Die Eigenschaften der gegenständlichen Ressourcen (natürliche oder vom Menschen geschaffene Ressourcen) ermöglichten die Entwicklung von Hierarchien, deren *Macht auf Kontrolle basierte* (die Kontrolle über neue Waffen, Energieressourcen, Transportmittel, Handelswege, Märkte und

vor allem über das Wissen); von Hierarchien, deren *Einfluß auf Geheimhaltung basierte;* Hierarchien, bei denen der gesellschaftliche *Stand auf Besitz basierte;* Hierarchien, bei denen *Privilegien auf dem Zugang* zu bestimmten Grundstücken oder besonders wertvollen Ressourcen basierten; und politischen Hierarchien, die *auf geographischen Gegebenheiten basierten.*

... Jede dieser fünf Grundlagen der Hierarchien und der Diskriminierung schwindet heutzutage, weil die alten Kontrollmittel ihre Wirksamkeit verlieren. Geheimnisse lassen sich kaum noch bewahren, und der Besitz, der Zugang und die Geographie sind beim Erwerb, der Analyse und dem Einsatz von Wissen von geringerer Bedeutung, seit Informationen und Weisheit die eigentlichen gesetzlichen Zahlungsmittel unserer Zeit sind.

... Im Agrarzeitalter wurden Armut und Unterdrückung mit der begrenzten landwirtschaftlichen Nutzfläche erklärt und gerechtfertigt. Man konnte nicht erwarten, daß Frauen und Fremde an einer so knappen Ressource teilhaben durften ... Im Industriezeitalter wurde Armut mit der Knappheit von Gütern erklärt und gerechtfertigt: Es gab einfach nicht genug Mineralien, Nahrungsmittel, natürliche Rohstoffe und Fertiggüter für alle.

... Theoretisch zumindest sollte Information als Ressource im Gegensatz zu gegenständlichen Ressourcen folgendes fördern:
- Die Verteilung des Gewinns anstelle einer Konzentration des Reichtums (Informationen können leichter geteilt werden als Petroleum, Gold oder sogar Wasser).
- Die Maximierung der Wahlmöglichkeiten anstelle einer Unterdrückung der Vielfalt (informierte Menschen sind schwieriger zu reglementieren als uninformierte).«[118]

Die negativen Auswirkungen

Paradoxerweise kann die Dynamik der Informationswirtschaft auch zur Machtkonzentration in den Händen weniger Milliardäre des Informationszeitalters führen, Industriemagnaten, die kaum noch den Wirtschaftskapitänen des Industriezeitalters ähneln. Einige Experten prophezeien ein wirtschaftliches Klima, das von einer Stimmung geprägt ist, bei der den Gewinnern alles zufällt, während die Verlierer leer ausgehen.[119] Der Trend zu enormen Spitzenverdiensten ist nur allzu bekannt. Er begann mit Filmstars, Größen aus der Unterhaltungsbranche und Spitzensportlern und griff über auf Manager, Börsenhändler, Rechtsanwälte und Ärzte. Handelt es sich dabei nur um einen merkwürdigen gesellschaftlichen Wertewandel, oder ist diese Entwicklung ebenfalls eine Folge der Informationswirtschaft?

Der »Network-Ökonom« Brian Arthur behauptet, daß es aufgrund der Renditen aus den Nebenerträgen zur Monopolbildung kommen kann. Wird beispielsweise eine bestimmte Software zum Industriestandard, verdrängt sie automatisch die Konkurrenz, bis sie 100 Prozent des Marktes hält. Die Dominanz von Microsoft auf dem Computersoftware-Markt wird oft als aktuelles Beispiel für einen derartigen Prozeß genannt. Ist das der erste Schritt in ein Zeitalter, in dem sich de facto Monopole leichter bilden können als in der traditionellen Industriewirtschaft? Sind die Anti-Trust-Gesetze des Industriezeitalters im Cyberspace wirkungslos geworden?

Oder muß man das sprunghafte Ansteigen des Verdienstes und die neuen Monopolformen nur als eine Übergangserscheinung beim Wechsel vom Industrie- ins Informationszeitalter deuten? Der Vorgang erinnert an das Schicksal der Weber zu Beginn der Industrialisierung: Ihr Einkommen schnellte in die Höhe, nachdem das Spinnen mechanisiert worden war, brach dann aber dramatisch ein, als neue Maschinen auch ihre Arbeit ersetzten. Paul Krugman, Wirtschaftswissenschaftler am MIT, sagt eine ähnliche Entwicklung für unsere Zeit voraus. Nehmen wir einmal das Beispiel der hochbezahlten Schauspieler: Die Firma Mirage Entertainment Sciences bezeichnet sich selbst als die erste »posthumane Talentvermittlung«.[120] Ihre erste »synthetische Charakterschauspielerin« ist eine üppige Blondine namens Justine, die mittels des CAD-Programms Life F/x entwickelt wurde und bereits

vermittelt werden kann. »Wir können sogar Hautfalten so nachbilden, daß sie aussehen wie echtes Gewebe«, erklärt Ivan Gulas, ein Psychologe aus Harvard, der die neue Schauspielerin für Hollywood entwickelt hat. Die Schauspieler von heute werden vielleicht einmal mit Marilyn Monroe, Humphrey Bogart oder sogar einer neuen »idealen« Synthese aus mehreren der besten Schauspieler aller Zeiten konkurrieren müssen. Auch bei anderen gutbezahlten Berufen gibt es bereits Vorstöße in diese Richtung: Roboter führen Hüftgelenksoperationen durch, Expertensysteme verfassen Testamente oder erledigen Steuererklärungen. Die ersten Anwendungen von lernfähigen neuronalen Netzen, die die Arbeit von Devisen- oder Aktienhändlern ersetzen, werden bereits mit der Begründung eingesetzt, daß »Menschen mit der hohen Geschwindigkeit dieser informationsabhängigen Systeme nicht Schritt halten können«.

Kurz gesagt, niemand sollte glauben, daß er auch im Informationszeitalter unersetzlich ist. Alle sollten ein Interesse daran haben, daß die Gesellschaft jedem Platz bietet. Schließlich machen wir gerade die ersten tastenden Schritte in das neue globale Informationszeitalter, und niemand weiß, was die Zukunft bringen

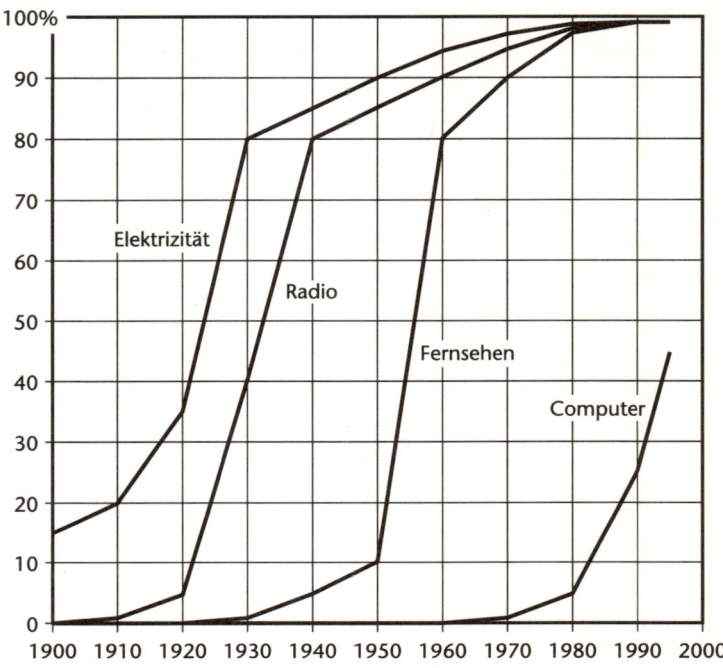

Abb. 15: **Verbreitung neuer Technologien in den USA (nach IBM)**

wird. Selbst in den USA hat der Verbreitungsgrad der Personalcomputer gerade erst die Beschleunigungsphase erreicht, wie Abb. 15 zeigt.

Wenn wir also davon ausgehen, daß wir uns gerade erst dem »Take-off« nähern und daß die Auswirkungen des Informationszeitalters von zwei gegensätzlichen Entwicklungstrends gekennzeichnet sind, stellt sich die Frage, mit welcher Entwicklung wir rechnen müssen. Dieses Buch läßt sicher genug Raum für die Ausgestaltung unserer liebsten Träume und Alpträume, und später werden wir auch einige zur Sprache bringen. Vorerst wollen wir uns jedoch mit einem Zitat von Samuel Beckett begnügen: »Alles wird gut – es sei denn, es passiert etwas Vorhersehbares.«

Vertrieb und Verkauf

Das Internet verändert die Ökonomie des gigantischen Vertriebs- und Einzelhandelssektors (2 Billionen Dollar Umsatz pro Jahr in den USA und bei weitem der größte Arbeitgeber). Im Cyberspace vergleichen immer mehr Menschen die Preise und kaufen zum Einkaufspreis ein. Meist genügt dafür schon ein Mausklick. Anstelle einer vom Einzelhandel geprägten Wirtschaftsweise mit physischen Prozessen bewegen wir uns auf eine Wirtschaftsform mit digitalisierten Prozessen zu, die vom Großhandel geprägt ist. Anders ausgedrückt, wanderte beim herkömmlichen Verfahren ein Produkt vom Hersteller zum Großhändler, von dort zum Einzelhändler und dann weiter zum Verbraucher. Beim neuen Verfahren handelt der Mittelsmann nur mit Informationen, vermittelt sie dem Verbraucher in ansprechender Form und meldet die Bestellungen dem Hersteller, der die Waren dann direkt an den Verbraucher liefert (anhand des Beispiels des Unternehmens Cendant in Kapitel 4 wird der Vorgang noch ausführlich erläutert). Bei einem so grundlegenden Wandel bleibt nichts beim alten. So können sich beispielsweise die Preise für den Verbraucher stark verändern.

BILLIGER ALS IM GROSSHANDEL?

Das folgende Beispiel bietet einen Vorgeschmack auf die Zukunft.[121] Das Computerspiel Turbo Blackjack von Virtual Vegas kann man in amerikanischen Läden für 29,95 Dollar kaufen oder es sich aus dem Internet für 2,95 Dollar herunterladen, also zu einem Zehntel des »normalen« Ladenpreises! David Herschman, der Unternehmenschef von Virtual Vegas, hat ausgerechnet, daß er trotz dieser drastischen Preissenkung bei einem Verkauf im Internet mehr verdient als bei einem Vertrieb über den Einzelhandel. Bei der CD-ROM für den Einzelhandel muß man die Anteile für den Einzelhändler und den Großhändler abziehen, die Kosten für die Herstellung, die Verpackung und den Transport, Verkäuferprovisionen und unbezahlte Rechnungen. Nach all den Abzügen verdient Virtual Vegas an einer CD 4,50 Dollar, mit denen Herschman noch sein eigenes Personal und die Infrastruktur für die Koordination von Vertrieb und Produktion finanzieren muß. Im Gegensatz dazu kostet die Kopie des Spiels, die für 2,95 Dollar in CyberCoin im Internet vertrieben wird, die Firma nur 26 Cent. Mit jedem Spiel erzielt die Firma also einen Gewinn von 2,69 Dollar. Zu dem Preis, zu dem das Spiel im Web vertrieben wird, werden deutlich mehr Spiele verkauft. Herschman meint zusammenfassend: »Die Gewinnspanne im Internet ist enorm. Wir stellen das Spiel einmal her und ... können es millionenmal verkaufen.«

Und damit ist das Ende der Kostensenkungen noch nicht erreicht: Die Firma Digital Equipment will ihr Zahlungsmittel Millicent als Konkurrenz zu CyberCoin auf den Markt bringen und verspricht jetzt schon, damit die Kosten für eine Transaktion im Internet von 26 Cent auf 0,1 Cent zu drücken (richtig, das ist ein Zehntel eines Cent!). Von anderen Unternehmen wie Citibank, Verifone und Microsoft weiß man, daß sie ähnliche Produkte entwickeln. Damit ist sichergestellt, daß die Kosten *extrem* niedrig bleiben.

NEUE PRODUKTE?

Doch es wäre ein Fehler, wenn man die virtuelle Wirtschaftswelt nur als einen ungewöhnlich kostenwirksamen Umschlagplatz des Großhandels oder als ein besonders und schnell wachsendes Exportgebiet für vorhandene Güter betrachtete. Die Cyberwirtschaft birgt Möglichkeiten für völlig neuartige Produkte. So wird es beispielsweise durch die neuen Mikrozahlungen, die bereits von Cybercash angeboten werden, wirtschaftlich interessant, Produkte »auseinanderzudividieren«, die wir bisher immer als Einheit gekauft haben. Man könnte eine geringe Gebühr dafür verlangen, daß man genau das bietet, was der Kunde wünscht. Anstatt ein komplettes Kochbuch, eine Zeitschrift, eine CD oder sogar eine Zeitung zu kaufen, könnte der Verbraucher für ein paar Pfennige nur die Abschnitte, Artikel oder Lieder bestellen, die er wirklich haben will.

DIE NÄCHSTE »GUTENBERG-REVOLUTION«?

Amazon.com gilt als weltweit größter Buchhändler, verfügt aber über keine einzige Buchhandlung. Das Unternehmen begann 1994 und verzeichnete 1996 bereits Umsätze in Höhe von 16 Millionen Dollar. Im Jahr 1997 verkaufte Amazon.com Bücher im Wert von 148 Millionen Dollar, 1998 waren es 460 Millionen Dollar. Über zwei Millionen Titel stehen per Mausklick jederzeit zur Verfügung. Es gibt Leute, die an eine unendliche Fortführung dieser schwindelerregenden Entwicklung glauben; im November 1998 wurden die Aktien von Amazon.com an der Börse mit 6,3 Milliarden Dollar bewertet. Im selben Jahr beschloß Bertelsmann, einer der größten Medienkonzerne der Welt, den Kauf von Barnes und Nobles Internet-Shop und stellte sich so direkt dem Wettbewerb im Internet.

Die wirkliche Buchrevolution im Internet bekam der Markt allerdings noch nicht zu spüren. Ein dünnseitiges »elektronisches

»Kann ich Sie zurückrufen? Ich bin gerade beim Einkaufen!«

Buch« wurde bereits patentiert. So ein »E-Buch« sieht aus wie ein normales Buch mit wenigen papierdünnen Seiten, doch jede »intelligente« Seite wird von einem eigenen Computerchip kontrolliert und ist mit Millionen mikroskopisch kleinen zweifarbigen Partikeln bedeckt. Im »Buchrücken« sind die notwendigen Chips, Strom- und Verbindungsstecker verborgen.[122] Anders als bei einem Computerbildschirm kann man zu jeder Seite vor- und zurückblättern und weiß immer, wo man war. Das Buch ist absolut flexibel und unendlich oft wiederverwertbar. Dieses Allzweck-E-Buch kann mit jedem gewünschten Inhalt geladen werden, und seine optische Auflösung ist besser als bei dem Text, den Sie gerade lesen. Verschiedene Formate stehen zur Verfügung: Das Buch kann das Format einer Zeitung oder eines Taschenbuchs haben, es kann reißfest und wasserdicht sein. Man kann sein E-Buch in den Rucksack packen, im Bus oder am Strand lesen – es ist eher unverwüstlich als das gedruckte Buch, das Sie gerade in den Händen halten.

Hier ist eine zweite »Gutenberg-Revolution« im Gange, bei der *jeder* Autor werden und sein Buch für die entsprechenden Lizenzgebühren verkaufen kann. Aus den Buchhandlungen werden vermutlich Cafés, in denen man seine Aufzeichnungen vergleicht und Tips für die interessantesten Websites austauscht, die detaillierte Listen über den unendlichen Bestand vorhandener »Veröffentlichungen« bieten. Wer die guten alten Papierbücher bevorzugt, findet einen Printer-Binder in einer Ecke der »Buchhandlung« – oder auf der Post bzw. in einem Copyshop. Dieser Printer-Binder kann Papierbücher auf Abruf produzieren: als Hardcover oder Taschenbuch, mit großer oder kleiner Schrift, mit jedem Titel genau dann, wenn der Kunde ihn wünscht. Das erste »Print-on-demand«-Buch (Drucken auf Wunsch) wurde 1998 bei der Buchmesse in Chicago vorgestellt. In weniger als 5 Minuten wird ein Buch auf Bestellung hergestellt, und das zum selben Preis wie ein herkömmlich produziertes. In diesen 5 Minuten wird das Werk heruntergeladen, gedruckt und gebunden – als genaues Abbild einer normalen Ausgabe.[123] Bahnt sich hier ein Alptraum oder die Verwirklichung eines Traums an? Ist dies ein weiteres Beispiel für einen Industriezweig (Buchdruck), der von der Informationsrevolution getroffen wird? Noch ein Zeichen für den Beginn eines Zeitalters, in dem Clevelands Vision von einer erweiterten Auswahl und der demokratischen Verfügbarkeit von Informationen als Schlüsselressource wahr wird?

Auswirkungen auf das Geld

In der Eingangshalle der New Yorker Bibliothek für Wissenschaft, Handel und Industrie findet sich die Inschrift: »Informationen über Geld sind fast so wichtig geworden wie das Geld selbst.« Das Zitat stammt von Walter Wriston, dem ehemaligen Chairman der Citibank. Er sollte es wissen. Unter seiner Führung und der seines Nachfolgers investierte die Citibank von allen Banken die höchste Summe in die Informationstechnologie (1,75 Milliarden Dollar im Jahr 1995).

Geld war einer der ersten Bereiche, in denen das Informationszeitalter Einzug hielt. Die meisten finanziellen Transaktionen sind schon seit Jahrzehnten computerisiert. Ein Großteil Ihres Geldes befindet sich wahrscheinlich auf einem Bankkonto oder Courtagekonto, d. h. ebenfalls in einem Computer. Die Entwicklung der Cyberwirtschaft bedeutet demnach nur, daß andere Aspekte des Wirtschaftslebens dem Beispiel des Geldes im Cyberspace folgen.

Der wachsende Handel im Internet zieht eine ganze Reihe neuer Geldanwendungen nach sich. Die Erwartungen sind enorm. Schon Ende 1997 standen 70 Prozent der Fortune-1000-Unternehmen bereit, im Internet geschäftlich aktiv zu werden. Und der Boom beim »Online-Shopping« in der Weihnachtssaison 1998 bestätigte, daß die Cyberwirtschaft enorme Wachstumsreserven enthält.

Bei Price Waterhouse schätzt man, daß die Zahl der »Netizens« bis zum Jahr 2000 auf 168 Millionen ansteigen wird und daß sie Waren und Dienstleistungen im Wert von 175 bis 200 Milliarden Dollar im Internet kaufen werden. Nach einer Umfrage unter Führungskräften in der Wirtschaft prognostizieren die Marktforscher von Forrester Research, daß allein der Großhandel im Internet bis zum Jahr 2002 einen Umfang von 300 Milliarden Dollar erreichen wird. Beim Marktforschungsinstitut International Data schätzt man, daß die Internetwirtschaft – zu der Online-Shopping, der Großhandel und die Werbung gehören – bis zum Jahr 2002 auf 1 Billion Dollar ansteigen wird. Es verwundert daher nicht, wenn jeder an der Entwicklung eines Zahlungssystems für das Internet interessiert ist.

Die Folgen dieser Entwicklung lassen sich nur schwer abschätzen. Für einige Unternehmen ist das Internet bereits der größte Absatzmarkt. So wurden z. B. über die Website der Motelkette Best Western im Jahr 1996 etwa 48 000 Übernachtungen im Wert von 3,5 Millionen Dollar gebucht. Die Website von Dell Computers verzeichnete für das erste Quartal von 1997 einen *Tages*umsatz von über 1 Million Dollar, in den Ferien wurden sogar Spitzenwerte von 6 Millionen Dollar am Tag erzielt. Auf der Website von Cisco werden an einem durchschnittlichen Tag über 2,3 Millionen Dollar umgesetzt. Eine derartige Website ist natürlich der Traum eines jeden Großhändlers: eine Verkaufsstelle, für die man keine Miete zahlen muß und keine Angestellten, ja nicht einmal eine Glühbirne benötigt. Die Kunden füllen ihr Bestellformular und den Abschnitt über die Vorauszahlung selbst aus. Bestellungen sind 24 Stunden am Tag und an 365 Tagen im Jahr möglich. Außerdem kann ein Unternehmen alle Zwischenhändler überspringen und Lagerhaltungskosten sparen – produziert und geliefert wird direkt auf Bestellung aus dem Internet, oft können sogar noch besondere Kundenwünsche berücksichtigt werden.

Die Möglichkeiten der *eigentlichen* Revolution des Informationszeitalters zeigen sich jedoch erst, wenn verschiedene Währungsformen sich im Cyberspace bewähren müssen. Für sie ist die Cybersphäre noch Neuland, ein idealer Ort, wo sich kreative Ideen für Geld entfalten können.

Wir sollten nicht erwarten, daß ein Relikt des Industriezeitalters – die Landeswährungen – vom Wandel unberührt bleibt. Selbst Banker wie John Reed, Vorstand bei der Citibank, räumen ein, daß »die Tätigkeit der Banken Bestandteil einer Anwendungssoftware in einem intelligenten Netzwerk« werden wird.[124] Die 1998 erfolgte Fusion von Citibank und Travelers Insurance zeigt, daß Reed meint, was er sagt. In ähnlicher Weise zeigt wie gesagt auch die Kombination der Bonusprogramme für Vielflieger mit traditionellen Kreditkarten auf Währungsbasis einen Trend der Zukunft.

Die Folgen für Banken und andere Finanzinstitute

Es wurde bereits gezeigt, daß sich die Banken seit den 80er Jahren neue Geschäftsbereiche suchen mußten, in denen sie völlig unterschiedliche Aufgaben wahrnahmen und sich neuen Konkurrenten stellten. Anstatt mit Sparguthaben der Kunden und mit der Kreditvergabe an Firmen Geld zu verdienen, betätigen sich Banken heute als Anbieter von »Finanzdienstleistungen«. Am meisten verdienen sie wohl mit Kreditkarten, Devisen, dem Derivatehandel, der wertpapiermäßigen Unterlegung von Kreditforderungen, speziellen Versicherungen und anderen exotischen »Finanzprodukten«, die für den Verkauf an einzelne Anleger oder Unternehmen bestimmt sind.

Das Wachstum des Internets zieht eine zweite Computerisierungswelle nach sich, zu der auch Offene Finanzdienstleistungen gehören. Der Begriff »Offene Finanzen« wird von Forrester Research folgendermaßen definiert: »Neue wohlhabende Kunden nehmen hervorragende Finanzdienstleistungen in Kombination mit der Möglichkeit in Anspruch, Geld elektronisch leicht hin und her zu bewegen. Offene Finanzen bedeutet den Einsatz von Technologie, damit erstklassige Finanzdienstleistungen nicht nur den reichen, sondern auch den gewöhnlichen Anlagekunden zugute kommen.«[125]

Bei den Offenen Finanzgeschäften werden die Unternehmen zu den Gewinnern zählen, die in der Lage sind, nicht nur Landeswährungen, sondern auch Werte im Internet zu transferieren. So wird beispielsweise der reibungslose Umgang mit neuen Währungen als Ergänzung zum Zahlungssystem der Landeswährungen ein deutlicher Pluspunkt sein. Zahlungssysteme, die ausschließlich auf Landeswährungen basieren, werden strukturell benachteiligt. Das Online-Handelsunternehmen Cendant akzeptiert wie gesagt bereits Kombinationszahlungen in Dollar und seinem eigenen Netzgeld »netMarket Cash«.[126] 1997 wurden in Minneapolis schon die ersten SmartCards in dualer Währung für kombinierte Zahlungen in Dollar und einer Komplementärwährung getestet (Näheres dazu in Kapitel 6).

Für die etablierten Marktführer von heute mit ihrer herkömmlichen Denkweise mag sich das alles merkwürdig anhören – allerdings ist es so, wie Eric Hoffer es treffend beschreibt: »In Zeiten des Wandels, werden die Lernwilligen die Welt besitzen, während jene, die zu wissen glauben, hervorragend darauf vorbereitet sein werden, mit einer Welt umzugehen, die zu existieren aufgehört hat.«[127]

Weisheit im Informationszeitalter

Das Informationszeitalter wird nicht allein positive Auswirkungen haben. Sicher ist nur, daß uns Veränderungen bevorstehen. Widerstand gegen den Fortschritt gestaltet den anstehenden Wandel auf lange Sicht lediglich noch traumatischer. Die Kostenbilanz fällt für das Internet so positiv aus, daß Unternehmen sich dem Modernisierungszwang nicht widersetzen können. Der

Wandel wird die Welt wesentlich schneller verändern, als die Industrialisierung es getan hat.

Man darf allerdings nicht vergessen, daß Informationen als Ressourcen nur ein Rohstoff sind; sie sind mit einem Sack Kohle zu Beginn des Industriezeitalters zu vergleichen. Der wahre Nutzen der Informationen zeigt sich erst, wenn sie zu Wissen werden und man sie weise einsetzt. Wir müssen daher zunächst die Unterschiede zwischen den Begriffen »Daten«, »Informationen«, »Wissen« und »Weisheit« definieren.

Einen guten Ausgangspunkt dazu bietet eine Frage von T. S. Eliot: »Wo ist die Weisheit, die wir im Wissen verloren haben? Wo ist das Wissen, das wir in der Information verloren haben?« Harlan Cleveland ergänzt: »Wo ist die Information, die wir in den Daten verloren haben?«[128]

Daten sind unstrukturierte Beobachtungen ohne Zusammenhang. Ein Beispiel für unstrukturierte Daten wäre etwa eine nicht alphabetisierte Liste mit Telefonnummern.

Informationen sind Daten, die von jemand anderem nach einem bestimmten System strukturiert wurden, damit die Informationen für jemanden wie Sie verfügbar und hoffentlich auch verständlich sind. So werden beispielsweise unstrukturierte Daten wie Telefonnummern durch die alphabetische Reihenfolge in einem Telefonbuch gebrauchsfertig strukturiert.

Wissen umfaßt Informationen, die verinnerlicht und mit Erfahrenem und Erlerntem abgestimmt wurden. Dieses Wissen steht dem Menschen in seinem Leben als Ausgangsbasis für seine Handlungen zur Verfügung. Wir wissen, daß eine bestimmte Zahlenfolge die Telefonnummer eines Freundes ist, und bringen sie mit dem übrigen Wissen über den Freund in Verbindung. Immer wichtiger ist heute das Wissen, wie man sich nützliche Informationen beschafft.

Weisheit verleiht dem Wissen Tiefe, Perspektive und Bedeutung. Neben der Logik und der Analyse sind noch andere Erkenntnisformen am Zustandekommen von Weisheit beteiligt, etwa die

Intuition und die Anteilnahme. Weisheit ist definitionsgemäß mehrdimensional und umfaßt verschiedene Wissensgebiete und formen. Sie ist die ultimative Synthese, die weder erzwungen noch von jemand anderem gelehrt werden kann: »Wir können viele Kenntnisse aus dem Wissen anderer Leute ziehen, doch wir können nicht durch die Weisheit anderer Leute weise werden.«[129] In unserer Metapher von der Kohle im Industriezeitalter entsprechen Daten dem Kohleflöz, das noch tief in der Erde liegt. Informationen symbolisiert der Sack mit gebrauchsfertiger Kohle. Wissen ist der Stahl, den wir daraus machen, und Weisheit wird durch die Stahlbrücke dargestellt. Gleichzeitig repräsentiert sie auch die neuen Verbindungen, die sie zwischen den Menschen ermöglicht, und das ist der eigentliche Zweck des ganzen Vorgangs.

Selbst wenn wir die Vorteile der Informationsgesellschaft kennen, brauchen wir für den Übergang vom Industrie- zum Informationszeitalter Wissen und Weisheit. Wenn wir uns dafür entscheiden, ein gewisses Maß an Weisheit zu bewahren, kann uns die Informationsrevolution bei der Schaffung eines nachhaltigen Wohlstands helfen. Andere mögliche Szenarien, die im nächsten Kapitel skizziert werden, könnten so vermieden werden.

Bei der weiteren Lektüre sollten Sie vor allem die folgenden vier Aspekte in Erinnerung behalten:
- Ob es uns nun gefällt oder nicht, eine Informationsrevolution bahnt sich an. Versuche im Stil der Maschinenstürmer, die Entwicklung aufzuhalten, werden sowenig fruchten wie die Aktionen der »Ludditen« während der industriellen Revolution.
- Die Informationstechnologie ist weder ein Wundermittel, das schlagartig all unsere Probleme löst, noch ein Frankenstein-Monster, das seine Schöpfer vernichten wird. Sie hat das Potential für beides, daher heißt es, wachsam zu sein und sich die tiefer liegenden Probleme bewußtzumachen. Die Informationstechnologie setzt gleichzeitig zwei gegensätzliche Entwicklungen in Gang. Die eine führt zu Clevelands »Revolution

der Fairneß«, bei der Information als Ressource völlig neue Möglichkeiten zur Hebung und Verbreitung des Wohlstands bietet. Die andere führt zu einem »Jahrtausend der Konzerne«, in dem »Informationsbarone« die Rolle der »Räuberbarone« zu Beginn der Industrialisierung übernehmen.
- Wichtig ist aber nicht die Technologie, sondern die Art und Weise, wie wir sie einsetzen. Das gesamte Währungssystem wird sich verändern. Neben den Landeswährungen sind wie gesagt zusätzliche Währungen notwendig und unausweichlich. Diese Entwicklung setzte bereits zu einem Zeitpunkt ein, als die neuen Technologien noch gar nicht zur Verfügung standen. Doch die neue Technik kann den Verbreitungsgrad und das Ausmaß der Entwicklung verstärken. Zum ersten Mal seit Jahrhunderten werden völlig neue Methoden zur Definition, Schaffung und Verwendung von Geld angewandt. Diese Entwicklung gibt uns die einmalige Chance, noch einmal zu überdenken, welche Art von Geld wir wollen. Wir können ihm Eigenschaften geben, die uns bei den Aufgaben helfen, die unserer Gesellschaft in nächster Zeit bevorstehen werden. So sollten etwa die Möglichkeiten, die ein neues Währungssystem zur Bekämpfung der Arbeitslosigkeit bietet, jeden interessieren, selbst die Elite an der Spitze der Einkommensskala, denn wir wissen nicht, wer beim Übergang in die schöne neue Informationsgesellschaft seinen Arbeitsplatz verlieren wird. Auch Altenpflege, Soziales und der Schutz unserer Umwelt sind Themen, die jeden von uns angehen.
- Private Währungen von Unternehmen sollten an sich kein Problem sein. Schließlich sind auch unsere bekannten »Landes«währungen, wie wir gesehen haben, Bankgeld, d. h. eigentlich privat herausgegebene Währungen, die auf staatlicher Ebene aufeinander abgestimmt wurden. Probleme entstehen aber möglicherweise, wenn Firmenwährungen zu De-facto- oder gesetzlich erzwungenen Monopolen werden. Positiv ist dagegen, daß Information als Ressource mehr Menschen als je

zuvor die Möglichkeit bietet, ihre eigenen Währungen zu schaffen, die ihre persönlichen Werte reflektieren. Dabei sollten wir uns stets vergegenwärtigen, daß wir bei den Währungssystemen die Wahl haben und daß diese Entscheidung von Bedeutung ist. Historisch betrachtet wurden die meisten Eigenschaften der Währungssysteme nicht bewußt geschaffen. Sie entwickelten sich und spiegelten schließlich die Machtstruktur und das kollektive Unbewußte der jeweiligen Gesellschaften wider. Dieses Mal haben wir die Chance, die Entwicklung selbst zu gestalten. Wir wissen genug über Geld und das kollektive Unbewußte, um die verfügbaren Optionen einschätzen zu können. Bei der Wahl der Währungssysteme auf allen Ebenen – global, national, in den Unternehmen, in lokalen Gemeinschaften oder bei einzelnen – entscheidet sich vermutlich, ob die Möglichkeiten des Informationszeitalters nachhaltigen Wohlstand oder etwas anderes bringen werden. Die Auswirkungen, die verschiedene Währungstypen auf die Gesellschaft haben, sollen im nächsten Kapitel erörtert werden.

Kapitel 4
Fünf Zukunftsszenarien

>»Noch nie zuvor vereinigte die Menschheit soviel Macht mit soviel Chaos, soviel Furcht mit soviel Spielzeug, soviel Wissen mit soviel Unsicherheit.« *Paul Valéry*[130]

>»Mit dem Schreiben von Szenarien spinnen wir Mythen – alte und neue –, die in der Zukunft wichtig sein werden.« *Peter Schwartz*[131]

>»Der Menschheit steht eine Epoche extremer Alternativen bevor.« *Elmandjira und Malitza Botkin*[132]

In diesem Kapitel werden zukünftige Möglichkeiten anhand von Szenarien geschildert. Jedes Szenario bezieht sich auf eine Generation in der Zukunft, im Jahr 2020.

Die »offizielle Zukunft« ist einfach eine Fortführung vertrauter Entwicklungen der letzten Jahrzehnte. Sie werden erkennen, warum die Wahrscheinlichkeit für das Eintreten eines derartigen Szenarios äußerst gering ist. Im Anschluß daran folgen vier plausiblere Szenarien. Bei ihnen werden besonders die Auswirkungen betont, die die Wahl unserer Währungssysteme auf die Gestaltung unserer zukünftigen Gesellschaft hat.

Szenarien helfen uns, komplexe Ereignisketten und Beziehungen zu durchdenken. Sie sind Hilfsmittel, die uns Wahlmöglichkeiten aufzeigen und Entscheidungen erleichtern. Das Ziel von Szenarien besteht in der Gestaltung einer besseren Zukunft. Sie ermöglichen Entscheidungen auf einer Informationsgrundlage, die gegenüber einer großen Bandbreite zukünftiger Möglichkeiten Bestand haben. Aristoteles erklärte vor langer Zeit, daß wir die

Zukunft, selbst wenn wir sie kennten, nicht verändern könnten; und wenn wir sie veränderten, könnten wir sie nicht kennen. Daher sind Szenarien nicht bloße Extrapolationen, Prognosen oder Voraussagen.

Napier Collyns, einer der Begründer der Entwicklung von Szenarien, nannte den Vorgang »einen imaginären Sprung in die Zukunft«. Sein Kollege Peter Schwartz, der Präsident von Global Business Network, beschrieb Szenarien als »Mittel, um eine langfristige Perspektive einzunehmen; Szenarien sind Geschichten darüber, wie sich die Welt entwickeln könnte. Indem man mögliche Ereignisse in der Zukunft entwirft, kann man weitsichtige Entscheidungen in der Gegenwart treffen ... Geschichten besitzen eine psychologische Wirkung, die die Aussagekraft von Tabellen und Schaubildern bei weitem übertrifft. Bei Geschichten geht es um die Bedeutung. Sie verdeutlichen, warum Dinge passieren können, und geben den Ereignissen eine Struktur und einen Zusammenhang. Geschichten sind historisch die älteste Methode zur Organisation und Vermittlung von Wissen und führen auf direktem Weg zu unserem geistigen Auge.«[133] Die Entwicklung von Szenarien verfolgt drei Ziele:

1. Denkgewohnheiten, vorgefaßte Meinungen, Vorstellungen und mentale Modelle zu hinterfragen. Wir alle sind gewohnt, die Welt in einer bestimmten Weise zu sehen, die mit unserer Einstellung und unseren Ansichten übereinstimmt. Eine solche Haltung kann wie ein Filter wirken und nützliche Einblicke verhindern. Szenarien ermöglichen es uns, diese Filter für einen Moment auszuschalten, und legen so »blinde Flekken« und versteckte Annahmen frei, was uns neue Ausblicke auf die Zukunft gestattet.
2. Eine Identifizierung und ein besseres Verständnis der Kräfte hinter den zentralen Ereignissen. In unserem Fall werden speziell die Folgen beleuchtet, die auftreten, wenn die Kontrolle über die Währungssysteme auf verschiedene neue Mitwirkende übergeht.

3. Die kreative Arbeit mit diesen Entdeckungen. Die dadurch entstandene Klarheit soll zur Gestaltung einer wünschenswerten Zukunft beitragen.

Szenarien sind keine akademischen Übungen. Mit Hilfe von Szenarien konnte man bei Shell den Zusammenbruch der ehemaligen Sowjetunion vorhersagen und sich darauf vorbereiten. Dadurch wurden Fehlinvestitionen in Milliardenhöhe vermieden. Shell aktualisiert seine Szenarien immer noch ungefähr alle drei Jahre.

> **»Der Flug der Flamingos«**
> Vor wenigen Jahren versammelten Experten, die bei Shell für die Entwicklung von Szenarien ausgebildet worden waren, die Vertreter aller Parteien in Südafrika. Unter den Teilnehmern dieser geheimen Besprechungen waren vier zukünftige Minister der Regierung Mandelas. Das Szenario, das in Südafrika entwickelt wurde, hieß »Der Flug der Flamingos«, eine Metapher dafür, daß alle Parteien langsam, aber gemeinsam anfangen sollten. Clem Sunter, der derzeit bei Anglo-American arbeitet, veröffentlichte Auszüge aus den Szenarien.[134]

Die Szenario-Methode trug außerdem zum »südafrikanischen Wunder« bei, dem friedlichen Übergang des Landes von der Apartheid zur Demokratie (siehe »Der Flug der Flamingos«). Global Business Network, das von ehemaligen Shell-Mitarbeitern gegründet wurde, verfeinerte die Szenario-Methode weiter, die Ergebnisse wurden später von Peter Schwartz veröffentlicht.[135]

Die offizielle Zukunft: »Mehr vom Bisherigen«

Die offizielle Zukunft, die wir angeblich für die kommenden Jahrzehnte erwarten können, basiert normalerweise auf einer Weiterführung der Entwicklung während der letzten 20 Jahre.

So geht man beispielsweise davon aus, daß dieselben politischen Parteien an denselben Schaltstellen um die Macht ringen werden. Schulkinder werden in etwa das gleiche lernen wie ihre Vorgänger. Die gleichen Anbauprodukte werden wie früher gesät, geerntet, verkauft, verarbeitet und gegessen werden. Computer werden weiterhin schneller, billiger und kleiner. Wir werden beim Einkaufen immer noch mit den bekannten Dollars, Pesos, Pfund, Francs, Real oder Yen bezahlen. Anstelle der alten Geldscheine, Kreditkarten mit Magnetstreifen oder Schecks benutzen wir vielleicht »SmartCards«.[136] Möglicherweise verstauen wir unser Kleingeld in einer elektronischen anstatt in einer ledernen Geldbörse. In Europa hat man sich daran gewöhnt, nicht mehr die Landeswährungen, sondern den Euro zu verwenden. Allerdings stellt sich uns bei alldem die Frage, was davon *wirklich* von Bedeutung ist.

In den entlegeneren Bereichen des Weltwährungssystems werden gelegentliche Krisen einzelne Länder erschüttern – Krisen, wie sie schon Ende 1991 in Großbritannien, 1992 in Skandinavien, im Dezember 1994 in Mexiko, im Juni 1997 in Thailand, im Dezember 1997 in Indonesien, im September 1998 in Rußland und im Januar 1999 in Brasilien auftraten. Ab und zu werden vielleicht in der Presse »große Programme« angekündigt. Solche Programme haben zwar Namen, etwa das »Plaza Agreement«[137] oder der »Maastrichter Vertrag«, die zwar genau Auskunft über die Orte geben, an denen das Abkommen zustande kam, aber keinerlei Hinweis auf die Auswirkungen bieten, die es für uns alle hat.

Diese offizielle Zukunft[138] ist wie gesagt im Prinzip nichts anderes als die Fortsetzung unseres Lebens in den letzten Jahrzehnten. Doch das eigentliche Problem der »offiziellen Zukunft« besteht darin, daß sie aller Wahrscheinlichkeit nach nicht eintreffen wird. Oder wie Willis Harman es ausgedrückt hat, ist unsere Gesellschaft an einem Punkt angelangt, an dem eine Veränderung nicht mehr frei wählbar ist.[139]

Das Zitat Harmans ist aus zwei Gründen prophetisch. Der erste Grund wurde bereits anhand der »Zeitkompressionsmaschine« dargestellt (siehe Abb. 3). Das in der Geschichte einmalige Zusammentreffen von vier außerordentlichen Entwicklungslinien – die Überalterung der Bevölkerung, die Informationsrevolution, die Klimaveränderung/das Aussterben von Pflanzen- und Tierarten und die Instabilität der Währungen – deutet darauf hin, daß *business as usual* einfach keine realistische Vorstellung mehr ist. Jede dieser Entwicklungen reicht aus, um das uns bekannte Sozialgefüge empfindlich zu stören. Zusammen machen sie es nahezu unmöglich, daß wir einfach so weiterleben wie bisher.

Der zweite Grund dafür, daß die offizielle Zukunft nicht eintreten wird, hat direkt mit dem Thema dieses Buches zu tun: der Zukunft des Geldes. Noch *bevor* eine der Entwicklungen richtig zum Tragen kam, wurden in den 90er Jahren bedeutende Versuche durchgeführt, die die *Natur* des Geldes verändern. Niemand bezweifelt, daß die Informationstechnologie die *Form* unseres Geldes verändern wird (also die zunehmend irrealen Formen, die unsere »normale« Landeswährung als elektronische Bits bei automatischen Zahlungssystemen, auf SmartCards oder im Internet annehmen kann). Doch das ist nur ein einzelner Aspekt der Entwicklung.

Neben den Fortschritten beim elektronischen Geld findet noch eine ganz andere Entwicklung statt. Auf der ganzen Welt experimentiert man wie gesagt mit Währungsformen, die sich völlig von den bisher bekannten unterscheiden, teilweise ist diese Art des Geldes sogar schon eingeführt. Bei diesem Vorgang verändern sich Sinn und Bedeutung des Geldes, wer es herausgibt, welche Gefühle Geld erzeugt und wie sich der Mensch gegenüber anderen und seiner Umgebung verhält, wenn er es verwendet.

Wir wissen, daß die radikalsten und revolutionärsten Auswirkungen auf die Gesellschaft durch die technischen Fortschritte hervorgerufen wurden, welche die Mittel verändern, die die Beziehung zwischen den Menschen regeln. Entwicklungsschübe in einer Zivilisation werden beispielsweise auf die Erfindung der Schrift zurückgeführt, auf das Alphabet und die Erfindung des Buchdrucks. Die enormen sozialen, politischen und wirtschaftlichen Auswirkungen durch die Erfindung des Telefons, des Autos und des Fernsehens sind klassische Beispiele für derartige Veränderungen im 20. Jahrhundert.

Wie wir wissen, haben Veränderungen in der Natur des Geldes mindestens ebenso starke Konsequenzen wie die obengenannten Beispiele. Geld ist unser wichtigstes Werkzeug für den materiellen Austausch mit Menschen, die außerhalb unseres engeren Freundeskreises stehen. Welches der Mittel, die die Beziehung zwischen Menschen verändern können, ist in einer kapitalistischen Gesellschaft wichtiger als Geld? Der Kapitalismus läßt sich als soziales System definieren, bei dem die Ressourcen auf dem Markt mittels Kapitalströmen an alle Mitglieder der Gesellschaft verteilt werden. Im Kapitalismus ist Geld nicht nur das Mittel, sondern beim Großteil der Geschäfte auch das Ziel. Der Verbrennungsmotor veränderte nur die Natur unseres Transportsystems, doch schauen Sie sich die Folgen an! In einer kapitalistischen Gesellschaft von heute würde eine Neugestaltung des Geldes die Motivation für die meisten unserer Handlungen verändern. Daher hat eine Veränderung in der Natur des Geldes vermutlich viel weitreichendere Konsequenzen, als wir uns auch nur ansatzweise vorstellen können.

Momentan werden bei Hunderten von Projekten neue Währungsformen verwendet, die genau diesen Umbruch herbeiführen würden. In ihrer Summe deuten sie darauf hin, daß sich unser eigentliches Währungskonzept verändern wird. An einigen Projekten sind mächtige Organisationen und Milliarden Dollar an Investitionen beteiligt. Manche wurden mit sehr wenig Geld von einigen sozial engagierten Idealisten in verschiedenen Ländern auf die Beine gestellt, andere Projekte wiederum sind die Idee eines einsamen »Cyberpunk« in einem Loft in Silicon Valley.

Meiner Ansicht nach werden 95 Prozent der Projekte scheitern; aber die verbleibenden 5 Prozent werden sich durchsetzen und unsere Wirtschaftsweise, unsere Gesellschaft, unsere Zivilisation und unsere Welt für immer verändern.

Genauso radikal, wie das Schießpulver das Schicksal der Ritter am Ende des Mittelalters in Europa besiegelte, werden die Währungsprojekte, die sich durchsetzen, die Richtung der Machtverlagerung im kommenden Jahrhundert bestimmen. Besonders aufregend – oder je nach Standpunkt auch erschreckend – ist an dieser Entwicklung, daß man nicht wissen kann, welcher Ansatz sich etablieren wird. Es müssen nicht die staatlichen Projekte oder die der Konzerne sein, nicht einmal die Projekte mit der besten Finanzierung oder der besten Ausstattung, die die größte Chance haben. Einige Unternehmer hatten in der Garage Erfolg, während die Marktführer versagten.[140] Lange war man der Ansicht, daß nur die großen Konzerne Spitzentalente und bedeutende Mittel anziehen könnten, denn Größe verhieß automatisch Schlagkraft auf dem Markt. Doch keine dieser für unverbrüchlich gehaltenen Tatsachen wurde in den 90er Jahren bestätigt.

Wenn wir von der Zukunft des Geldes und der Zukunft unserer Gesellschaft sowie der Welt sprechen, sollten wir hinter der Beziehung zwischen Währungssystemen und gesellschaftlichen Veränderungen kein mechanisches Ursache-und-Wirkungs-Prinzip vermuten. Gesellschaften sind bekanntlich äußerst komplexe Systeme und lassen sich nicht anhand einfacher mechanistischer Prinzipien erklären. Das gilt heute mehr als je zuvor.

Wenn wir nun davon ausgehen, daß die offizielle Zukunft nicht eintreffen wird, welche anderen, plausibleren Möglichkeiten erwarten uns dann? Im folgenden werden vier sehr unterschiedliche Richtungen vorgestellt, in die uns Veränderungen des bisherigen Währungssystems führen könnten:

- *Das Jahrtausend der Konzerne:* eine Welt, in der private Unternehmenswährungen die Rolle der uns bekannten Landeswährungen übernehmen.
- *Schutzgemeinschaften:* eine Welt, in der nach einem weltweiten Währungszusammenbruch die lokalen, auf kleine Gruppen beschränkten Währungen dominieren und die Währungen gestalten.

- *Die Hölle auf Erden:* eine Welt, in der sich nach dem Zusammenbruch des offiziellen Währungssystems keine neue Gesellschafts- oder Währungsform durchsetzen kann.
- *Nachhaltiger Wohlstand:* eine Welt, in der verschiedene Währungsinnovationen – die im zweiten Teil des Buches beschrieben werden – einen Währungszusammenbruch verhindern und eine »integrierte Wirtschaft« schaffen, in der alte und neue Währungssysteme einander ausgleichen und erfolgreich ergänzen.

Das Jahrtausend der Konzerne

Dieses Szenario verdeutlicht, wie Macht (auch die Macht zur Geldschöpfung) in den kommenden Jahrzehnten vom Staat auf große multinationale Konzerne übergehen kann. Ein Journalist, der im Jahr 2020 den letzten britischen Premierminister interviewt, liefert uns folgende Schilderung.

Abschied vom letzten britischen Premierminister[141]

London, 7. 2. 2020

Mein Gespräch mit Großbritanniens letztem Premierminister findet in seinem alten Amtssitz in Westminster Palace statt. Während unseres Gesprächs schweift sein Blick immer wieder auf die Feuerstellen am südlichen Themseufer. So offen und zwanglos wie an diesem Tag habe ich den Premierminister noch nie erlebt, vielleicht hat er seine Zurückhaltung aufgegeben, weil es sein letztes Interview ist. »Das geht mich alles nichts mehr an«, beginnt er. Nur wenige Stunden zuvor hat er die letzten Papiere unterzeichnet. Um Mitternacht würde Securicor die Polizeigewalt über Großbritannien besitzen.

Es ist der letzte Schritt in einer langen Entwicklung. Executive Solutions haben bereits als Gegenleistung für die Kontrolle der Ölfelder vor Cornwalls Küste das Militär übernommen. Die sozialen Einrichtungen werden von Sonysoft betrieben, dem Unternehmen, das nach der Übernahme des Microsoftimperiums durch Sony nach Bill Gates tragischem Tod entstand. Die Gruppe Consolidated Banks ist für die Wirtschaft verantwortlich. News Corp besitzt die Konzession für das Erziehungswesen. Das Parlamentsgebäude wird nicht mehr länger gebraucht, weil die gewählten Volksvertreter ihre Funktion verloren haben, und gehört jetzt Virgin. Morgen sollen die Immobilienmakler kommen und sich Downing Street Nr. 10 ansehen. Der Rückzug des Premierministers aus dem öffentlichen Leben würde so reibungslos vonstatten gehen wie die Machtübernahme durch die Konzerne.

Der Premierminister zeigt mir ein Buch mit alten Presseausschnitten. Der erste ist ein Bericht über seine erste Rede im Unterhaus im Jahre 1992. Darin griff er den Souveränitätsverlust Großbritanniens in der Europäischen Union an. Inzwischen lächelt er über seine damalige Naivität.

»Ich sprach über Einwanderung und verlangte stärkere Kontrollen. Da war ich völlig auf dem Holzweg. Heute kann man leicht in jedes Land einreisen, man muß nur ein Flugticket kaufen. Doch um Zutritt zu einer Konzern-Enklave wie Islington, Belgravia oder Lower Manhattan zu erhalten, braucht man eine ›elektronische Verabredung‹ und einen ›positiven Identitätsnachweis‹.«

Er wirkt mit einemmal verbissen: »Sehr wirkungsvoll, diese Technik zur Überprüfung der Identität. Wie bei den meisten Erfindungen in der Geschichte wurde ihre allgemeine Verbreitung von einer Kombination aus bewußter Entscheidung, Zufall und Notwendigkeit begleitet. Zunächst entschied man sich für die SmartCards und begründete ihre Verwendung damit, daß man sie aus verwaltungstechnischen Gründen testen wolle – auf den Karten wurden Name, Sozialversicherungsnummer, Führerschein, Unfallversicherung und medizinische Daten gespeichert. Der Zufall war der sogenannte ›Kreditkartenschlag‹, bei dem mehrere Computerhacker – die geduldig eine Datenbank mit Kreditkartennummern, Kreditlimits und Geheimzahlen angelegt hatten – eines Tages im Jahr 2001 auf über 100 000 Konten Dollarbeträge in Milliardenhöhe abbuchten und sich dann damit aus dem Staub machten. Danach verbreitete sich die Zahlmethode mittels SmartCard fast über Nacht, und die Verbindung mit einem elektronischen Ausweis erschien zur Erhöhung der Sicherheit durchaus sinnvoll. Allerdings wurden nach den globalen sozialen Unruhen im Jahr 2006 noch zwei weitere Daten auf der Karte gespeichert, zuerst in den USA, dann auch in anderen Ländern: das PSC-Level[142] und der PEC-Befehl[142], die beide sowohl in der realen Welt als auch in der Cybersphäre funktionierten.«

Der Premierminister fährt traurig fort: »Ich erinnere mich an eine Nachrichtensendung der BBC im Jahre 1996 über die neuesten Entwicklungen in Amerika. Darin wurde von The Mall of the Americans in Minneapolis berichtet, dem damals größten Einkaufszentrum der Welt. Dort war Jugendlichen, die nicht in Begleitung eines Erziehungsberechtigten waren, der Zugang auf Wunsch der erwachsenen Kunden und aus Sicherheitsgründen verwehrt. Die Jugendlichen verfügten ohnehin nicht über genügend Kaufkraft, um ihre Anwesenheit in dem Einkaufszentrum zu rechtfertigen. Ich erinnere mich, daß ich gedacht habe, so etwas könnte in Großbritannien nie passieren. Finnland war in den letzten Tagen des 20. Jahrhunderts das erste Land, das die allgemeine Verwendung eines Identitätsnachweises auf SmartCards einführte. Die Amerikaner folgten diesem Beispiel zunächst in den Ballungsräumen, um mit den zunehmenden Unruhen in den Städten fertig zu werden. Korea erließ als erstes Land ein Gesetz, das die Einpflanzung eines elektronischen ID-Chips in die Hand jedes Neugeborenen beschloß. In dem Vertrag von Securicor, den ich heute morgen unterschrieb, wird ausgeführt, daß solche Implantate in Übereinstimmung mit dem Interpolnet-Abkommen weltweit und damit auch in Großbritannien erforderlich sind. Das Argument von Securicor läßt sich nur schwer von der Hand weisen: Wie kann man in der globalen Cybersphäre eine Polizeifunktion ausüben, wenn es Schlupflöcher gibt, wo sich Menschen ohne ID-Implantate einloggen können?«

Ohne Pause spricht er weiter: »Auch eine Verbindung zwischen den Strichcodes auf den Produkten und dem persönlichen Datenausweis war unvermeidlich. Schon in den 90er Jahren wußte man, daß die Information, wer welche Ware kaufte, wichtiger ist als der Gewinn. Nicht einmal Orwell konnte einen Big Brother vorhersehen, der das Leben jedes Menschen bis in die kleinste Einzelheit rekonstruiert. Jeder Einkauf, jede Benutzungsgebühr und jedes Telefongespräch mit zurückverfolgbarem Geld werden routinemäßig für eine weitere Verwendung in gigantischen Datenbanken gespeichert – im Informationszeitalter die wertvollsten Marketing-Aktivposten jedes Unternehmens. Doch inzwischen ist es noch wichtiger geworden, jeden auf dubiose Sicherheitsverbindungen hin zu überprüfen.«

Der letzte Premierminister besteht darauf, daß seine Aussage, er habe versucht, sich dem Machtzuwachs der Konzerne ein letzten Mal entgegenzustemmen, aufgezeichnet wird.»Doch ich hatte wirklich keine andere Wahl. *Die ersten Alarmzeichen gab es bereits 1991, als ›die Kräfte des Marktes‹ Großbritannien aus dem europäischen Währungssystem drängten. Dann kam das Jahr-2000-Problem: Wir mußten ein System einführen, mit dem ›Y2K-kompatible‹ Unternehmen identifiziert werden konnten. Andere Unternehmen wurden verdrängt. Dadurch konzentrierte sich die Macht noch weiter in wenigen Händen. Ein paar Jahre später versuchte der ›linksgerichtete‹ französische Präsident die Steuern zu heben, um den Betrieb der öffentlichen Versorgungsbetriebe weiter bezahlen zu können. Das Kapital war über Nacht abgezogen worden. Die Reichen und Wohlhabenden waren in Steueroasen abgewandert. Die multinationalen Konzerne brauchten ein paar Monate, um ihre Angelegenheiten zu regeln, und verlagerten dann die meisten Betriebe von Frankreich in Länder, wo man den Konzernen günstige Bedingungen bot. Im Jahr 1996 hatte Glen Peters, Zukunftsdirektor bei Price Waterhouse, Konzerne als Nomaden bezeichnet: ›Sie nehmen, was sie kriegen, solange es reichlich davon gibt, und dann brechen sie ihre Zelte ab und ziehen weiter.‹*

Nach diesem Vorfall standen alle Länder in gegenseitigem Wettbewerb und waren gezwungen, ihre Haushaltsbudgets drastisch zu kürzen. Zuletzt mußten sie auch die Subventionen streichen, mit denen ausländische Investoren angelockt werden sollten. Die treibende Kraft war wirklich die digitale Revolution. Bill Gates wurde je nach Standpunkt als der neue Karl Marx oder George Washington gesehen, der uns direkt in das Jahrtausend der Konzerne führte.

Vielleicht hätte man vorhersehen können, daß aus der Informationsgesellschaft die Konzerngesellschaft wurde. Schließlich stehen heute unwei-

gerlich die Unternehmen an der Spitze, die ihr Wissen in einem organisierten, strategischen Sinn am effektivsten einsetzten. Wissen, Macht und Geld waren schon immer eng miteinander verbunden, und heute sind sie direkt austauschbar. Und Staaten und ihre Regierungen haben auf allen drei Gebieten keine Bedeutung mehr.

Wir hätten diese Entwicklung vorhersehen müssen. Schon damals, in den 90er Jahren, erklärte Tim Melville-Ross, Generaldirektor des Institute of Directors, die Möglichkeit, daß das dritte Jahrtausend von Konzernen beherrscht werden würde, zu einem ›legitimen Anliegen‹. Glen Peters meinte damals, alles deute darauf hin, daß sich die Entwicklung wahrscheinlich nicht mehr aufhalten lasse. Nicht jeder sah das allerdings so dramatisch. Einige dachten, der Staat würde zu seiner traditionellen Rolle zurückfinden, Gesetze verabschieden und Kriege führen. Andererseits rechneten wir alle damit, daß das Informationszeitalter ähnlich gravierende Folgen haben würde wie die industrielle Revolution. Man muß sich doch nur ansehen, was die Industrialisierung aus dem alten Landadel und den Bauern gemacht hat. Zahlreiche Wirtschaftsgurus haben uns jahrzehntelang gewarnt. Ich erinnere mich an Charles Handy, den Autor von Die Fortschrittsfalle, *wie er sagte, daß Unternehmen immer noch wie totalitäre Staaten geführt werden.*[143]

Den Ausschlag gab aber schließlich die Tatsache, daß die Konzerne ihre eigene Währung schufen, anstatt weiterhin einfach um die Währungen zu konkurrieren, die von Banken unter staatlicher Aufsicht herausgegeben wurden. Alles begann ganz harmlos mit den ›Bonusmeilen für Vielflieger‹, die ursprünglich nur mit einem Flugticket erworben und eingelöst werden konnten. American Express vereinfachte das Konzept schließlich und bot das sog. ›World Traveller Money‹ an, das man auf der ganzen Welt einlösen konnte. Diese ersten Ansätze führten in Kombination mit der rasch wachsenden Cyberwirtschaft zu einem regelrechten Gerangel. Doch durch Koalitionen und Konvertierbarkeitsverhandlungen zwischen den größeren Konzernen wurde schließlich unsere heutige Realität geschaffen: Wenige dominierende ›harte‹ Unternehmenswährungen, die von realen Gütern und Dienstleistungen gestützt werden, verdrängen allmählich die ›instabilen Landeswährungen, die nur von Schulden gestützt werden‹.«

Der Premierminister fährt mit dem Finger durch den Staub auf dem Fensterbrett. Niemand kommt mehr hierher. Die Debatten des Unterhauses werden schon seit fast zehn Jahren über das Internet abgehalten. Dadurch könnten die Politiker mehr Zeit in ihrem Wahlkreis verbringen, lautet die offizielle Begründung. Aber in den Wahlkreisen interessiert dies niemanden. Jeder weiß, daß Politiker ohnehin keine Macht mehr besitzen und den Gang der Dinge nicht mehr beeinflussen können.

Der Premierminister fährt fort: »Der Wendepunkt bei den Medien kam mit der Erkenntnis, daß die Zuschauer von der Realität abgelenkt werden wollen. Also wurden die Nachrichten in zunehmendem Maße zu Unterhaltungsshows.[144] Ich möchte wetten, daß von dem Bildmaterial, das News Corp bei den Unruhen heute abend gefilmt hat, mehr als Einblendung in der neuesten Folge ihrer Serie über Cybercops auf Verbrecherjagd gezeigt wird als in den Nachrichten. Wirtschaftsnachrichten und das Neueste aus der Showbranche haben die politische Berichterstattung verdrängt. Die Wahlbeteiligung ist auf 5 Prozent gesunken. Meine Regierung hatte weniger Legitimation als ein Westentaschen-Diktator. Als ich versuchte, ein Gesetz zur Entfusionierung von News Corp und BBC durchzubringen, lachten die Leute bloß. Uns blieb nichts anderes übrig, als unsere Tätigkeit einzuschränken.

Natürlich ist heutzutage nicht alles schlecht. Andere Institutionen wie z. B. einige angesehene Wohltätigkeitsorganisationen, Museen und Universitäten profitieren von dem neuen Regime. Die meisten Berufstätigen arbeiten von zu Hause aus oder von Orten, die angenehmer sind als die Großstädte. London wird seit fast einem Jahrhundert kleiner. Die Telearbeit gab den letzten Anstoß für den Exodus. Auf den Straßen sieht man fast nur noch Touristen. Der Westminster Palace ist nach wie vor ein prächtiges altes Gebäude, auch wenn es heute einen Freizeitpark beherbergt, dem Disney die entsprechende Ausstattung verpaßt hat. Wie es im Prospekt so schön heißt: ›Die parlamentarische Demokratie von einst: Von der Magna Charta bis zum Jahr 2000.‹ Sie gehen wie üblich sehr frei mit den historischen Tatsachen um und betonen nur die aufregendsten Episoden. Ich fühle mich übergangen – sie setzten den zeitlichen Rahmen bis zum Jahr 2000, weil sich das leichter vermarkten läßt.

Ja, um die Gebäude muß man sich keine Gedanken machen. Aber was ist mit den Menschen? Es ist ja nicht so, daß die großen Konzerne sie schlecht behandeln. In vielerlei Hinsicht hat man als Bürger von Goldman Sachs oder DaimlerChrysler mehr Vorteile als früher die britischen, deutschen oder amerikanischen Staatsbürger. Bestimmte Angestellte sind sehr erfolgreich und leben wie einst die Könige. Die Finanzwelt zahlt denjenigen, die über die richtigen Qualifikationen verfügen, stattliche Gehälter. Das Problem ist nur, daß die Weltkonzerne nie auf ihre soziale Verantwortung hingewiesen wurden. Im letzten Jahrhundert versuchte das ›Big Business‹, die Gesetze zu beugen. Heute gibt es keine Gesetze mehr, nur noch einige Regeln, die von den Konzernen selbst aufgestellt werden. ›Man muß sich fragen, ob die Konzerne und ihre Vertreterorganisationen mit ihrer Macht richtig umgehen‹, warnte Tim Melville-Ross schon in den 90er Jahren. ›Denn es ist keineswegs sicher, daß sie das tun.‹ Er dachte damals noch, daß eine gewisse Transparenz und eine öffentliche Kontrolle ausreichen würden, um ein entsprechendes Verhalten der Konzerne zu gewährleisten. Auch Glen Peters argumentierte, daß der Verbraucher immer noch mehr Macht besitze als der größte Konzern. Die Öffentlichkeit boykottierte damals gelegentlich unbeliebte Unternehmen. Doch dieser Ansatz konnte nicht funktionieren. Schließlich kontrollierten die Konzerne auch fast alle Informationen, entweder direkt, weil die Medien ihnen gehörten, oder indirekt über den Einfluß des Geldes, mit dem sie Werbesendungen finanzierten. Auch ein Großteil der Cybersphäre war schon damals fest in ihrer Hand.

Allerdings gibt es ja immer noch die unkontrollierbaren Elemente wie z. B. den Cyber-Underground an der Spitze des Widerstandes. Im Vergleich dazu waren die Bombenanschläge der IRA früher in London ein Sonntagsausflug. Wer hätte je gedacht, daß großangelegte Störaktionen einmal die Vernichtungswaffen ersetzen könnten? Die Kursverfälle an der Börse, die von Hackern im Untergrund initiiert wurden, gestörte Zahlungssysteme, Kollisionen von Verkehrsflugzeugen in der Luft, umgeleitete Pendlerzüge, die mit Güterzügen zusammenstoßen. Bei derartigen Störaktionen kann man nicht einmal die Rettungsdienste rufen, weil das Notrufsystem gleichzeitig durch einen Computervirus blockiert ist. Auch die älteren Formen der Gewaltanwendung stellen immer noch eine Bedrohung dar. Man denke nur an Bill Gates. Nicht einmal seine vielen Leibwächter konnten verhindern, daß ein Sprengstoffanschlag auf sein gepanzertes Auto verübt wurde.

Aber was will man auch erwarten, wenn ein Drittel der Bevölkerung, darunter sehr begabte Jugendliche, keine Arbeit und keinen Platz in unserer Gesellschaft findet und nicht in die zunehmend paranoide Geschäftswelt paßt? Die Geschäftswelt reagierte auf weichherzige Menschen mit großer Härte. Frauen wurden entlassen, weil sie nicht verstanden, daß wir in einer grausamen Welt leben und daß die Geschäftswelt Krieg gegen die Cyberterroristen führt. ›Friß oder stirb‹ wurde zum unausgesprochenen Gesetz, das sehr effektiv zu einer größeren Konformität der ohnehin Privilegierten beitrug.«

Der Premierminister blickt noch einmal über den Fluß und schaudert. Die Menschenmenge am gegenüberliegenden Ufer hat brennende Fakkeln. »Das ist das eigentliche Problem, die ständig wachsende Zahl der ›Ausgeschlossenen‹. Die Unterschicht hat schon vor Jahrzehnten den Anschluß verpaßt. Selbst als ich noch ein kleiner Junge war, lebten bereits Männer auf der Straße. Dann kamen die Kinder und Jugendlichen. Danach ganze Familien. Jetzt sind es Horden geworden. Professor Handy schätzte früher einmal, daß 20 Prozent der Bevölkerung keine Arbeit finden würden. Seine Schätzung fiel zu niedrig aus: Aufgrund der zunehmenden sozialen Unsicherheit und der wachsenden Kriminalität müssen die Unternehmen bei der Einstellung sorgfältiger auswählen als je zuvor. Schließlich wollen sie niemanden einstellen, der sich später als Sicherheitsrisiko erweisen könnte. Auch denjenigen, die zu alt sind, deren Kenntnisse und Fähigkeiten nicht mehr gebraucht werden, oder denen, deren Sicherheitsreferenzen Lücken aufweisen, droht in zunehmenden Maße die Arbeitslosigkeit.«

Der letzte Premierminister Großbritanniens schließt sein Buch mit Zeitungsausschnitten, steckt es in seine Aktentasche und verläßt ein letztes Mal das Parlamentsgebäude. Beim Hinausgehen wandert sein Blick nach oben. Das Seiko-Zeichen am Big Ben strahlt vor dem Hintergrund der brennenden Fackeln am anderen Flußufer. Er meint, er habe das Gefühl, persönlich versagt zu haben; zusammen mit dem Regierungssystem. Ein Kapitel der Geschichte ist unwiderruflich zu Ende.

Ein Zeitplan für den Übergang

Ein Zeitplan bietet nähere Einzelheiten für die Entwicklung vom Informationszeitalter zum Jahrtausend der Konzerne. Die Ereignisse bis 1998 sind real, bei den späteren handelt es sich um Prognosen.

Der Zeitplan für die Revolution

- *70er Jahre: Bonusmeilen für Vielflieger und Strichcodes auf Produkten werden probeweise eingeführt.*
- *80er Jahre: Standardisierung der Bonusprogramme und Strichcodes. In Frankreich werden SmartCards zu Zahlungszwecken eingeführt.*
- *1992: Amex will mit einer Doppelstrategie den Markt der »häufig Reisenden« erobern; die Bonusmeilen der Mitglieder lassen sich nun auch in »Connect Plus« und andere Dienstleistungen umwandeln. Das ist der Beginn einer Entwicklung, in deren Verlauf der eigentliche Zweck privater Währungen immer weiter ausgeweitet wird.*
- *1994: Die ersten ID-Chips werden Hunden unter das Nackenfell gepflanzt und in Silicon Valley erfolgreich vertrieben.*
- *1995: Zum ersten Mal übersteigt ausstehendes Geld einer Unternehmenswährung für »engere Zwecke« die 30-Milliarden-Dollar-Grenze; in Frankreich sind 30 Millionen wiederaufladbare SmartCards als Geldkarten im Umlauf; in Deutschland werden 88 Millionen SmartCards an die Mitglieder der Krankenkassen ausgegeben; in Finnland gibt die Zentralbank eine kombinierte SmartCard für Bezahlungen, die Sozialversicherung und die Krankenversicherung heraus.*
- *1996: Joint-venture zwischen Microsoft und der Barclays Bank zur Entwicklung elektronischer Zahlungssysteme. Die Fusion von CNN und Time-Warner schafft das größte »Content«-Imperium. In Großbritannien werden öffentliche Internetzugänge eingerichtet. Implementierung eines neuen Vertrages der Welthandelsorganisation (WTO), der*

die meisten noch bestehenden Beschränkungen für den Welthandel aufhebt. Sensar, ein Pionierunternehmen auf dem Gebiet der Biometrie, unterzeichnet Verträge mit NCR und der OKI Electric Industry zur Iriserkennung bei Geldautomaten.

- 1997: Die ersten Briten gehen über Home-TV-Sets ins Internet. In Japan und London sind biometrische Irisscanner im Einsatz. Bei einem Pilotprojekt zwischen den Einwanderungsbehörden der USA und der Bermudas werden Handerkennungsgeräte eingesetzt, um die Abfertigung von häufig Reisenden zu beschleunigen. Microsoft führt mit seinem Internet Explorer 4.0. Virtual Wallet ein. Worldcom fusioniert mit MCI, die bis dahin größte finanzielle Transaktion in der Geschichte, außerdem auch die größte Fusion auf dem Gebiet der Telekommunikation; weltweit sind 170 Millionen SmartCards in Gebrauch.
- 1998: Citibank führt in den USA biometrische Irisscanner ein. Die elektronische Identifizierung über die Fingerabdrücke wird angewandt. British Telephone fusioniert mit AT&T. Dadurch entsteht der weltweit größte Telekommunikationsanbieter. Die Fusion von MCI und Worldcom wird noch übertroffen. Der Inhalt geheimer Verhandlungen zwischen einigen Weltkonzernen und den Regierungen der OECD-Länder wird bekannt. Es handelt sich um eine Art Erklärung wirtschaftlicher Rechte, in der den Konzernen erhebliche Zugeständnisse gemacht werden. Eine Initiative, die sich hauptsächlich auf das Internet stützt, zwingt Frankreich und Kanada, sich von den Verhandlungen zurückzuziehen. Das Projekt wird dadurch in letzter Minute gestoppt.
- 1999: Der Trend zu Fusionen zwischen Informationsanbietern und »Übermittlern« setzt sich in immer schnellerem Tempo fort. Amex startet »cash2000«, eine Vielzweckwährung »für die Weltelite«. Microsoft und andere ziehen nach.
- 2000: Wichtige Bestimmungen des Multilateralen Investitionsabkommens (MAI) werden mit Hilfe des IMF, der WTO und anderen internationalen Organisationen umgesetzt. Noch bestehende nationale Kontrollen über globale Kapitalströme werden abgebaut. Zum ersten Mal übertrifft E-Mail die konventionelle Briefpost; weltweit sind 600 Millionen SmartCards in Gebrauch.

- 2001: Der erste Datenschutzskandal tritt auf: Medizinische Informationen werden zur Erpressung von Menschen benutzt, damit sie nur noch bei einem bestimmten Online-Anbieter einkaufen. Da sich alle wichtigen Datenbanken in einer Steueroase, einer Pazifikinsel, befinden, kommt es zu keinen Regreßansprüchen.
- 2003: Korea setzt per Gesetz »ID-Implantate« bei jedem Neugeborenen durch.
- 2006: Die »globalen Unruhen« aus Mangel an Arbeitsplätzen, die besonders gewalttätig in den amerikanischen Städten auftreten, werden niedergeschlagen.
- 2010: Im Handel übertrifft der Gebrauch von privaten Unternehmenswährungen zum ersten Mal den der nationalen Währungen.
- 2015: In Großbritannien werden die versprochenen drastischen Steuersenkungen durch die Privatisierung der noch bestehenden öffentlichen Versorgungsbetriebe finanziert.
- 2020: Der letzte Premierminister Großbritanniens tritt zurück.

Wie ist das möglich?

In dem Szenario wird beschrieben, wie sich durch die Informationsrevolution die Machtverteilung zugunsten der Konzerne verschiebt. Das Konzept des Nationalstaates wird bedeutungslos. Anstatt sich intern zu verändern und sich ihrer erweiterten sozialen Rolle anzupassen, formen die Konzerne die Welt ihren eigenen Anforderungen entsprechend um.[145] Die Übernahme staatlicher Funktionen durch Konzerne kann sich je nach Bereich und der Art, wie die Dienste gehandhabt werden, als zweischneidig erweisen. So vermißt vermutlich niemand die staatlichen Telefongesellschaften. Privatunternehmen bieten einen besseren Service und sind billiger als Staatsbetriebe. Ebenso haben die neuen privaten Brief- und Paketdienste wie Fedex oder UPS die Qualität und die Zuverlässigkeit im Zustellbereich verbessert.

Auf anderem Gebiet ist das Ergebnis vielleicht weniger eindeutig. Wenn First Data Resources für die Universität von Nebraska in Omaha eine Hochschule einrichtet, deren Lehrplan speziell auf die Bedürfnisse des Unternehmens zugeschnitten ist, wird die Sache gefährlich. Jugendliche mit High-School-Abschluß erhalten von einem Kreditkartenanbieter eine Ausbildung im Finanzwesen und lernen, daß es gang und gäbe ist, wenn man 20 bis 30 Prozent seines Einkommens auf die Erstattung von Kreditkartenschulden verwendet. Das geht zu weit.

Spezielle Konzernwährungen wie die Vielfliegermeilen sind nur dank einer billigen und überall verfügbaren Rechenleistung denkbar. Es ist lediglich eine Frage der Zeit, bis ein Unternehmen (American Express, Microsoft, eine neugegründete Internetfirma oder ein Unternehmenskonsortium?) eine vollständige Unternehmenswährung herausgeben wird, die von Gütern und Dienstleistungen gedeckt wird. Selbst Alan Greenspan, der Vorsitzende der amerikanischen Zentralbank, kann sich vorstellen, daß die Anbieter von elektronischen Zahlungssystemen, z. B. Geldkarten oder »DigitalCash«, schon in naher Zukunft spezielle Firmen mit starken Bilanzen und einer öffentlichen Kreditbewertung gründen. Greenspan sieht außerdem »neue private Währungsmärkte für das 21. Jahrhundert« voraus.[146] Kurz gesagt, Konzerne könnten, anstatt wie bisher um die bekannten Landeswährungen zu konkurrieren, für die nur der Staat garantiert, ihr eigenes Geld herausgeben, das durch reale Güter und Dienstleistungen gedeckt wird.

Der Staat wird bei dieser Verlagerung der Macht wahrscheinlich nicht der einzige Verlierer bleiben. Das Jahrtausend der Konzerne hat beispielsweise auch das Potential, die Privatsphäre und die Rechte des einzelnen zugunsten der Konzerne weiter zu schmälern. Diese Aushöhlung der Grundrechte basiert auf dem Zusammentreffen der folgenden drei Entwicklungen, die im Szenario bereits angesprochen wurden:

1. Das verständliche Bedürfnis, die Identität von Personen festzustellen (»Unbedenklichkeitsnachweis«), um die Sicherheit elektronischer Zahlungsvorgänge zu erhöhen. Angesichts der wachsenden Cyberwirtschaft und eines parallel dazu entste-

henden kriminellen Cyber-Undergrounds sprechen immer mehr Gründe für diese Möglichkeit.
2. Bei elektronischen Zahlungsvorgängen – gleichgültig, ob es sich bei dem verwendeten Geld um die alten Landeswährungen oder um Unternehmenswährungen handelt – läßt sich jeder Kauf zurückverfolgen, wodurch man leicht herausfinden kann, wer welche Ware kauft. Der wertvollste Marketingaktivposten im Informationszeitalter werden die gigantischen Kundendatenbanken sein, die dabei entstehen. Tatsächlich werden sie bereits heute aufgebaut.
3. Die Verbindung von Strichcodes mit dem persönlichen Datenausweis des Käufers. Dem wirtschaftlichen Anreiz kann man kaum widerstehen. Vor allem große Vertriebsfirmen hätten dadurch ein vollständiges Profil von Millionen Verbrauchern samt Informationen über deren Vorlieben und Lebensstil.

Die Aushöhlung der Privatsphäre kann ganz allmählich verlaufen, so daß wir sie ähnlich wie in dem bekannten Experiment mit den Fröschen und heißem Wasser kaum bemerken. Setzt man einen lebenden Frosch in seichtes heißes Wasser, springt er sofort wieder heraus. Setzt man aber den Frosch in kaltes Wasser und erhöht die Temperatur ganz langsam, bleibt der Frosch sitzen und verkocht bei lebendigem Leibe. Für sich genommen erscheinen uns einzelne Maßnahmen, die unsere Privatsphäre bedrohen, harmlos, doch zusammen haben sie ein Ausmaß erreicht, das unsere Großeltern schockiert hätte und sogar unsere Eltern beunruhigen würde.

Dank der Megakonzerne, die plötzlich aus dem Nichts auftauchen wie Wale aus der Tiefe des Ozeans, ist eine derartige Entwicklung durchaus möglich. Obwohl die meisten Menschen von vielen Konzernen noch nie gehört haben, ist das Szenario nicht bloß Theorie oder ein Ausdruck von Paranoia. Das verdeutlicht das reale Beispiel des größten Internet-Versandhauses und seines Aufstiegs in den Jahren 1997 und 1998.

DAS BEISPIEL DES STEALTH MEGA-STORE

Preisfrage: Wie heißt der größte Versandhändler im Internet des Jahres 1997 (1,5 Milliarden Dollar Umsatz)? Ein Unternehmen, das online über eine Million Güter und Dienstleistungen anbietet (zum Vergleich: Ein typisches amerikanisches Kaufhaus bietet 50 000 verschiedene Artikel an) und genaue Daten über die Psychographie und das Kaufverhalten von über 100 Millionen Verbrauchern (etwa die Hälfte aller amerikanischen Haushalte) besitzt. Noch ein Hinweis: Das Unternehmen ist außerdem der weltweit größte Lizenzgeber für Hotelketten und Immobilien.

Wären Sie auf Cendant gekommen? Wenn nicht, brauchen Sie sich keine Gedanken zu machen. Selbst die Kunden von Cendant kennen selten den Namen des Unternehmens. Cendant ging aus einer Fusion zweier genauso unbekannter Unternehmen hervor: Comp-U-Card (CUC) und Hospitality Franchise Systems (HFS). Ursprünglich hatten beide nur das Wissen um die Macht von Informationen im Informationszeitalter gemein. Ihre Geschichte ist eine perfekte Fallstudie darüber, wie die Dynamik des Informationszeitalters zu völlig neuen Machtkonzentrationen führen kann.

Walter Forbes gründete CUC 1976 als Firma für Teleshopping. Seine Geschäftsidee war überzeugend und einfach. Die Hersteller beliefern nicht mehr Groß- und Einzelhändler, die dann die Ware an den Verbraucher verkaufen, sondern versorgen die CUC-Datenbank mit Informationen über ihre Produkte. CUC präsentiert diese Informationen dem Verbraucher in entsprechend attraktiver Aufmachung. Die Kunden können zum Großhandelspreis zuzüglich der Lieferkosten einkaufen. Wenn ein Kunde etwas kauft, wird der Hersteller benachrichtigt, damit er die Ware direkt an den Käufer liefern kann. Am Verkauf verdient CUC kaum etwas, dafür aber an den Mitgliedsgebühren (69 Dollar im Jahr) und an den Informationen über die Transaktionen, die das Unternehmen sammelt.

CUC bietet auch eine Reihe spezieller Online-Dienste an: Travelers Advantage (ein Reisebüro), AutoAdvantage (Autokauf und Ersatzteile), Premier Dining (das erste US-weite Rabattprogramm in

Restaurants), BookStacks (eine Online-Buchhandlung), MusicSpot (CDs) und Shoppers Advantage (ein Online-Verkauf mit allgemeinem Warensortiment, der 1993 über 50 Millionen Mitglieder verfügte und eine Datenbank mit über 250 000 Produkten aufwies). CUC vergrößerte sich im Laufe der Zeit und erwarb nacheinander die Madison Financial Corporation (heute FISI Madison, die weltweit größte Organisation für Finanzmarketing), Benefit Consultants (Versicherungen), Entertainment Publication (Verlag für Discountbücher), Sierra On-line (eine Softwarefirma) und einen großen europäischen Lizenzinhaber.

Walter Forbes schloß darüber hinaus Verträge mit AOL, Prodigy, CompuServe, Citibank, Sears und anderen »Markennamen« ab und beliefert seitdem deren Online-Shopping-Dienste. Die meisten Kunden haben keine Ahnung, daß sie bei CUC bestellen, denn das Unternehmen macht keine Werbung (weder online noch auf herkömmliche Weise), und die Lieferung erfolgt direkt durch den Hersteller. Der Gesamtumsatz des Unternehmens muß nicht einmal gemeldet werden, weil er direkt dem Hersteller oder den Dienstleistungsunternehmen zugeschrieben wird.

HFS stammt aus einer ganz anderen Welt, doch wie bei CUC wissen auch die Kunden von HFS selten von der Existenz der Firma. Sie wurde Anfang der 90er Jahre von Henry Silverman gegründet. Die Erfolgsgeschichte des Unternehmens begann, als Silverman die Lizenzen für die Hotelketten Ramada Inn und Howard Johnson erwerben konnte. Die Lizenzen kosteten 170 Millionen Dollar, weitere 295 Millionen Dollar wurden für die Lizenz der Hotelkette Days Inn bezahlt. Im Jahr 1992 wurde das Unternehmen eine Publikumsgesellschaft unter dem Namen HFS. HFS erwarb darüber hinaus noch die Lizenz für die Motelkette Super 8 für 120 Millionen Dollar und wurde so zum größten Hotellizenzgeber weltweit. Silverman weist gerne darauf hin, daß nur wenige Menschen die Vorteile verstehen, die ein Lizenzgeber gegenüber dem tatsächlichen Besitzer hat. Der Lizenzgeber sorgt für den Bekanntheitsgrad des Markennamens, betreibt den Reservierungsservice, bietet den Lizenznehmern Schulungsseminare an und nimmt Inspektionen bei ihnen vor. Kurz gesagt befaßt sich der Lizenzgeber nur mit dem reinen Informationsaspekt und erhält dafür eine schöne, kalkulierbare Summe. Damit bleiben den Lizenznehmern nur die unangenehmen und unkalkulierbaren Aspekte, wie etwa die Wertschwankungen beim Grundbesitz, ständige Wartungsarbeiten und anfallende Renovierungen, die schwankenden Gästezahlen und all die anderen arbeitsintensiven Aufgaben.

Silverman tätigte 1995 noch andere Ankäufe wie Century 21, ERA und Coldwell Banking, die scheinbar in keinem Zusammenhang zu den übrigen Firmenzweigen standen. Dadurch wurde HFS zum weltweit größten Lizenzgeber im Bereich Wohnungsbau und Immobilien. Später kaufte Silverman für 1,8 Milliarden Dollar auch noch PHH, ein Konglomerat aus Umzugsunternehmen für Firmen und Finanzdienstleistern. Am deutlichsten zeigte sich jedoch die Taktik von HFS beim Kauf der Avis-Autovermietung für 800 Millionen Dollar. Noch bevor der Handel abgeschlossen war, verkündete HFS, daß es die zweitgrößte Autovermietung an die Börse bringen würde. HFS wollte die 174 000 Fahrzeuge, 20 000 Mitarbeiter und 540 Niederlassungen von Avis verkaufen. Nur das Informations- und Reservierungssystem von Avis wollte HFS für sich behalten und gegen eine feste Gebühr betreiben. Natürlich sollte auch der Markenname Avis für weitere Lizenzvergaben bei HFS bleiben. Da man an der Wall Street noch keine Bezeichnung für diese Strategie gefunden hat, schlage ich den Begriff »Informationsausschlachtung« vor.

Dank dieser Strategie verzehnfachten sich die Einnahmen von HFS zwischen 1992 und 1997 auf 2 Milliarden Dollar, und der Reingewinn des Unternehmens stieg um das 20fache auf 475 Millionen Dollar. Doch den größten Vermögenswert bilden die psychographischen und demographischen Informationen sowie die Kaufdaten von HFS. Aufgrund seiner vielfältigen Angebote betreut das Unternehmen ungefähr 100 Millionen Kunden.

Dieser letzte Vermögenswert machte die Begegnung zwischen Forbes und Silverman für beide Seiten so produktiv. Sie gingen eine Partnerschaft ein, bei der sich CUCs Vermarktungsstärke mit den Kundendaten von HFS verband. Bei diesem Geschäft sollte CUC seine Reise-, Einkaufs-, Gourmet- und Autoclubs den Millionen Gästen von HFS anbieten. Allerdings werden die angehenden Kunden nicht mit langweiligen Wurfpostsendungen, unerwünschten Telefonanrufen oder E-Mails belästigt. Wer in einem Hotel von HFS ein Zimmer reserviert, wird nach der Buchung gefragt, ob man an Informationen über einen Reiseclub interessiert wäre, über den man bei seiner Reise beträchtlich sparen könne. Zu dem Lockangebot gehört beispielsweise ein Benzingutschein über 20 Dollar. Zeigt man sich interessiert, wird man mit einem Mitarbeiter von CUC verbunden, der dem Hotelgast die speziellen Angebote für Mitglieder erläutert. Das Ergebnis: 30 Prozent reagieren positiv (verglichen mit den 1 bis 2 Prozent, die normalerweise beim Direktmarketing überzeugt werden können). Und wer könnte auch widerstehen?»Wenn Sie einen Flug buchen, wäre vielleicht ein spezielles Angebot für einen Mietwagen von Avis für Sie interessant, den Sie direkt am Flughafen in Empfang nehmen können.«

Genauso wird Century 21 den Mitarbeitern, wenn eine Firma umzieht und dabei die Dienste von PHH Corporation in Anspruch nimmt, gern die entsprechenden Häuser und Wohnungen in der Nähe des neuen Standorts vermitteln. Die Mitarbeiter müssen Century 21 selbstverständlich ihre persönlichen finanziellen Verhältnisse offenlegen, damit die Firma Kredite von FISI Madison für sie beantragen kann. Doch für einen Kredit braucht man eine Lebensversicherung, für die der Antragsteller alle notwendigen medizinischen Angaben zu seiner Gesundheit bei Benefit Consultants machen muß. Kommt es schließlich durch die Vermittlung von Century 21 zum Hauskauf, erhält der glückliche neue Besitzer als Begrüßungsgeschenk von Premier Dining eine Liste der Restaurants vor Ort oder ein Angebot mit billigen Büchern über die nähere Umgebung, die bei Entertainment Publishing erschienen sind.

Cendant entstand offiziell durch eine Fusion von CUC und HFS, die über einen Aktientausch gegründet wurde. Dadurch stieg die Kapitalausstattung der ganzen Gruppe auf 22 Milliarden Dollar. Nicht einmal an der Wall Street erkannte man zunächst die Logik des Informationszeitalters, die dem Geschäft zugrunde lag, daher fielen die Aktienkurse beider Unternehmen zunächst um 8 Prozent. Sie erholten sich jedoch wieder, weil Wertpapieranalytiker über die neuen Synergieeffekte des Geschäfts informiert wurden.

Nach Einschätzung von Walter Forbes wird der Electronic Commerce im Jahr 2007 etwa 20 bis 25 Prozent des amerikanischen Einzelhandels ausmachen, in dem derzeit die enorme Summe von 2 Billionen Dollar umgesetzt wird. Forbes erklärt:»Die Fixkosten (im traditionellen Einzelhandel) – Backsteine, Mörtel, Grundstücke, Personal, Steuern, Krankenversicherung – steigen alle. Die anderen haben Inventar, wir nicht. Unsere Festkosten – für Kommunikationstechnik, Datenbanken, Hardware – sinken. Die Vorteile des Online-Shopping nehmen ständig zu.« Auf die Frage nach der Zukunft des herkömmlichen Einzelhandels antwortet Forbes:»20 bis 25 Prozent werden einfach verschwinden« und verweist auf die wachsende Liste der Konkurse von Montgomery Ward, Woolworth, Caldor und Bradlees.»Oder sie passen sich an: Einkaufszentren übernehmen zunehmend Unterhaltungs- und Babysitterfunktionen. Der Anteil der Restaurants und Unterhaltungsbetriebe steigt, der Warenanteil geht zurück. Sie reagieren bereits auf eine Zukunft, die noch gar nicht eingetroffen ist.«[147] Forbes prophezeit auch, daß die Machtkonzentration in der Cyberwirtschaft wesentlich höher sein wird als in der Wirtschaft des Industriezeitalters:»Höchstens zehn Firmen werden 80 Prozent des Online-Geschäfts unter sich ausmachen. Vielleicht sind es auch nur fünf, weil Größe, die sich natürlich im Preis niederschlägt, von enormer Bedeutung sein wird.« Cendant faßt bereits seine verschiedenen Websites zu einer einzigen Shopping-Site namens netMarket zusammen, die mit nur einem Mausklick erreicht werden kann. Bedenkt man, daß das Internet weltweit zugänglich ist, können diese fünf bis zehn Unternehmen nicht nur die USA, sondern auch den ganzen Globus versorgen.

Wahrscheinlich haben Sie es bereits erraten, und es wurde ja auch an früherer Stelle erwähnt: Cendant gibt nun auch seine eigene Währung heraus. Sie heißt »netMarket Cash« und wird Kunden als Treueprämie gewährt (5 Prozent des Kaufpreises werden dem netMarket-Cash-Konto gutgeschrieben). Bei späteren Käufen kann man die Gutschrift einlösen: Dabei kann man unter einer Million Waren auswählen, in den kommenden drei Jahren sogar schon unter drei Millionen verschiedenen Waren. Entsteht mit netMarket Cash eine Unternehmenswährung? Oder ist Cendant nur einer von mehreren Partnern bei einem Joint-venture zur Schaffung einer Online-Währung, die durch reale Güter und Dienstleistungen gedeckt wird?

Die Cendant-Gruppe konnte 1998 ungefähr 20 Prozent der Güter und Dienstleistungen liefern, die in einem durchschnittlichen amerikanischen Haushalt verwendet werden (eine Datenbank mit einer Million Einträgen). Für das Jahr 1999 plante Cendant, 95 Prozent des Bedarfs zu decken (was ungefähr 3 Millionen verschiedenen Gütern und Dienstleistungen entspricht). Allerdings erlitt dieser ehrgeizige Plan zwischen 1998 und 1999 einen herben Rückschlag. Ein ganz altmodischer Buchhaltungsskandal führte sowohl zum Rücktritt von Walter Forbes als Vorstandsvorsitzendem wie auch zu einem empfindlichen Verlust von 80 Prozent an der Börse.[148] Daher ist es vielleicht nicht Cendant, sondern eine ganz andere – noch unbekannte – Firma, die eines Tages die Cyberwelt beherrschen wird.

Vom Informationszeitalter zum Jahrtausend der Konzerne

Das Beispiel von Cendant zeigt eine mögliche Entwicklung der Cyberwirtschaft. Es verdeutlicht auch sehr bildlich, daß die Folgen einer Konzentration von Macht und Informationen einige

Fragen aufwerfen. Die Konzentration am Markt hat zu Fällen von Mißbrauch geführt, gegen die mit Anti-Trust-Gesetzen vorgegangen werden muß. Ebenso kann die Konzentration von Informationen zum Mißbrauch persönlicher Daten führen.

DIE BEDROHTE PRIVATSPHÄRE

Die neuen Technologien werfen, was den Schutz der Privatsphäre angeht, wichtige Fragen auf. Cendant beabsichtigt vielleicht gar keinen Mißbrauch seiner Informationsmacht, doch die Konzentration einer solchen Menge persönlicher Daten in einer Hand, sei sie nun öffentlich oder privat, führt irgendwann zwangsläufig

> **Big Brother = Ihr Chef?**
> Dank des technischen Fortschritts ist Überwachung heutzutage billig und einfach. Nach einer Umfrage der American Management Association aus dem Jahr 1997 werden in zwei Dritteln aller großen amerikanischen Unternehmen die Mitarbeiter regelmäßig elektronisch überwacht. Der im vierten Zusatzartikel der amerikanischen Verfassung garantierte Schutz vor »ungerechtfertigter Nachsuchung und Beschlagnahme« bezieht sich nur auf eine Überwachung durch den Staat. Die amerikanischen Unternehmen sind durch diese verfassungsmäßigen Garantien nicht gebunden:
> - Mitarbeiter haben in den Schreibtischen, Schubladen und Aktenschränken der Geschäftsräume keinerlei Anrecht auf Privatsphäre.
> - Jede E-Mail, die im Computernetzwerk des Unternehmens gespeichert ist oder damit übertragen wurde, kann vom Arbeitgeber ohne Angabe des Grundes gelesen werden. Auch Telefongespräche können ohne Benachrichtigung der Beschäftigten jederzeit von Vorgesetzten abgehört werden.
> - Der Chef kann Teile des Gehirns seiner Mitarbeiter besitzen. Er kann auf Erfindungen, die sie bei der Arbeit oder in ihrer Freizeit entwickeln, Anspruch erheben. Umgekehrt allerdings riskieren Beschäftigte nach dem Industriespionagegesetz von 1996 eine Gefängnisstrafe, wenn sie »geheimes geistiges Eigentum« preisgeben.
> - Arbeitgeber führen die Kosten für die Krankenversicherung in zunehmendem Maße zur Rechtfertigung von genetischen Tests an. Arbeitnehmer haben kein Recht auf eine »genetische Privatsphäre« und können sich stichprobenartigen Drogentests nicht entziehen.[149]

zum Mißbrauch. Kein Polizeistaat war je in der Lage, das Leben einzelner Menschen so detailliert zu rekonstruieren, wie es heute durch die Speicherung medizinischer, finanzieller und geschäftlicher Daten möglich ist. Arbeitnehmer in den USA haben praktisch keine verfassungsrechtlichen Garantien zum Schutz der Privatsphäre, wenn ihr Arbeitgeber beteiligt ist. In der Cyberwirtschaft könnte sich dieser Prozeß auf alle anderen Bereiche ausdehnen.

Weder eine detaillierte Regulierung nach europäischem Vorbild noch neue Formen der Anti-Trust-Gesetzgebung amerikanischen Stils bieten eine effektive Lösung, mit der die kontinuierliche Aushöhlung der Privatsphäre vermieden werden könnte. Die beste Möglichkeit besteht in einer Klärung des Besitzrechtes über persönliche Daten. So könnte man beispielsweise festlegen, daß alle persönlichen Daten (geschäftlicher, medizinischer oder finanzieller Natur) von Rechts wegen dem Individuum gehören. Nur mit seiner oder ihrer Erlaubnis können diese Daten verkauft, gehandelt oder für andere Zwecke als die eigentliche Transaktion verwendet werden. Das Recht auf Datenschutz ist ein Recht, das die Kommissare für Menschenrechte der UNO noch nicht berücksichtigen konnten.

MACHTVERSCHIEBUNGEN

Mit Sicherheit werden im Informationszeitalter die Karten für alle Beteiligten neu gemischt. Das Mächtegleichgewicht zwischen dem Staat, der Wirtschaft und der Bevölkerung wird sich stark verändern. Aller Wahrscheinlichkeit nach werden die Regierung und die Regulierungsbehörden sowie die Öffentlichkeit an Einfluß verlieren. Ein derartiger Machtverlust läßt sich nicht messen, doch der dramatische Privatisierungstrend, der derzeit auf der ganzen Welt zu beobachten ist, bietet uns einige Hinweise auf den weiteren Gang der Entwicklung. Abb. 16 zeigt den systematischen Abbau der staatlichen Vermögenswerte. Vor dem Amtsantritt der britischen Premierministerin Margaret Thatcher waren Privatisierungen selten. Doch seitdem setzt sich der Trend weltweit durch. Al-

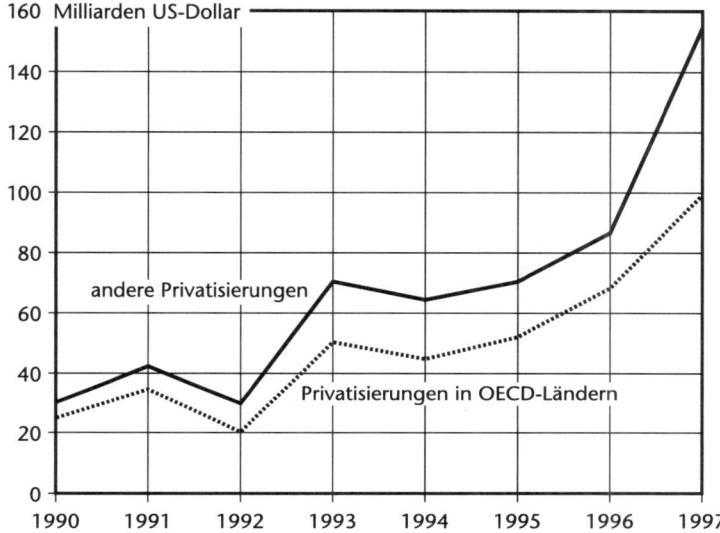

Abb. 16: **Privatisierungen weltweit im Zeitraum von 1990 bis 1996**[150]

Ein im Jahr 1997 erreichte der Wert der Privatisierungen 157 Milliarden Dollar und war damit fünfmal so hoch wie 1990. Auch Entwicklungsländer folgen mittlerweile dem Trend, mindestens 30 Prozent der Privatisierungen werden dort durchgeführt.

Ich bin eigentlich der Ansicht, daß Unternehmen in Staatsbesitz einem Land selten »guttun«. Wichtig ist hier jedoch, daß dieser einmalige Trend zur Privatisierung ein Anzeichen für den zunehmenden Machtverlust des Staates auf dem Gebiet der Wirtschaft darstellt.

Es gibt noch zahlreiche weitere Hinweise, die das Szenario vom Jahrtausend der Konzerne plausibel erscheinen lassen (siehe »Die Macht der Konzerne«, S. 194).

ERZIEHUNG GMBH

Nach dem Werbefernseh-Kindergarten könnte die Firma Erziehung GmbH in Zukunft unser Bildungssystem bis hinauf an die prestigeträchtigsten Universitäten bestimmen. »Das ist die Zu-

Die Macht der Konzerne: einige Daten und Fakten
- Von den 100 reichsten Ökonomien sind heute 51 Konzerne. So ist z. B. der Umsatz von General Motors höher als das Bruttoinlandsprodukt (BIP) von Dänemark oder der Umsatz von Ford höher als das BIP von Südafrika.
- Die 200 größten Konzerne der Welt kontrollieren mittlerweile 28 Prozent der Weltwirtschaft, beschäftigen jedoch nur 0,3 Prozent der Weltbevölkerung.[151]
- Der Umsatz der 200 größten Konzerne der Welt entspricht 30 Prozent des globalen Bruttosozialprodukts. Ihr Gesamtjahresumsatz (7,1 Billionen Dollar) ist größer als die Summe der Bruttoinlandsprodukte von 182 Ländern (d. h. allen Ländern mit Ausnahme der neun größten).
- Etwa ein Drittel des Welthandels entfällt auf den konzerninternen Handel, d. h., eine Tochtergesellschaft beliefert eine andere Tochtergesellschaft desselben Konzerns.
- Das Steueraufkommen amerikanischer Unternehmen ist niedriger als die von amerikanischen Steuerzahlern finanzierten staatlichen Subventionen für die Unternehmen.[152] Im Jahr 1994 erhielten amerikanische Unternehmen 167 Milliarden Dollar an Steuervergünstigungen – gegenüber 50 Milliarden Dollar, die der amerikanische Staat insgesamt für die Wohlfahrt ausgibt (AFDC).[153]
- Nach einem Bericht von *Business Week* verdienten die Leiter (CEOs) dieser mit öffentlichen Mitteln subventionierten Unternehmen 1997 im Durchschnitt 5,5 Millionen Dollar im Jahr, wohingegen der Verdienst der arbeitenden Bevölkerung stagnierte. In den 60er Jahren verdienten diese Führungskräfte 30mal soviel wie ein durchschnittlicher Mitarbeiter, heute bekommen sie 200mal soviel.[154]
- Für jeden Dollar an Steuern (kommunale, bundesstaatliche und staatliche Steuern), den ein amerikanischer Durchschnittsbürger zahlt, bezahlten US-Unternehmen zu Beginn der 50er Jahre (1950 bis 1954) 76 Cent. In den Jahren von 1980 bis 1992 sind die Beiträge der Unternehmen auf 21 Cent pro Dollar an Steuern gesunken.[155] In Kanada bezahlten die Firmen selbst in einem wirtschaftlichen Rekordjahr wie 1996 nur 14,5 Cent pro Dollar an Steuern.

kunft: Universitäten müssen Unternehmen werden, die bei den Lehrplänen und anderen Angelegenheiten mit den Konzernen zusammenarbeiten, sonst gehen sie zugrunde.«[156] Mit dieser Erkenntnis begründete Del Weber, der Kanzler der Universität von

Nebraska in Omaha, die Zusammenarbeit mit First Data Resources. Das Unternehmen unterhält auf dem Campus der Universität eine Abteilung für Ingenieurwesen, die speziell auf seine Bedürfnisse zugeschnitten ist. Ist diese Vereinnahmung der Universität durch einen Konzern ein weiterer Schritt in die Richtung, in die bereits so viele andere Aspekte unserer Gesellschaft führen?

Die Alles GmbH
Im folgenden werden einige Lebensbereiche vorgestellt, die traditionell nicht in den Herrschaftsbereich der Konzerne fallen, aber in letzter Zeit durch neue Entwicklungen auf sich aufmerksam machen:
- »Wir sollten erkennen, daß die architektonische Ausgestaltung unserer Städte ein undemokratischer Prozeß war – mit Entscheidungen, die von oben von Konzernvertretern getroffen und dann einfach weitergegeben wurden.«[157] Zu den Extrembeispielen gehören Einkaufszentren mit eigenen Regeln und einer eigenen Wachmannschaft, die öffentliche Einkaufsstraßen ersetzen, oder Fitneßclubs als Ersatz für öffentliche Spielplätze. In den USA ersetzen ganze Vororte und eingezäunte Wohnparks, die von Gesellschaften errichtet und betrieben werden, die Städte und Gemeinden. Die Zahl solcher »sicherer Wohnparks« stieg von 1000 im Jahr 1965 auf 80000 im Jahr 1985, und der Trend hat sich kürzlich noch gesteigert.
- Die effektivste Friedenstruppe der Welt sind nicht etwa die Blauhelme der UNO, sondern die Soldaten von Executive Outcome, einem südafrikanischen Söldnerunternehmen, das beispielsweise Ende 1995 die relative Stabilität in Sierra Leone wiederherstellte.
- »Staaten bekämpfen zwar (mit geringem Erfolg) den Drogenmißbrauch, doch die Pharmakonzerne haben die Regierungen dazu gebracht, Aufputschmittel und Antidepressiva zu genehmigen – deren Wirkung, möchte man meinen, so stark ist wie die der verbotenen Drogen.«[158]
- Viele Sportvereine, Kirchen und religiöse Sekten sind mittlerweile große Wirtschaftsunternehmen.
- Dennis Judd von der Abteilung Städtebau an der Universität von Missouri in St. Louis kommt zu dem Schluß: »Wir haben uns innerhalb eines Unternehmens immer mit Vorschriften abgefunden, die wir im öffentlichen Leben nie akzeptieren würden. Vielen ist allerdings nicht bewußt, daß unser Leben immer mehr dem Leben in einem Konzern ähnelt.«

Es gibt allerdings auch Anzeichen dafür, daß vielen Menschen allmählich die Risiken einer von Konzernen dominierten Welt bewußt werden. Im folgenden werden einige Beispiele vorgestellt.

DIE GLAUBWÜRDIGKEIT DER MEDIEN

- Die Glaubwürdigkeit der Medien befindet sich auf einem historischen Tiefstand: Nach einer Umfrage von Harris aus dem Jahr 1997 vertrauen nur noch 18 Prozent der Amerikaner den Fernsehnachrichten und 12 Prozent der Presse. Dieser Prozentsatz ist von einem stetigen Niedergang gekennzeichnet; 1990 lagen die Zahlen noch bei 27 bzw. 18 Prozent. Aus einer anderen Umfrage geht hervor, daß im Jahr 1985 84 Prozent aller Amerikaner die Berichterstattung ihrer Zeitung für objektiv hielten, 1996 waren dagegen nur noch 47 Prozent dieser Ansicht. Im Jahr 1985 glaubten 55 Prozent der Amerikaner, daß die Nachrichtenagenturen »Tatsachen richtig vermittelten«. 1997 waren es noch 37 Prozent.[159] Viele Zeitschriften lassen ihre Artikel vor der Veröffentlichung von ihren Anzeigenkunden rezensieren. Die *Los Angeles Times* nahm sogar eine Umstrukturierung ihres Managements vor, um die Zusammenarbeit zwischen den Werbekunden und den Redakteuren zu verbessern.
- Allerdings wächst auch das Bewußtsein, daß das Jahrtausend der Konzerne für die Glaubwürdigkeit der Medien das Ende bedeuten kann. »Glaubwürdigkeit erreicht man, wenn man sich den Ruf erworben hat, korrekte Nachrichten zu übermitteln, selbst wenn diese Informationen ein schlechtes Licht auf den Übermittler werfen.«[160] Oder anders ausgedrückt: Im Informationszeitalter ist die Glaubwürdigkeit das eigentliche Kapital. Richtet man sich wegen kurzfristiger finanzieller Vorteile nach den Vorgaben der Konzerne, verschleudert man sein Kapital unwiederbringlich. Peter Bhatia, Aufsichtsratsmitglied bei der American Society of Newspaper Editors, meint dazu: »Unsere Glaubwürdigkeit befindet sich auf einem absoluten Tief-

punkt. Momentan prüft jeder in der Branche sein Gewissen.«[161] Im *Columbia Journalism Review* wurde die Zensur, die durch die Zusammenarbeit zwischen Konzernen und Redakteuren entsteht, als »Big Squeeze« (großes Quetschen) bezeichnet.[162] Letztendlich steht in einer Demokratie die Rechtmäßigkeit der Medien und der Konzerne auf dem Spiel.

- Das Magazin *Time* machte eine löbliche Ausnahme und veröffentlichte einen Artikel über »die Konzernwohlfahrt«.[163] Darin wird die Konzernwohlfahrt definiert als »jede Handlung einer kommunalen, bundesstaatlichen oder staatlichen Behörde, mit der einem Unternehmen oder einem ganzen Industriezweig Subventionen, Immobilien, günstige Kredite oder eine staatliche Dienstleistung zukommt. Das können auch Steuervergünstigungen sein.« Die Schlußfolgerung: »Allein die Bundesregierung gibt jedes Jahr 120 Milliarden Dollar für die Konzernwohlfahrt aus ... Ein Großteil der Zuschüsse wird damit

---

Subventionen pro Arbeitsplatz

Die Höhe der Subventionen, die auf einen Arbeitsplatz aufgewendet werden, gibt Auskunft darüber, ob das Argument der Arbeitsplatzerhaltung bei den Subventionen greift.[164]

- Der Bundesstaat Illinois führte 44 000 Dollar pro Arbeitsplatz an Sears, Roebuck & Co. ab, damit das Unternehmen seinen Hauptsitz nicht in einen anderen Staat verlegte.
- Der Bundesstaat Indiana bezahlte United Airlines pro Stelle 72 000 Dollar, um Arbeitsplätze in einer Anlage zur Wartung von Flugzeugen zu schaffen.
- Alabama finanzierte mit 169 000 Dollar pro Arbeitsplatz das Fertigungswerk von Mercedes-Benz in Tuscaloosa.
- Der Bundesstaat Pennsylvania finanzierte mit 323 000 Dollar pro Arbeitsplatz die Wiedereröffnung der Philadelphia-Naval-Werft durch eine norwegische Firma.
- Den Rekord hält Louisiana mit Subventionen für Uniroyal (100 000 Dollar pro Arbeitsplatz), Procter and Gamble (3 100 000 Dollar pro Arbeitsplatz), BP Exploration (4 000 000 Dollar pro Arbeitsplatz und Mobil Oil (29 000 000 Dollar pro Arbeitsplatz).

gerechtfertigt, daß die US-Regierung Arbeitsplätze schafft.« Doch die wirklichen Zahlen machen deutlich, daß es um mehr als die Schaffung von Arbeitsplätzen geht ...

DIE AUTONOME MACHT DER KONZERNE

- David Korten, ein Doktor der Stanford Business School, der auch an der Harvard Business School lehrte, bevor er für die Ford-Stiftung und das amerikanische Hilfsprogramm in Asien arbeitete, kommt zu dem Schluß, daß »die Konzerne von heute als eigenständige Einheit existieren. Sie sind sogar unabhängig von den Menschen, aus denen sie bestehen. Jedes Mitglied eines Konzerns ist unabhängig von seiner Position ersetzbar – wie selbst die Mitglieder der Führungsetagen in zunehmendem Maße erfahren müssen. Mit steigender autonomer institutioneller Macht der Konzerne und ihrer wachsenden Distanz zu Menschen und Orten divergieren die Interessen der Menschen und die Interessen der Konzerne immer mehr. Es ist fast so, als ob wir von Außerirdischen überfallen würden, die unseren Planeten kolonialisieren und uns zu Sklaven degradieren, um anschließend so viele von uns wie möglich zu verdrängen.«[165]
- Ian Agrell, Professor für Informatik an der Londoner School of Economics, schrieb in einem Artikel der britischen Zeitung *The Independent:* »Das größte Problem in der Zukunft wird das Überangebot an überflüssigen Menschen sein, die für die Bedürfnisse der Konzerne keine Bedeutung haben. Daher werden sie weder über eine gute Schulbildung noch eine Ausbildung verfügen und alt und verbittert sein ... Seit dem Ende des Zweiten Weltkrieges sind wir an eine langsame Umverteilung des Wohlstandes gewöhnt, doch bereits jetzt verläuft die Entwicklung wieder in entgegengesetzter Richtung. Die Zukunft wird von Ungleichheit geprägt sein. Uns steht ein Zeitalter der Hoffnungslosigkeit bevor, ein Zeitalter der Mißgunst, ein Zeitalter der Wut ... Die Welt gehört bereits den Weltkonzernen. Der Nationalstaat hat ausgedient.«

- Peter Montague von der Environmental Research Foundation (in Annapolis, Maryland) ist der Ansicht: »Die Konzerne bestimmen wie die Kirche im Mittelalter zu einem Großteil die Grundlagen unseres Lebens ... Kleine Eliten in der Konzernleitung legen fest, was die meisten Menschen lesen, was sie im Theater oder im Fernsehen sehen, über welche Themen in der Öffentlichkeit diskutiert und debattiert wird, welche Ideale unseren Kindern in der Schule beigebracht werden, wie unsere Lebensmittel angebaut, verarbeitet und verkauft werden, welche Konsumgüter mit welcher Technik und unter der Verwendung welcher Rohstoffe hergestellt werden, ob wir eine Gesundheitsfürsorge für alle haben, die finanzierbar ist, wie Arbeit in Zukunft definiert, organisiert und entlohnt wird, welche Energieformen uns zur Verfügung stehen, wie hoch die Umweltbelastung der Luft, des Wassers, des Bodens und der Nahrung ist, wer genug Geld für den Wahlkampf hat und wer nicht.«

DIE URSACHE DES ÜBELS?

Diese Befürchtungen sind zwar alle durchaus angebracht und zutreffend, doch meiner Meinung nach greifen sie die Symptome und nicht die Ursachen an. In der europäischen und nordamerikanischen Geschichte der Neuzeit verteilten sich Macht und Einfluß in unterschiedlichem Verhältnis auf vier »Säulen« – den Staat, die Wirtschaft, die Wissenschaft und die Medien. *Heute kontrolliert das Geld ganz offen und deutlicher als je zuvor alle vier Säulen.* Selbst die Angestellten in den Führungsetagen der mächtigsten Konzerne müssen sich nach dem Finanzmarkt richten, sonst werden sie gefeuert und durch jemand Gefügigeren ersetzt. Wenn man gegenüber dem Gewinn des nächsten Quartals einem langfristigen Denken den Vorzug gibt, wird man unter dem gegenwärtigen Währungssystem schwer bestraft. In gewisser Weise sind wir alle Gefangene desselben Systems.

Anders ausgedrückt, das Währungssystem schafft den Strukturkonflikt, unter dem so viele Unternehmensleiter leiden. Sie müssen zwischen den Interessen der Anleger, ihrer persönlichen Moral und ihrer Besorgnis um die Zukunft ihrer Enkelkinder entscheiden. Mein Beitrag zur Lösung dieses Dilemmas ist der Vorschlag für ein Währungssystem, das die Macht der Konzerne nutzen und sie auf das Ziel einer nachhaltigen Wirtschaftsweise richten wird (Kapitel 8).

Obwohl man nun meinen könnte, uns drohe das Jahrtausend der Konzerne, zeigt dieses Szenario nur eine Möglichkeit für den Machtverlust der Nationalstaaten. Das nächste Szenario – »Schutzgemeinschaften« – weist dagegen eine ganz andere Entwicklung auf.

Schutzgemeinschaften

Neulich nacht hatte ich einen sonderbaren Traum. Ich träumte, ich sei in San Francisco, an der pittoresken Kreuzung, an der die Haight Street auf den Golden Gate Park trifft. Ich saß in einem Café neben einem kleinen Laden mit einem grellen Schild, auf dem »Tsutomo Tätowierungen« stand. Ich wurde Zeuge eines langen Gesprächs zwischen einem Vater und seiner halbwüchsigen Tochter. Im Grunde war es kein Gespräch, sondern ein Monolog des Vaters. An der Wand des Cafés hing ein Kalender – ein Kalender aus dem Jahr 2020.

Der Monolog lautete ungefähr so:[166]

> ### Haight Street im Jahr 2020
> *Ich habe meine erste Tätowierung bei Nike bekommen. Damals, 1994. Ich war 23 Jahre alt. Ich verteilte dort die Post, stell dir das mal vor. Ja, Papier. Tja, damals durfte man noch Bäume fällen. Was soll's, auf jeden Fall kriegten wir alle Tätowierungen. Irgendwie fing damit alles an. Die »Tatsume«-Tätowierung gibt Auskunft über deine Berufe, deine Geschichte, deinen ganzen Lebenslauf. Das Tattoo kennzeichnete dich als Familienmitglied.*

Das da ist von Microsoft. Nein, nicht »Sonysoft«. Microsoft, damals, als Bill Gates noch lebte. Du hast doch schon von ihm gehört. Das ist die Windows-95-Fahne, die dann zur Windows-98-Fahne umfunktioniert wurde. Ich arbeitete bei der Telefon-Hotline. Ja, das wurde tatsächlich einmal von Menschen erledigt. Ich lebte damals in Seattle. Ein paar von uns wohnten zusammen in einem Haus in der Nähe vom Capitol Hill. Es war keine Kommune oder so eine hippiemäßige Bezeichnung, die heute in den Akten stehen. Zu der Zeit teilten wir uns einfach die Wohnung und sonst nichts. Nein, wir teilten nicht einmal Freunde und Freundinnen, das war noch vor der Behandlung.

Ich lernte in San Francisco eine tolle Frau kennen – 1999 zog ich schließlich dorthin. Das ist das Logo von Java Jonestown, dem Café in North Beach, in dem ich arbeitete. Kurz darauf passierten komische Sachen. Überall verbreiteten sich Zukunftsängste und eine unwirkliche Stimmung. Sektengurus und das Jahr-2000-Problem[167] verstärkten das Gefühl noch.

Im Jahr 2000 zogen meine Eltern nach Idaho und schlossen sich einer Weltuntergangssekte an. Sie wollten mich dauernd überzeugen, auch dorthin zu ziehen; doch wenn ich dort war, wurde mir immer deutlicher klar, daß ich nie so richtig dorthin passen würde. Der Altersunterschied war zu groß, außerdem hatte ich keine Kinder. Als ich schließlich ging, war die Idaho Christian Fellowship (Kuna Community) nicht allzu traurig. Etwas war allerdings seltsam. Bei meinen Reisen nach Idaho, auf dem Heimweg und in der Post, die ich daheim in San Francisco erhielt, fiel mir auf, daß überall das gleiche ablief. Jeder zog sich in kleine, homogene Gemeinschaften zurück, sogar die hippen Leute und die Schwulen, alle verschanzten sich in ihrer eigenen kleinen Nische.

Dann kam der große Zusammenbruch. Ich habe nie richtig verstanden, was eigentlich das ganze Kartenhaus mit dem ganzen Finanzkram zum Einsturz brachte. Ich weiß nur, daß alles mit den japanischen Banken begann, die wegen eines Verlusts von einer Billion Dollar den Laden dichtmachen mußten. Alles ging so schnell, daß die ganze Sache gelaufen war, bevor man die Nachricht überhaupt in den Zeitungen bringen konnte. Danach war nichts mehr so wie vorher: Die Staaten, die Wirtschaft, alle, die von internationalen Kontakten abhingen, gerieten gleichzeitig in Schwierigkeiten.

Das da ist der Americorps-II-Strichcode – eine der letzten Taten der Bundesregierung. Etzione im Department of Housing and Urban Development kam auf die Idee, und die Konservativen waren natürlich begeistert. Dadurch konnten sie uns im Auge behalten, wir waren sozusagen gut aufgehoben. Das machte uns vorsichtig. Die Hälfte meiner Mitbewohner wurde, noch während wir bei Microsoft arbeiteten, Mitglied. Der große Finanzcrash hatte uns alle ziemlich mitgenommen – viele verloren ihren Job, ihre Freunde, Häuser, die noch nicht abbezahlt waren, und was nicht alles –, wir brauchten alle etwas, an dem wir uns festhalten konnten. Ich machte Online-Beratung. Deswegen ist mein Corpscode blau.

Über Kalifornien brach die eigentliche Katastrophe allerdings erst mit dem großen Erdbeben herein. Fast jeder verlor Familienmitglieder, Freunde oder Bekannte. Ich hatte Glück: An dem Tag war ich nicht in der Stadt, sondern fuhr zu einigen Lieferanten in Sonoma. Mit dem Erdbeben kam für uns hier auch das Ende der Wasserköpfe in Washington. Durch den großen Finanzcrash hatten sie die finanzielle Kontrolle verloren. Nach dem Erdbeben mußten sie auch den Rest aufgeben.

Eine wichtige Voraussetzung dafür, daß alle sich in unabhängige Gemeinschaften zurückziehen konnten, waren die lokalen Währungssysteme. Einige existierten schon seit 10 oder 20 Jahren, doch zu der Zeit nahmen sie nur wenige Menschen ernst. Nach dem großen Finanzcrash verbreiteten sie sich ziemlich schnell, die Leute mußten ja irgendwie überleben.

Als du geboren wurdest, wollten meine Eltern unbedingt, daß wir nach Idaho kommen, doch ich wollte nicht, daß du dort aufwächst. Sie setzten mich ganz schön unter Druck, aber ich entschloß mich schließlich, in San Francisco zu bleiben.

Du weißt das vielleicht gar nicht, aber San Francisco war einmal eine richtig vielseitige Stadt mit vielen High-Tech-Jobs und Leuten, die überall herumreisten. Ich konnte mich selbst dann noch frei bewegen, nachdem sich jeder in seine eigene kleine Gemeinschaft zurückgezogen hatte, denn wir gehören zu einer »kosmopolitischen« Gemeinschaft, die mit anderen Gemeinschaften zusammenarbeitet und Ideen verkauft. Wenn du alt ge-

nug bist, solltest du auch einmal rauskommen. Schau dir die Welt an. Über die Unterschiede zwischen den Gemeinschaften wirst du sicher überrascht sein, denn sie sind nicht so, wie du sie dir vorstellst. Viele schützen sich, indem sie nicht nur die Leute ausschließen, die nicht zu ihnen passen, sondern auch die Ideen. Sogar Filme werden verändert, manchmal ändert man die Sprache, manchmal sogar die Charaktere. Du solltest mal sehen, wie sich die Nachrichtennetze von Ort zu Ort unterscheiden. Mit dieser neuen Bildtechnik kann man alles nach seinem Geschmack verändern. Die ganzen Informationen, die innerhalb einer Gemeinschaft zirkulieren und von außen in die Gemeinschaft gelangen, können so geformt werden, daß sie zur Weltsicht der Mitglieder passen. Manche Orte sind richtig gruselig, mit Häusern, die alle gleich aussehen, und Familien, die auch alle gleich aussehen. Wahrscheinlich ist es so für die Leute leichter. Den meisten scheint es zu gefallen, außerdem sind ihre Gemeinschaften ziemlich sicher.

Ich will versuchen, dir Europa zu zeigen, wenn es klappt. Dort sieht es noch ganz anders aus. Aber ich brauche dafür eine Genehmigung vom Gemeinschaftsrat; sogar in einer kosmopolitischen Gemeinschaft gibt es Vorschriften für Jugendliche, die nach Europa reisen wollen. Manche Gemeinschaften erlauben nicht einmal Erwachsenen die Reise, aber das sind Gemeinschaften, die auch keine Kosmopoliten aufnehmen wollen. Manchmal frage ich mich, wie sie überleben.

Gut, das ist meine letzte Tätowierung: Damit bin ich offiziell anerkannter Lehrer. Die Tätowierung gefällt mir am besten – man verwendet für Lehrertätowierungen jetzt diese neue holographische Tinte. Damit schließt man natürlich ebenso viele Möglichkeiten aus, wie man sich neue eröffnet. Lehrer bringen neue Ideen ein, wir sind Ideenträger, und kosmopolitische Ideen erschrecken die Menschen. Trotz der ganzen Sicherheitsvorkehrungen der Gemeinschaften, der Mauern um die Häuser und in den Köpfen bleibt die Identität gefährdet. Die Gemeinschaft der Nation des Islam verlor letztes Jahr in einer Auseinandersetzung um die Identität ihrer Mitglieder fast die Hälfte ihrer Bürger – waren sie Afrikaner, Muslime oder Amerikaner? Der Rest der Gemeinschaft in Südkalifornien läßt überhaupt keine Außenseiter rein, nicht einmal aus geschäftlichen Gründen.

Soviel dazu. Tsutomo ist der beste Tätowierer weit und breit. Hast du Angst? Das mußt du nicht. Die erste Tätowierung fällt am schwersten, aber du bekommst eine, auf die du stolz sein kannst. Und die Party heute abend wird dich von den Schmerzen ablenken. He, ich glaube, der Junge mit der Regenwald-Tätowierung hat ein Auge auf dich geworfen. Jetzt schau mich doch nicht so an! Denk daran, deine Gemeinschaft steht hinter dir. Wir sind alle sehr stolz auf dich.

An dieser Stelle wachte ich schweißgebadet auf.

Das Szenario »Schutzgemeinschaften« ist eine moderne Version der Entwicklung, die sich nach dem Zusammenbruch des Römischen Reiches vollzog (etwa 500 bis 800 n. Chr.). Das Leben damals war von einer Rückkehr zu homogenen Gemeinschaften kleineren Ausmaßes geprägt. Durch die weiten und gefährlichen Wälder Europas voneinander abgeschnitten, besaß jede Gemeinschaft ihre eigene lokale Währung, Verwaltung und Weltsicht. Notgedrungen lebten die Stämme wieder autark. Nicht alles bei dieser Entwicklung war negativ. So führte sie beispielsweise zu einem bemerkenswerten Wiederaufleben der Spiritualität. Die Kirchen und die Klöster erfüllten damals die Funktion der »kosmopolitischen Gemeinschaft« aus unserem Szenario. Mitunter wird diese Zeit auch als eine Blütezeit der »christlichen Mystik« betrachtet, in der die Geistlichkeit und die weltliche Macht sich gegenseitig unterstützten und harmonisch zusammenarbeiteten. Unter anderen Gesichtspunkten trifft jedoch durchaus die Einschätzung zu, daß es sich bei dieser Ära um ein relativ »dunkles Zeitalter« handelte.

Das Szenario der Schutzgemeinschaften basiert auf dem Eintreffen von zwei Katastrophen in Folge – einem Finanzkrach und einem großen Erdbeben in Kalifornien. Jede Katastrophe wird von zahlreichen Experten vorausgesagt. Für das Eintreffen des Szenarios müssen nicht alle Katastrophen in Folge auftreten, doch ihre Kombination hätte verheerende Folgen für die meisten politischen Systeme mit einer zentralen Regierung. Bis in die späten 90er Jahre hinein behaupteten einige Experten zudem, daß schon allein das »Jahr-2000-Problem« oder ein Zusammenbruch des Währungssystems für eine Krise unserer momentanen Gesellschaft ausreichen würde. Der Begriff bezeichnet die Computerprobleme, die man für die Zeit ab dem 1. 1. 2000 befürchtete, da die meisten alten Computerprogramme jedes Jahr nur anhand der letzten beiden Ziffern identifizieren (z. B. 98 statt 1998). Jedes Datum wird also von alten Programmen nach dem 1. 1. 2000 als ein Datum des Jahres 1900ff. interpretiert, was bei allen Rechnungen mit Datumsangaben erheblichen Schaden anrichten kann. Bereits vor dem schicksalhaften Tag traten in diesem Zusammenhang zahlreiche Probleme auf. Im Kaufhaus Marks and Spencers in London wurden bei einer routinemäßigen Bestandskontrolle tonnenweise Lebensmittel vernichtet. Der Computer las 2002 als 1902 und errechnete, daß die Produkte 96 Jahre alt waren.

> **Die Geister der vorherigen Jahrtausendwende?**
> Am 31. 12. des Jahres 999 schloß sich der Papst mit seinen Kardinälen in Rom ein und begann die Vigil für »das Ende der Welt«. Als die Betenden am 1. 1. des Jahres 1000 wieder herauskamen, stellten sie verwundert fest, daß die Welt gar nicht untergegangen war. In der damaligen christlichen Welt fanden zwar tiefgreifende Strukturveränderungen statt, doch anders als erwartet handelte es sich dabei um Veränderungen im Währungssystem. Tatsächlich sind diese finanziellen Umstrukturierungen des 10. Jahrhunderts heute für uns relevant, wie in meinem Buch *Mysterium Geld* (erscheint im Frühjahr 2000 im Riemann Verlag) ausgeführt wird.
> Dies erinnert an die Stimmung vor dem 31. 12. des Jahres 1999. Schon früh stellte man sich darauf ein, daß Zehntausende Computerexperten auf der ganzen Welt die Nachtwache für den »Jahr-2000-Problem-Weltuntergang« halten sollten. Und bereits 1997 beschrieb Edward W. Kelley jr. von der Federal Reserve, welche Sicherheitsvorkehrungen die Bank für diesen Tag geplant hatte: »Wir haben auch Vorsorge getroffen, daß unsere Maßnahmen in der kritischen Phase 24 Stunden am Tag funktionieren ... (dazu gehören u. a.) Computer-Hotlines und ein rechnerunabhängiger Überweisungsverkehr, um diese Dienste, falls nötig, kurzfristig anbieten zu können.«[168]

Ein Währungszusammenbruch und ein großes Erdbeben in Kalifornien

Es könnte jederzeit eine Finanzkrise größeren Ausmaßes eintreten. Wie gesagt: Die Finanzkrise in Mexiko in den Jahren 1994 und 1995, die Asienkrise 1997, die Finanzkrise in Rußland 1998 und die in Brasilien 1999 werden sicher nicht die letzten unserer Zeit gewesen sein. Daß die reale Weltwirtschaft durch die Devisenspekulation immer mehr in den Schatten gestellt wird, beschert uns auch in Zukunft sicher ähnliche Fälle. Zum »Big Crash« käme es allerdings erst, wenn der amerikanische Dollar in Turbulenzen geriete. Daß die Instabilität des offiziellen Währungssystems auf die Stützwährung übergreifen wird, zeichnet sich bereits ab, fraglich ist nur noch der Zeitpunkt.[169]

Professor Robert Guttman von der wirtschaftswissenschaftlichen Fakultät der Hofstra-Universität in New York bezeichnet das internationale Währungssystem als Achillesferse der USA und der ganzen Welt. Nur über das Währungssystem kann sich eine umfassende Depression mit hoher Arbeitslosigkeit und massiven gesellschaftspolitischen Konsequenzen wiederholen.

Jede Landeswährung[170] – selbst der neue Euro – hat den Dollar als Leitwährung und ist daher völlig von der Stabilität der amerikanischen Währung abhängig. Im Leitfaden (Kapitel 1) wird der Kontext für einen weltweiten Währungszusammenbruch – in der Fachsprache als »Systemrisiko« bezeichnet – beschrieben. Die Wahrscheinlichkeit für einen derartigen Crash wächst mit der Zunahme der spekulativen Kapitalbewegungen – mit einer Geschwindigkeit von ungefähr 15 bis 25 Prozent im Jahr. Demgegenüber bleibt das Sicherheitsnetz der Zentralbanken relativ unverändert.

Viele Menschen fragen sich, *wie* es wirklich dazu kommen könnte. Doch diese Frage ist von geringerer Bedeutung. Spielte es tatsächlich eine Rolle, daß die Kreditanstalt in Wien die Börsenpanik in London auslöste, die sich dann in New York zum Börsenkrach von 1929 ausweitete? Damals wie heute ist die Stabilität oder Instabilität des ganzen Systems von Bedeutung. Im Vergleich dazu hat es nur noch anekdotischen Wert, wenn man genau die Karte benennen kann, die das ganze Kartenhaus zum Einstürzen brachte. Ob es sich dabei nun um einen Bankenkrach in Japan oder den Eurodollarmarkt handelt, das Endergebnis, das die Auflösung unseres auf dem Dollar basierenden Währungssystems beschleunigt, wäre ähnlich.

Beim Szenario der Schutzgemeinschaften war der finanzielle Auslöser für die Katastrophe das Zusammenspiel von zwei der schwächsten Glieder im heutigen Weltwährungssystem: der Zusammenbruch des *japanischen Bankwesens,* der eine Panik auf dem *Eurodollarmarkt* auslöst. Die Panik greift auf den amerikanischen Dollarmarkt über und bringt ihn ins Wanken. Diese Kettenreaktion liegt durchaus im Bereich des Möglichen.[171]

Im Vergleich zu dieser Katastrophe erscheint ein starkes Erdbeben in Kalifornien vielleicht von begrenzter Bedeutung. Es handelt sich außerdem um eines der Risiken, die am besten bekannt sind. Nach einer Untersuchung des U.S. Geological Survey vom Juli 1990 liegt die Wahrscheinlichkeit, daß ein Erdbeben mit der Stärke von 7,1 oder höher auf der Richter-Skala innerhalb der nächsten 30 Jahre in der Bay Area von San Francisco auftritt, bei 67 Prozent. Es kann heute oder in 20 Jahren passieren.

Mit dem Erdbeben in dem Szenario »Schutzgemeinschaften« soll kein düsteres Bild der Zukunft gemalt werden, in dem eine Katastrophe auf die nächste folgt. Vielmehr soll anhand dieses Beispiels gezeigt werden, daß Zentralregierungen unter Umständen nicht imstande sind, mit regionalen Katastrophen fertig zu werden, sobald mehrere schwerwiegende Katastrophen dicht aufeinanderfolgen. Die Bewohner der betroffenen Gebiete müßten ihr Leben reorganisieren, sich den lokalen Bedingungen anpassen und autark werden. Dadurch könnten ganz unterschiedliche Formen des Zusammenlebens entstehen – wie z. B. die Gemeinschaften, die im Szenario vorgestellt werden.

Die Kräfte hinter den Schutzgemeinschaften

Das Szenario »Schutzgemeinschaften« beruht auf dem kollektiven Wunsch nach Rückzug und Sicherheit. Die Belange der eigenen Gemeinschaft und der Wunsch nach Sicherheit haben dabei Vorrang – ein Denken, das sich bereits in unserer heutigen Gesellschaft findet. Wenn die Währung zusammenbricht, werden alle ausstehenden finanziellen Vereinbarungen – wie z. B. Gehälter oder Mieten – sinnlos. Lebenslange Ersparnisse werden in wenigen Tagen zunichte gemacht, und die Menschen sehen einer Zukunft entgegen, die unsicherer ist, als sie es je für möglich gehalten hätten. Unter diesen Bedingungen können kollektive Ängste und Projektionen eine starke Wirkung entfalten.

In einigen Ländern nahmen die Ereignisse schon einen extremeren Verlauf als die Entwicklung, die hier beschrieben wird. In Jugoslawien entstand aus einem ursprünglich finanziellen Problem in den späten 80er Jahren plötzlich Intoleranz gegenüber »den anderen«. Sie wurden von einigen nationalistischen Führern als Sündenböcke benutzt, um die Wut der Menschen von sich selbst abzulenken und ihre eigene Machtposition auszubauen. Deshalb sind die »ethnischen Säuberungen« eine direkte Folge des wirtschaftlichen Reformprogramms, das der Internationale Währungsfonds Ende der 80er Jahre ins Leben rief, denn es schuf den soziopolitischen Nährboden, auf den die nationalistischen Führer aufbauen konnten. Bei der Finanzkrise 1998 in Indonesien kam es innerhalb von wenigen Tagen zu gewalttätigen Ausschreitungen, Plünderungen, Vergewaltigungen und anderen Gewalttaten, die sich alle gegen die chinesische Minderheit richteten. Auch in Rußland nahm die Diskriminierung von Minderheiten infolge des Finanzkollapses zu.

In keinem dieser Länder hätte ein Angehöriger der Intelligenz auch nur wenige Monate zuvor geglaubt, daß es soweit kommen könnte. Dabei handelt es sich bei derartigen Geschehnissen durchaus nicht nur um Einzelfälle in der Geschichte. So wurde beispielsweise die jüdische Minderheit in Deutschland zum Sündenbock für die Finanzkrisen in den 20er Jahren. Ein Finanzkrach löst bei den Menschen Angst, Verzweiflung und Wut aus. Eine explosive soziale Mischung, die sich gewissenlose Demagogen zunutze machen können.

Im Szenario »Schutzgemeinschaften« wird die Kontrolle über die lokalen Währungen dazu verwendet, die Menschen in einer Sicherheitszone einzusperren. Wie alles auf der Welt können auch lokale Währungen positiv oder negativ eingesetzt werden. Im Szenario wird ihr restriktives Potential aufgezeigt. In den Kapiteln 5 und 6 werden Sie jedoch erfahren, daß sich lokale Währungen auch als sehr konstruktiv erweisen, wenn sie als *Ergänzung* zu einer Landeswährung verwendet werden. Außerdem wird gezeigt, wie und warum sich diese Währungen in über einem Dutzend Länder der Welt verbreitet haben.

Sollte das offizielle Weltwährungssystem zusammenbrechen, könnten derartige lokale Systeme – in Ermangelung eines besseren Systems – durchaus als Sicherheitsnetz fungieren. Unter dem Eindruck eines Schocks streben wahrscheinlich die meisten Menschen hastig nach Sicherheit um jeden Preis. Paradoxerweise bedingt gerade der starke Trend zur Globalisierung auch eine neue Hinwendung zu lokalen Schwerpunkten und einer lokalen kulturellen Homogenität. Diese Entwicklung kann sich friedlich vollziehen, allerdings ist dies, wie wir in den letzten Jahren gesehen haben, nicht immer der Fall. Der zunehmende Hang, lokal begrenzten und ethnischen Belangen und kulturellen Einheiten den Vorzug zu geben, führte bereits in so unterschiedlichen Ländern wie Aserbaidschan, Ruanda und dem ehemaligen Jugoslawien zu Gewalt und Krieg.

Zeittafel der Revolution

- *80er Jahre: Wiederbelebung des Tauschhandels: Vor allem in Kanada, Australien, Neuseeland und Nordeuropa entstehen die ersten LETS-Systeme (Local Exchange Trading Systems) der Nachkriegszeit als ergänzende Währungssysteme (Näheres in Kapitel 5).*

- *1984: Erstmals wird eine technische Warnung vor dem »Jahr-2000-Problem« (Y2K) veröffentlicht.*
- *1990: Das lokale Time-Dollar-System wird von den amerikanischen Steuerbehörden als steuerfrei anerkannt (siehe Kapitel 6).*
- *1991: Ausbruch des ersten Krieges der »ethnischen Säuberungen« in Jugoslawien.*
- *1992: In Ithaca im US-Bundesstaat New York wird das System »Ithaca Hours« eingeführt (siehe Kapitel 6).*
- *1995: Eine Umfrage in den USA zeigt, daß 83 Prozent der Bevölkerung einer »Stärkung des Gemeinschaftsgefühls« vorrangige Bedeutung beimessen.*
- *1996 (14. Mai): die erste Anhörung vor dem Unterausschuß für Technik im amerikanischen Repräsentantenhaus zum »Jahr-2000-Problem«.*
- *1997: Dezentralisierung der staatlichen Wohlfahrtspflege in den USA, Beschleunigung der Machtverlagerung von der amerikanischen Bundesregierung auf die Bundesstaaten, Städte und Gemeinden.*
- *1999: Die Vorbereitungen für eine rechtzeitige Lösung des »Jahr-2000-Problems« erreichen ihren Höhepunkt.*
- *2000: Aufschwung religiöser apokalyptischer Bewegungen.*
- *2005: globaler Währungszusammenbruch.*
- *2010: das erste Jahr, in dem im Handel mehr in Komplementärwährungen bezahlt wird als in den alten angeschlagenen Landeswährungen.*
- *2020: Das Mädchen aus dem Alptraum von der Haight Street erhält ihre Initiationstätowierung.*

Von den möglichen Zukunftsszenarien gehören die beiden bisher geschilderten weder zu den schlimmsten noch zu den verheißungsvollsten. Im folgenden werden zwei extremere Möglichkeiten kurz vorgestellt. Sie heißen »Die Hölle auf Erden« und »Nachhaltiger Wohlstand«.

Die Hölle auf Erden

Die Grundlage für das Szenario »Die Hölle auf Erden« bildet die gleiche Kombination von Katastrophen wie bei den »Schutzgemeinschaften«. Der wesentliche Unterschied bei der »Hölle auf Erden« liegt darin, daß sich die Menschen nicht in autarken Gemeinschaften organisieren, sondern daß das Leben stark vom Individualismus geprägt ist – nach dem Motto »Der Starke ist am mächtigsten allein«. Eine solche Welt entsteht, wenn genug Menschen glauben, daß die Lösung für jede Katastrophe darin liegt, sich mehr Munition für ihre Waffen zu kaufen.

Im Gegensatz zu den fiktiven Figuren, die in den ersten beiden Szenarien beschrieben werden, sind alle Charaktere in der »Hölle auf Erden« real und lebten tatsächlich im Jahr 1996. Das Leben von Red, Sean, Addison, Todd und Jeremy wird in den Worten meiner Freundin Katherine geschildert. Katherine war mit 15 die jüngste Zuhörerin im Publikum, dem ich bei einer Veranstaltungsreihe über »Das Geld der Zukunft« die Ideen meines Buches vorstellte. Wir erfahren von Katherine, daß »Die Hölle auf Erden« bereits stattfindet. Die Hölle liegt weniger als eine halbe Stunde Autofahrt von einer der reichsten Gemeinden mit der am schnellsten wachsenden Wirtschaft in den USA entfernt. »Die Hölle auf Erden« befindet sich im Hinterhof der einzigen Supermacht der Welt und dem technisch fortschrittlichsten und innovativsten Land. Das Drama ereignet sich mitten während einer Phase anhaltenden Wirtschaftswachstums, in einem Jahr, in dem der Dow-Jones-Index seine Rekordhöhe 43mal verbessert hat.

Katherines Freunde

RED. Red wurde ausgesetzt. Als er drei Jahre war, ließen in seine Eltern einfach in den Straßen Berkeleys in Kalifornien zurück. Ein junges obdachloses Paar kümmerte sich um ihn. Im Winter zogen sie von einem Obdachlosenasyl zum anderen, da man immer nur drei Tage dort bleiben darf. Im Sommer lebten sie in der Gegend um die Telegraph Avenue und stöberten auf der Suche nach etwas Eßbarem Tag für Tag in den Mülltonnen. Niemand machte sich je die Mühe, kurz anzuhalten und sie anzusprechen. Eines Tages wachte Red auf und war allein. Er war sieben Jahre alt.

Als Red zehn war, lernte er einen anderen Jungen kennen, der in derselben Lage war. Der Junge hieß Sean. Er war 15 Jahre alt und lebte seit zehn Jahren auf der Straße. Sean hatte sein Haar zu zwei türkisfarbenen Irokesenkämmen aufgerichtet, die nebeneinander von seinem ansonsten kahlrasierten Schädel abstanden. Die Haarfarbe paßte zu seinen Augen und seiner blassen Haut. Er trug ein schwarzes Kapuzensweatshirt, auf das er überall Zeichnungen und Abzeichen nachlässig mit weißer Zahnseide genäht hatte. Um seinen Hals hingen Ketten, er trug ein Stachelhalsband und passende Nietenarmbänder. Seine Fingernägel waren schwarz lackiert. Er bezeichnete sich als »Gossenpunk«, als Anarchisten, Ausgestoßenen, ein Mitglied der Gesellschaft, das jeder am liebsten ignorierte und für das niemand die Verantwortung übernehmen wollte.

Red war von Sean fasziniert – Sean war wie er, jemand, der vergessen worden war, aus dem Gedächtnis getilgt. Sean wurde Reds Mentor. Er nannte ihn Silence Red – »Silence«, weil er so schweigsam war, und »Red«, weil das seine Lieblingsfarbe war.

Als Red älter war, wurde er Mitglied der Gossenpunks oder Squatters, den verlorenen Kindern, die ihre Familien verloren haben und sich zusammenschließen, um ihre eigene Familie zu bilden. Sie hatten nie Streit untereinander und machten nur selten Ärger. Sie schimpften über die Gesellschaft, die sie ignorierte. Sie haßten alle Erwachsenen, vor allem Eltern. Die meisten von ihnen waren von ihren Eltern im Stich gelassen worden. Andere waren von zu Hause ausgerissen, weil sie es dort nicht mehr aushielten. Die Angehörigen der Mittel- und Oberschicht sahen auf sie herab, beschimpften sie und bezeichneten sie als Drogensüchtige und Alkoholiker. Sie wurden eingesperrt, weil sie nachts draußen schliefen, auf dem Gehweg saßen, ja sogar weil sie sich an Mauern anlehnten. Sie wurden ständig schikaniert, obwohl sie doch nur ums nackte Überleben kämpften.

Red und Sean zogen 15 Jahre lang als Brüder zusammen durch die

Gegend. Sie nahmen keine Drogen und tranken keinen Alkohol. Sie reisten von Ort zu Ort und suchten nach einem Zuhause, dem Ort ihrer Träume, kehrten aber jeden Sommer nach Berkeley zurück.

Red starb im Alter von 25 Jahren. Er hatte immer gesagt, er wolle sich den Kopf abschlagen lassen, wenn er sterbe, um diese Schmerzen in seinem Kopf loszuwerden. Dann lachte er immer. Bevor er starb, erzählte er Sean, solange er sich erinnern könne, habe er diese furchtbaren Kopfschmerzen, und jetzt seien sie fast nicht mehr zu ertragen. Sean ging mit ihm zu einem befreundeten Arzt. Der Doktor sagte, Red habe einen Tumor im Gehirn. Es sei bereits zu spät, ohne Krankenversicherung oder Geld könnte man nichts unternehmen. Red würde nur noch wenige Monate leben. Der Arzt gab Sean ein Rezept für ein Schmerzmittel, aber Red wollte es nicht nehmen. Eines Tages ging Sean zu einem Supermarkt und holte sich etwas zu trinken. Als er zurückkam, lag Red im Gras. Er hatte sich die Kehle durchgeschnitten, um die Schmerzen in seinem Kopf loszuwerden.

Die meisten Menschen bekamen Angst, wenn sie Red sahen. Er war zwei Meter groß. Seine Haare standen ihm in 20 Zentimeter langen roten Stacheln vom Kopf ab. Allein in seinem blassen Gesicht hatte er 27 Piercings. Doch wenn man seine Augen sah, wußte man, daß er kein Monster war und nie eines sein würde. Red würde nicht einmal einer Fliege etwas zuleide tun. Er konnte auch nicht denen weh tun, die ihm weh getan hatten. Er war der liebste und freundlichste Mensch, den man sich vorstellen kann. Er vergewisserte sich stets, daß alle etwas zu essen bekommen hatten, bevor er selbst aß. Doch leider blickte ihm nie jemand in die Augen und konnte es auch nicht, weil er unsichtbar war. Niemand erkannte seine Traurigkeit und Freundlichkeit. Hätte ihn jemand bemerkt, hätte er vielleicht ein paar Tage oder Wochen länger gelebt. Doch für die meisten ist es leichter, wegzusehen, als Mitgefühl zu zeigen.

Während die reichen Leute schliefen, rief Sean einige Punks zusammen. Gemeinsam brachten sie Red zur Mülllhalde und verbrannten seine Leiche. Seine Asche liegt auf eurem 4000-Dollar-Rasen, und sein Körper düngt die Blumen.

Ein Lieblingslied von Red ist von der Band Rancid. *Darin heißt es:*

Rote und weiße Streifen auf der Flagge
Weiß für die Hautfarbe und Rot für den Tod
Warum kann ich nicht einfach weiterleben,
Sondern fühle die Hölle, die mir droht.

ADDISON. Ich sah Addison und blickte dem Tod ins Gesicht. Addison stand vor mir, doch er war nicht mehr der nette Junge, den ich kannte, sondern der schwarze Engel, dessen Bild mich bis in meine Träume verfolgt, der Engel des Todes. Seine dunkelbraune Haut wirkte gelblich; seine schwarzen Augen waren trübe und hatten jeden Glanz verloren. Sein ausgemergelter Körper zuckte unkontrolliert, als er aus dem grünen Bus ausstieg und auf mich zukam. Er verströmte Furcht und Trauer. Er betrachtete seine alten Schuhe, als würde er auf die Füße eines Fremden blicken. Er konnte seine Füße nicht spüren, doch er wußte, daß sie vorhanden waren, weil er sie sah.

Seine Haut schälte sich, und seine Hände fühlten sich an wie zerfetzte Pappe. Ich half ihm beim Aussteigen. Dann war plötzlich der Bus weg, und wir waren allein, und zum ersten Mal in meinem Leben hatte ich wirklich Angst. Ich hatte Angst, ihn anzusehen. Es tat weh, seine Hände zu halten, denn sie waren trocken und fühlten sich wie Glasscherben an. Seine Fingernägel lösten sich ab. Er zog einen Kamm aus der Hosentasche und kämmte sein spärliches Haar. Am Kamm blieb ein großes Büschel dünner grauer, welliger Haare hängen. Er merkte es nicht einmal.

Addison hatte früher einmal so gut ausgesehen. Mein Gott, jetzt sah er aus wie 60, dabei war er doch erst 16. Er sah mir in die Augen, sah mein Mitleid, das ich nicht vor ihm verbergen konnte. Er flüsterte: »Mach dir keine Sorgen, Katherine. Es tut nicht weh.« Ich wußte, daß er log. Sein Gesicht zeigte keinerlei Regung mehr. Er hatte die Kontrolle über die Muskeln verloren.

Er stank entsetzlich, denn sein Körper verfaulte. Seine Lippen waren blau und aufgesprungen. Ich küßte meinen Freund ganz sanft. Er schmeckte wie Metall an einem 30 Grad heißen Sommertag. Bei jedem Schritt von ihm war ein Keuchen zu hören, ein leichtes Knirschen. Ich wollte ihn nicht anfassen, weil ich Angst hatte, er würde unter meiner

Berührung zusammenfallen. Ich half ihm, sich auf eine Bank zu setzen. Sie war aus kaltem grauem Beton. Er sah zum Himmel hoch und dann auf die Bäume um uns herum. »Da, wo ich wohne, gibt es keine Bäume«, flüsterte er und versuchte die Träne zu verbergen, die seine Wange hinunterrollte.

Und dann wurde er ohnmächtig, fiel in diesen dunklen, kalten, schwarzen Schlaf, in dem die Wirklichkeit nur ein Teil seiner Vorstellung war und in dem der Tod und die Schmerzen regierten. Von seinen ausgetrockneten Lippen tropfte Blut. Seine Lungen bluteten. Die Bank färbte sich rot mit dem Serum seines Leidens. Das Blut tropfte auf sein blaues Sweatshirt, dann stoppte der Blutfluß.

Stundenlang lag er in diesem bewußtlosen Schlaf auf der Bank, und ich hielt ihn im Arm. Mal blutete er, mal hörte er auf zu bluten. Dann fing er wieder an zu bluten. Doch sein Leiden hörte nie auf. Erst da erkannte ich, daß mein schwarzer Engel starb. In Wirklichkeit war er jedoch schon lange tot.

Addison wuchs in einem Schwarzenghetto namens Hunters Point in San Francisco auf. Er wurde verprügelt, weil er ein guter Schüler war. In der siebten Klasse hatte er die Schule abgeschrieben. Er zeigte mir seine Hausarbeiten. Sie waren alle sehr ordentlich gemacht, aber er hatte nie gewagt, sie abzugeben. Mit 15 wurde er gezwungen, sich einer Gang anzuschließen. Die anderen drohten ihm, unerbittlich auf ihn Jagd zu machen und ihn zu erschießen, wenn er sich weigerte. Er fing an, Drogen zu nehmen, und trank, um seine Gefühle zu betäuben. Ein enger Freund von ihm war ein Crack-Baby und seit seiner Geburt kokainsüchtig. Er versuchte, von der Sucht loszukommen, und starb mit 16 an einem Herzinfarkt. Als die Menschen in Addisons Umgebung starben, versank er in tiefe Depressionen. Er war erst 16 und hatte schon sieben verschiedene Formen von HIV entwickelt, wenige Monate später brach Aids bei ihm aus. Er hatte noch ungefähr zwei Monate zu leben, als ich mit ihm an jenem Tag auf der Bank saß. Ich hatte ihn am Pier 39 in San Francisco kennengelernt. Ich war die einzige Weiße, die er kannte, und verglichen mit ihm war ich reich. Wir waren zwei Jahre lang eng befreundet. Ich versuchte ihn, so gut ich konnte, am Leben zu erhalten. Doch einen Tag vor seinem 17. Geburtstag zog Addison eine Pistole unter seiner Matratze hervor und schoß sich damit in den Kopf. Er lag tot in seinem Zimmer. Seine Leiche wurde erst nach fünf Tagen entdeckt.

Für Addison war das Leben die Hölle, und er wurde nicht damit fertig. Aber wer konnte das schon? Von den 15 Gleichaltrigen, mit denen Addison in Hunters Point aufwuchs, starben zwölf in den sechs Monaten nach seinem Tod. Drei starben nur wenige Monate vorher. Alle waren innerhalb von 14 Monaten tot. Sie lebten in einer Umwelt, die isoliert war von der übrigen Welt und sich immer mehr auflöste. Schuld daran waren Drogen, für die angeblich der Staat sorgte, und die Menschen, die die Armut einfach ignorierten und ihre Augen davor verschlossen, weil sie dachten, das ginge sie nichts an. Für sie existierten die Ghettos nicht einmal.

»Ding Dong! Die Turmuhr schlägt!
Lebe wohl, liebe Mutter!
Begrabt mich auf dem alten Kirchhof
An der Seite meines älteren Bruders.
Schwarz soll mein Sarg sein,
Begleitet von sechs Engelein,
Zwei, die singen, und zwei, die beten,
Zwei, die mit mir den Himmel betreten.«

James Joyce

TODD UND JEREMY. Todd und Jeremy liefen von zu Hause weg, als Todd fünf und Jer neun Jahre alt war. Sie fuhren mit dem Zug nach San Francisco, wo sie im Golden Gate Park übernachteten. Zuvor hatten sie zusammen mit ihrem Vater in einem Trailer Park in San Jose gelebt. Ihr Vater hatte sie sexuell mißbraucht, solange sie denken konnten. Ihre Mutter war nur wenige Monate nach Todds Geburt bei einem Autounfall gestorben. Ihr Vater war arbeitslos und saß den ganzen Tag vor dem Fernseher. Die Kinder bereiteten sich ihr Essen selbst zu, das meist nur aus Corn-flakes und Tater Tots bestand, Kartoffelstücken aus der Tiefkühltruhe.

Todd hieß eigentlich Christina, aber ihr älterer Bruder Jer hatte sich *immer einen jüngeren Bruder gewünscht. Daher taufte er sie kurzerhand in Todd um, als sie ihre wenigen Habseligkeiten packten. Todd hatte dicke, blonde, fast cremefarbene Haare, die ihr bis zur Taille reichten. Sie war zierlich und hatte hohe Wangenknochen, die ihre aquamarinblauen Augen betonten. Sie sagte nur selten etwas; und wenn, dann sprach sie so leise, daß man sie nur mit großer Anstrengung verstand. Sie hauchte nur kurze Worte und mied den Blick der anderen. Jers Worte dagegen wurden, wenn er etwas sagte, von einem Hagel aus Flüchen begleitet. Gleichzeitig fuchtelte er wie wild mit den Armen, um sicherzustellen, daß man ihm zuhörte. Er fuhr sich mit seinen schmutzigen Händen durch seine leuchtendblau gefärbten Haare, die er zu sieben verschiedenen, 15 Zentimeter langen Stacheln aufgestellt hatte. Er redete von seinen Träumen, sich die Lippen piercen zu lassen und einen Überfall auf das Weiße Haus durchzuführen, bei dem er genau wie der Fernsehserienheld McGyver nur mit einem Schweizer Armeemesser, Zahnseide und einem Streichholz bewaffnet sein würde.*

Todd und Jeremy saßen jeden Tag stundenlang auf der Haight Street – Todd fragte die Passanten leise nach 5 oder 10 Cent, Jer dagegen bedrängte die Leute und verfolgte sie mehrere hundert Meter, wenn sie ihm keinen Penny gaben. Er schrie »Fuck you!«, wenn Mütter und Töchter, Väter und Söhne an ihnen vorübergingen, ohne sie eines Blickes zu würdigen. Abends zogen sich die Geschwister in den Park zurück, wo sie sich am sichersten fühlten. Für sie war das Leben der Anfang vom Ende.

> *»Aller Hoffnung beraubt*
> *Man hat ihnen beigebracht, daß niemand an sie glaubt.*
> *Sklaven von Anfang an*
> *Bis daß der Tod sie scheidet*
> *Arme kleine Scheißer, keiner, der euch beneidet.*
> *Das Leben wurde euch geraubt, doch das machte euch*
>   *nichts aus*
> *Arme kleine Schätzchen, Menschen wie du und ich*
> *Opfer des Systems und seines kranken Humors.«*
>
>   *Crass*

»Die Hölle auf Erden« beschreibt eine Welt, in der es genug Arbeit für alle gibt, aber kein Geld, um Menschen und Arbeit zusammenzubringen. Wenn Kinder keine Chance haben, sich zu entwickeln, führen sie ein Leben wie in unserem Beispiel, das sich über Generationen so fortsetzen kann. Die Verbindung zwischen ihrer Lage und unserem eigentlichen Thema Geld ist offensichtlich: Durch Arbeitslosigkeit, Bankrotte und/oder den finanziellen Ruin verloren die Eltern dieser Kinder zunächst ihre Häuser und Wohnungen. Einmal begonnen, setzt sich der soziale Abstieg unaufhaltsam fort. Ohne Ausbildung finden die Kinder keine Arbeit. Das Geld reicht nicht einmal für ihre Beerdigung. Aus dieser ausweglosen Situation fliehen viele in die Geisteskrankheit. Bei einer Untersuchung in Chicago fand man heraus, daß 32,2 Prozent der neuaufgenommenen Patienten mit psychischen Erkrankungen vor ihrer ersten Einweisung obdachlos gewesen waren.[172]

Es ist auffallend schwierig, zuverlässige Statistiken über Obdachlosigkeit zu finden, besonders über obdachlose Kinder in den USA. Eine Sachbearbeiterin meinte entschuldigend: »Wer Geld hat, ist nicht daran interessiert, wer interessiert ist, hat nicht die nötigen Mittel, um eine solche Studie in Auftrag zu geben. Und Statistiker führen nur Untersuchungen durch, für die sie bezahlt werden.« Sie erklärte, daß sich die Daten am besten indirekt ermitteln lassen, denn jeder Verwaltungsbezirk hält sich über die aktuelle Anzahl der Familien und Kinder auf dem laufenden, die in jedem Steuerjahr Hilfe beantragen und für ein bestimmtes Sozialhilfeprogramm (das AFDC-HAP)[173] ausgewählt werden. Abb. 17 zeigt, daß die Zahl der obdachlosen Kinder allein in der San Francisco Bay Area schon im Jahr 1995 bereits die 40 000-Marke überstieg; damit war sie 325 Prozent höher als acht Jahre zuvor. Die Zahlen erfassen allerdings nur diejenigen, die für die Sozialhilfeprogramme in Frage kamen, die tatsächlichen Zahlen liegen also höher.

Es mag viele Gründe dafür geben, daß die Eltern dieser Kinder obdachlos wurden, doch der einfachste ergibt sich schon aus ei-

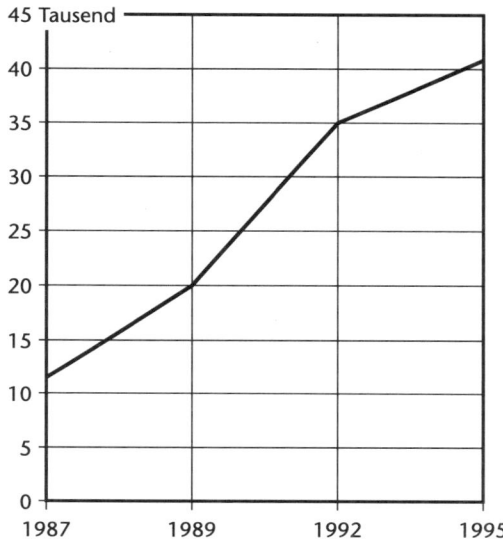

Abb. 17: Obdachlose Kinder in der San Francisco Bay Area[174]

ner simplen Rechnung. Das durchschnittliche Haushaltseinkommen in der California Bay Area stieg zwischen 1980 und 1990 um 34,3 Prozent. Gleichzeitig stiegen jedoch die Lebenshaltungskosten um 64 Prozent, also um fast das Doppelte. Die Miete für eine Dreizimmerwohnung stieg in der Zeit um 110 Prozent, die Miete für ein unmöbliertes Einzimmerapartment schnellte sogar um 288 Prozent nach oben. Das erklärt, warum bei 20 Prozent der obdachlosen Familien mindestens ein Elternteil einer Ganztagsarbeit nachgeht. Kurz gesagt, der Anteil der »arbeitenden Armen« ist bei den Obdachlosenzahlen die Komponente mit der größten Wachstumsrate.

San Francisco ist kein Ausnahmefall. Da das amerikanische Erziehungsministerium ein Projekt finanziert, bei dem schulische Probleme von obdachlosen Kindern untersucht werden sollen, wurde ein Bericht für den amerikanischen Kongreß erstellt, in dem das Alter der betroffenen Kinder erfaßt wird. Auch hier werden nur Kinder berücksichtigt, die für das Programm geeignet sind. Diese Kinder müssen also noch so weit »innerhalb des Systems« stehen, daß sie versuchen, zur Schule zu gehen. Katherines Freunde beispielsweise wären von der Statistik vermutlich nicht erfaßt worden. Die Statistik spiegelt also wirklich nur einen kleinen Ausschnitt des Problems. Besonders auffallend an diesen Statistiken ist der dramatische Anstieg der obdachlosen Kinder der untersten Altersgruppe (jünger als sechs Jahre).

Die »Trickle-down-Theorie« oder das Hoffen auf wirtschaftlich bessere Zeiten bieten offensichtlich keine Lösung. Parallel zu dieser Entwicklung sank die Zahl der Familien, die vom Staat Wohngeld erhalten, von 400 000 in den 70er Jahren auf 40 000 während Reagans Amtszeit (Mitte der 80er Jahre) und schließlich nach der Verabschiedung des Federal Housing Act im September 1996 auf null.

Eine Ganztagsstelle mit Mindestgehalt sichert in Amerika niemandem mehr ein Zuhause. Die US Conference of Mayors stellte schon 1996 fest, daß landesweit 19 Prozent der obdachlosen Bevölkerung eine feste Anstellung haben.[175] Aufgrund der sinkenden Löhne sind die eigenen vier Wände für viele Arbeitnehmer unbezahlbar geworden: In keinem amerikanischen Bundesstaat kann sich ein Vollverdiener mit Mindestgehalt eine Einzimmerwohnung zur marktüblichen Miete leisten.[176] In 45 Staaten und im Raum Washington müssen Familien mindestens das Doppelte des Mindestlohnes verdienen, um sich eine Zweizimmerwohnung zur üblichen Miete leisten zu können.[177] Am schnellsten wächst bei der obdachlosen Bevölkerung der Anteil der Familien mit Kindern. Sie machen mittlerweile etwa 40 Prozent der Obdachlosen aus. Die Anträge für Notunterkünfte von Familien mit Kindern steigen in 29 amerikanischen Städten mit einer Rate von 7 Prozent im Jahr. 24 Prozent der Anträge wurden wegen fehlender Mittel abgelehnt. Die Folge: Kinder machen derzeit etwa 30 Prozent der obdachlosen Bevölkerung aus, und ihr Durchschnittsalter sinkt stetig. Während das Durchschnittsalter eines obdachlosen Kindes 1987 in New York noch bei neun Jahren lag, waren die Kinder schon im Jahr 1992 im Schnitt erst vier Jahre alt.

Die bisherigen Angaben bezogen sich alle auf die Situation *vor* 1996, das Jahr, in dem die Verantwortung für das amerikanische Wohlfahrtssystem den Bundesstaaten und Gemeinden übertragen wurde. Am zweiten Jahrestag dieser Reform erklärten die Medien wie auch Politiker beider Parteien sie als erfolgreich, sei doch ein Rückgang der Wohlfahrtsempfänger zu verzeichnen ebenso wie eine steigende Zahl derer, die eine Arbeit gefunden hätten. Aber eine unabhängige Untersuchung, veröffentlicht im Dezember 1998[178], enthüllte folgendes: Die Zahl der Kinder, die in extremer Armut leben – deren Eltern also ein Einkommen unterhalb der Hälfte der Armutsgrenze, also weniger als 6401 Dollar (1997) im Jahr für eine dreiköpfige Familie, haben –, stieg allein zwischen 1995 und 1997 um 400 000 an. Viele Familien sind von der Liste der Wohlfahrtsempfänger gestrichen worden, weil sie nur wenig oder auch gar keine Schuld daran hatten. So fand beispielsweise eine staatlich finanzierte Studie in Utah heraus, daß von den Familien, denen die Unterstützung versagt wurde, weil sie die erforderlichen Anstrengungen nicht unternommen hatten, jeweils etwa 20 Prozent aufgrund mangelnder Transportmittel, fehlender Kinderbetreuungsmöglichkeiten, wegen Geisteskrankheiten und etwa 40 Prozent wegen anderer gesundheitlicher Probleme nicht an den Maßnahmen teilnehmen konnten.

Und all das passiert, während die US-Wirtschaft den am längsten anhaltenden Boom der Geschichte feiert ...

Damit sind wir wieder zurück an einem unserer Ausgangspunkte, nämlich der »Geldfrage«: Wie können wir zusätzlichen Milliarden Menschen einen Lebensunterhalt bieten, wenn der technische Fortschritt keine zusätzlichen Arbeitsplätze schafft (siehe S. 231)?

Nachhaltiger Wohlstand

Die stärkste Motivation für die Arbeit an diesem Buch liegt in meiner Ansicht begründet, daß wir noch zu unseren Lebzeiten ein goldenes Zeitalter des nachhaltigen Wohlstandes schaffen können (siehe auch den Abschnitt »Was bedeutet nachhaltiger Wohlstand?« in der Einführung). Der folgende Brief an einen alten Freund aus der Schulzeit, der derzeit als Benediktinermönch am Titicacasee in Südperu lebt, erklärt die Gründe dafür.

Mein lieber Pierre,
ich arbeite zur Zeit an meinem nächsten Buch. Es befaßt sich mit einem Thema, das Dir – in Deinem Kloster an Deinem See am Ende der Welt – wahrscheinlich eher unwichtig vorkommt. Dennoch gehörst Du zu den Menschen, die das Privileg haben, ihre ganze Zeit und Energie auf ihr Glück, ihre Berufung, zu verwenden, darauf, der zu sein, der man sein will, ohne an Geld denken zu müssen. Ist es nicht geradezu eine Ironie des Schicksals, daß sich nur Mönche, die gar nichts besitzen, und wahrscheinlich sehr reiche oder außergewöhnlich begabte Menschen diese gleichmütige Haltung gegenüber dem Geld leisten können? Die meisten Menschen haben sich selbst in den reichsten Ländern der Welt der Verpflichtung gebeugt – oder würdest Du sagen: der Versuchung? –, »sich ihren Lebensunterhalt zu verdienen«, eine Tätigkeit, die sich nicht mit dem deckt, was wir eigentlich gerne machen oder sein würden.

Wieviel mußten wir für unseren Lebensunterhalt von unserem Selbst opfern, von dem, was wir wirklich sein wollen? Viele wagen nicht einmal herauszufinden, was sie eigentlich gerne täten, aus Angst, die Rückkehr zu ihrer »normalen« Arbeit sei danach zu schmerzhaft. Wir trösten uns mit dem Gedanken, daß wir später – wenn wir in den Ruhestand gehen, wenn wir genug Geld gespart haben – unsere Träume verwirklichen werden. Manche gönnen sich ihren Traum schon auf Raten. Wir bringen rasch die Woche hinter uns und sehnen uns nach dem Wochenende oder dem Urlaub, wenn wir tun können, was wir wirklich wollen.

Du weißt, daß ich die Zukunft der Menschheit nicht immer in den rosigsten Farben sah. Du weißt, daß ich »realistisch« war und beschloß, keine Kinder zu haben, wenn sie wie zu Zeiten des kalten Krieges in ständiger Angst vor der atomaren Vernichtung leben müssen. Mein Traum wird Dich daher vielleicht überraschen. Ich bin der Ansicht, daß sich uns die Möglichkeit eines goldenen Zeitalters des nachhaltigen Wohlstandes bietet, in dem das Geld, das wir verwenden, uns erlaubt, wir selbst zu sein. Ich wage zu träumen, daß jedes Kind, das in diese Welt geboren wird, zunächst einmal seine Berufung entdecken soll, und jedes Kind soll die Gelegenheit erhalten, sich auf diesem Gebiet zu vervollkommnen. Vielleicht sind wahre Genies so selten, weil wir das Genie ausmerzen, bevor wir überhaupt wissen, daß jemand in einem bestimmten Bereich ein Genie ist? Und wie viele Menschen, die wissen, was sie wirklich wollen, haben die Möglichkeit oder die Mittel zu lernen, wie sie dieses Potential voll ausschöpfen? Vielleicht braucht die Menschheit alle Genies, die sie hervorbringen kann, um aus dieser kollektiven Sackgasse herauszufinden, in die sie sich selbst hineinmanövriert hat.

Möglicherweise ist die Begrenztheit der Güter gar nicht naturgegeben, wie wir jahrhundertelang geglaubt haben. Vielleicht schuf unser Währungssystem, das uns alle miteinander in seinen Bann gezogen hat, ständig den Mangel, den wir so fürchten? Ist Lernen nicht ebenso unbegrenzt wie Leidenschaft, Kreativität oder Schönheit, die wir gestalten oder genießen können? Was wäre, wenn jeder Garten mit der gleichen Liebe und Sorgfalt gepflegt würde, mit der die traditionellen japanischen Gärten gestaltet wurden? Was, wenn die Talente oder die Begabung jedes Kindes von den besten Lehrern gefördert würden? Was, wenn jede Straße in unseren Städten ein Objekt der Schönheit würde? Vielleicht entstehen die Einschränkungen erst, wenn wir aus »Arbeit« »Jobs« machen, d. h., wenn wir unsere Arbeit im Austausch für eine künstlich knapp gehaltene Währung verrichten? Warum können wir nicht ein Währungssystem entwickeln, das für uns arbeitet, anstatt daß wir für das System arbeiten? Walter Wriston, der ehemalige Vorstandsvorsitzende der Citibank, definierte Geld als Information. Warum sollte Information nur begrenzt vorhanden sein, vor allem in einer Zeit, in der sich die Technik des Informationszeitalters mit enormer Geschwindigkeit auf der ganzen Welt verbreitet?

Dir gegenüber gebe ich zu, daß es nicht ganz so einfach ist. Doch bevor Du denkst, ich sei völlig verrückt geworden, solltest Du meine Geschichte bis zum Ende hören und mich bei der Erkundung neuer Möglichkeiten begleiten. Ich hoffe, Du findest sie genauso überraschend und unterhaltsam wie ich.

Dein Freund
Bernard

Von allen Definitionen für »Nachhaltigkeit« gefällt mir immer noch die meines Gruppenführers bei den Pfadfindern am besten. Wenn wir zu einem neuen Zeltplatz kamen, sagte er: »Verlaßt den Platz in einem besseren Zustand, als ihr ihn vorgefunden habt.« Eine förmlichere Definition wird im Gro-Brundlandt-Report für die UNO verwendet (1987): Nachhaltigkeit ist für eine Gesellschaft charakteristisch, die »ihre Bedürfnisse befriedigt, ohne die Zukunftsaussichten künftiger Generationen zu schmälern«. Eine derartige Gesellschaft sollte dabei meiner Ansicht nach auch die Bedürfnisse und die Vielfalt anderer Lebensformen respektieren.

»Wohlstand« bezieht sich nicht auf die mechanistische Anhäufung von »Gegenständen« oder auf einen Porsche in jeder Garage. Im materiellen Bereich bietet Wohlstand so vielen Menschen wie möglich ausreichende Wahlmöglichkeiten, so daß sie ihren Gefühlen und ihrer Kreativität Ausdruck verleihen können. Diese Kreativität ist Ausdruck ihrer höchsten Bewußtseinsform, ihrer Berufung, und gibt ihrem Leben einen *Sinn*. Jemand, der hungern muß und dessen Kind an Auszehrung stirbt, hat einfach keine Möglichkeit, seiner Kreativität auf positive Weise Ausdruck zu verleihen.

Bei der Lektüre von Teil II dieses Buches werden Sie die Belege kennenlernen, auf denen das Szenario des nachhaltigen Wohlstandes gründet, sowie Argumente dafür, warum es kein bloßer Wunschtraum ist. Ihnen werden Mechanismen auf finanzieller und anderer Ebene vorgestellt, die bereits in der Praxis getestet wurden und den »nachhaltigen Wohlstand« ebenso realistisch und wahrscheinlich erscheinen lassen wie die vorherigen Szenarien.

Ganz einfach läßt sich die dem nachhaltigen Wohlstand zugrundeliegende These damit ausdrücken, daß es jetzt möglich ist, den Kapitalismus durch Initiativen im Währungssystem so zu gestalten, daß er einer nachhaltigen Wirtschaftsweise entspricht – nachhaltig nicht nur in ökologischer, sondern auch in soziopolitischer Hinsicht. Kurz gesagt, ein Kapitalismus mit menschlichen Zügen muß kein Widerspruch in sich sein.

Bei der Entwicklung eines nachhaltigen Kapitalismus ist die Anwendung von Währungssystemen, die solche Zielsetzungen unterstützen, ein wichtiges Werkzeug. Wir werden sehen, wie mindestens drei große Probleme der heutigen Gesellschaft durch die zusätzliche Verwendung neuer Währungen angegangen werden können. Die neuen Währungen werden zu diesem Zweck bereits in kleinem Umfang als Prototyp in mehreren Ländern auf der ganzen Welt eingesetzt.

Die Szenarien im Vergleich

Die unterschiedliche Länge und Detailfülle unserer Zukunftsszenarien spiegelt nicht ihre relative Bedeutung oder Wahrscheinlichkeit. Die Unterschiede zeigen die Komplexität der Ideen, die ich jetzt erörtern möchte, während die Hintergründe in den folgenden Kapiteln vorgestellt werden. Für alle Szenarien außer der offiziellen Zukunft besteht etwa dieselbe Wahrscheinlichkeit. Darüber hinaus stellen sie nicht die einzigen möglichen Entwicklungen dar. Am wahrscheinlichsten ist vermutlich eine Mischung aus mehreren Szenarien. Sie werden sich in verschiedenen Kulturkreisen unterschiedlich entwickeln. Die Szenarien wurden entworfen, um Ihre Aufmerksamkeit auf die Kräfte zu richten, die zu diesen vier Ergebnissen führen könnten, und um Ihnen die vorhandenen Entscheidungsmöglichkeiten aufzuzeigen und die Folgen dieser Entscheidungen zu illustrieren. Als nächstes sollen nun die Kräfte, die hinter jedem Szenario stehen, noch einmal mit Hilfe von zwei Abbildungen anschaulich gemacht werden.

Abb. 18 bietet einen Überblick über die Szenarien und verdeutlicht, in welchem Verhältnis sie zueinander stehen.

Abb. 18: **Erste annähernde Darstellung der Beziehung zwischen den vier Szenarien**

Die beiden unteren Szenarien (»Die Hölle auf Erden« und »Schutzgemeinschaften«) haben ein besonderes Ereignis gemeinsam: einen weltweiten Währungszusammenbruch. Bei den beiden oberen Szenarien (»Das Jahrtausend der Konzerne« und »Nachhaltiger Wohlstand«) fehlt dieses Ereignis. Ebenso dominieren bei den beiden linken Szenarien Egoismus und Konkurrenzdenken, bei den beiden Szenarien auf der rechten Seite dagegen nicht.

Die Konzentration auf die treibenden Kräfte erlaubt uns allerdings nur einen relativ oberflächlichen Blick auf die Dynamik, die den Szenarien zugrunde liegt. Die eigentlichen Kräfte des Wandels sind die Menschen. Abb. 19 skizziert Vorschläge, was wir tun können, als einzelne und in der Gemeinschaft, um die Chancen für den nachhaltigen Wohlstand zu erhöhen.

Der Währungszusammenbruch auf der Vertikalachse in Abb. 18 ist keine Naturkatastrophe wie z. B. ein Gewitter, das uns eventuell verschont. Der Grund dafür, daß es bei den beiden oberen Szenarien zu keinem Zusammenbruch kam, liegt darin, daß bewußt vorbeugende Maßnahmen getroffen wurden. Die Natur dieser Vorsichtsmaßnahmen zieht sich als Thema durch die Kapitel

Abb. 19: **Beziehung zwischen den vier Szenarien**

des zweiten Teils: die Wahlmöglichkeit zwischen verschiedenen Währungsformen.

Auch die Unterscheidung zwischen der rechten und der linken Seite in unserem Raster (d. h., ob in einer Gesellschaft eine egoistische Haltung dominiert oder nicht) sollte nicht als kollektive Stimmung verstanden werden, die nach einem mechanistischen Prinzip willkürlich aufkommen kann oder nicht. Das entscheidende Kriterium liegt vielmehr in der Frage, ob wir bereit sind, das Geldparadigma zu überprüfen. Nur wenn uns bewußt wird, daß wir an den Seiten, an denen es keine Gitter gibt, aus dem Geldgefängnis ausbrechen können, läßt sich der nachhaltige Wohlstand verwirklichen.

Noch eine Frage: Wo befindet sich in unserem Schema das »offizielle Zukunftsszenario«? Betrachten Sie Abb. 19, und stellen Sie sich vor, Sie würden über dem Schnittpunkt der beiden Achsen hängen. Dieser Punkt im Raum ist die Stelle, wohin die offizielle Zukunft vorübergehend verschoben wurde. Stellen Sie sich nun vor, Sie schwebten mit einem Fallschirm auf dem Rücken langsam der Seite entgegen und rechneten mit einer guten Landung. Eines ist sicher: Dank der Schwerkraft werden Sie irgendwo ankommen. Die offizielle Zukunft kann unsere Landung nicht endlos hinauszögern. Wir können nur hoffen, daß wir die nötige Zeit und Geduld aufbringen und lernen, wie wir die Seile unseres Fallschirms einsetzen müssen, um in der Zukunft unserer Wahl zu landen.

Die Wahrscheinlichkeit aller vier Szenarien ist gleich groß, doch meiner Ansicht nach ist der nachhaltige Wohlstand das angenehmste Szenario. Das Buch soll als Anleitung dienen, wie man die Seile unseres Währungssystems einsetzt, um weich in der oberen rechten Ecke zu landen, in einer Zukunft, in der der nachhaltige Wohlstand sowohl die Norm als auch das angestrebte Ziel ist. Über die zahlreichen Einsatzmöglichkeiten dieser Seile gibt es noch viel zu lernen, ein Lernprozeß, den wir alle gemeinsam durchlaufen. Was immer auch geschieht, unsere Reise durch die nächsten Jahrzehnte wird außergewöhnlich sein. Oder wie Susan Watkins treffend formulierte: »Wohin uns unsere Reise auch bringen mag, uns werden Götter mit unendlicher Geduld und göttlichem Gelächter erwarten.«[179]

Im zweiten Teil werden wir nun Möglichkeiten untersuchen, die uns derzeit für einen Wechsel des Geldparadigmas zur Verfügung stehen. Jedes dieser Systeme kann parallel, zusammen oder als Ergänzung zu den bestehenden Landeswährungen verwendet werden. Zusammen mit dem konventionellen Währungssystem ermöglichen diese Neuerungen den nachhaltigen Wohlstand.

Teil II
WÄHLEN SIE IHRE ZUKUNFT DES GELDES

>»Geld ist schlecht und wurde vom Teufel geschaffen, denn es gehört nicht denen, die es brauchen.«
>
>*Piet Hein, dänischer Physiker*

>»Geld ist ein Mittel zur Organisation unseres Lebens in der materiellen Welt; Geld ist eine Erfindung, ein Gedankenkonstrukt, sehr notwendig, sehr raffiniert, aber letztendlich nur ein Produkt unserer Einbildung.«
>
>*Jacob Needleman*[180]

Worum es in Teil II geht

Im ersten Teil des Buches beschäftigten wir uns mit unserem althergebrachten Währungssystem, im zweiten Teil untersuchen wir einige Aspekte neuer Währungen. Wir erfuhren, daß uns das System der konventionellen Landeswährungen ein Wettbewerbsdenken auferlegt, das alle Aspekte des Wirtschaftslebens bestimmt. Mittlerweile werden jedoch auch andere Währungen erprobt, die im Einklang mit gemeinschaftsfördernden Währungen stehen. Sie ermöglichen uns die Verwirklichung sozial wünschenswerter Ziele mit weniger Vorschriften, einer geringeren Besteuerung und einem reduzierten Verwaltungsaufwand. Wenn wir diese Chance nutzen wollen, müssen wir jedoch zunächst die Auswirkungen verschiedener Währungssysteme und die vorhandenen Alternativen kennenlernen.

Die »Zeitkompressionsmaschine« aus dem ersten Teil (siehe Abb. 1) zeigte, daß der Übergang vom Industrie- zum Informationszeitalter von einem massiven Wandel geprägt ist, der für jeden Anpassungsprobleme mit sich bringen wird. Die Idee, die dem zweiten Teil des Buches zugrunde liegt, ist einfach: Die Währungsinnovationen bieten zahlreiche Möglichkeiten zur Lösung dieser Übergangsprobleme, wurden aber bisher kaum genutzt.

Wie am Ende von Teil I bereits gesagt wurde, bedeutet das nicht, daß die Landeswährungen durch eine andere Währungsform ersetzt werden und verschwinden. Statt dessen entwickeln sich andere Währungssysteme parallel zum existierenden und ergänzen das bisherige System. Tatsächlich geschieht dies bereits; die Komplementärwährungen erfüllen Funktionen, die Landeswährungen nicht leisten können, weil sie dafür nicht geschaffen wurden.

Kapitel 5
Arbeitschaffende Währungen

>»Eine Veränderung tritt erst auf, wenn ein Wertewandel und die wirtschaftliche Notwendigkeit zusammentreffen.« *John Naisbitt*[181]

>»Das Leben und der Lebensunterhalt sollten nicht getrennt werden, sondern aus derselben Quelle fließen: der Quelle des Geistes. Geist bedeutet Leben, und beim Leben und Lebensunterhalt geht es um das Leben in seiner ganzen Tiefe, um ein Leben voll Sinn, Zweck, Freude und das Wissen, einen Beitrag zur Gemeinschaft zu leisten.« *Matthew Fox*

>»Wer sagt, daß etwas nicht geht,
>sollte nicht die stören, die es machen.«
>*Jack Canfield und Mark Victor Hansen*[182]

Die »Geldfrage« aus unserer »Zeitkompressionsmaschine«, mit der wir uns in diesem Kapitel beschäftigen wollen, lautet: Wie können wir zusätzlichen Milliarden Menschen einen Lebensunterhalt bieten, wenn der technische Fortschritt keine zusätzlichen Arbeitsplätze schafft (siehe S. 31)? Das Thema wird unter den folgenden fünf Aspekten betrachtet, die zum Teil schon an früheren Stellen dieses Buches angesprochen wurden:

- Die Art der Arbeitslosigkeit hat sich in den letzten Jahrzehnten verändert. Dieser Prozeß wird sich mit zunehmendem Einfluß des Informationszeitalters weiter beschleunigen.
- Die traditionellen Methoden zur Bekämpfung der Arbeitslosigkeit sind in zunehmendem Maße zum Scheitern verurteilt.
- In Gebieten mit hoher Arbeitslosigkeit haben die Bewohner bereits gezeigt, daß die Lebensbedingungen erheblich verbessert werden können: Sie führten eigene Komplementärwäh-

rungen ein, anstatt nur auf staatliche Unterstützung zu vertrauen. Überraschenderweise greift man nicht zum ersten Mal auf solche Lösungen zurück. In den 30er Jahren existierten Tausende solcher Initiativen in den USA, Kanada, Westeuropa und anderen Gebieten, die von der Weltwirtschaftskrise betroffen waren.
- Komplementärwährungen konnten als eine Art Puffer eine Region vor den Erschütterungen schützen, die durch Zusammenbrüche und Krisen des offiziellen Weltwährungssystems hervorgerufen werden.
- Außerdem können bei diesem Ansatz beide Seiten, sowohl die Unternehmen vor Ort als auch die Gesellschaft, nur gewinnen.

Eine wichtige Unterscheidung

Es gibt sicher genug Arbeit für jeden auf der Welt. Anders sieht es dagegen mit Arbeitsstellen aus. Ich verwende den Begriff »Job« für Tätigkeiten, denen man in erster Linie des Geldes wegen nachgeht, »für den Lebensunterhalt«. »Arbeitsstelle« wird in diesem Kontext synonym verwendet. »Arbeit« ist dagegen eine Tätigkeit, die man um ihrer selbst willen verrichtet, für die Freude, die man daraus zieht, oder die Leidenschaft, die sich in der Tätigkeit selbst äußert (siehe die Definition »Job und Arbeit«).

Vieles deutet darauf hin, daß die Vorstellung von »Arbeitsstellen für alle« ein Relikt des Industriezeitalters ist und mit ihm ausstirbt. Eine glückliche Minderheit hat einen Job, der gleichzeitig auch ihre Arbeit ist. Erfolgreiche Künstler verbanden immer beides. Auch die wirklichen Genies auf ihrem Gebiet – ob es sich dabei nun um die Wirtschaft oder die Medizin, das Militär, Bildungswesen, die Wissenschaft oder die Politik handelte – folgten immer »ihrer Neigung«, wie Joseph Campbell es formulierte. Allerdings sind solche Fälle nach wie vor die Ausnahme und nicht die Regel.

Job und Arbeit
- Der Begriff »Job« wird im Deutschen erst nach 1945 verwendet. Auch im Englischen ist der Begriff in der Bedeutung »Stück, Teil« erst seit dem 16. Jahrhundert in Gebrauch, seit dem 17. und 18. Jahrhundert bezeichnet »Job« eine Gelegenheitsarbeit zum Geldverdienen.[183]
- Der Begriff »Arbeit« dagegen, die »zweckgerichtete körperliche und geistige Tätigkeit des Menschen«, läßt sich bis ins Germanische zurückverfolgen. Ursprünglich stand dabei der Sinn der »mühseligen, anstrengenden Tätigkeit« im Vordergrund, bei Luther findet sich dann erstmals die positive Bewertung der Arbeit, die sich unter dem Einfluß des aufsteigenden Bürgertums weiter verbreitet.[184]

Würden Sie so weiterleben wie bisher, wenn Sie mehr Geld hätten, als Sie je brauchen könnten? Wenn ja, gehören Sie zu den Glücklichen, bei denen Arbeit und Job »identisch« sind. Doch wie viele Menschen kennen Sie, die weiterhin arbeiten würden, auch wenn sie das Geld nicht bräuchten?

Wir sollten alles begrüßen, was den Menschen dabei hilft, das zu genießen, was sie machen. Denn es ist so, wie es in einer fernöstlichen Weisheit (sinngemäß) heißt: Wenn jemand Freude an seinem Tun hat, ist die Arbeit voller Harmonie. Wenn die Arbeit voller Harmonie ist, herrscht Ordnung im Volk. Wenn Ordnung im Volk herrscht, herrscht Friede auf der Welt.

Ein stupider Job läßt den Menschen krank werden und kann ihn sogar töten. Das renommierte Canadian Institute for Advanced Research kam zu dem überraschenden Schluß, daß »die medizinische Versorgung nur geringe Auswirkungen auf den

Gesundheitszustand der Bevölkerung eines Landes« hat. Den größten positiven Einfluß auf die Gesundheit haben Arbeitsbedingungen, unter denen die Menschen ihr Leben selbst gestalten können. Die unterschiedliche Lebenserwartung von Armen und Reichen wird hauptsächlich mit dem unterschiedlichen Maß an Kontrolle begründet, das die Menschen über ihr Leben und ihre Arbeit haben. »Etwas tötet die Angehörigen der Unterschicht in der heutigen Welt eher, zermürbt sie so, daß sie früher sterben. Den Statistiken zufolge sterben deswegen auch die Angehörigen der Mittelschicht relativ früh, die zwar länger als die Armen leben, aber nicht so lange wie die Reichen.«[185]

Das Problem der Arbeit besteht darin, jemanden zu finden, der Sie dafür bezahlt, d. h. einen bezahlten Job daraus macht. Der Mangel an Arbeitsplätzen ist daher auch ein Mangel an Geld, wie die Wirtschaftswissenschaftler seit Keynes wissen.

Aber muß Geld Mangelware bleiben? Warum schaffen wir nicht einfach unser eigenes Geld in ausreichendem Maße als Ergänzung zur knappen Landeswährung? Damit könnte mehr Arbeit bezahlt werden. Klingt das verrückt? Zu einfach?

Wie gesagt haben viele Gemeinschaften auf der ganzen Welt bereits genau das getan, und dieses Vorgehen erweist sich in der Praxis als durchaus effektiv. Ich werde später Gründe nennen, warum diese Komplementärwährungen nicht zu einer Inflation führen und welche Prototypen sich am besten für den allgemeinen Gebrauch eignen. Doch zunächst wollen wir die Natur des Beschäftigungsproblems ergründen und noch einmal darauf eingehen, daß sich die Situation auf dem Arbeitsmarkt in den letzten zehn Jahren unwiderruflich verändert hat.

Arbeitslos? Wer – ich?

Das Arbeitslosenproblem heute

Bisher war man der Ansicht, daß Arbeitslosigkeit hauptsächlich ein Problem der Industrie und weniger des Dienstleistungsgewerbes sei. Außerdem galt Arbeitslosigkeit als vorübergehende Erscheinung. Aber diese Ansichten sind heutzutage hoffnungslos veraltet, selbst Tätigkeiten, von denen man lange glaubte, sie würden vor technischem Fortschritt und Massenentlassungen verschont bleiben, sind nun von Arbeitslosigkeit bedroht (siehe »Arbeitslosigkeit im Informationszeitalter«).[186]

Was die vorübergehende Natur der Arbeitslosigkeit betrifft, nimmt man oft automatisch an, daß sich die Konjunktur – wie in früheren Wirtschaftszyklen – wieder erholen und die Nachfrage nach Arbeitskraft wieder steigen wird. Der Theorie zufolge muß man tatsächlich mit einer »friktionellen« Arbeitslosigkeit rechnen. Es gehört zum System der Anpassung an den Markt, daß sich selbst bei einem wirtschaftlichen Aufschwung einige Arbeitnehmer beruflich verändern müssen.

> **Arbeitslosigkeit im Informationszeitalter**
> - Inzwischen wurde bereits ein Roboter getestet, der Hüftgelenksoperationen durchführt.
> - Der erste Roman, der vollständig von einem Computerprogramm verfaßt wurde – eine Liebesgeschichte, die nicht besser oder schlechter ist als der Durchschnitt –, wurde schon 1993 in New York veröffentlicht.
> - Bei der »Don-Carlos«-Aufführung des Ensembles der Oper in Washington befanden sich nur ein Dirigent, zwei Pianisten und ein Synthesizer als Begleitung im Orchestergraben.
> - Der amerikanische Einzelhandelsriese Sears strich 1993 im Verkaufsbereich 50000 Stellen und baute damit sein Personal um 14 Prozent ab. Im gleichen Jahr stieg der Umsatz um 10 Prozent! All das war, bevor der Trend zum Internetshopping einsetzte (siehe S. 236ff.).
> - Mit dem massiven Abbau des staatlichen Verwaltungsapparats geht eine weitere Möglichkeit zur Schaffung von Arbeitsplätzen verloren.

Allerdings fühlen sich immer mehr Menschen auf der ganzen Welt zunehmend beunruhigt. Weniger normal ist nämlich z. B., daß die »friktionelle« Arbeitslosenquote seit einigen Jahrzehnten stetig zunimmt. Das ist um so beunruhigender, wenn man die wachsende Mobilität der Arbeitnehmer und die Effizienz unserer Informationssysteme berücksichtigt. So betrug die durchschnittliche Arbeitslosigkeit in den USA beispielsweise
- in den 50er Jahren 4,5 Prozent,
- in den 60er Jahren 4,8 Prozent,
- sie stieg in den 70er Jahren auf 6,2 Prozent
- und in den 80er Jahren weiter auf 7,3 Prozent.

Die offiziellen Arbeitslosenzahlen der 90er Jahre widerlegen diesen Trend eindeutig und liegen eher bei der Quote der 60er Jahre. Doch hinter dieser Ausnahme steckt wie gesagt ein »schmutziges Geheimnis«: Der globale Wettlauf um Arbeitsplätze schlägt sich in einer erheblichen Verschlechterung der Arbeitsbedingungen und der Bezahlung nieder. Die amerikanischen Löhne und Gehälter erreichten im Jahr 1973 einen Höchststand und sind seitdem ständig gesunken. Darüber hinaus ist die Arbeitszeit der Amerikaner heute deutlich länger als vor 20 Jahren. »Bill Clinton hat zehn Millionen Arbeitsplätze geschaffen – und zwei davon für mich«, beschwerten sich Arbeiter bei Clintons Wiederwahlkampagne im Jahr 1996. Entsprechend gibt es heftige Diskussionen, ob die USA nur mit den Billiglöhnen in der Dritten Welt konkurrieren können, weil sie ihren Arbeitern einen Lebensstandard wie in einem Entwicklungsland aufzwingen.

Selbst im Magazin *Fortune* wurde die Frage gestellt, warum »man bei fast der Hälfte der neuen Vollzeitjobs weniger als 13 000 Dollar im Jahr verdient, ein Einkommen, das für eine vierköpfige Familie unter der Armutsgrenze liegt«. Darüber hinaus hilft heutzutage oft nicht einmal mehr eine gute Ausbildung. Nach einem Artikel im *Wall Street Journal* muß einer von drei Collegeabgängern eine Stelle annehmen, für die man keinen Collegeabschluß braucht.[187]

Aus Angst vor zwischenmenschlichen Kontakten flüchtet sich Sam in seine Arbeit.

In Westeuropa verharrt die Arbeitslosenquote seit fast zehn Jahren hartnäckig bei 10 Prozent. Zum Jahresende 1998 betrug die offizielle Quote in Deutschland 10,8 Prozent, in Italien 12,3 Prozent, in Frankreich 11,5 Prozent, in Belgien 12,2 Prozent und in Spanien beunruhigende 18,2 Prozent. Der wesentliche Unterschied zwischen den USA und Europa besteht darin, daß die Arbeitnehmer in Amerika eher eine Stelle annehmen, für die sie von ihren Fähigkeiten und ihrer Ausbildung her überqualifiziert sind. Ist etwa ein Collegeabsolvent, der Hamburger brät, ein Symbol für eine gesunde Wirtschaft und die High-Tech-Gesellschaft der Zukunft? Ein Mitglied des Abschlußjahrgangs 1996 faßte die Erfahrungen seiner Freunde in der Arbeitswelt zusammen: »Die Hälfte von uns ist geradezu lachhaft überarbeitet, und die andere Hälfte ist deutlich unterbeschäftigt. Anscheinend hat man nur noch die Wahl zwischen Workaholismus oder Müßiggang, dazwischen gibt es nichts. Und das in einem Jahr, in dem es der Wirtschaft gutgeht!«

Selbst in Japan, wo man die lebenslange Beschäftigung bei einer Firma quasi als Geburtsrecht betrachtet, steigt die Arbeitslosigkeit. Was ist das für eine Entwicklung?

Das Zeitalter des Personalabbaus

Die Älteren von uns sind mit der Vorstellung groß geworden, daß wir einen Beruf lernen, von einer Firma angestellt werden, um diesen Beruf auszuüben, und dann – wenn wir alles richtig machen – befördert werden, bis wir schließlich in Rente gehen. Doch wie wir wissen, ist die ganze Idee mittlerweile so überholt und zum Aussterben verurteilt wie der Dodo.

In den letzten 30 Jahren investierten Unternehmen Milliarden Dollar in die Computerisierung ihrer Betriebe. Die Wachstumsrate dieser Investitionen war höher als die jeder Technologie überhaupt. So stieg beispielsweise der Anteil, den amerikanische Firmen in die Informationstechnologie investieren, von 7 Prozent der Gesamtinvestitionen im Jahr 1970 auf 40 Prozent im Jahr 1996. Rechnet man noch die Milliarden Dollar hinzu, die für Software ausgegeben wurden, übersteigt die Summe, die jährlich für die Informationstechnologie aufgewandt wird, die Investitionen in alle anderen Produktionsmittel zusammen.[188]

Um das wahre Ausmaß dieser Entwicklung zu verstehen, muß man diese außergewöhnliche Steigerung der Investitionen in Dollar mit der sogar noch beachtlicheren Kostensenkung vergleichen. Die Kosten für Rechnerleistung sanken in den letzten 20 Jahren kontinuierlich um etwa 30 Prozent pro Jahr, und alle Experten sind sich darüber einig, daß dieser Trend zumindest in den nächsten 10 oder 20 Jahren anhalten wird.

Routinearbeiten wurden nacheinander in jedem Unternehmen computerisiert. Allerdings orientierten sich zunächst alle Computeranwendungen an den bereits bestehenden Organisations- und Managementstrukturen. Doch eines Tages dachte jemand in die umgekehrte Richtung und fragte: »Wie müssen wir uns organisieren, um die vorhandene Informationstechnik am besten zu nutzen?«[189]

Das war die Geburtsstunde des Reengineering. Auch die »strukturell bedingte Personalfreisetzung« wurde auf diese Weise erfunden.

Fairerweise muß man sagen, daß der Personalabbau nicht im Sinne der Erfinder des Reengineering lag. Ein Pionier auf diesem Gebiet war Thomas Davenport, stellvertretender Forschungsleiter bei CSC Index (quasi der »Heimat« des Reengineering). In einem Artikel in *Fast Company* berichtete Davenport: »Reengineering begann nicht als Code für einen gedankenlosen Aderlaß bei den Unternehmen. Es sollte nicht der letzte Atemzug des Managements im Industriezeitalter sein. Ich weiß das, denn ich war von Anfang an mit dabei. Ich war einer der Erfinder ... Doch es kam, wie es kommen mußte: Einmal aus der Flasche heraus, zeigte der Flaschengeist schon bald sein wahres, häßliches Gesicht.«[190]

Und wie alle Flaschengeister kann man den Geist des Reengineering nicht mehr zurück in die Flasche sperren.

Auf der ganzen Welt entließen große Unternehmen insgesamt eine, oft sogar zwei Millionen Beschäftigte pro Jahr. Und erstmals sind davon alle Beschäftigten eines Unternehmens betroffen. Als Kodak seine Managementebenen von 13 auf 4 reduzierte, fanden sich plötzlich viele arbeitslos, die so etwas nie für möglich gehalten hatten. Natürlich entstehen außerhalb dieser Unternehmen viele neue Stellen, doch normalerweise entsprechen sie weder beim Einkommen noch bei der Sicherheit dem, was die Menschen bisher kannten und zu erwarten gewohnt waren.

Wichtig ist dabei vor allem, daß sich diese »strategischen Personalentlassungen« grundlegend von den üblichen, konjunkturbedingten Entlassungen früherer Zeiten unterscheiden. Früher galt es beispielsweise als normal, Fabrikarbeiter zu entlassen, wenn die Lager bei einer schwachen Konjunktur voll mit fertiggestellten Produkten waren. Doch die Arbeiter wurden wiedereingestellt, sobald die Warenbestände abgebaut waren und sich die Konjunktur erholt hatte. Beim strategischen Personalabbau dagegen braucht man nicht zu hoffen, daß die Konjunktur die Entwicklung aufhalten wird. Wer geht, ist für immer entlassen. Ein Wachstum ohne zusätzliche Einstellungen ist kein Zukunftsszenario mehr, sondern längst Tatsache: In den letzten 20 Jahren haben die 500 größten Unternehmen ihre Produktion versiebenfacht und gleichzeitig Personal abgebaut.

Selbst für diejenigen, die in diesen Konzernen angestellt bleiben oder eingestellt werden, haben sich die Umstände geändert. Früher galten bei einer Einstellung die klassischen drei Kriterien: Erfahrung, gute Zeugnisse und die richtige Ausbildung. Bei den schrittmachenden Unternehmen wie CNN, Intel oder Microsoft ist heute alles anders: »Keiner hat einen Job. Selbst wenn jemand dafür eingestellt wird, vergessen wir das, sobald er oder sie da ist. Die Arbeit wird größtenteils in Teams erledigt, zu denen oft auch Leute von außen gehören. Die Beschäftigten haben bestimmte Aufgaben, sie ›bearbeiten‹ ein Problem, oder man gibt ihnen eine Chance, aber sie haben keinen Job.«[191]

Neben den Entlassungen müssen Unternehmen ihre eigenen Grenzen neu definieren, wenn sie zusätzlich flexibel sein wollen:
- Outsourcing: Xerox-Kopierer werden von Fahrern der Firma Ryder aufgestellt; Commodore-Computer werden von Fedex-Personal gewartet, das früher nur die Ersatzteile lieferte.
- Verlagerung ins Ausland: Metropolitan Life, eine der größten amerikanischen Versicherungsgesellschaften, stellt ihre Rechnungen von Irland aus; British Airways läßt seine Buchführung in Bangladesch erledigen; kalifornische Softwarefirmen lassen Fehlerkorrekturen in Indien ausführen.
- Zeitarbeit: aus gesellschaftlicher Sicht vermutlich die bedeutendste neue Entwicklung. Der größte Arbeitgeber in den USA ist mittlerweile die Zeitarbeitsfirma Manpower, die zeitweilige Arbeitskräfte an andere Firmen vermittelt.

Wenn Sie nun glauben, daß all das nur in der »gierigen Privatwirtschaft« passiert, müssen Sie sich eines Besseren belehren lassen: Selbst beim Militär – das traditionell stets Verwendung für gesunde junge Menschen hatte – trifft man bereits auf die neue Denkweise. Bei einer Überprüfung der amerikanischen Verteidigungskapazität im Jahr 1997 kam man zu dem Schluß, daß die

Zahl der aktiven Soldaten vor allem beim Heer um 50 000 reduziert werden sollte, um so Waffen wie z. B. computerisierte Artilleriesysteme und elektronische Detektoren für biologische Waffen zu finanzieren. Im vierteljährlichen Bericht zur Situation der Streitkräfte analysierte man die Anforderungen an die Streitkräfte bis ins Jahr 2010 und konzentrierte sich dabei auf die Senkung der »infrastrukturellen Kosten« (die inzwischen 40 Prozent des Verteidigungsbudgets verschlingen). Diese Sparmaßnahmen schließen alle Bereiche mit ein, die nicht direkt mit der »Hauptaufgabe« des Militärs, der Kriegführung, zusammenhängen: Die Leiter einer Cafeteria auf einem Militärstützpunkt sind davon ebenso betroffen wie Schullehrer, Angestellte in Kindertagesstätten und Buchhalter. Sie haben es wahrscheinlich schon erraten: Diese Bereiche werden jetzt »privatisiert« und »outgesourct«.

Dies alles ist keineswegs ein kurzlebiger Trend. Ebensowenig sollte man diese Entwicklung als rein angelsächsisches Problem betrachten. Eine Untersuchung bei 4720 Organisationen in 14 europäischen Staaten, die von der Cranfield School of Management im Auftrag der Europäischen Kommission durchgeführt wurde, ergab schon 1996 eine auffällige Zunahme bei Teilzeitbeschäftigungen oder Arbeitsverhältnissen mit Zeitvertrag (bis zu drei Monaten). Der größte Zuwachs ließ sich in den Niederlanden beobachten, wo 70 Prozent der Unternehmen verstärkt Teilzeitbeschäftigte und Zeitarbeiter einsetzten. Über 50 Prozent der deutschen, italienischen, finnischen und schwedischen Unternehmen verfahren mittlerweile genauso. In den übrigen europäischen Ländern wurde eine Zunahme von »nur« 30 bis 50 Prozent beobachtet.[192]

Dr. William Bridges, ein Experte für Beschäftigungsprobleme, untersuchte die Frage: »Wie hoch ist der Anteil der mit Zeitverträgen Beschäftigten am Arbeitsmarkt?« Die meisten Menschen schätzten ihn auf 2 bis 20 Prozent. Seine Antwort: »In Wirklichkeit beträgt der Anteil 100 Prozent; allerdings leugnen das noch 85 Prozent von uns.«[193]

Die Folgen für die Wirtschaft

Der internationale Verband der Metallarbeiter in Genf stellte die Prognose auf, daß in 30 Jahren für die Produktion aller Güter zur Befriedigung der Gesamtnachfrage nur 2 Prozent der derzeitigen Arbeitskräfte gebraucht werden. Interessant ist dann natürlich die Frage, was die anderen 98 Prozent machen werden.

Manch einer meint vielleicht: Die Arbeitsplätze verschwinden, na und? Das gab es früher auch schon:
- Im Jahr 1800 waren 80 Prozent der amerikanischen Bevölkerung in der Landwirtschaft tätig;
- im Jahr 1900 war die Zahl auf 48 Prozent gesunken;
- im Jahr 1950 waren es nur noch 11 Prozent,
- und heute sind es nur noch 2,9 Prozent.

Diese 2,9 Prozent ernähren jedoch nicht nur die ganze Nation besser als die ehemals 80 Prozent, sondern auch noch die Bevölkerung in vielen anderen Ländern! Die Menschen, die die Landwirtschaft aufgaben, zogen in die Stadt und fanden Arbeit in der Industrie, im Handel und bei den Dienstleistungen.

Selbstverständlich trifft das zu. Allerdings besteht zwischen der Informationsrevolution und der industriellen Revolution ein struktureller Unterschied. Aus einem Farmer wurde ein Kutschenbauer, und ein Kutschenbauer kann die Fertigung von Automobilen lernen. Mit jedem Stellenwechsel verdiente er auch mehr Geld. Aber was soll ein Informationsproduzent machen, der nicht mehr gebraucht wird? Hamburger braten? (Siehe »Paul Krugman versus William Greider und Robert Reich«, S. 244.)

Dieses Mal befinden wir uns wirklich in einer schwierigen Situation. Denn es ist zwar für jedes Unternehmen an sich sinnvoll, seine Wettbewerbsfähigkeit durch einen Stellenabbau zu erhöhen, doch insgesamt betrachtet, ist die Wirkung verheerend. Henry Ford setzte mit seinem Beschluß, ein Auto zu bauen, das so billig war, daß es sich auch seine Fabrikarbeiter leisten konnten, einen Kreislauf mit immer mehr Autos und mehr Arbeitern in Gang.

Ein Wachstum mit gleichzeitigem Personalabbau jedoch kann diesen Kreislauf leicht in einen Teufelskreis verwandeln, der genau die entgegengesetzte Wirkung hat. Wenn Menschen entlassen werden oder ihr Einkommen reduzieren müssen, fallen sie als Käufer von zumindest einigen der großartigen neuen Produkte weg, die von den Unternehmen ständig auf den Markt geworfen werden. Für sich genommen steht ein Unternehmen dank solcher Maßnahmen besser da, doch im ganzen gesehen, wird der Markt enger, daher geht es vielleicht jedem bald schlechter, auch den Unternehmen.

Die Situation wird noch komplizierter, weil sich die Entwicklung weltweit vollzieht. Neue Fabriken in den Entwicklungsländern sind mit Technologien ausgerüstet, die so effektiv arbeiten wie in den Industrieländern. Und nach einem Jahrzehnt der Maßnahmen zur »strukturellen Anpassung«, die der Internationale Währungsfonds in den Entwicklungsländern durchgesetzt hat, sind auch deren ohnehin schon dürftige soziale Netze verschwunden.

Paul Krugman versus William Greider und Robert Reich
In mehreren scharfsinnigen Essays[194] attackierte Paul Krugman heftig die Bestseller[195] des bekannten Journalisten William Greider und von Robert Reich, einem ehemaligen Arbeitsminister im Kabinett Clintons. Krugman kritisiert im Zusammenhang mit der drohenden Arbeitslosigkeit aufgrund des technischen Fortschritts die »emotional befriedigenden Mythen«, ein Begriff, den er selbst kreiert hat. Seine Kritik läßt sich in zwei Kategorien einteilen:
- Er attackiert »das Geschwulst des Arbeitstrugschlusses«, d. h. die Vorstellung, daß es nur eine begrenzte Anzahl an Arbeitsstellen auf der Welt gibt und daß daher die Zahl der Arbeitsplätze automatisch mit einer steigenden Produktivität zurückgeht. Krugman argumentiert dagegen, daß Leistungssteigerungen in einem Sektor zwar einen Verlust von Arbeitsplätzen nach sich ziehen können, daß dafür aber sogar noch mehr Stellen in anderen Wirtschaftszweigen geschaffen werden. Er führt das klassische Beispiel von der Produktionssteigerung und dem Abbau von Arbeitsplätzen in der Industrie während der letzten 30 Jahre an, ein Verlust, der durch neue Stellen im Dienstleistungssektor kompensiert wurde.
- Ein Großteil der Debatte über den Zusammenhang zwischen der Globalisierung, dem Handel, der Technologie und den Arbeitsstellen ist laut Krugman bedeutungslos, denn: »Ein einfaches Modell, mit dem sich die Arbeitslosenquote in den USA für die nächsten Jahre vorhersagen läßt, ist das folgende: Die Arbeitslosenquote wird so hoch sein, wie Greenspan es will, vielleicht mit geringen Abweichungen nach oben oder nach unten, denn schließlich ist er noch nicht Gott – nur fast.«[196] Er meinte damit, daß US-Notenbankchef Alan Greenspan alle Auswirkungen der Veränderungen im Handel und in der Technologie berücksichtigen und seine Geldpolitik entsprechend anpassen könnte.

Ich stimme mit beiden Punkten vollkommen überein. Dennoch mache ich mir nach wie vor Gedanken über die Arbeitslosigkeit, und zwar aus den folgenden beiden Gründen:
- Statistisch gesehen ist es vielleicht in Ordnung, daß in einem Sektor Arbeitsplätze verlorengehen, während in einem anderen Sektor neue Stellen entstehen. Für die Beteiligten ist das jedoch nicht ganz so einfach. Wenn eine derartige Veränderung innerhalb einer Generation auftrat, war es realistisch (und durchaus in Übereinstimmung mit dem amerikanischen Traum), daß das Kind eines Stahlkochers Elektro-

techniker oder Rechtsanwalt wurde. Aber wie realistisch ist die Annahme, daß der entlassene Stahlkocher die finanziellen Mittel oder die intellektuellen Voraussetzungen hat, sich für einen High-Tech-Job weiterzubilden, den die neue Wirtschaft bereitstellt? Mit der zunehmenden Geschwindigkeit des Wandels wächst die Zahl der Menschen, die zwischen den alten und den neuen Wachstumssektoren gefangen sind. Was sollen diese Menschen machen?
- Warum ist etwa ein Drittel der Menschheit (die meisten davon in der sog. Dritten Welt) schon seit Beginn der statistischen Erfassung unterbeschäftigt oder arbeitslos? Schätzungsweise 700 Millionen sind weltweit seit Jahrzehnten ohne Job. Krugman könnte darauf antworten, daß das nicht Greenspans Sorge sei. Dennoch sind von den Entscheidungen der amerikanischen Zentralbank aufgrund der globalen Bedeutung des Dollars Millionen Stellen weltweit betroffen. Als Paul Volcker in den 80er Jahren der Inflation in den USA den Kampf ansagte, geriet die Wirtschaft von ganz Lateinamerika ins Trudeln. Anders ausgedrückt, ist die globale Arbeitslosigkeit meiner Meinung nach keine Frage des Wirtschaftsmanagements, sondern eine strukturbedingte Zwangslage.

Ich möchte noch hinzufügen, daß Komplementärwährungen, auf die wir noch eingehen werden, Abhilfe schaffen könnten.

Keynes' Weitblick

John Maynard Keynes sagte in seinem *Essay on Persuasion*[197] schon im Jahr 1930 mit bemerkenswertem Weitblick voraus, daß einmal die Zeit kommen würde, in der das Produktionsproblem gelöst sei. Die Übergangsphase könne jedoch sehr schmerzlich sein: »Wenn das wirtschaftliche Problem (die Beschaffung des Lebensunterhalts) gelöst ist, fehlt dem Menschen sein traditioneller Daseinszweck (...) Zum ersten Mal seit seiner Schöpfung steht der Mensch dann vor seinem eigentlichen, seinem ständigen Problem (...) Meiner Meinung nach gibt es kein Land und kein Volk, das diesem Zeitalter der Freizeit und des Überflusses ohne Furcht entgegensehen kann. Für den normalen Menschen ist es ein schreckliches Problem, wenn er keine besondere Begabung hat, der er nachgehen könnte, vor allem, wenn er keine Wurzeln zu seiner Heimat, zu alten Sitten oder den liebgewordenen Konventionen einer traditionellen Gesellschaft hat.« Die Entwicklung ist bereits in vollem Gange: Wir befinden uns *jetzt* in dieser Situation.

Schon seit Menschengedenken identifizieren wir uns mit unserer Arbeit. Wir werden beim Schließen neuer Bekanntschaften immer noch recht bald nach unserem Beruf gefragt. Auch viele bekannte Familiennamen gehen auf eine Tätigkeit oder einen Beruf zurück: Schmied, Müller, Schneider, Meier und ähnliche Bezeichnungen in der lebenden oder toten Sprache. In manchen Kulturen läßt sich diese Praktik bis in die Frühgeschichte zurückverfolgen. Auf den frühesten sumerischen Steintafeln bezeichnet sich der Schreiber als »Soundso, der Schreiber«.

Falls Keynes recht hat, müssen wir uns zum ersten Mal in der Geschichte neu definieren und andere Möglichkeiten zur Bestimmung unseres Ich finden. Wir können uns selbst nicht mehr länger über »Produktionsetiketten« identifizieren. Oder anders ausgedrückt, wir müssen uns eine andere Identität suchen, einen anderen Grund, der unserem Leben einen Sinn verleiht.

Keynes vertrat die Ansicht, kein Land könne diesem beispiellosen historischen Wandel ohne Furcht entgegensehen. Er war nicht der einzige, der diese Probleme kommen sah. Norbert Wiener, der Begründer der Kybernetik, warnte ebenfalls schon früh vor den sozialen Auswirkungen des Computers: »Erinnern wir uns, daß der Automat (d. h. die computergesteuerte Produktion) ... das genaue wirtschaftliche Äquivalent des Sklaven ist. Jede Arbeit, die sich mit Sklavenarbeit mißt, muß sich an die wirtschaftlichen Bedingungen von Sklavenarbeit angleichen. Es ist völlig klar, daß das eine Arbeitslosigkeitslage herbeiführen wird, mit der verglichen die augenblicklichen Rückgänge und sogar die Depression der dreißiger Jahre als harmloser Spaß erscheinen werden.«[198] Gibt es nicht schon einige verräterische Anzeichen, wie diese Situation aussehen könnte?

Soziopolitische Folgen

Innerhalb eines gewissen Rahmens können wir uns eine Vorstellung von der zukünftigen Entwicklung machen. Wir müssen uns nur umsehen: Die Entwicklung ist bereits in vollem Gang. Ich bezeichne diesen Vorgang als »Teufelskreis der Arbeitslosigkeit«. Dazu gehören sechs Schritte, die sich gegenseitig bedingen:

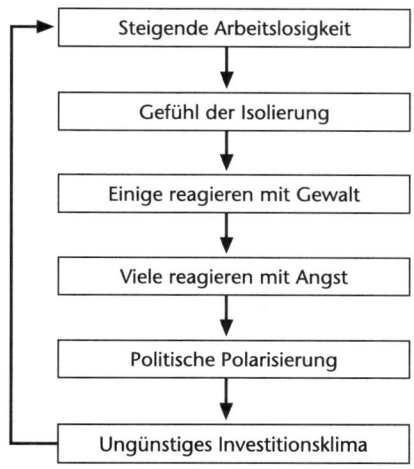

Abb. 20: **Teufelskreis der Arbeitslosigkeit bei bestehenden Verhältnissen**

1. Arbeitslosigkeit erzeugt ein Gefühl wirtschaftlicher Ausgeschlossenheit.
2. Manche Betroffene machen ihren Gefühlen mit Gewalt Luft.
3. Die meisten Menschen reagieren auf Gewalt mit Angst.
4. Das Gemeinschaftsgefühl geht verloren, die Gesellschaft wird instabil, die politische Polarisation wächst.
5. Weniger Investitionen werden getätigt, es wird weniger gekauft.
6. Das Klima für Investitionen verschlechtert sich rapide. Die Arbeitslosigkeit steigt.

Und der ganze Vorgang beginnt wieder von neuem. Untersuchen wir diesen Teufelskreis.

DAS GEFÜHL DER ISOLIERUNG

Nach Nathan Gardels, Chefredakteur der Zeitschrift *New Perspectives Quarterly,* steht der ständig wachsenden Zahl der Arbeitslosen marktwirtschaftlich gesehen ein schlimmeres Schicksal als dem Kolonialismus bevor: die wirtschaftliche Bedeutungslosigkeit. Wir bräuchten nichts von dem, was sie bieten können, und sie könnten nicht kaufen, was wir verkaufen. So faßt er die Verbindung zwischen der Arbeitslosigkeit und der wirtschaftlichen Isolierung zusammen. Das Gefühl äußert sich in der wachsenden Erkenntnis der Betroffenen, daß es für sie in dieser Gesellschaft keinen Platz mehr gibt, daß sie nicht mehr dazugehören.

Bei Einzelpersonen führt diese Einsicht meist zu Depressionen (ist es ein Zufall, daß das National Institute of Mental Health der USA Depressionen zur Volkskrankheit erklärt hat?).

Bei einer Gruppe (meist Jugendliche oder junge Erwachsene, bei denen die Arbeitslosigkeit prozentual immer höher ist als bei der Gesamtbevölkerung) schlägt dieses Gefühl schon bald in Wut um. Die Wut sammelt sich, bis sie in Gewalttaten zum Ausbruch kommt, bei denen willkürlich »auf die Gesellschaft an sich« oder bestimmte Sündenböcke losgegangen wird.

GEWALT

Niccolò Machiavelli (1469 bis 1527) meinte über die Gewaltbereitschaft der breiten Bevölkerung: »Es ist notwendig und nützlich, daß die Gesetze einer Republik der Bevölkerung eine legale Möglichkeit bieten, durch die sie ihre Wut ausdrücken können. Fehlt diese Möglichkeit, kommt es zu außergewöhnlichen Ausbrüchen. Und es besteht kein Zweifel darüber, daß solche Vorfälle mehr Schaden als alles andere anrichten.«[199] Tatsächlich ist Gewalt normalerweise Ausdruck für Frustration und Machtlosigkeit.

In Frankreich wurde ein Teenager in einem Vorort von Lyon bei einer Verkehrskontrolle von Polizeibeamten getötet. Ein bedauernswerter Vorfall wie dieser würde normalerweise nur in der Lokalpresse Schlagzeilen machen. Doch das Unglück ereignete sich in Vaux-en-Velain, einem heruntergekommenen Arbeiterghetto mit besonders hoher Jugendarbeitslosigkeit. Hunderte Jugendliche randalierten und lieferten sich zuerst Straßenschlachten mit der Polizei, dann mit der CRS (der französischen Eingreiftruppe). Die Unruhen dauerten drei Tage und verursachten über 120 Millionen Euro Sachschaden.

Anwohner und Regierungsbeauftragte waren sich zumindest in dem Punkt einig, daß die Ursache für die Unruhen in der hohen Jugendarbeitslosigkeit zu suchen sei. Der französische Soziologie Loic Wacquant hat urbane Unruhen in den Industrieländern systematisch untersucht. Demnach läßt sich für einen Großteil der Randalierer – unabhängig von ihren Herkunftsländern – ein gemeinsames Profil erstellen: Es handelt sich um Jugendliche aus der Arbeiterklasse, die es in der schönen neuen Informationswelt aufgegeben haben, einen Arbeitsplatz zu finden.

DIE ANGST DER MEHRHEIT

Der nächste Schritt läßt sich leicht erraten. Wie reagieren die meisten Menschen auf willkürliche Gewalttaten gegen Eigentum und Menschen? Mit Angst.

Die Frage, wovor, hängt von der jeweiligen Sicht der Ereignisse ab, die wiederum je nach Ort, Alter, Herkunft, sozialem Umfeld und der Nationalität des Beobachters anders ausfällt.

Es kann Angst vor Jugendlichen sein, vor Punks, vor Ausländern, in den USA vor Schwarzen, in Frankreich Angst vor Arabern, in Deutschland Angst vor Türken ...

DIE POLITISCHE POLARISIERUNG

Die Angst hat in der Politik die Bedeutung, die ein Ozean für eine Insel hat. Sie legt die Grenzen der Wählerschaft fest, bestimmt, wen man ausschließen und wen man für sich gewinnen will.

Daher neigen Politiker dazu, wann immer es möglich ist, ein anderes Land für besonders schwierige Situationen verantwortlich zu machen. Niemand kann sie dort wählen. Allerdings führen Arbeitslosigkeit und Gewalt dazu, daß man die Schuld näher bei sich suchen muß. Dann sucht man nach Sündenböcken im eigenen Land.

So kann man beispielsweise nicht erkennen, ob der Wahlkampfslogan »Die Ausländer sind an der Arbeitslosigkeit schuld« von Pat Buchanan in den USA stammt oder von Schirinowski in Rußland, Gianfranco Fini in Italien oder Jean Marie Le Pen in Frankreich. Alle haben in den letzten Jahren eine politische Bewegung gegründet und ziehen bereits zwischen 10 und 20 Prozent der Wähler an. Bei zunehmender Arbeitslosigkeit und einem Anstieg der Gewalttaten muß man mit einem weiteren Wachstum dieser extremistischen Parteien rechnen.

In der Wahlnacht im Jahr 1994 in Italien wurde der neofaschistische Führer Gianfranco Fini von jungen Anhängern (die zum größten Teil arbeitslos waren) mit »Duce-Duce!«-Rufen begrüßt. Seine Partei hatte unerwartet 13,5 Prozent der Wählerstimmen gewonnen. Beobachter zeigten sich überrascht darüber, daß junge Leute – zu jung, um Mussolini zu kennen oder nostalgische Gefühle für die Zeit des Faschismus zu entwickeln – sich spontan zu den gleichen Werten und Parolen bekannten, denen schon ihre Großeltern auf den Leim gegangen waren. Doch eine derartige Entwicklung war vorhersehbar.

Je größer die Rolle der extremistischen Parteien in unseren politischen Systemen wird, desto schwieriger wird es, »die Mitte zu halten«. Auf dem ganzen politischen Spektrum polarisieren sich Positionen, und es wird nahezu unmöglich, einen Konsens zu finden. Das kann ein idealer Nährboden für einen extremen Nationalismus sein, der bis zu »ethnischen Säuberungen« reichen kann, wie es in den 90er Jahren in Jugoslawien der Fall war, nachdem der Internationale Währungsfonds Ende der 80er Jahre sein wirtschaftliches Reformprogramm ins Leben gerufen hatte. Ein weiteres Beispiel sind die Morde an Angehörigen verschiedener Minderheiten in Indonesien nach dem Zusammenbruch der Währung in den Jahren 1998 und 1999. Derartige Probleme kön-

ren sich auch ausbreiten, beispielsweise wenn die Bevölkerung vor den Unruhen in die Nachbarländer flieht und dort neue Beschäftigungsprobleme schafft ...

DIE RÜCKKOPPLUNG MIT EINER GESTEIGERTEN ARBEITSLOSIGKEIT

Nun stellen Sie sich vor, welche Auswirkungen das alles auf das Investitionsklima hat: Jeder Investor geht in die Defensive und kürzt seine Investitionen. Dadurch sinken die Chancen für eine Anstellung weiter.

Mit der zunehmenden Arbeitslosigkeit beginnt der ganze Kreislauf von neuem, bzw. er steigert sich: ein Teufelskreis, der – einmal begonnen – kaum noch durchbrochen werden kann.

Für diesen Vorgang gibt es in der Geschichte und Gegenwart viele Beispiele. Ganze Länder gerieten in den Teufelskreis, was verheerende Folgen hatte. Wir könnten mehrere Beispiele aus Lateinamerika nennen, wo die politische Instabilität nicht nur Ausländer dazu veranlaßte, ihre Gelder aus dem Land abzuziehen, sondern auch die Bürger selbst von Investitionen in ihr eigenes Land abhielt (z. B. Peru, Bolivien oder Argentinien in den 70er Jahren). Die Arbeitslosenquote schoß in die Höhe, und im ganzen Land wanderten die Menschen in der Hoffnung auf einen Arbeitsplatz in die größeren Städte – wo es auch keine Jobs gab. Ihre Nachkommen leben immer noch in den *barrios, barriadas, villas, favelas* und anderen Elendsvierteln.

Noch aufschlußreicher ist das Beispiel der Schwarzen in den USA, die sich in weniger als zwei Generationen in den Slums der größten Städte im Norden der USA sammelten.[200] Nach der Mechanisierung der Baumwollernte in den Südstaaten wurde die schwarze Bevölkerung zum ersten Mal wirtschaftlich bedeutungslos. Die Folge: »Eine der größten und schnellsten Massenbinnenwanderungen der Geschichte nahm ihren Anfang.«[201]

Zwischen 1950 und 1970 zogen über fünf Millionen schwarze Männer, Frauen und Kinder auf der Suche nach Arbeit vom Süden in die großen Industriestädte im Norden der USA. In nur einer Generation gelang es einer bedeutenden Minderheit dank der nachlassenden Rassendiskriminierung zur amerikanischen Mittelschicht aufzuschließen. Doch für Millionen andere ging es weiter bergab: von der wirtschaftlichen Isolation zu Angst und Gewalt, von extremen politischen Positionen zu heruntergekommenen Ghettos, in die niemand investieren will. In diesen Ghettos entsteht die »Unterschicht«, wie man sie heutzutage bezeichnet, ein ständig arbeitsloser Teil der Bevölkerung, der am Rand der Gesellschaft lebt. Dort hat man nur noch die Wahl, entweder Sozialhilfeempfänger zu werden oder sich seinen Lebensunterhalt mit Drogenhandel und anderen Verbrechen zu verdienen.

So könnte auch das Schicksal der Arbeiter in den Industrieländern aussehen, wenn die Technologie einen bedeutenden Teil der Werktätigen überflüssig macht. Der Hauptunterschied besteht darin, daß der Vorgang im Informationszeitalter überall stattfindet. Dieses Mal sind wir alle potentielle Opfer.

Vielleicht ist das Bild, das wir hier zeichnen, zu düster. Schließlich trug bei unserer Fallstudie auch der Rassismus zur Verschlechterung der Situation bei. Das Beispiel illustriert dennoch das Geschehen, das eintritt, sobald große Menschengruppen ihre wirtschaftliche Bedeutung verlieren – zumindest wenn wir uns weiterhin im Rahmen des bestehenden Währungssystems bewegen.

Traditionelle Lösungen

Es wird nicht weiter überraschen, daß die Vorschläge, die im allgemeinen zur Lösung des Arbeitslosenproblems von heute präsentiert werden, in verschiedene Kategorien fallen, je nachdem, von welcher Seite des politischen Spektrums die Empfehlung kommt. Die alte politische Kluft zwischen der »Rechten« und der »Linken« bietet immer noch die einfachste Klassifizierungsmöglichkeit für die traditionellen Lösungen.

LÖSUNGEN VON »RECHTS«

Die Konservativen vertreten den Standpunkt, daß die Regierung nicht in die Beschäftigungssituation eingreifen sollte. Ihrer Ansicht nach wird der freie Markt dieses unangenehme Problem mit der Zeit lösen. Das sei früher so gewesen und werde auch wieder so sein.

Milton Friedman wurde gefragt, ob dieser Ansatz im Informationszeitalter nicht veraltet sei. Er meinte – nur halb im Scherz –, daß wir immer Stellen schaffen können, indem wir uns gegenseitig einer Psychotherapie unterziehen, um mit unserer Situation fertig zu werden.

In der Praxis neigen die Konservativen dazu, die Existenz eines strukturellen Beschäftigungsproblems zu leugnen. Wenn es zu sozialen Spannungen kommt, die indirekt auf die Arbeitslosigkeit zurückzuführen sind, behandeln sie meist die nacheinander auftretenden Symptome. Im Prinzip schneiden sie die Äste und lassen die Wurzeln unangetastet. So argumentieren die Rechten beispielsweise, die Arbeitsplätze wären knapp, weil Ausländer sie den anderen wegnehmen würden, daher müsse man gegen die Einwanderung vorgehen. Ein anderer Lösungsvorschlag der Rechten ist ein härteres Vorgehen gegen die Kriminalität. In den USA zählt daher der Bau von Gefängnissen mittlerweile zu den größten Wachstumsindustrien.

Im nachhinein wird der Bau von neuen Gefängnissen vielleicht einmal als das teuerste Sozialhilfeprogramm in die Geschichte eingehen: Das lebenslange Wegsperren kostet pro Person und Jahr in den USA etwa 20 000 Dollar – eine Methode zur Bekämpfung des Teufelskreises der Arbeitslosigkeit, die sich nicht gerade als besonders kosteneffektiv erweist.

Vermutlich wird sich dieses Szenario ähnlich entwickeln wie in vielen Ländern der Dritten Welt. Anstatt immer mehr Menschen ins Gefängnis zu sperren, verbarrikadieren sich diejenigen, die es sich leisten können, in »goldenen Ghettos« oder anderen abgesperrten Wohngebieten. So groß der Luxus oder Komfort dieser goldenen Ghettos auch sein mag, letztendlich sind die Bewohner ihre eigenen Gefangenen. Gleichzeitig bleibt es einem Großteil der Gesellschaft – denjenigen, die sich die »goldenen Ghettos« nicht leisten können – überlassen, im von kriminellen Banden beherrschten Großstadtdschungel für sich selbst zu sorgen.

LÖSUNGEN VON »LINKS«

Eine für die Linke typische Analyse des Beschäftigungsproblems bietet Jeremy Rifkin.[202] Seine Lösung zum Aufbau eines »sozialen Kapitals« setzt sich aus drei Komponenten zusammen:
1. die Verkürzung der Wochenarbeitszeit von 40 auf 35 oder 30 Stunden,
2. die Besteuerung der Produktion im High-Tech-Bereich,
3. die Verwendung der Einnahmen aus diesen Steuern für Gutscheine, die an diejenigen ausgegeben werden können, die gemeinnützige Arbeit leisten.

Die von der Linken empfohlenen Lösungen wurden ebenfalls vor relativ kurzer Zeit getestet. Einige Überreste aus den Tagen des New Deal und Johnsons »Great Society« in den USA oder den Sozialstaaten in Europa bestehen nach wie vor, beispielsweise Arbeitsbeschaffungsmaßnahmen für Jugendliche und ähnliche Programme.

Die vom Staat geschaffenen Arbeitsplätze verursachten hohe Steuern und hinterließen einen aufgeblähten Verwaltungsapparat, von den außer Kontrolle geratenen Haushaltsdefiziten und Schulden, an denen wir noch bis weit ins 21. Jahrhundert zu tragen haben werden, wollen wir erst gar nicht reden. Derartige Programme gelten daher meist als gescheitert. Keine noch so wohlhabende Gesellschaft kann es sich leisten, eine steigende Anzahl von Menschen auf unbegrenzte Zeit von Sozialhilfe leben zu lassen. Sozialhilfeprogramme sind demnach unrealistisch, wenn die Arbeitslosigkeit nicht konjunkturell, sondern strukturell bedingt ist. Das eigentliche Problem ist, daß die Sozialhilfeprogramme den

Empfängern nicht aus der Armut helfen. Schlimmer noch, die Menschen, die auf diese Weise über einen längeren Zeitraum unterstützt werden, verlieren ihr Selbstwertgefühl und ihre Würde.

WARUM TRADITIONELLE LÖSUNGSANSÄTZE DIESES MAL NICHT FUNKTIONIEREN

So überzeugt die Versprechungen auf beiden Seiten des politischen Spektrums auch klingen mögen, sie können das aktuelle Problem nicht lösen. Denn alles dreht sich um die Frage, ob sich die derzeitige Arbeitslosigkeit – oder in den USA das Problem, daß Menschen gezwungen sind, Arbeit weit unter ihren Fähigkeiten anzunehmen – eine vorübergehende Erscheinung ist, die beim nächsten Wirtschaftsaufschwung von selbst wieder verschwindet, oder ob wir es mit einem Strukturwandel zu tun haben, dessen Ausmaß im Laufe der Zeit noch zunehmen wird. Schon viele Akademiker haben versucht zu unterscheiden, mit welcher der beiden Möglichkeiten wir es zu tun haben. In Wirklichkeit werden es wohl *beide* sein. Ich unterscheide zwischen drei Arten von Arbeitslosigkeit:

1. Die sogenannte »friktionelle« Arbeitslosigkeit, von der schon die Rede war: In der freien Marktwirtschaft gibt es selbst unter hervorragenden wirtschaftlichen Bedingungen immer einige Berufstätige, die entlassen werden oder selbst kündigen und einige Wochen oder Monate arbeitslos sind. Man muß immer mit einem kleinen Prozentsatz von Menschen rechnen, die sich in einer solchen Übergangsphase befinden.

2. Die bereits erwähnte Arbeitslosigkeit aufgrund von Nachfrageschwankungen im normalen Wirtschaftskreislauf: Sie tritt auf, wenn in einem Industriezweig der Lagerbestand an Fertiggütern steigt. Zum Abbau der Überkapazitäten senken Unternehmen die Produktion, indem sie vorübergehend Arbeitskräfte entlassen. Auch hier muß man zyklusbedingt damit rechnen, daß die Nachfrage nach Arbeitskräften in guten und schlechten Jahren schwankt.

3. Allerdings gibt es mittlerweile wie gesagt zahlreiche Hinweise darauf, daß sich neben den beiden bekannten Formen der Arbeitslosigkeit auch ein langfristiger Strukturtrend abzeichnet. Das erklärt, warum die friktionelle Arbeitslosigkeit jedes Jahrzehnt zunimmt. Bei diesem strukturellen Trend handelt es sich um die Auswirkungen, die die Verlagerung der Produktionsprozesse beim Übergang vom industriellen Zeitalter zum Informationszeitalter auf den Arbeitsmarkt hat. Keine der von den traditionellen Parteien vorgeschlagenen Lösungen befaßt sich mit der strukturellen Natur des Problems. Da wir uns gerade erst am Anfang des Informationszeitalters befinden, müssen wir mit einer weiteren Beschleunigung der entsprechenden Trends rechnen.

So machen beispielsweise Fortschritte im Bereich der Nanotechnologie – Prozesse, die es ermöglichen, Objekte Atom für Atom nachzubauen – möglicherweise schon die bloße Vorstellung überflüssig, daß menschliche Arbeitskraft ein direkter Bestandteil des Produktionsprozesses sein muß (siehe »Die ›Zwei-Wochen-Revolution‹«).

Zukunftsforscher prophezeiten schon vor Jahrzehnten[203], daß die Technologie uns eines Tages einholen würde. Daher wird die Beschäftigungsfrage in zunehmendem Maße zu einem umstrittenen internationalen politischen Thema. In einem System wie dem Weltmarkt kann sich kein Land oder Gebiet dem weltweiten »Fortschritt« entziehen, ohne seine Rückständigkeit zu riskieren. Andererseits haben wir auch keine Institutionen oder Mechanismen gegen den sozialen Umbruch entwickelt, den die neuen Technologien mit sich bringen. »Hier stehen wir, konfrontiert mit unüberwindbaren Chancen!«[204]

Die traditionelle Debatte zwischen links und rechts ist an sich noch ein Überbleibsel des Industriezeitalters und seiner wirtschaftlichen Rahmenbedingungen. Der Ursprung der Debatte geht zurück auf die Frage, ob sich die »Produktionsmittel« (also

Die »Zwei-Wochen-Revolution«[205]
Sobald der erste »Nano-Assembler« funktioniert, würden wir ihm befehlen, einen weiteren zu bauen. »Dann könnten die Assembler andere Dinge für uns produzieren. Eine große Blüte neuer Nanotechnologien würde folgen – so schnell, wie wir sie entwerfen könnten ... Dem ersten Assembler könnte eine ganze Flut von arbeitenden Maschinen folgen. Diese sprunghafte Entwicklung der Nanotechnologien wird als ›Zwei-Wochen-Revolution‹ bezeichnet. In den beiden ersten Wochen nach dem Durchbruch bei den Assemblern wird sich die Welt radikal verändern. Für manche ist das keine bloße Metapher, sondern die Vorhersage großer Veränderungen innerhalb weniger Tage. Neue Systeme mit völlig funktionaler Technik werden entstehen und der Welt ein neues Gesicht geben.«
Die Experten sind sich darüber einig, daß dieser Durchbruch im ersten Jahrzehnt des neuen Jahrtausends zu erwarten ist. Auch wenn die Revolution aller Wahrscheinlichkeit nach länger dauern wird als zwei Wochen, stehen die langfristigen Auswirkungen bereits fest: Eine Produktion ohne den Beitrag des Menschen ist also durchaus möglich.

Fabriken und Maschinen) in Privat- oder Staatsbesitz befinden sollen. Mittlerweile ist Wissen zu einem Produktionsmittel geworden, doch für den Umgang mit dieser neuen Realität existiert noch kein angemessenes politisches oder wirtschaftliches Vokabular.

Warum ändern wir nicht einfach den finanziellen Rahmen? Edgar Cahn, der Erfinder der Time Dollars, meinte einmal: »Der eigentliche Preis, den wir für unser Geld bezahlen, ist, daß es das Denken darüber einengt, was möglich ist – Geld baut unserer Vorstellungskraft ein Gefängnis.«[206]

Eigentlich gibt es in Ihrem Umfeld genug Arbeit, um jeden ein Leben lang zu beschäftigen. Arbeit, die unserer jeweiligen Kreativität Ausdruck verleiht. Sind wir durch unsere Angst vor Geldmangel so gelähmt, daß wir auch einen Mangel an Arbeit fürchten? Was können wir tun?

Die Antwort ist ganz einfach: die bereits mehrfach angesprochenen Komplementärwährungen schaffen, die speziell für bestimmte soziale Funktionen entwickelt wurden, welche eine Landeswährung nicht erfüllt oder nicht erfüllen kann.

Wie in der Geschichte »Eine Welt im Gleichgewicht« (siehe S.48) würden die meisten Menschen ihre Zeit auf beide Wirtschaftsweisen verwenden. In der Familie könnten aber auch einige Mitglieder hauptsächlich im wettbewerbsorientierten Weltwirtschaftssystem arbeiten, andere dagegen könnten überwiegend in der lokalen Wirtschaft aktiv sein. Es wäre zu hoffen, daß beide Seiten »ihrer Berufung nachgehen« könnten, denn idealerweise hätte jeder die Chance, seine Arbeit zu seinem Job zu machen.

Eine derartige Lösung wäre im Rahmen eines von mir als »integrierte Wirtschaft« bezeichneten Systems möglich (mehr darüber in Kapitel 9). Dieses System besteht aus einer traditionellen, wett-

> **Warten auf das Geld (oder war es Godot?)**
> Stellen Sie sich vor, ein Außerirdischer würde auf unserem Planeten landen. Für seine Landung hätte er sich ausgerechnet ein Armenviertel ausgesucht. Als erstes bekäme er heruntergekommene Häuser zu Gesicht, Menschen, die auf der Straße leben, hungrige Kinder, um die sich niemand kümmert, kranke Bäume, verschmutzte Flüsse, weitere ökologische Katastrophen und all die anderen Probleme, mit denen wir leben. Der Außerirdische würde entdecken, daß wir genau wissen, was man gegen die Probleme unternehmen kann. Er würde außerdem erkennen, daß viele Menschen gerne an der Beseitigung dieser Probleme arbeiten würden, einstweilen aber arbeitslos sind oder nur einen Teil ihrer Fähigkeiten nutzen. Schließlich würde der Außerirdische herausfinden, daß wir alle nur auf das Geld warten, das wir zur Lösung der Probleme brauchen. Jeder wartet auf das Geld.
>
> Stellen Sie sich vor, der Außerirdische würde uns fragen, was denn dieses merkwürdige »Geld« sei, auf das wir scheinbar alle warten. Könnten Sie ihm, ohne eine Miene zu verziehen, sagen, daß wir auf »eine Vereinbarung in einer Gemeinschaft warten, etwas, eigentlich fast alles, als Tauschmittel zu verwenden«?
>
> Und dann weiterhin warten?
>
> Unser Außerirdischer könnte die Erde mit der Frage verlassen, ob es wirklich intelligente Lebensformen auf diesem Planeten gibt.

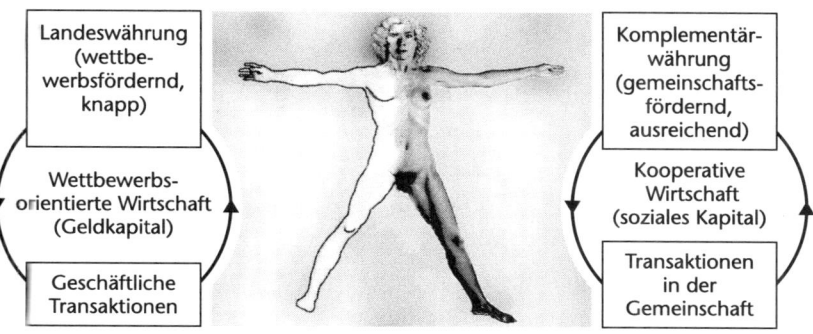

Abb. 21: Die integrierte Wirtschaft
mit Komplementärwährungssystemen

bewerbsorientierten Ökonomie auf der einen Seite und einer lokalen, kooperativen Wirtschaft auf der anderen Seite. Sie können in einer Art Symbiose nebeneinander existieren, wie in Abb. 21 dargestellt.

Ich bezeichne dieses System als »integriert«, denn es soll Aspekte integrieren, die vom offiziellen Wirtschaftssystem heruntergespielt oder ignoriert werden. Doch bevor wir die Funktionsweise der integrierten Wirtschaftsweise verstehen können, sollten wir uns mit den neuen Währungen vertraut machen, welche die herkömmlichen Landeswährungen ergänzen. Beispiele für solche Komplementärwährungen stehen im Mittelpunkt dieses und des folgenden Kapitels.

Besonders überraschend für mich war die Entdeckung, daß wir in den 30er Jahren schon einmal kurz vor der Umsetzung einer derartigen Lösung standen. Aber zu der Zeit waren die Regierungen offensichtlich noch nicht soweit, diesen Ansatz tatsächlich umzusetzen. Damals bevorzugte man für alle Probleme streng hierarchische und zentralistische Lösungen. Der Grund für den Abbruch der Währungsexperimente damals war nicht ihr Scheitern. Im Gegenteil, sie funktionierten zu gut und drohten den Einfluß der zentralen Regierungen überflüssig zu machen.

Versäumnisse in den 30er Jahren

Falls Ihre Familie in den 30er Jahren in Westeuropa, den USA, Kanada oder im Norden Mexikos lebte (d. h. in den Regionen, die von der Weltwirtschaftskrise am stärksten betroffen waren), haben Sie vielleicht schon von den Möglichkeiten gehört, die damals nicht wahrgenommen wurden. Nach der Inflation in den 20er Jahren in Deutschland und dem Börsenkrach 1929 schufen Tausende von Gemeinden ihr eigenes Währungssystem. Vermutlich gab es auch in Ihrem Dorf oder in Ihrer Stadt eine solche lokale Währung.[207]

Zwischen der Situation in den 30er Jahren und heute gibt es beträchtliche Unterschiede. Allerdings lassen sich trotz der Unterschiede auch einige beunruhigende Gemeinsamkeiten als Folge der Währungspolitik von heute ausmachen (siehe gegenüberliegende Seite, »Neue Methoden zur Wiederholung der alten Probleme?«).

In den 20er Jahren hatte die Reichsmark in Deutschland völlig an Wert verloren (vergleichbar mit dem Zusammenbruch des russischen Rubels heute). In anderen Ländern waren die Landeswährungen in den 30er Jahren aufgrund von Geschäftsbankrotten und Bankenpleiten unerträglich knapp. (Eine Parallele zu heute stellen die Kreditkrisen in Asien und Lateinamerika dar.)

Interessante Lösungsansätze der damaligen Zeit stellen die heute fast vergessenen »Notwährungen« dar. Alle Komplementärwährungssysteme der 30er Jahre hatten ein Ziel: Sie sollten gewährleisten, daß die Menschen ein Tauschmittel hatten, das ein weiteres Funktionieren der Wirtschaft ermöglichte und so Arbeitsplätze sicherte. Für dieses Ziel wurden zwei Methoden angewandt:
- der Ausgleich der knappen Landeswährungen durch die Schaffung von Komplementärwährungen.
- In die ausgeklügelteren Systeme war außerdem ein Mechanismus eingebaut, der das Horten der Währung verhinderte. Diese Eigenschaft sollte der Tendenz entgegenwirken, daß diejeni-

Neue Methoden zur Wiederholung der alten Probleme?
Die finanzpolitischen Fehler der 30er Jahre sind heute Bestandteil jedes wirtschaftswissenschaftlichen Lehrbuches. Allgemein ist man der Ansicht, daß durch die Fehler der Zentralbanken, besonders derjenigen in Österreich und den USA, aus einer normalen Rezession eine alptraumhafte Wirtschaftskrise wurde.

Im Frühjahr 1931 stand die Österreichische Kreditanstalt, Österreichs größte Bank, kurz vor ihrem Zusammenbruch. Die österreichische Regierung stützte sie mit frisch gedruckten Banknoten in der Landeswährung, löste damit aber eine Kapitalflucht aus. Die Bankiers und Investoren fürchteten eine Hyperinflation ähnlich der nach dem Ersten Weltkrieg, die jedem noch deutlich vor Augen stand. Österreich bat seine Nachbarn und die neugegründete Bank für Internationalen Zahlungsausgleich um Hilfe. Doch die Hilfe kam spät und fiel sehr gering aus.

Zu der Zeit versuchte die amerikanische Zentralbank, den Goldstandard um jeden Preis zu halten, auch auf Kosten der Wirtschaft. Für Präsident Hoover besaß ein ausgeglichenes Budget oberste Priorität, daher wurde auf eine expansive Finanzpolitik in Verbindung mit einer Ausdehnung der staatlichen Kreditaufnahme, das sog. »Deficit-spending«, zur Ankurbelung der Wirtschaft verzichtet. Jeder glaubte damals, eine kurze Schmerzphase sei zum Ausgleich vergangener Exzesse notwendig.

Wirtschaftsexperten sind sich darüber einig, daß sich die Fehler der 30er Jahre nicht wiederholen werden. Allerdings machen wir vielleicht neue Fehler, die denselben Effekt haben.

Wenn Japan versucht, seine stagnierende Konjunktur mit Deficit-spending wieder anzukurbeln, bewerten die internationalen Kreditagenturen seine im Umlauf befindlichen Schuldtitel niedriger, wodurch sie eine Fortführung dieser Politik erschweren.

Thailand, Korea und Indonesien erhielten angesichts des Zusammenbruchs ihrer Volkswirtschaften den Rat, ihre Zinsen zu *erhöhen,* um ihre »Glaubwürdigkeit auf den internationalen Finanzmärkten wiederherzustellen« – was nur zu einer Verschärfung der Asienkrise führen kann.

In Europa haben sich die Regierungen ähnlich wie Herbert Hoover in eine Sackgasse manövriert, indem sie trotz enormer Arbeitslosenquoten strikt an einem ausgeglichenen Haushaltsbudget festhalten.

Sind das keine neuen Methoden zur Verteidigung eines Währungssystems um jeden Preis, auch auf Kosten der Wirtschaft? Oder Anzeichen dafür, daß man mit einer kurzen Schmerzphase vergangene Exzesse auszugleichen hofft? Helfen nicht auch hier die internationalen Agenturen zuwenig und zu spät?

gen, die Geld haben, es aus Angst vor der Zukunft horten, wodurch sich die Krise noch verschärft. (Das gleiche Problem wurde Ende der 90er Jahre in Japan beobachtet.)

Arbeitslose verdienen kein Geld. Wenn zu viele Ihrer Kunden arbeitslos sind, müssen Sie Ihr Geschäft schließen. Dadurch steigt die Zahl der Arbeitslosen weiter, weswegen wiederum größere Unternehmen bankrott gehen – usw. Dieser Schneeballeffekt war als Auswirkung des Bankenkrachs Ende der 20er Jahre in der gesamten westlichen Welt zu beobachten.

Doch es war, wie wenn man weiß, daß man in zwei Wochen gehängt wird – die Denkleistung steigert sich enorm: Plötzlich erkannten die Menschen, daß Geld schließlich nur eine Vereinbarung innerhalb einer Gemeinschaft ist, etwas – fast alles – als Tauschmittel zu verwenden. Daher einigte man sich darauf, auch vor Ort ausgegebene Papierscheine, Metallmarken oder andere Dinge zu akzeptieren. Zu den exotischsten Tauschmitteln dieses kreativen Brainstormings in den 30er Jahren zählen:

- Kaninchenschwänze, die in Olney in Texas verwendet wurden (1936 von der lokalen Handelskammer ausgegeben). Diese Währung hatte offensichtlich den gewünschten Nebeneffekt, das Überhandnehmen der Eselshasen in der Gegend einzuschränken.
- Muscheln mit dem Symbol der Harter Drug Company in Pismo Beach, Kalifornien (ausgegeben am 8. 3. 1933).
- Holzscheiben mit dem geschnitzten Spruch »In God we Trust«, ausgestellt von der Cochrane Lumber Company als Tauschmittel für Petaluma, Kalifornien (1933).

War die Währung erst einmal geschaffen, stand man vor der Frage, wie man verhindern konnte, daß das Geld gehortet wurde. Wenn jemand sein Geld nicht ausgibt, nimmt er anderen automatisch die Möglichkeit, damit Transaktionen durchzuführen. Die ausgeklügelteren Komplementärwährungen der 30er Jahre besaßen einen Zirkulationsanreiz, der von dem erfolgreichen deutsch-argentinischen Kaufmann und Finanztheoretiker Silvio Gesell empfohlen wurde. Wir werden in Kapitel 8 noch ausführlicher auf Gesells Ideen zu sprechen kommen. Zunächst wollen wir uns jedoch auf seine Idee »des rostenden Geldes« beschränken. Gesells »Freigeld« oder »Schwundgeld« basierte auf der Idee, die Menschen durch eine »Anti-Hortungs-Gebühr« zur Zirkulation des Geldes anzuregen (der Fachausdruck lautet »Liegegeld« und stammt aus der Zeit, als für einen nicht entladenen Waggon von den Eisenbahnen Standgebühren verlangt wurden). Üblicherweise befanden sich auf der Rückseite jedes Geldscheins zwölf Felder (eines für jeden Monat), die abgestempelt oder mit einer Marke beklebt werden konnten. Jeder Schein mußte, um seine Gültigkeit zu behalten, eine aktuelle Marke aufweisen. Die Marken konnte man mit lokaler Währung in den Läden kaufen, die an dem Programm teilnahmen.

Doch betrachten wir nun, wie dieser Ansatz in drei wichtigen Ländern in die Praxis umgesetzt wurde: in Deutschland, Österreich und den USA.

Das deutsche Wära-System

Im Jahr 1923 befand sich die offizielle deutsche Währung in einer aussichtslosen Lage. Einen Eindruck davon vermittelt uns der Wechselkurs der Reichsmark im Verhältnis zum amerikanischen Dollar. Vor dem Ersten Weltkrieg erhielt man für einen US-Dollar 4,20 Reichsmark. Bei Kriegsende war sein Wert auf 8 Reichsmark gestiegen. Im Jahr 1921 erhielt man für einen Dollar bereits 184 Reichsmark, ein Jahr später 7350 Reichsmark. Im Sommer 1923 berichtete der amerikanische Kongreßabgeordnete A. P. Andrew pflichtgetreu, er habe für 7 Dollar 4 Milliarden Reichsmark erhalten, dann 1,5 Milliarden Mark für ein Essen im Restaurant bezahlt und dabei 400 Millionen Mark Trinkgeld gegeben.[208]

Der Höchststand war am 18. November 1923 erreicht, als man für einen Dollar 4,2 Billionen Mark erhielt. Zu der Zeit waren

Silvio Gesell (1862 bis 1930):
Prophet, Spinner oder einfach nur verkannt?

Silvio Gesell wurde am 17. 3. 1862 als siebtes Kind von neun Geschwistern im preußischen Rheinland geboren. Seine Mutter war wallonischer Herkunft, sein Vater war Deutscher. Silvio Gesell wanderte 1887 nach Argentinien aus und betätigte sich dort erfolgreich als Geschäftsmann. Später übergab er das Geschäft seinem Bruder und kehrte nach Europa zurück, wo er sich auf einem Bauernhof in der Schweiz niederließ. Gesell tat das, was Keynes als die zwei angenehmsten Beschäftigungen derjenigen bezeichnete, die nicht für ihren Lebensunterhalt aufkommen müssen: Bücher schreiben und experimentelle Landwirtschaft. Im Jahr 1911 zog Gesell nach Berlin, wo er gemeinsam mit Franz Oppenheimer (1864 bis 1934) eine Obstbaukommune gründete. Oppenheimers Ideen beeinflußten später maßgeblich die Kibbuz-Bewegung in Palästina.

Gesells Erfahrungen mit der stark schwankenden argentinischen Währung hatten ihn überzeugt, daß der Schlüssel zu einem sozial verantwortungsvollen Kapitalismus in einer Veränderung des Geldsystems und einer Bodenreform liege. Im Jahr 1891 beschrieb Gesell die Rolle der Umlaufgeschwindigkeit des Geldes als entscheidenden Faktor bei der Stabilisierung des Preisniveaus und bereitete damit den Boden für Irving Fishers Arbeit in den 20er Jahren unseres Jahrhunderts. Bei Kriegsende 1918 schrieb er den folgenden Brief an den Herausgeber der Berliner *Zeitung am Mittag:* »Trotz dem heiligen Versprechen der Völker, den Krieg für alle Zeiten zu ächten, trotz dem Ruf der Millionen: ›Nie wieder Krieg‹, entgegen all den Hoffnungen auf eine schönere Zukunft muß ich es sagen: Wenn das heutige Geldsystem die Zinswirtschaft beibehalten wird, so wage ich heute schon zu behaupten, daß es keine 25 Jahre dauern wird, bis wir vor einem neuen, noch furchtbareren Krieg stehen werden. Ich sehe die kommende Entwicklung klar vor mir. Der heutige Stand der Technik läßt die Wirtschaft rasch zu einer Höchstleistung steigern. Die Kapitalbildung wird trotz der großen Kriegsverluste rasch erfolgen und durch ein Überangebot den Zins drücken. Das Geld wird dann gehamstert werden. Der Wirtschaftsraum wird einschrumpfen, und große Heere von Arbeitslosen werden auf der Straße stehen ... In den unzufriedenen Massen werden wilde, revolutionäre Strömungen wach werden, und auch die Giftpflanze Übernationalismus wird wieder wuchern. Kein Land wird das andere mehr verstehen, und das Ende kann nur wieder Krieg sein.«[209]

Im Jahr 1919 wurde Gesell unter der Regierung Gustav Landauers zum

> Volksbeauftragten für Finanzen in der bayerischen Räterepublik ernannt. Seine Amtszeit währte jedoch nur eine Woche, Landauer wurde nach dem Ende der Räterepublik ermordet, Gesell wurde mehrmals verhaftet und schließlich wegen Hochverrats angeklagt. Der Prozeß endete mit einem Freispruch, doch die Schweizer Behörden erteilten ihm Einreiseverbot auf Lebenszeit. Gesell konnte nicht auf seinen Hof zurückkehren. Er starb 1930 kurz vor seinem 68. Geburtstag. Bezeichnenderweise blieb Gesells Tod in der deutschen Presse unbeachtet.
> Gesells Freiwirtschaftslehre wurde sowohl von den rechten als auch den linken Parteien abgelehnt. Gelegentlich wurde er mißverstanden, den meisten aber waren seine Ideen in der Auseinandersetzung zwischen Marxismus und Kapitalismus zu sehr »an der Mitte« orientiert. Tatsächlich gilt seine Arbeit als »größte Versöhnung von Individualismus und Kollektivismus« (Maurice Allais). In den Augen vieler deutscher Wirtschaftswissenschaftler kommt Gesells Werk mittlerweile wieder eine verstärkte Bedeutung zu.[210] Auch zwei Nobelpreisträger für Wirtschaft, Maurice Allais und Lawrence Klein, bezeugen ihre Wertschätzung gegenüber Gesells Ideen und schließen sich damit dem Lob an, das Gesells Arbeit schon früh von John Maynard Keynes und Irving Fisher (einem der bekanntesten Ökonomen und Geldtheoretiker der USA [1867 bis 1947]) erhielt.

92 844 720 Billionen Mark im Umlauf.[211] Briefmarken kosteten Milliarden, für einen Laib Brot mußte man mit einem Berg Geld vorfahren. Jeder Arbeitstag begann mit Lohnverhandlungen, die Löhne und Gehälter wurden zweimal am Tag ausgezahlt und sofort ausgegeben.

In dieser Situation kam es 1930 zum wohl bekanntesten Beispiel für die Erprobung der »Wära«. Der Held dieser Geschichte ist der Bergbauingenieur Hebecker, der ein 1927 stillgelegtes Kohlebergwerk in der kleinen Stadt Schwanenkirchen im Bayerischen Wald erworben hatte. Er konnte für seinen Betrieb von der Wära-Tauschgesellschaft einen Kredit in Höhe von 50 000 Wära erlangen, der die Wiederinbetriebnahme des Bergwerks sicherte. (Die Wära-Tauschgesellschaft war zur Förderung und Verbreitung des Freigeldes in Erfurt gegründet worden.) Hebecker beschäftigte zunächst 60 Bergleute, stellte aber bald weitere ein. Ihr Lohn wurde zu 90 Prozent in Wära und zu 10 Prozent in Reichsmark ausgezahlt. Die ortsansässigen Geschäftsleute waren dem ungewöhnlichen Geld gegenüber skeptisch eingestellt und akzeptierten es nicht als Zahlungsmittel. Als Hebecker aber damit begann, sich von den Mitgliedsfirmen der Tauschgesellschaft mit Waren beliefern zu lassen, die er in der Kantine gegen Wära verkaufte, sahen sie, daß ihnen ein großes Geschäft entging, und nahmen die Wära schließlich an. Während weit und breit große Not wegen der hohen Arbeitslosigkeit herrschte, kam die Wirtschaft in Schwanenkirchen wieder in Gang, die Arbeitslosigkeit schien gebannt.

Die Idee des umlaufgesicherten Geldes rettete nicht nur Hebeckers Kohlebergwerk und die ganze Stadt Schwanenkirchen, sondern fand auch in einem immer größeren Gebiet Verbreitung. Sie war ein wesentlicher Bestandteil der »Freiwirtschaftsbewegung«, deren theoretisches Grundgerüst auf Silvio Gesells Arbeit basierte, und sie hatte in der Praxis ihre Richtigkeit bewiesen: Über 2000 Unternehmen in ganz Deutschland verwendeten erfolgreich diese Alternativwährung. Obwohl die Währung von ihrer Definition her nicht inflationsgefährdet war, war sie für Hjalmar Schacht und seine Zentralbank viel zu erfolgreich. Es kam ihm sehr gelegen, daß im Rahmen der Brüningschen Notverordnung die Herstellung, Ausgabe und Benutzung jeglichen Notgeldes im Oktober des Jahres 1931 verboten wurde, wovon auch die Wära betroffen waren.

Die Einwohner von Schwanenkirchen verloren wieder ihre Arbeit. Da den Menschen die Selbsthilfe auf lokaler Ebene verwehrt worden war, blieb ihnen nur noch die Möglichkeit einer stark zentralistisch geprägten Lösung ...

In den bayerischen Bierkellern fesselte damals ein unbekannter Österreicher ein immer größeres Publikum mit seinen aufbrausenden Reden. Er hieß Adolf Hitler. Abb. 22 zeigt den Zusammenhang zwischen der Arbeitslosenquote und den Wahlerfolgen der NSDAP bei Reichstagswahlen zwischen 1924 und 1933. Das Dia-

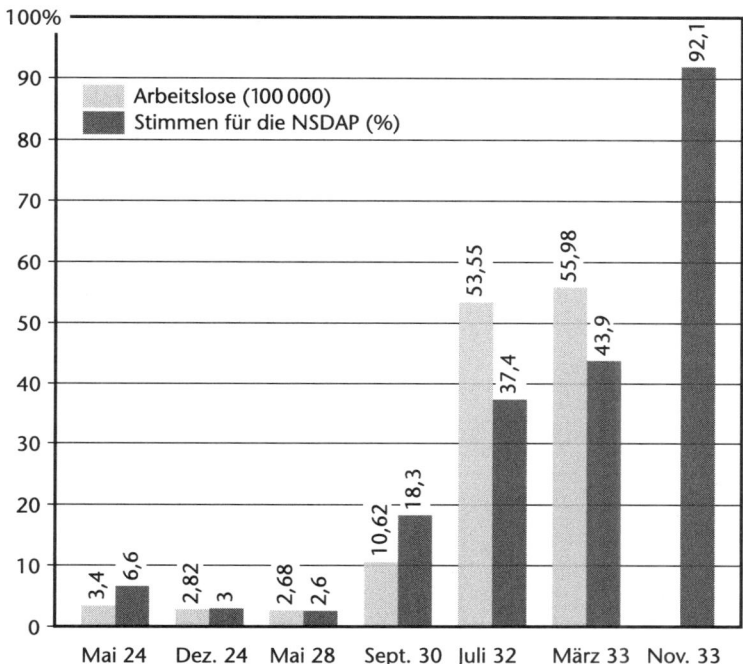

Abb. 22: **Verhältnis zwischen der Zahl der Arbeitslosen und dem Anteil der Sitze der NSDAP im Reichstag**[212]

gramm illustriert auch ein Stadium in unserem »Teufelskreis der Arbeitslosigkeit« – den Nährboden für politischen Extremismus.

Zwischen 1924 und 1928 war die Zahl der Arbeitslosen in Deutschland von 340 711 auf 268 443 gesunken. Entsprechend sank der Anteil der Wählerstimmen für die Nationalsozialisten von 6,6 Prozent auf 2,6 Prozent. Zwischen 1930 und 1933 dagegen, als die Zahl der Arbeitslosen auf 1 061 570 und dann auf 5 598 855 kletterte, stieg auch der Anteil der Wählerstimmen für die Nationalsozialisten von 18,3 Prozent auf 43,9 Prozent und bei der »Reichstagswahl« nach Einheitsliste am Ende des Jahres sogar auf 92,1 Prozent (die Ergebnisse der Wahlen vom November 1932 sind bewußt ausgelassen[213]). Diese Zahlen sprechen für sich.

Das Experiment von Wörgl

Ein weiteres bekanntes Beispiel für die Anwendung des Freigeldes lieferte die kleine österreichische Stadt Wörgl, in der damals, 1932, etwa 4200 Menschen lebten. Als Michael Unterguggenberger (1884 bis 1936) Bürgermeister von Wörgl wurde, gab es 500 Arbeitslose in der Stadt und weitere 1000 in der unmittelbaren Umgebung. Außerdem waren 200 Familien absolut mittellos. Der »Bürgermeister mit dem langen Namen« (wie Irving Fisher ihn nannte) kannte Silvio Gesells Ideen und wollte sie ausprobieren.

Der Stadtverwaltung lag eine lange Liste mit Projekten und Arbeiten vor, die durchgeführt werden sollten (Straßenbau- und Instandhaltungsarbeiten, die Schaffung eines modernen Straßenbeleuchtungsnetzes und von Kanalanlagen, der Bau eines Waschhauses und einer Notstandsküche, die Anlage von Parks im Ortsgebiet und von Wanderwegen in der Umgebung). Es waren auch genug Arbeitswillige vorhanden, doch die Stadt hatte in Anbetracht der Vorhaben nur eine verschwindend geringe Summe zur Verfügung. Anstatt den Betrag für das erste Projekt auf der Liste zu verwenden, überzeugte Unterguggenberger Kaufleute und Verwaltung von einem Geldexperiment, wie es in Gesells *Natürlicher Wirtschaftsordnung* vorgeschlagen wurde. Man gab das Wörgler

Freigeld, sog. Arbeitswertscheine, heraus, die durch den gleichen Betrag in österreichischer Währung abgedeckt waren und deswegen als gleichwertig betrachtet wurden. Dann verwendete man die neue Währung zur Finanzierung des ersten Projektes. Da die Scheine am Monatsende mit einer Marke als Nutzungsgebühr beklebt werden mußten (zu einem Prozent ihres Nennwertes), war jeder, der mit dem Freigeld bezahlt wurde, bestrebt, es vor Ultimo wieder auszugeben, und verschaffte so automatisch anderen Arbeit. Die Bewohner bezahlten sogar ihre Steuern im voraus, um die Gebühren zu vermeiden.

Zu dieser Zeit, in der allenthalben eine steigende Beschäftigungslosigkeit zu verzeichnen war, senkte Wörgl innerhalb nur eines Jahres seine Arbeitslosenquote um 25 Prozent. Die von der Stadtverwaltung eingenommene Gebühr von 12 Prozent im Jahr wurde für öffentliche Zwecke verwendet, also für das Wohl aller eingesetzt. Die Straßen erhielten einen neuen Belag, die Wasserversorgung wurde ausgebaut, und all die anderen Projekte auf der langen Liste des Bürgermeisters wurden verwirklicht. Zusätzlich wurden noch neue Häuser, eine Skischanze und eine Brücke gebaut. Die Brücke erhielt eine Plakette, auf der stolz verkündet wurde: »Erbaut mit Freigeld im Jahre 1933.« Sechs benachbarte

Dörfer übernahmen das System, in einem Dorf wurde aus dem Erlös ein Schwimmbad gebaut. Der französische Ministerpräsident Édouard Daladier stattete dem Dorf sogar einen Besuch ab, um das »Wunder von Wörgl« mit eigenen Augen zu begutachten.

Besondere Beachtung verdient die Tatsache, daß der Großteil der Beschäftigung nicht direkt auf die Projekte des Bürgermeisters zurückzuführen war. Der überwiegende Teil der Arbeit wurde durch den Umlauf des Freigeldes geschaffen, *nachdem* die ersten vom Bürgermeister angeheuerten Arbeiter es ausgegeben hatten. Tatsächlich schuf jeder Schilling des Freigeldes etwa 12- bis 14mal so viele Arbeitsplätze wie die normalen Schillinge, die ebenfalls noch in Umlauf waren! Der »Anti-Hortungs-Mechanismus« erwies sich als enorm effektive Arbeitsbeschaffungsmaßnahme.

Das Experiment von Wörgl war so erfolgreich, daß es rasch Nachahmer fand, beispielsweise im Januar 1933 in der Nachbarstadt Kirchbichl. Im Juni desselben Jahres sprach Unterguggenberger vor einer Versammlung von Vertretern aus 170 Städten und Dörfern. Bald danach wollten 200 Gemeinden in ganz Österreich das System übernehmen. Nun wurde die österreichische Zentralbank nervös, weil sie ihr Monopol gefährdet sah. Die Anhänger des Wörgl-Systems verklagten zwar die Zentralbank, verloren den Fall aber im November 1933. Die Auseinandersetzung ging bis vor den österreichischen Verwaltungsgerichtshof in

> **Das Experiment von Wörgl: Fakten, Zahlen, Mythen**[214]
> Das Experiment dauerte vom 5. 7. 1932 bis zum 21. 11. 1933. Die »Arbeitsbestätigungsscheine« gab es in Werten zu jeweils 1, 5 und 10 Schilling. Im Durchschnitt standen 5500 Schilling der Stempelwährung offen. In der Zeit, in der sich das Experiment entfalten konnte, zirkulierten die Scheine 416mal und erzeugten so 2 547 360 Schilling an wirtschaftlicher Aktivität (was heute etwa 64 Millionen Schilling oder etwa 4,6 Millionen Euro entspricht). Infolgedessen stiegen die Investitionen in produktive Einlagen gegenüber dem Jahr vor der Einführung des Schwundgeldes um 219 Prozent.
> Darüber hinaus wurde die monatliche Schwundgebühr für eine Suppenküche verwendet, die 220 Familien ernährte.
> Unterguggenbergers politisches Programm würde heute als gemäßigt sozialdemokratisch gelten, denn darin wandte er sich entschlossen »gegen den Faschismus und den Kommunismus und deren utopische Wirtschaftstheorien, gegen Staatskapitalismus, die Bürokratie und mangelnde wirtschaftliche Freiheit; aber für private Initiative und wirtschaftliche Freiheit«.[215]
> Dennoch wurde sein Experiment von Finanzexperten zunächst als »Unfug« gebrandmarkt, dann als kommunistische Idee und nach dem Krieg als faschistische Maßnahme ...

Wien, doch die Wörgler verloren erneut. Danach war die Ausgabe von »Notgeld« in Österreich verboten.

In Wörgl mußte man zum alten Währungssystem zurückkehren. Schon bald lag die Arbeitslosenquote wieder bei 30 Prozent.

> **An Alle!** № 2703
> Langsam umlaufendes Geld hat die Welt in eine unerhörte Wirtschaftskrise und Millionen schaffender Menschen in unsägliche Not gestürzt. — Der Untergang der Welt hat (rein wirtschaftlich gesehen) seinen furchtbaren Anfang genommen. — Es ist Zeit, durch klares Erkennen und entschlossenes Handeln die abwärtsrollende Wirtschaftsmaschine zu retten, damit die Menschheit nicht in Bruderkriege, Wirrnisse und Auflösung getrieben werde.
> Die Menschen leben vom Austausch ihrer Leistungen. Der langsame Geldumlauf hat den Leistungsaustausch zum großen Teil unterbunden und Millionen arbeitsbereiter Menschen haben dadurch bereits ihren Lebensraum im Wirtschaftsgetriebe verloren. — Der Leistungsaustausch muß daher wieder gehoben und der Lebensraum für alle bereits Ausgestoßenen wieder zurückgewonnen werden. Diesem Ziele dient der Arbeitsbestätigungsschein der Marktgemeinde Wörgl:
> **Er lindert die Not, gibt Arbeit und Brot!**

Nach dem gescheiterten Februaraufstand 1934 gegen das autoritäre Dollfuß-Regime wurden alle linksstehenden Parteien verboten. Auch Michael Unterguggenberger wurde aus seinem Amt entlassen. Er starb 1936 und wurde auch nach seinem Tod von der örtlichen Bevölkerung in hohen Ehren gehalten.

Kommt Ihnen das alles nicht bekannt vor? Nur eine zentrale Autorität kann den Menschen, die sich selbst vor Ort nicht helfen dürfen, als Retter verkauft werden. Und wie Ihnen jeder Wirtschaftsexperte bestätigen wird, gibt es immer ein Angebot, sofern die Nachfrage groß genug ist. Selbst wenn man dafür auf Importe zurückgreifen muß. Beim »Anschluß« Österreichs an das deutsche Reich begrüßte denn auch ein großer Teil der Bevölkerung Adolf Hitler als wirtschaftlichen und politischen Heilsbringer ...

Amerikanische Depressionswährungen

In den 30er Jahren wurden auf der ganzen Welt Komplementärwährungen geschaffen; auf dem Baltikum, in Bulgarien, Dänemark, Ecuador, Frankreich (das »Valor«-Projekt), Italien, Kanada, Mexiko, den Niederlanden, Rumänien, Schweden, der Schweiz, Spanien, ja, sogar in China und Finnland. Nicht alle wurden verboten. Wie wir später sehen werden, überstand mindestens ein Projekt den Krieg und existiert heute noch (das WIR-System in der Schweiz, das weiter unten beschrieben wird).

Doch die USA kann man als die »Mutter der Komplementärwährungen« bezeichnen, denn dort wären sie beinahe offiziell als Zahlungsmittel anerkannt worden.

In den USA haben Komplementärwährungen eine längere Tradition, als allgemein bekannt ist. In Notsituationen greifen Menschen offenbar regelmäßig immer wieder spontan auf dieselbe Lösung zurück. Komplementärwährungen entstanden bei der Wirtschaftspanik 1837, in den Jahren des Bürgerkriegs, in den Wirtschaftskrisen von 1873, 1893 und vor allem 1907.

Irving Fisher war Autor eines Standardwerks zu Zinsen und galt allgemein als bekanntester Wirtschaftswissenschaftler seiner Zeit.

Er erfuhr von dem Experiment in Wörgl und veröffentlichte mehrere Artikel darüber in den USA. Fisher riet mehreren Gemeinden, ihre eigenen Währungssysteme zu gründen, und wurde daraufhin mit so vielen Anfragen überhäuft, daß er rasch eine kleine Monographie veröffentlichte, um der Nachfrage Herr zu werden.[216]

Fisher riet von schlechten Umsetzungen ab, wie beispielsweise dem Projekt von Charles J. Zylstra, das 1932 in Hawarden in Iowa durchgeführt wurde. In diesem Fall wurde Gesells Theorie falsch angewendet, denn die Scheine mußten nicht wie üblich jeden Monat oder jede Woche, sondern bei jeder Transaktion mit einer Marke versehen werden. Doch eine Besteuerung der Transaktionen war eine Verkaufssteuer, die natürlich das Horten der Scheine förderte, anstatt es zu verhindern. Das Experiment in Iowa hatte daher auch nicht den gewünschten Effekt, weshalb es die Beteiligten schon bald ablehnten. Zylstra war darüber hinaus Mitglied des Repräsentantenhauses von Iowa und damit ein sehr aktiver und prominenter Vertreter des Freigeldes, doch leider setzte er sich für den falschen Ansatz ein. Kritiker der Komplementärwährungssysteme führen den falschen Ansatz in Iowa manchmal als typisches Beispiel an, dabei handelt es sich um eine Ausnahme.

Doch trotz dieser Mißgeschicke waren die meisten Anwendungen in den USA richtig konzipiert und wurden erfolgreich eingesetzt. Mehrere tausend Beispiele für diese lokalen Währungen aus verschiedenen Bundesstaaten werden in einem Katalog vorgestellt.[217]

Fisher führte in diesem Zusammenhang auch Gespräche mit Dean Acheson, damals noch Unterstaatssekretär im Finanzministerium. Fisher war davon überzeugt, daß das Freigeld die Lösung für die Depression bedeutete, und verwandte sein erhebliches Wissen darauf, seine Ansicht zu beweisen. Von ihm stammt die Behauptung: »Die richtige Verwendung der Stempelwährung könnte die Wirtschaftskrise in den USA in drei Wochen beseitigen!«[218] Dean Acheson war ein vorsichtiger Mann und ließ das

Konzept von einem seiner Wirtschaftsexperten an der Harvard-Universität überprüfen. Der renommierte Wirtschaftsprofessor Russel Sprague antwortete auf Achesons Anfrage, daß dieser Ansatz seiner Ansicht nach tatsächlich Arbeit schaffen und Amerika aus der Depression führen könnte. Allerdings hätte das Konzept auch einige politische Auswirkungen, die Acheson vielleicht vorher mit dem Präsidenten besprechen sollte ...

Die Reaktion Roosevelts geht aus seiner Antrittsrede hervor, die der Präsident einige Wochen später hielt. Es handelt sich vermutlich um seine berühmteste Ansprache, denn sie prägte den Satz: »Wir haben nur die Furcht zu fürchten.« In dieser Rede kündigte Roosevelt eine Reihe beeindruckender *zentraler* neuer Maßnahmen zur Bekämpfung der Krise an: den Ausbau der Reconstruction Finance Corporation, einer Kreditanstalt unter Bundesaufsicht, die bedrängten Banken, Versicherungsunternehmen und ähnlichen Finanzinstituten zu Hilfe kommen sollte, sowie verschiedene großangelegte, von der Bundesregierung geleitete Arbeitsbeschaffungsprojekte. Der von Roosevelt propagierte New Deal mündete 1934 schließlich in der Gründung der ersten amerikanischen Export-Import-Bank. Roosevelt gab außerdem bekannt, daß er per Regierungserlaß »Notwährungen« verbieten werde. Damit waren alle bereits bestehenden sowie die Komplementärwährungen gemeint, die zu der Zeit gerade im ganzen Land vorbereitet wurden.

Der Lösungsweg, der sich in den 30er Jahren bot, wurde von den USA nicht eingeschlagen. Es wäre fast soweit gekommen, aber damals bevorzugte man offensichtlich spektakuläre zentrale Entscheidungen, für die man auch leichter politische Anerkennung beanspruchen konnte.

Interessanterweise sind sich die Wirtschaftshistoriker mittlerweile darüber einig, daß diese zentralen Maßnahmen die USA gar nicht aus der Depression führten. Sie waren besser als nichts, und zahlreiche fleißige Menschen leisteten in den Programmen nützliche Arbeit. Doch die Mehrheit der Wirtschaftshistoriker stimmt darin überein, daß das Gespenst der Depression in den USA wie in Deutschland erst durch die Umstellung auf die Kriegswirtschaft verschwand.

Politische Lektionen

Die Beispiele zeigen, daß sich hinter den scheinbar so langweiligen fachlichen Entscheidungen zum Bankenwesen und der Regulierung von Währungen wahrscheinlich eine politische Zeitbombe verbirgt. Wir können natürlich nicht beweisen, daß Hitler nicht gewählt worden oder der »Anschluß« Österreichs nicht vollzogen worden wäre, hätte man die Verwendung der Wära und anderer Freigeldwährungen auf lokaler Ebene weiterhin erlaubt. Ebensowenig können wir belegen, daß es nicht zum Zweiten Weltkrieg gekommen wäre, wenn man den Lösungsansätzen in den 30er Jahren eine Chance gegeben hätte. Bei solchen langfristigen Entwicklungen sind stets auch noch andere Faktoren beteiligt. Geschichte ist kein Laborexperiment, bei dem wir noch einmal von vorn anfangen und dabei jedesmal eine Variable austauschen können.

Unser geschichtlicher Überblick verdeutlicht jedoch, daß die Unterdrückung der lokalen Initiativen, mit denen die Menschen versuchten, ihre Probleme selbst zu lösen, dazu beitrug, daß ein hochentwickeltes und kultiviertes Volk seine Minderheiten gewaltsam zu Sündenböcken machte. Die Folge waren die Zerstörung der Demokratie und schließlich der Krieg. Daß eine Unterdrückung der Initiativen derartige Auswirkungen haben kann, sollte uns nicht überraschen, schließlich kennen wir bereits die kumulative Natur des »Teufelskreises der Arbeitslosigkeit« von Abb. 20. Mussolini hatte durchaus recht mit seiner Behauptung: »Faschismus ist keine Doktrin, sondern die Antwort auf das Bedürfnis zu handeln.«

Das Beispiel der 30er Jahre bestätigt den »Teufelskreis der Arbeitslosigkeit«, der Beschäftigungslosigkeit, Gewalt, Angst, politische Polarisierung und Instabilität miteinander verbindet. Die

Schließung des Kreises zu einer noch höheren Arbeitslosigkeit wurde nur durch die größte Instabilität überhaupt verhindert: den Krieg.

Aufgrund dieses historischen Beispiels können wir die drei folgenden Beobachtungen festhalten:

- Wer Initiativen für Komplementärwährungen unterbindet, muß auch dazu angehalten werden, alternative Lösungen anzubieten und das Geld für die Leistungen aufzutreiben, die sonst die Komplementärwährungen bieten. Man kann die Komplementärwährungen nicht einfach aus währungstechnischen Gründen blockieren und den daraus resultierenden sozialen und politischen Scherbenhaufen sowie die verzweifelten Menschen sich selbst überlassen, denn wir wissen nur zu gut, wohin das führt. Soweit waren wir schon einmal.
- Wenn einzelne oder Gruppen daran gehindert werden, ihre eigenen Probleme auf lokaler Ebene selbst zu lösen, folgt darauf automatisch der Ruf nach einem Retter. Dieser Retter taucht unweigerlich auf, egal, ob er sich nun zentrale Bundesregierung, Führer, Duce, Schirinowski, Buchanan, Le Pen oder Gianfranco Fini nennt.
- Die Geschichte zeigt außerdem, daß die einzig effektive »Lösung« für großangelegte zentrale Maßnahmen zum Abbau einer erheblichen strukturellen Arbeitslosigkeit in den Vorbereitungen für einen Krieg liegt. Diese wirtschaftlichen Gründe für einen Krieg lassen sich nicht nur für den Zweiten Weltkrieg, sondern auch für viele andere Konflikte feststellen.

Zur Verdeutlichung derartiger Auswirkungen von finanzpolitischen Angelegenheiten auf die Politik wollen wir einmal das Schicksal eines Mannes genauer betrachten, der an vielen wichtigen Entscheidungen im Deutschland der 20er und 30er Jahre maßgeblich beteiligt war. Er hieß Hjalmar Schacht und war zweimal Präsident der deutschen Reichsbank; das erste Mal von 1923 bis 1930 und das zweite Mal umstrittener als »Hitlers Zauberer«[219]

von 1933 bis zum Januar 1939. Seine Geschichte weist einige schicksalhafte Züge auf, die man sonst fast nur in griechischen Tragödien findet. Außerdem haftet ihr ein Hauch von Dr. Frankenstein an, diesem für das 20. Jahrhundert so typischen Mythos: Ein Wissenschaftler erschafft ein Monster, das schließlich alles zerstört, auch seinen Schöpfer. Die ironische Wendung in Schachts Geschichte liegt darin, daß es nicht um ein Übermaß an finanzieller Experimentierfreudigkeit geht, sondern um einen Mangel – was vielleicht auch das Problem war.

Schacht beabsichtigte zwischen 1923 und 1930 mit seinen Entscheidungen sicherlich nicht eine Unterstützung der NSDAP, dennoch bewirkten sie genau das. Später, als sich die Ereignisse nicht mehr rückgängig machen ließen, wechselte er die Seiten, um »Hitler zu kontrollieren«, was ihm allerdings nur die zweifelhafte Ehre einbrachte, sowohl von Juli 1944 bis Kriegsende im Konzentrationslager inhaftiert als auch nach dem Krieg bei den Nürnberger Prozessen als Kriegsverbrecher angeklagt zu werden.

Hitlers Zauberer oder ein Dr. Frankenstein der Finanzwelt?

Die Währungskrise von 1923 brachte in Deutschland einen Mann ans Ruder der Finanzwelt, der mit seinen 46 Jahren bis dahin noch nie ins Blickfeld der Öffentlichkeit geraten war. Am 12. 11. 1923 ernannte die Regierung unter Gustav Stresemann Schacht für die speziell geschaffene Position des »Reichswährungskommissars«. Am 15. 11. wurden die ersten Scheine der neuen Rentenmark[220] ausgegeben, gleichzeitig wurden alle Formen von »Notgeld« für ungültig erklärt. Die Anordnung unterschied nicht zwischen zweifelhaften Währungen und soliden Formen wie z. B. dem Wära-System.

Reichsbankpräsident Havenstein hatte sich strikt geweigert, der Bitte Stresemanns zu entsprechen und zurückzutreten. Doch Stresemanns Problem löste sich überraschend durch den Tod Havensteins, der am 20. 11. 1923 einen Herzinfarkt erlitt. Schacht wurde zu seinem Nachfolger ernannt, da er als ein Anhänger der Republik galt und finanzpolitisch eine konservative Haltung vertrat. Schachts Gegner bei der Wahl war Karl

Helfferich, der aufgrund seiner Verbindungen zur ultrarechten Deutschnationalen Volkspartei verdächtig war. Dennoch konnte sich Schacht erst durchsetzen, nachdem es Stresemann gelungen war, die Unterstützung der SPD in einem erbitterten Rededuell zu gewinnen.

In genau demselben Monat, nur am anderen Ende des Landes und des sozialen Spektrums, verbrachte Adolf Hitler nach dem Hitler-Putsch in München seine erste Nacht im Gefängnis. Der Countdown für die Verbindung dieser beiden völlig unterschiedlichen Schicksale hatte begonnen.

Schacht erwarb sich den Ruf eines harten und orthodoxen Präsidenten der Zentralbank, der nach dem Leitmotiv »keine Währungsexperimente« handelte. Diese starre Haltung funktionierte anfangs gut, führte aber schließlich zu einem Anstieg der Arbeitslosigkeit, der den Nationalsozialisten direkt in die Hände spielte. (Gerechterweise muß hier gesagt werden – selbst wenn das meinen »Frankenstein-Vergleich« schwächt –, daß Schacht nicht die Hauptschuld am Aufstieg der Nationalsozialisten zukommt. Die drakonischen Reparationszahlungen aufgrund des Versailler Vertrages und die daraus entstandene Hyperinflation hatten diese Entwicklung schon Jahre vor Schachts Ernennung in Gang gebracht. Allerdings steht auch fest, daß Schachts Maßnahmen den Prozeß der politischen Polarisierung nicht aufhielten, sondern beschleunigten, bis er eine Eigendynamik entwickelt hatte, die nicht mehr zu bremsen war.)

Ich möchte hier noch einmal festhalten, daß Schacht mit seiner Geldpolitik anfangs definitiv nicht auf Hitlers Seite stand. Als Schacht beispielsweise 1926 seine Verbindungen zur DDP abbrach, geschah das aus Protest gegen den Vorschlag, Eigentum der Kaiserfamilie zu beschlagnahmen. Sein Rücktritt vom Amt des Reichsbankpräsidenten erfolgte aufgrund der seiner Meinung nach unannehmbaren Bedingungen des Young-Plans, mit dem die Reparationszahlungen Deutschlands geregelt werden sollten.

Erst bei einer Überfahrt nach New York im Jahr 1930 las Schacht Hitlers Mein Kampf *und bezeichnete das Buch als »volkstümliche Massenpropaganda« und als »eine Vergewaltigung der deutschen Sprache«.*[221]

Allerdings hielt im November 1932 Hitlers zukünftiger Propagandaminister Joseph Goebbels in seinem Tagebuch[222] *fest, er habe sich mit*

Schacht getroffen und halte ihn für nützlich. Schon zu Beginn des Jahres 1931 hatte Göring Schacht Hitler vorgestellt. Am 20. 2. 1933 prophezeite Goebbels Schacht, daß Hitler die nächsten Wahlen im März 1933 gewinnen würde und daß diese Wahlen »mit Sicherheit für die nächsten zehn Jahre und wahrscheinlich für hundert Jahre die letzten« sein würden. Schacht entschloß sich zur Zusammenarbeit mit Hitler. Bei den Nürnberger Prozessen rechtfertigte er diesen Schritt später als einzige Möglichkeit, Hitler zu kontrollieren. David Marsh[223] zufolge ist der eigentliche Beweggrund eher in Schachts persönlichem Ehrgeiz zu suchen. Schachts Zusammenarbeit mit Hitler war vielleicht tatsächlich ein Versuch, wieder selbst Macht auszuüben. Für diese Annahme gibt es einen Hinweis. So notierte William Dodd, der amerikanische Botschafter in Berlin, im Oktober 1934 in seinem Tagebuch: »Wenn Hitler einem Attentat zum Opfer fiele, würde Schacht vermutlich Staatsoberhaupt in Deutschland.«[224]

Schacht ließ Hitler in dieser Zeit jede erdenkliche öffentliche Unterstützung angedeihen, privat war die Beziehung zwischen den beiden aber wesentlich komplexer. Himmler beschwerte sich z. B., daß Schacht Hitler oft nur mit »Herr Kanzler« anstatt mit »mein Führer« anredete. Und Hitler selbst bemerkte, Schacht sei die einzige Person, die sich bei der Anrede solche Freiheiten herausnehme.[225]

Allerdings kontrollierte Schacht Hitler nicht. Statt dessen übertrug Hitler seit 1936 die Entscheidungsgewalt verstärkt Hermann Göring. Schacht zeigte sich zusehends besorgt über die Auswirkungen, welche die Diskriminierung der Juden und wirtschaftlich einflußreicher Gruppierungen wie der Freimaurer auf das Ansehen Deutschlands im Ausland haben würden. Der Wendepunkt kam für Schacht mit der sog. Reichskristallnacht am 9. 11. 1938, als in Deutschland fast alle Synagogen zerstört wurden, 91 Juden ums Leben kamen und rund 30 000 Juden verhaftet und zeitweise ins Konzentrationslager eingewiesen wurden. Bei der Weihnachtsfeier der Reichsbankangestellten im gleichen Jahr brachte er seine Betroffenheit öffentlich zum Ausdruck: »Die Reichskristallnacht war eine Kulturschande, die jedem anständigen Deutschen die Schamröte ins Gesicht treiben muß.«

Doch da war es schon zu spät. David Marsh kommt zu dem Schluß: »Wenn die Zweifel über die Nazis, zu denen Schacht sich später bekannte, ihn veranlaßt hätten, 1937 als Reichsbankpräsident zurückzutreten, wäre die Geschichte vielleicht anders verlaufen. Schacht war damals freilich nicht der einzige Akteur auf der politischen Bühne im In- und Ausland, der die verhängnisvolle Geschwindigkeit unterschätzte, mit der Hitler auf den Abgrund zusteuerte.«[226]

Schacht und die meisten seiner Kollegen aus dem Direktorium der Reichsbank wurden am 20. 1. und Anfang Februar 1939 entlassen, nachdem sie sich geweigert hatten, Banknoten zur Finanzierung des Krieges drucken zu lassen. Schachts Nachfolger wurde Walther Funk, ein schwacher Mann, der Hitler immer sagte, was dieser hören wollte. Schachts Kontakte zum Widerstand, die er nach seiner Entmachtung geknüpft hatte, führten nach dem gescheiterten Attentat vom 20. 7. 1944 zu seiner Festnahme und Inhaftierung bis Kriegsende 1945. Im Nürnberger Prozeß von 1946 wurde er freigesprochen. Er starb am 3. 6. 1970 im Alter von 93 Jahren in München.

Schachts Geschichte zeigt uns, daß es nicht ausreicht, ein fähiger Zentralbankier zu sein und daß es gravierende Folgen hat, unterschiedslos Komplementärwährungen zu unterdrücken. Schachts währungstechnische Entscheidungen machen ihn verantwortlich für die politischen Folgen.

Heutige Systeme

Nur sehr wenige Komplementärwährungen überstanden den Zweiten Weltkrieg, die Wirren der Nachkriegszeit und die Jahre des wirtschaftlichen Wiederaufschwungs. Wie wir bereits wissen, entstehen lokale Währungssysteme nur in Zeiten wirtschaftlicher Not, doch dann schießen sie wie Pilze aus dem Boden. Die heutigen Systeme entwickelten sich daher in erster Linie dort, wo die Arbeitslosigkeit besonders hoch ausfiel.

Abb. 23 zeigt den dramatischen Anstieg verschiedener Komplementärwährungen am Ende des 20. Jahrhunderts. Noch in den 80er Jahren gab es auf der Welt nicht einmal 100 dieser Währungssysteme. Innerhalb von zehn Jahren ist ihre Zahl um das 20fache gestiegen.

Im Verlauf dieses und des nächsten Kapitels werden wir verschiedene Formen von Komplementärwährungen näher betrachten und untersuchen, wie sie in den einzelnen Ländern verwendet werden. Bevor wir einige aktuelle Beispiele für diese neuen Währungen erörtern, müssen wir jedoch bestimmte Unterscheidungskriterien klären. Manchmal besteht Unklarheit hinsichtlich der Begriffe Tauschgeschäft und Komplementärwährung. Gelegentlich wird fälschlicherweise jeder Austausch, der keine »normale« Währung umfaßt, als Tausch bezeichnet. Ein Tausch-

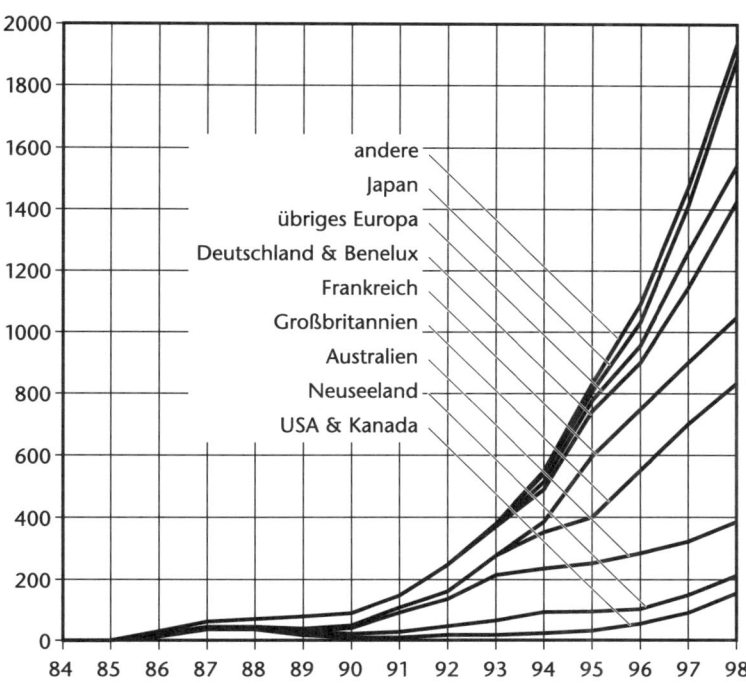

Abb. 23: **Anzahl lokaler Währungssysteme in verschiedenen Ländern**[227]

geschäft (Barter) ist als *ein Austausch von Gütern oder Dienstleistungen ohne jegliche Währung* definiert. Die Voraussetzung für ein Tauschgeschäft ist, daß die beiden beteiligten Parteien etwas besitzen, was die jeweils andere will. In der Fachsprache heißt das, daß die Parteien »die passenden Bedürfnisse und Ressourcen haben«. Diese Bedingung schränkt den Fluß solcher Tauschgeschäfte erheblich ein. Deswegen wurde auch das Geld als Tauschmittel erfunden. Bei einer *Komplementärwährung handelt es sich dagegen um eine Vereinbarung innerhalb einer Gemeinschaft, eine Währung, die keine Landeswährung ist, als Tauschmittel zu akzeptieren.* Solche Währungen werden als »komplementär« bezeichnet, weil sie – wie gesagt – eine konventionelle Landeswährung nicht ersetzen, sondern soziale Funktionen übernehmen sollen, für welche die offizielle Währung nicht geschaffen wurde. Die Bezeichnung »komplementär« bezieht sich darüber hinaus noch auf den Umstand, daß die meisten Beteiligten die normale Landeswährung und eine Komplementärwährung parallel verwenden. Oft umfaßt eine einzelne Transaktion gleichzeitig Teilzahlungen in beiden Währungen.

Nützlich ist außerdem die Unterscheidung zwischen »Fiat«-Geld und wechselseitigen Kreditwährungen. »Fiat«-Geld ist, wie wir in Kapitel 2 gesehen haben, eine Währung, die von einer Autorität aus dem Nichts geschaffen wurde, wie das Papiergeld, das keine Deckung durch Metallgeld hat. So zählen z. B. alle Landeswährungen (auch der Euro) zum »Fiat«-Geld. Wechselseitige Kreditwährungen werden dagegen von den Beteiligten bei einer Transaktion selbst als gleichzeitiges Soll und Haben geschaffen. Eine ausführlichere Darstellung der Funktionsweise solcher Währungen wird später am Beispiel von LETS und Time Dollars gegeben, die beide wechselseitige Kreditwährungen sind. Thomas Greco fand Hinweise auf solche wechselseitigen Kreditsysteme im Massachusetts der Kolonialzeit. Diese wechselseitigen Systeme sind im Prinzip einfach als eine Formalisierung der Hilfsbereitschaft zu verstehen, die ein Bestandteil fast jeder traditionellen Gesellschaft ist.

Diese Unterscheidung hilft uns bei der Identifizierung der Währungsformen, die eine Wechselseitigkeit und die Zusammenarbeit untereinander fördern, anstatt sie zu zerstören. Komplementärwährungen haben sich, vor allem wenn es sich um die Variante mit einem wechselseitigen Kreditsystem handelt, bei der Erreichung dieses Ziels als effektiv erwiesen. Das liegt daran, daß sie im Unterschied zu den Landeswährungen zu einer Geschenkwirtschaft passen. Manchmal beleben sie sogar den traditionellen Austausch von Geschenken unter Nachbarn neu.

Schließlich sollten wir noch einmal betonen, daß keine der Währungen, die den Gemeinsinn stärken, Zinsen bringen. Zinsen sind ein »offensichtliches« Kennzeichen unserer bekannten Landeswährungssysteme. Sie bilden den versteckten Mechanismus, der unter den Beteiligten Gefühle der Rivalität anstelle der Zusammenarbeit entstehen läßt (siehe »Das elfte Lederstück« auf S. 132.

LETS

Das derzeit bei weitem am häufigsten verwendete Komplementärwährungssystem ist das Local Exchange Trading System (Lokales Tausch- und Handelssystem), kurz LETS genannt. Es wurde Anfang der 80er Jahre von Michael Linton in British Columbia (Kanada) ins Leben gerufen.[228]

KANADISCHE PROTOTYPEN

Michael Linton und David Weston fanden im Jahr 1983 in Comox Valley auf Vancouver Island eine sehr einfache, aber effektive Möglichkeit, die wenigen noch vorhandenen Dollar zu strekken, die in Gebieten mit hoher Arbeitslosigkeit in Umlauf sind. Sie gründeten eine gemeinnützige lokale Organisation, eine Art wechselseitige Kreditgesellschaft, deren einziger unverzichtbarer Ausstattungsgegenstand ein Computer war. Für die Beteiligung an LETS ist eine Mitgliedschaft Voraussetzung, die geringe Beitrittsgebühr wird zur Deckung der anfallenden Kosten verwendet.

Kurz nach der Gründung von LETS mußten in den nordöstlichen Provinzen von Kanada nach jahrelanger Überfischung Fischfangquoten eingeführt werden, damit sich die Bestände erholen konnten. Plötzlich standen in den Küstengebieten ganze Gemeinden vor dem Nichts, die bisher vom Fischfang gelebt hatten. Einst wohlhabende Dörfer verzeichneten Arbeitslosenquoten von 30 bis 40 Prozent. Das LETS-Modell bot eine Möglichkeit, mit der Krise umzugehen.

Wenden wir uns doch einmal Amy zu. Amy hat beschlossen, sich an dem LETS-Happyville-System in ihrem Ort zu beteiligen, hat ihre Beitrittsgebühr von 5 Dollar und ihren jährlichen Mitgliedsbeitrag von 10 Dollar bezahlt.[229] Amys Konto beginnt bei null. Am (elektronischen oder herkömmlichen) Anschlagbrett sieht sie, daß Sarah Autos auf Vordermann bringt und John sich als Zahnarzt ebenfalls am System beteiligt. Amy liest auch, daß Harold gerne selbstgebackenes Vollkornbrot hätte. Die Angebote und Anfragen sind für Amy potentielle Geschäfte. Sie handelt mit Sarah aus, daß diese ihr Auto für 30 »grüne Dollar« plus 20 Dollar in bar für neue Zündkerzen herrichtet. Ihre Zahnarztbehandlung erhält sie bei John für 50 »grüne Dollar« und 10 Dollar in bar. Sie liefert Harold diese Woche zwei Laibe frisches Brot für 10 »grüne Dollar« und erfährt dabei, daß er auch gerne frisches Gemüse aus ihrem Garten für 30 »grüne Dollar« hätte.

Die Bezahlung wird von allen Beteiligten wie bei normalen Käufen direkt abgewickelt, nur die »grünen Dollar« werden telefonisch oder mittels einer Notiz im LETS abgebucht. Amy aus unserem Beispiel erhält ihre Güter und Dienstleistungen in einem Gesamtwert von 110 Dollar für 30 Dollar in bar. Insgesamt schuldet sie der Gemeinschaft 40 »grüne Dollar«. Die »grünen Dollar« sind keine knappe Währung, sobald die Beteiligten handelseinig werden, steht die Währung zur Verfügung. Daher bringen »grüne Dollar« die Menschen auch nicht gegeneinander auf wie normale Dollar (wie im »Elften Lederstück« aus Kapitel 2). Bei den meisten Systemen werden weder bei positivem noch negativem Kontostand Zinsen bezahlt. Informationen über Soll und Haben auf den Konten der Beteiligten sind für alle verfügbar. Diese Selbstkontrolle verhindert den Mißbrauch des Systems beispielsweise durch die Anhäufung von Schulden.

In Kanada bestehen derzeit etwa 25 bis 30 LETS.

In Großbritannien verbreitet sich LETS wesentlich schneller als in seinem Ursprungsland. Von dort aus übernahmen zahlreiche andere Länder das System, vor allem Gebiete mit hoher Arbeitslosigkeit.

GROSSBRITANNIEN

Alan Wheatley, Journalist für Reuter, verfaßte im Jahr 1994 den folgenden Bericht:

Manchester, England.

Warminster hat link, *Tomes hat* acorn, *und Manchester hat* bobbin. *So heißen einige Währungen der etwa 200 lokalen Tauschhandelssysteme (LETS). Sie entstanden in Großbritannien meist innerhalb der letzten 18 Monate als Selbsthilfeorganisationen zur Belebung der Wirtschaft in Städten und Gemeinden, die besonders schwer von der Rezession betroffen sind. »Ich glaube, sie sind so beliebt, weil Bargeld knapp ist. Es ist überall das gleiche«, meint Siobhan Harpur. Sie arbeitet im Museum für die Geschichte der Arbeit in Manchester und war bei der Gründung einer solchen Organisation für die Drei-Millionen-Stadt beteiligt.*

»In einer Stadt wie Manchester sollten bis zum Jahr 2000 mindestens 40 Prozent der Wirtschaft auf Komplementärwährungen basieren«, sagt Harpur. »Niemand sollte mehr als 20 Stunden in der Woche für Pfund Sterling arbeiten.«

Der Stadtrat unterstützt das Projekt mit einem Kredit von über 10 000 Pfund, der in bobbins *zurückgezahlt wird. Mit den* bobbins *will der Stadtrat Kinderbetreuung und andere Dienstleistungen kaufen ...*

Ed Mayo, der Leiter der New Economics Foundation, einer Denkfabrik für »alternative Wirtschaftsformen«, ist der Ansicht, daß Komplementärwährungen besonders nützlich für kleine Unternehmen mit geringer Kapitalausstattung sind, da sie deren Geschäftsgang wieder ankurbeln kön-

nen. »Ihre Kreditlinie ist begrenzt, daher könnten sie (die Unternehmen) von lokalen Programmen profitieren, die den Handel untereinander fördern«, erklärt Mayo, der gerade selbst ein LETS in Greenwich im Südosten von London gründet. (...)

»Es wäre falsch, die Komplementärwährungen als kurzlebigen Modetrend einiger gutgläubiger Idealisten abzutun. Manche beteiligen sich, weil sie etwas für den Gemeinsinn tun wollen«, erläutert Mayo. »Für andere dagegen ist LETS kein Hobby, sondern bietet ihnen ihren Lebensunterhalt. So haben sie Zugang zu Gütern und Dienstleistungen, die sie ansonsten vielleicht gar nicht bekommen könnten.«

Geoff Mulgan, Leiter des Demos Think Tank, vertritt die Ansicht, daß parallele Wirtschaftsformen wie LETS vielen Menschen Arbeit bieten können, denen die Qualifikationen oder Fähigkeiten für die, wie er sie nennt, auf Geld basierende »erste Wirtschaft« fehlen. »Außerdem passen sie (die Komplementärwährungen) vielleicht besser als traditionelle Lösungen zur Kultur des modernen Großbritannien, vor allem zur Kultur der jugendlichen Arbeitslosen«, meint Mulgan.

Eine bemerkenswerte Informationskampagne bereitete in Großbritannien den Boden für die Gründung von Komplementärwährungssystemen. Dahinter standen engagierte Freiwillige wie z. B. Liz Shephard und Harry Turner, die sich 1991 zu LETSLINK UK formierten und wesentlich zum Bekanntheitsgrad von LETS beitrugen. Aus der Arbeit ergaben sich verschiedene Innovationen und Erweiterungen des ursprünglichen Modells, so erhielten etwa das »Verzeichnis für Angebote und Anfragen« oder neue Softwareprogramme eine immer größere Bedeutung. Mit dem Schumacher-Award für den »Triumph des eigenen Bemühens« wurden all diese Bestrebungen offiziell anerkannt. Auch die Rolle der New Economics Foundation, die aus den Versammlungen des The Other Economic Summit (TOES; der alternative Wirtschaftsgipfel) hervorging, muß in diesem Zusammenhang erwähnt werden. Spezielle LETS-Projekte wurden außerdem im Rahmen der Gesundheitsfürsorge entwickelt.

Der Sozialminister der damals noch konservativen Regierung Großbritanniens Peter Baldwin gab am 8. 12. 1993 bekannt: »Kredite im LETS zählen bei der Einkommenserrechnung für die Sozialversicherung nicht als Einkommen. Die LETS-Programme sind begrüßenswerte Initiativen zur Förderung der Gemeinschaft, die durch die Regelungen der Sozialversicherung nicht künstlich behindert werden dürfen. Meiner Ansicht nach spricht viel dafür, den Sozialversicherten die Möglichkeit zur Teilnahme an solchen Programmen zu geben. LETS-Programme ermöglichen Sozialhilfebeziehern den Kontakt zum Arbeitsmarkt, zu den erforderlichen Qualifikationen und der entsprechenden Lebensweise.«

Ein Projekt zur Betreuung psychisch Kranker
Das »Zentrum für kreatives Leben« in Manchester ist eine gemeinnützige Einrichtung zur Unterstützung von Patienten mit leichten psychischen Problemen. Es ist in einem Gebäude untergebracht, das früher zu einer großen Nervenklinik gehörte und sich heute im Besitz eines Health Trust befindet. Betrieben wird das Zentrum in Zusammenarbeit mit National MIND (einer Wohltätigkeitsorganisation für Nervenkranke) und einer Gruppe, deren Mitglieder selbst Erfahrungen mit psychischen Problemen haben. Ein LETS verschafft dem Projekt breite Unterstützung.
  Ungefähr 100 Menschen suchen dort regelmäßig einmal in der Woche Unterstützung. Das LETS für kreatives Leben hat 150 Mitglieder. Es gibt einen LETS-Laden, Räume für LETS können gemietet werden, und außerdem finden regelmäßig Märkte und Auktionen statt. Es gibt ein gemeinsames Gartenprojekt zur Pflege des Gartens beim Zentrum. Im Gebäude ist auch ein Café untergebracht, außerdem veranstaltet das LETS regelmäßig Kunstkurse. Therapeuten bieten Sitzungen an, die man in Komplementärwährung bezahlen kann, zudem gibt es die übliche Mischung verschiedener Güter und Dienstleistungen, die unabhängig vom Zentrum über das LETS verkauft werden.
  Das Experiment führte zu einer nationalen Konferenz über LETS und die Betreuung Nervenkranker in Manchester, zu der Hunderte von Interessierten kamen. Inzwischen haben mehrere Health Trusts ein LETS in ihre »Zentren für Gesundes Leben« als Teil der Regierungsinitiative zur Bildung von Gemeinschaften bei der Gesundheitsfürsorge integriert.

Ende der 90er Jahre gab es bereits über 400 LETS in Großbritannien, was seit Alan Wheatleys Bericht im Jahr 1994 ein Wachstum um 100 Prozent ausmacht. Allerdings sollte man trotz dieser scheinbar beeindruckenden Zahlen bedenken, daß der ganze Vorgang in großen wirtschaftlichen Zusammenhängen gesehen nur eine Randerscheinung bleibt. Die etwa 30 000 Mitglieder erzielen einen Jahresumsatz von nur 2,2 Millionen britischen Pfund.[230]

Einen weiteren Hinweis darauf, daß in Großbritannien gerade fleißig mit sozialen Währungsformen experimentiert wird, bieten die 500 Kreditgemeinschaften (zur Bildung eines gemeinsamen Pools für die Vergabe von Krediten in »normaler« Landeswährung an die Mitglieder), die derzeit im ganzen Land tätig sind.[231]

NEUSEELAND

David James, ein Quäker von Whangarei, und Vivian Hutchinson, eine sozial engagierte Frau aus New Plymouth auf Neuseeland, nahmen 1984 an einem von Quäkern organisierten Workshop für alternative Wirtschaftsformen in London teil.

In Neuseeland hatte die neue Lange-Douglas-Regierung die tiefgreifendste Umstrukturierung der Wirtschaft seit der Weltwirtschaftskrise von 1929 in Angriff genommen. Die neue Politik führte zusammen mit einer weltweiten wirtschaftlichen Rezession in ganz Neuseeland und besonders in den ländlichen Gebieten zu hoher Arbeitslosigkeit. 1986 hatten sowohl die Ideen als auch die soziale Belastung einen kritischen Punkt erreicht. David James rief das erste neuseeländische »Grüne-Dollar«-Projekt ins Leben: Das »Whangarei Exchange and Barter System« (kurz WEBS). Zur Verbreitung seiner Idee hielt er zahlreiche Seminare ab. Eine Regierungsbeamtin namens Hilary Allison, Leiterin des Programms für alternative Beschäftigung des Innenministeriums in Dunedin, finanzierte 1988 eine Informationskampagne durch Otago und Southland. Im nationalen Fernsehen (TVNZ) wurde über den Erfolg von Whangarei berichtet, woraufhin das Programm im ganzen Land zahlreiche Nachahmer fand.

Dank der ersten Dissertation über LETS wissen wir mehr über die Situation in Neuseeland als in vielen anderen Ländern.[232] Mark Jackson, der Verfasser der Dissertation, begann mit einer Bestandsaufnahme der 61 Systeme mit »grünen Dollar«, die in der Frühjahrsausgabe 1993 des Magazins New Zealand Green Dollar Quarterly aufgeführt waren. Er fand heraus, daß 47 Systeme gut funktionierten, 14 waren dagegen stark angeschlagen oder existierten schon gar nicht mehr.

Herkunft und Beweggründe der Initiatoren der LETS und ihrer Helfer, die mit zum Erfolg der »grünen Dollar« in Neuseeland beigetragen haben, weisen eine erstaunliche Vielfalt auf. Man findet unter den Pionieren der Komplementärwährung Regierungsbeamte, christliche Fundamentalisten, Hippies, die üblichen politischen Reformer sowie ganz normale Bürger.

Bei den Ergebnissen von Jacksons Untersuchung fällt besonders auf, daß die Beteiligung von Frauen im Laufe der Zeit unabhängig von ihrer sozialen oder politischen Herkunft stetig zunimmt. In den Gemeinschaften, die »grüne Dollar« verwenden, haben Frauen einen besonders hohen Anteil.

Über die »grünen Dollar« wurde in der neuseeländischen Steuerbehörde (Internal Revenue Department, IRD) und im neuseeländischen Sozialministerium (Department of Social Welfare, DSW) heftig diskutiert. Die Steuerbehörde Neuseelands folgt der Regelung, daß die »grünen Dollar« als reguläres Einkommen zählen, wenn es sich um eine professionelle Dienstleistung handelt (z. B. ein Klempner, der Klempnerarbeiten ausführt). Dann müssen Steuern in konventionellen neuseeländischen Dollar gezahlt werden. Hat die Tätigkeit jedoch nichts mit dem Beruf zu tun (z. B. ein Klempner, der Autos repariert und dafür mit »grünen Dollar« bezahlt wird), muß der Verdienst nicht versteuert werden.

Das Sozialministerium beteiligte sich aus den folgenden Gründen finanziell an der Neugründung verschiedener LETS-Projekte:
1. Die Systeme helfen Sozialhilfeempfängern, ihre Qualifikationen zu erhalten und zu erweitern.

2. Die Teilnahme motiviert die Menschen, weiter nach einer »normalen« Stelle zu suchen.
3. Und oft sind die Projekte ein Sprungbrett in die Selbständigkeit.

AUSTRALIEN

Derzeit verfügt Australien über die höchste Rate an Komplementärwährungssystemen pro Kopf. Obwohl die Regierung die LETS nicht so aktiv fördert wie in Neuseeland, existieren aktuellen Schätzungen zufolge über 200 Systeme. Im Jahr 1991 gab es in Australien nur 45 Systeme, doch drei Jahre später waren es bereits viermal so viele. Zu den bekanntesten zählt das Blue Mountains LETS in der Nähe von Sydney mit über 1000 Mitgliedern.

Einer der Gründe für diese Blüte liegt darin, daß die Regierungen der Bundesstaaten und Territorien wie z. B. von Western Australia nach einer Überprüfung der Ergebnisse die Einrichtung neuer LETS fördern.

BEISPIEL FRANKREICH: »LE GRAIN DE SEL«

Wir könnten so fortfahren, Skandinavien, Deutschland und die Niederlande untersuchen und eine Bestandsaufnahme der dortigen Komplementärwährungssysteme machen. Doch statt dessen wenden wir uns nur noch einem weiteren Land zu. Das Beispiel Frankreich illustriert besonders deutlich das enorme Wachstumspotential der Komplementärwährungen bei einer schlechten Beschäftigungssituation. Als die Arbeitslosenquote in Frankreich zu Beginn der 90er Jahre sprunghaft in die Höhe schnellte, beschloß Claude Freysonnet, eine Spezialistin für biodynamische Landwirtschaft aus Ariège, die Initiative zu ergreifen. Von einem holländischen Freund erfuhr sie erstmals 1993 von Komplementärwährungen. Wenig später war »Le Grain de Sel« geboren (wörtlich »Das Quentchen Salz«, das im Französischen die zusätzliche Bedeutung hat, daß etwas nicht zu ernst zu nehmen ist). SEL ist außerdem die Abkürzung für »Système d'Échange Local« (lokales Tauschsystem).

Heute verkauft Claude ihre Produktion an Biokäse an die 300 Mitglieder ihres »Grain-de-Sel«-Verbandes von Ariège. Ihr eigenes »Grain-de-Sel«-Einkommen hat sie für die Obstbäume in ihrem Garten, für die Fahrräder ihrer Kinder und sogar für das Auto verwendet, das sie fährt. Neben dem bei LETS üblichen Austausch gibt es in Ariège eine neue Tradition: Alle zwei Wochen findet auf dem Marktplatz von Poix ein großes Fest statt. Dann wird nicht nur mit Käse, Obst und Kuchen wie an normalen Markttagen gehandelt, sondern auch mit Klempnerdiensten, Haarschnitten, Segel- oder Englischunterricht. Als Währung wird nur »Grain-de-Sel« akzeptiert! Die Menschen aus der ganzen Gegend kommen dorthin, denn diese Art des Handels »macht viel mehr Spaß«.

Zweieinhalb Jahre später hatte Claude Freysonnets Idee in ganz Frankreich Nachahmer gefunden. Und zwar viele Nachahmer. Mittlerweile existieren in Frankreich über 200 »Sel«-Verbände. Manche nennen ihre Währungseinheit »la Truffe« oder »le Coquillage« (Trüffel oder Muschel).

Darüber hinaus gibt es mehr als 350 Zentren, die sich auf die Vermittlung von Wissen und Informationen spezialisiert haben (»Réseaux d'Échange de Savoir«). Das Konzept existiert auch in anderen Ländern. Ein typisches Beispiel ist »La Maison de l'Amitié« (Haus der Freundschaft) in der verschlafenen Kleinstadt Beauraing in Belgien. Die Broschüre der Organisation trägt den Titel »Ich lehre dich, du lehrst mich, gemeinsam lernen wir«. Es gibt sogar schon ein Buch mit Tips, wie man sein eigenes Zentrum für Informationsaustausch gründet.[233] Einer Umfrage zufolge, die im Dezember 1994 von CREDOC (Centre de Recherche pour l'Étude et l'Observation des Conditions de Vie) durchgeführt wurde, praktiziert jeder vierte Franzose Tauschhandel ohne Verwendung des offiziellen französischen Franc: 2 Prozent aller Franzosen handeln überwiegend auf diese Art, 10 Prozent regelmäßig und 13 Prozent gelegentlich.

Auch in Frankreich gibt es professionelle Spielverderber. Le »Fisc« (das Finanzamt) ist an den Geschäften in der Komplementärwährung erst interessiert, wenn sie die Summe von 20 000 Franc pro Jahr übersteigen oder wenn die Dienstleistung im Rahmen einer beruflichen Tätigkeit erfolgt (wie in Großbritannien).

WIR

WIR[234] ist ein Schweizer Beispiel für eine Komplementärwährung, die von und für eine Gemeinschaft einzelner und kleiner Unternehmer betrieben wird. Drei Eigenschaften machen WIR besonders interessant. Zum einen ist es das älteste noch bestehende System in der heutigen westlichen Welt. WIR wurde 1934 von 16 Mitgliedern in Zürich gegründet, und seit seinem Bestehen wächst die Zahl seiner Mitglieder und sein Geschäftsvolumen beständig. Zweitens zeigt WIR, daß Komplementärwährungen sinnvoll sind, sogar in einem besonders konservativen und hartgesotten kapitalistischen Land mit einem der höchsten Lebensstandards der Welt. Und schließlich ist WIR ein System, dem man allein schon wegen seiner Größe Beachtung schenken muß. Zum 60jährigen Jubiläum von WIR im Jahr 1994 betrug der Jahresumsatz des Systems 2,5 Milliarden Schweizer Franken (d. h. knapp 1,5 Milliarden Euro). Die 80 000 Mitglieder von WIR leben heute in allen Teilen des Landes. WIR operiert in vier Sprachen, die Organisation besitzt ihr eigenes Bankgebäude und sechs repräsentative Regionalbüros.

WIR ist die Abkürzung für »*Wir*tschaftsring-Genossenschaft«, gleichzeitig aber auch eine Anspielung auf das Personalpronomen »wir«. Zwei der wichtigsten Gründungsmitglieder – Werner Zimmermann und Paul Enz – waren für ihre Zeit wahre Visionäre.

Heutzutage kann ein Mitglied über zwei Wege in den Besitz von WIR kommen: Entweder verkauft man ein Gut oder eine Dienstleistung an ein Mitglied, oder man erhält einen WIR-Kredit vom Koordinationszentrum. Anders ausgedrückt, WIR ist eine Mischform aus einem wechselseitigen Kreditsystem (wenn man ein Gut

Die Gründer von WIR
Werner Zimmermann veröffentlichte 1933 eine Abhandlung über die Emanzipation der Frau, in der er eine Aufwandsentschädigung für die Arbeit der Mütter forderte – und das in der Schweiz, dem letzten Land in Europa, das Frauen das Wahlrecht gewährte (1971). Im Jahr 1935 hielt er Reden über sterbende Wälder und Flüsse, lebenswichtiges Wasser und veröffentlichte 1972 ein Buch über den Segen oder Fluch der Atomenergie.

Paul Enz gründete 1931 einen Gartenbauverein »zur Pflege und Förderung der physischen und ethischen Erholung der gesamten Nation«. Außerdem betrieb er mehrere Naturkostläden in Zürich.

Zimmermann und Enz hatten sich mit den Theorien Silvio Gesells befaßt und beschlossen, es zwei Zirkeln nachzutun, die Gesells Theorien in Skandinavien und auf dem Baltikum Anfang der 30er Jahre anwandten.

Sie selbst formulierten, daß sie eine befriedigende Arbeit, gerechte Löhne und gesicherten Wohlstand wollten. Dafür kämpften alle Arbeiter, und das könnten und sollten auch alle haben.[235] Der Name WIR wurde von Zimmermann als Gegenpol zu »ich« definiert, denn zusammen in einer Gemeinschaft könne man besser die Interessen des einzelnen schützen.[236]

Der Anfang war schwer, denn die Idee der Komplementärwährung wurde heftig von der Presse, den Banken und konservativen Geschäftsleuten angegriffen. Doch schließlich konnte ein Arbeitskapital von 140 000 Schweizer Franken aufgetrieben werden, größtenteils in Beträgen zu 50 oder 100 Franken. Zur Zeit der Weltwirtschaftskrise war allein schon das eine außergewöhnliche Leistung.

Das WIR-System wurde 1935 mit 2950 Mitgliedern ins Leben gerufen. Seinen Tiefpunkt erreichte es 1945, als die Genossenschaft aufgrund der Kriegswirren nur noch 624 Mitglieder zählte. Nach dem Krieg stiegen die Zahlen allmählich wieder, 1960 waren es 12 567 Mitglieder, 1980 schon 24 227 Mitglieder und heute sind es über 80 000 Mitglieder. Bei den meisten Mitgliedern handelt es sich um Angehörige der Mittelschicht oder kleine bis mittlere Unternehmen.

Das Geschäftsvolumen hat sich bemerkenswert entwickelt. Im Jahr 1973 lag der Gesamtumsatz noch bei 196 Millionen Schweizer Franken, erreichte 1980 fast eine Milliarde Franken und wird heute auf über 2,5 Milliarden Franken geschätzt.

direkt verkauft) und Buchgeld (wenn man beim Zentrum einen Kredit aufnimmt). Ein Kredit hat eine sehr niedrige Verzinsung (1,75 Prozent im Jahr). In der Praxis dienen bei solchen Krediten oft Immobilien oder andere Vermögenswerte als Sicherheit. Wie bei allen Währungen ist auch bei WIR Vertrauen das wichtigste. Die WIR-Kredite werden automatisch aus dem Umlauf genommen, wenn ein Mitglied das Darlehen an das Zentrum zurückzahlt.

Der Wert des WIR ist an den Schweizer Franken gebunden (d. h. 1 WIR = 1 Franken), doch alle Zahlungen müssen in WIR geleistet werden. (Rein fachlich gesehen, ist der Schweizer Franken die Währungseinheit und der WIR das Tauschmittel.)

Folgende Gründe werden von den Mitgliedern für die Beteiligung am WIR-System genannt:

- WIR ist für Geschäfte äußerst kosteneffektiv: Die Kommission bei Verkäufen ist beim Handel mit WIR auf 0,6 Prozent beschränkt.
- WIR verschafft Zugang zu einem bekannten und treuen Kundenstamm; Kredite sind wesentlich günstiger als in der Landeswährung.
- WIR bietet zusätzlichen Service (direkte Zustelldienste, Werbung bei den Mitgliedern, Veröffentlichungen usw.).
- WIR dient als Puffer gegen Einwirkungen von außen, beispielsweise bei einer plötzlichen Zinserhöhung bei der Landeswährung oder anderen ökonomischen Katastrophen.
- WIR bietet kleinen Unternehmen Vorteile, die sonst nur großen Unternehmen vergönnt sind.

WIR bietet daher eine Vorstellung von dem wirtschaftlichen Potential eines voll ausgereiften Komplementärwährungssystems.

Regionale Entwicklungswährungen

Die Europäische Kommission ist an der Finanzierung von vier regionalen Pilotprojekten beteiligt, die zusammen »Barataria«-Projekte genannt werden (Informationen dazu auf der Website

http://www.barataria.org, wo Sie auch Links zu den einzelnen Projekten finden.) Bei den vier Prototypen wurde bewußt darauf geachtet, daß sie sich voneinander unterscheiden. Es handelt sich um:
1. das schottische Projekt SOCS
2. das ROMA-Projekt im Raum Connacht in Irland,
3. Amstelnet in Amsterdam
4. und das Projekt »3er Sector«, organisiert von dem gemeinnützigen La Kalle im Vallecas-Bezirk von Madrid.

Die beiden ersten Projekte wurden auf dem Land entwickelt, die beiden anderen sind für Stadtbewohner gedacht. Das irische System ist eine Papierwährung, während es sich bei den drei anderen um rein elektronisches Geld handelt. In allen Fällen werden Transaktionen in lokaler Währung besteuert, sie unterliegen auch der Mehrwertsteuer. Einige Erläuterungen vermitteln vielleicht einen Eindruck von der Bandbreite dieser Nutzungsformen.
1. Das schottische Experiment ist eine Adaption des WIR-Systems zum Zweck regionaler Entwicklung. Es wurde von Ruth Anderson vom Scottish Rural Forum ins Leben gerufen. Die Mitgliedschaft beim SOCSystem ist auf Organisationen wie z. B. Unternehmen, Ministerien und gemeinnützige Verbände beschränkt. Jedes Mitglied verfügt über zinslose (ungesicherte) Kredite, deren Rahmen sich an der Zahl der Handelspartner und an den Umsätzen festmacht. Zusätzliche Kredite können gewährt werden, wenn die Organisation Sicherheiten bieten kann (gedeckter Kredit). Das SOCS-Verzeichnis ist über eine Website abrufbar und erscheint auch in gedruckter Form. Zahlungen werden mittels Kreditschecks geleistet, in Zukunft sind jedoch noch andere Formen geplant. Die Mitgliedsbeiträge werden vierteljährlich gezahlt. Sie decken die Verwaltungskosten und dienen als Reserve bei notleidenden Krediten.
2. Das irische Experiment wird im sogenannten »schwarzen Dreieck« Irlands durchgeführt, der Region zwischen dem County

Mayo und Roscommon, wo sich der wirtschaftliche Niedergang selbst in den 90er Jahren fortsetzte, als die Wirtschaft in den übrigen Landesteilen boomte. Der Landstrich ist nur dünn besiedelt, viele Menschen sind weggezogen, die anderen leben meist verstreut auf kleinen Bauernhöfen. Währungseinheit ist der ROMA, der seit Januar 1999 ausgegeben wird und wie ein LETS mit strikten Kreditvorschriften funktioniert. An dem Projekt ist Richard Douthwaite beteiligt, der Autor von *Jenseits der Globalisierung: Handbuch für ein lokales Wirtschaften*.[237] In seinem Buch nennt er überzeugende Gründe, warum bestimmte Gebiete ihre eigenen Währungssysteme schaffen sollten.

3. Amstelnet ist eine Initiative der »Aktie Strohalm Foundation« in Amsterdam, Holland. Ihr Einzugsgebiet ist eine der am dichtesten besiedelten Regionen der Welt. Amstelnet ist ein Netzwerk für Firmen, Selbständige und auch Organisationen. Zahlungseinheit und Tauschmittel sind die »Amstelnet Eenheden« (AE, »Amstelnet Einheiten«, die einem Gulden entsprechen). Die gemeinnützige Organisation Aktie Strohalm widmet sich besonders der Erforschung und Erprobung von neuen Währungssystemen. Sie ist seit zehn Jahren tätig, beschäftigt 47 Mitarbeiter in Vollzeit und leistete bei verschiedenen anderen Projekten in Holland bereits Pionierarbeit.

4. Das spanische Projekt »La Kalle« wird in Vallecas in der Nähe von Madrid durchgeführt. Vallecas ist mit seinen 200 000 Einwohnern eines der größten Arbeiterwohngebiete des Landes. Währungseinheit des Projektes ist BICS, dessen Wert 100 Pesetas entspricht. Zinsfreie Darlehen stehen automatisch jedem bis zu einer Höhe von 50 000 Pesetas zur Verfügung, nach Überprüfung durch eine Kreditkommission auch über größere Summen. Eine Regel von La Kalle lautet, daß jeder Handel mindestens 25 Prozent BICS-Einheiten umfassen muß.

Die Finanzierung kleiner Unternehmen
Die folgenden Beispiele verdeutlichen die Flexibilität von lokalen Währungskonzepten. Es handelt sich um kleine Unternehmen, die durch die Verwendung von Komplementärwährungen eine Finanzierung erhielten. In diese Kategorie fallen die Berkshire-Experimente in Massachusetts und der »Dining Dinero«, der vom Café de la Paz in Berkeley ausgegeben wird.

Keine dieser Komplementärwährungen ist als allgemeines Tauschmittel konzipiert, sondern dient vielmehr als alternatives Finanzierungskonzept für bestimmte Zwecke, die von einer Gemeinschaft unterstützt werden.

Die vier wichtigsten Berkshire-Experimente heißen Deli Dollars, Berkshire Farm Preserve Notes, Monterey General Store Scrip und Knitter Restaurant Scrip.[238] An der Finanzierung dieser Unternehmen waren normale Banken nicht interessiert. Allen Experimenten liegt das gleiche Muster zugrunde, das ich anhand der Farm Preserve Notes (Farm-Erhaltungs-Scheine) erläutern möchte. Die Farm Preserve Notes (die die offizielle Zustimmung des Landwirtschaftsministeriums des Bundesstaates Massachusetts genießen) bieten das Betriebskapital für einige kleine Farmer, die ihre Scheine für normale US-Dollar verkaufen. Die Zertifikate können bei der nächsten Ernte gegen Waren und Anbauprodukte eingelöst werden. Die zukünftigen Produkte werden über die Scheine zu ermäßigten Preisen verkauft, um einen Anreiz für die Käufer zu schaffen, jetzt etwas zu kaufen, was erst in ein paar Monaten zur Verfügung steht. Dieser Ansatz wurde von den Kunden gut angenommen. Die Farmer haben dadurch sofort Betriebskapital und wissen außerdem im voraus, daß sie einen Teil der Ernte an verläßliche Kunden absetzen können.

Das Café de la Paz in Berkeley, Kalifornien, brauchte Geld für die Renovierung eines Versammlungsraums neben dem Hauptrestaurant. Die Besitzer wandten sich an mehrere Banken und baten um einen Kredit. Da sich keine Bank interessiert zeigte, gaben die Besitzer des Cafés Scheine heraus, die gegen zukünftige Mahlzeiten eingetauscht werden können. Die Kalkulation sieht folgendermaßen aus: Ein Kunde kauft für 100 Dollar 120 »Dining Dineros«, erhält damit also bei den entsprechenden Mahlzeiten 20 Prozent Nachlaß. Da die Kosten für die Zutaten nur 40 Dollar betragen, macht das Café bei dem Handel immer noch einen Gewinn von 60 Dollar. Außerdem erhält es seinen notwendigen Kredit und hat zusätzlich noch seine Kunden fester an sich gebunden. Jeder profitiert also von den »Dining Dineros«.

Insgesamt betrachtet sind Komplementärwährungen nicht nur in sozialer, sondern auch in wirtschaftlicher Hinsicht sinnvoll. Durch sie können sich kleine Geschäfte vor Ort besser gegen die großen überregionalen Ketten behaupten. Kleinen lokalen Unternehmen bereitet es keine Probleme, eine lokale Währung zu akzeptieren, denn sie können das »Geld« wieder in der Gemeinde ausgeben – wie z. B. die kleinen Farmer, die zur Erntezeit Erntehelfer aus dem Ort einsetzen. Große Ketten haben dagegen Lieferanten, die normalerweise weit weg sind, und haben daher weniger Interesse an der Teilnahme an einem lokalen Währungssystem. In diesem Sinn tragen Komplementärwährungen auch dazu bei, die lokale Wirtschaft eigenständiger zu machen, ein bescheidenes, aber gesundes Gegengewicht zur unaufhaltsamen Globalisierung der Wirtschaft.

Wie das Beispiel WIR zeigte, bieten Komplementärwährungen kleinen Unternehmen Vorteile, die traditionell sonst nur den großen zugute kommen.

Schließlich sollten wir noch festhalten, daß Komplementärwährungen *keine* neue Form der Sozialhilfe darstellen. Bei der Sozialhilfe oder der Wohlfahrt allgemein wird über die Steuern Geld von den Reichen auf die Armen umverteilt. Die Verwendung von Komplementärwährungen ist dagegen freiwillig; ein solches System schafft neuen Reichtum für alle und finanziert sich – einmal angefangen – völlig aus eigenen Mitteln.

Kapitel 6

Gemeinschaftswährungen

> »Geld symbolisierte einst das liebevolle Geben und Nehmen, das dem Menschen das Gefühl einer emotionalen Verwurzelung in der Gemeinschaft gab ... Geld entstand als Symbol für die Seele des Menschen.«   *William S. Desmonde* [239]

> »Die Wirtschaft der Zukunft basiert auf Beziehungen, nicht auf Besitz.«   *John Perry Barlow*

Dieses Kapitel widmet sich einer weiteren »Geldfrage« aus unserer »Zeitkompressionsmaschine«. Wir beschäftigen uns hier mit der Überalterung der Bevölkerung, genauer mit der Frage: Wie wird die Gesellschaft das Geld für die alten Menschen im Hinblick auf ihr erhöhtes Lebensalter aufbringen (siehe S. 29)? Doch wir gehen noch über die Fragestellung hinaus und erörtern ein weiter gefaßtes Problem: den Zerfall des Gemeinsinns. Die Probleme in der Altenpflege, Kinderbetreuung, Erziehung, beim Abbau der Kriminalität und bei der Verbesserung der allgemeinen Lebensqualität sind Symptome für eine Krise der Gemeinschaft.

Der Zerfall der Gemeinschaft läßt sich überall in der modernen Welt beobachten. Normalerweise bringt man diese Entwicklung nicht mit Geld in Verbindung, aber die Ursache und die Lösung des Problems sind in unserem Währungssystem zu suchen.

Der Zerfall der Gemeinschaft

Auf der ganzen Welt, in reichen und armen Ländern gleichermaßen, ist das Familienleben raschen und tiefgreifenden Veränderungen unterworfen. »Die Vorstellung, daß die Familie eine stabile und geschlossene Gemeinschaft verkörpert ... ist ein Mythos.

In Wirklichkeit sind Auflösungserscheinungen wie alleinerziehende Mütter, steigende Scheidungsraten und die Feminisierung der Armut nicht auf Amerika begrenzt, sondern treten weltweit auf.«[240] Nur in Japan hat sich die Situation in den letzten 30 Jahren kaum verändert.[241]

In allen Ländern hört man dieselben Klagen: »Nichts ist mehr so, wie es früher einmal war. Früher gab es noch ein Gemeinschaftsgefühl.« Die Ursachen sind vielleicht in jeder Kultur verschieden, doch die *Entwicklung* ist identisch. Auch die Auswirkungen wie z. B. Vandalismus gegen öffentliches Eigentum und eine erhöhte Kriminalität vor allem bei Jugendlichen sind ähnlich.

Je »entwickelter« ein Land ist, desto weiter ist dieser Trend fortgeschritten. So war beispielsweise im 19. Jahrhundert die Großfamilie in Nordeuropa und den USA die Norm. Seit den 50er Jahren gilt die Kernfamilie als Standard ... Doch heute hat sich die soziale Identität in den USA bereits von der Kernfamilie zur Teilfamilie verlagert, da 51 Prozent aller amerikanischen Kinder mittlerweile bei einem Elternteil aufwachsen.[242] Auffallend ist daran, daß sich die gleiche Entwicklung – allerdings oft unter anderen Voraussetzungen – derzeit anscheinend fast überall vollzieht.

All das wird normalerweise – je nach Alter und politischer Ausrichtung des Beobachters – als Preis des Fortschritts oder als Anzeichen für die Dekadenz unserer Gesellschaft interpretiert. Aber kann der Zerfall der Gemeinschaft ansteckend sein? Oder steckt dahinter vielleicht eine tiefere gemeinsame Ursache?

Wenn man verstehen will, wie das Gemeinschaftsgefühl verlorengeht, muß man zunächst wissen, wie eine Gemeinschaft entsteht.

Von allen Disziplinen, die sich mit Gemeinschaften und dem Gemeinsinn befassen, bietet uns die Anthropologie die nützlichsten Erkenntnisse. Anthropologen stellten fest, daß aus Nähe nicht zwangsläufig Gemeinschaft entsteht (sonst würde in einem Hochhaus mit 200 Wohnungen in der Stadt ein fester Zusammenhalt bestehen). Auch eine gemeinsame Sprache, Religion,

> **Die Definition des Familienbegriffs
> durch einen Stammesältesten der Aborigines**[243]
> »Ihr Weißen versteht nicht, was wir mit ›Familie‹ meinen. Nach der Geburt wird ein Baby seinen ›Müttern‹ übergeben. Damit ist nicht nur die Mutter gemeint, die es geboren hat, sondern auch ihre ganzen Schwestern und Tanten. Sie sind verantwortlich dafür, daß das Kind ernährt und geliebt wird. Das Baby wird auch seinen ›Vätern‹ übergeben. Das sind sein biologischer Vater, seine Brüder und Onkel. Sie sorgen für das Kind und lehren es die Dinge, die es wissen muß. Alle anderen im Stamm sind Brüder oder Schwestern. *Wir finden es wirklich primitiv, wenn ein Kind nur eine Mutter und einen Vater hat!*«
> In westlichen Gesellschaften haben viele Kinder nicht einmal beide Elternteile! Stellen Sie sich die Liebe, Unterstützung und Aufmerksamkeit vor, die ein Kind in einer Gruppe von Müttern und Vätern erfahren würde!
> *Ist unsere Ansicht, daß zwei Eltern für ein Kind ausreichen, tatsächlich »primitiv«? Vielleicht ist Existenzangst nur ein Bestandteil der westlichen Kultur und gar kein natürlicher Daseinszustand des Menschen.*

Kultur oder Verwandtschaft erzeugen noch keine Gemeinschaft. Alle genannten Faktoren tragen zwar sekundär zur Gemeinschaftsbildung bei, doch die Grundlage für eine Gemeinschaft ist etwas anderes.

Anthropologen fanden heraus, daß Gemeinschaft auf dem gegenseitigen Austausch von Geschenken basiert.[244]

Die Entstehung von Gemeinschaften und die »Geschenkwirtschaft«

Wenn Gemeinschaft ein Stoff wäre, aus welchem Garn würde sie bestehen? Oder, um eine andere Metapher zu verwenden: Wenn Gemeinschaft ein Molekül wäre, was wäre das konstituierende Atom, der kleinste Akt, aus dem das Molekül entstünde?

Wenn Sie eine Schachtel Nägel brauchen, gehen Sie in den Baumarkt und kaufen eine. Weder Sie noch der Verkäufer erwarten, daß daraus eine wechselseitige Beziehung entsteht. Das ist einer der Gründe, warum die Verwendung von Geld so effektiv ist. Jede

Transaktion steht für sich allein. Allerdings entsteht dabei auch keine Gemeinschaft.

Nehmen wir nun an, daß Sie eine weitere Schachtel Nägel bräuchten und Ihr Nachbar auf seiner Terrasse säße, wenn Sie zum Auto gingen. Sie erzählen ihm, daß Sie eine Schachtel Nägel kaufen wollen, und er antwortet: »Oh, ich habe neulich erst sechs Schachteln gekauft. Nehmen Sie eine von mir, dann müssen Sie nicht zum Baumarkt fahren.« Das Geld, das Sie ihm anbieten, lehnt er ab. Was ist passiert?

Von einem rein materiellen Standpunkt aus betrachtet, erhalten Sie in beiden Fällen Ihre Schachtel Nägel. Aber ein Anthropologe würde darauf hinweisen, daß im zweiten Fall noch etwas anderes geschehen ist.

Wenn Sie Ihren Nachbarn wieder treffen, werden Sie ihn bestimmt grüßen. Und sollte er je an einem Samstagabend an Ihrer Tür klingeln, weil er vergessen hat, Butter zu kaufen, werden Sie ihm höchstwahrscheinlich etwas von Ihrer Butter abgeben. Das Schenken der Schachtel Nägel war eine gemeinschaftsfördernde Transaktion. Der Kauf nicht.

Eine kommerzielle Transaktion ist ein geschlossenes System; Nägel gegen Geld. Ein Geschenk ist dagegen ein offenes System. Es hinterläßt ein Ungleichgewicht, das durch eine mögliche Transaktion in der Zukunft ausgeglichen werden kann. Beim Schenken entsteht etwas, was durch den Austausch von Geld nicht zustande kommt. Ein neues Garn ist in den Stoff der Gemeinschaft gewoben worden.

Die Belege für das Verhältnis zwischen Geschenken und der Bildung von Gemeinschaften sind überwältigend. Sie sind auf der ganzen Welt und zu allen Zeiten zu finden.

Merkwürdigerweise kam ich erst durch Anthropologen auf die Beziehung zwischen Geschenken und der Entstehung von Gemeinsinn. Die Herkunftsgeschichte des Wortes *community* (englisch für »Gemeinschaft«) verdeutlicht die Verbindung sogar noch besser, auch ohne die harte Feldforschung der Anthropolo-

> **Die Geschenkwirtschaft als sozialer Überlebensgarant in der Evolution**
> Nach den Untersuchungen des Anthropologen Stanley Ambrose von der Universität von Illinois in Urbana-Champaign war der Austausch von Geschenken die früheste Form der sozialen Absicherung. »Soziale Bindungen, die auf dem Austausch von Geschenken basierten, halfen den Menschen vermutlich in schweren Zeiten, was besonders in einer schwierigen oder unberechenbaren Umgebung von Bedeutung war.« Die San-Jäger-und-Sammler in Kenia bauen solche Beziehungsgeflechte noch heute durch den Austausch von Perlen aus Straußeneierschalen auf. Die Geschenke gewährleisten zukünftige Gefälligkeiten. Dr. Ambrose konnte die lange Tradition dieser Geschenkperlen belegen, als er in einer Felshöhle namens Enkapune Ya Muto im Kenia Riftvalley die Überreste einer Werkstatt für Perlen aus Straußeneierschalen mit über 600 Schalenfragmenten und fertigen Perlen entdeckte, die mindestens 40 000 Jahre alt waren!
> »Dies verschaffte den afrikanischen Völkern einen Vorteil gegenüber den Neandertalern, die möglicherweise keine symbolische Geste zur Bezeugung sozialer Solidarität besaßen.«[245]

gen. *Community* leitet sich von zwei lateinischen Wurzeln her: *cum* in der Bedeutung von »zusammen, untereinander« und *munus* in der Bedeutung von »Geschenk«. *Community* bedeutet also, daß man sich »untereinander etwas schenkt«. Deutlicher kann man es nicht ausdrücken.

Ich möchte nun drei Beispiele für Gemeinschaften vorstellen, in denen dieses ungeschriebene Gesetz – daß Gemeinschaft mit der Zeit durch den Austausch von Geschenken entsteht – schon sehr lange gilt. Alle Beispiele bestätigen das gleiche Prinzip. Es handelt sich um:
1. klösterliche Gemeinschaften (christliche und buddhistische),
2. traditionelle Gemeinschaften (Afrika, die Pazifikinseln, Nordamerika) und
3. die moderne Gesellschaft (der westliche Kulturkreis, Japan und die Gemeinschaft der Wissenschaftler).

KLÖSTERLICHE GEMEINSCHAFTEN

Benedikt von Nursia, der Begründer des abendländischen Mönchtums, brachte einige keltische Vorstellungen in das Christentum mit ein. Die Benediktinerregel führt aus, daß die *communitas* durch die Art und Weise geschaffen wird, wie die wirtschaftlichen Bedürfnisse des Klosters geregelt sind. Die Mönche sollten eine autarke Gemeinschaft bilden, aber auch als einzelne völlig unabhängig voneinander sein. Jeder Benediktiner hat eine Funktion, ob er nun Abt oder Torhüter, Koch oder Schreiber, Werkzeugverwalter oder Käsemacher ist. Doch jede Arbeit muß als Gabe in die Gemeinschaft eingebracht werden. In den Klöstern kannte man sich mit Geld und Finanzen aus, da regelmäßig Geschäfte zwischen dem Kloster und der übrigen Welt getätigt wurden. Daher ist es durchaus beabsichtigt und von Bedeutung, daß die Benediktinerregel ausdrücklich Geldgeschäfte unter den Ordensmitgliedern verbietet.

In anderen Religionen mit klösterlicher Tradition ging man sogar noch weiter, obwohl die lateinische Herkunft des Begriffs »Gemeinschaft« dort sicher nicht bekannt war.

»Nach den Klosterregeln des Buddhismus ist es Mönchen und Nonnen verboten, Geld anzunehmen und Handel oder Tauschhandel mit Laien zu treiben. Sie leben ausschließlich in einer Wirtschaft der Gaben. Gläubige Laien versorgen das Kloster mit materiellen Gaben, während die Klosterbewohner die Laien mit der Gabe der Lehre versorgen. Im Idealfall vollzieht sich dieser Handel aus freien Stücken. Der Gewinn hängt bei dieser Wirtschaftsweise nicht vom materiellen Wert der Gabe ab, sondern von der Reinheit des Herzens bei Spender und Empfänger.«[246]

TRADITIONELLE GESELLSCHAFTEN

Anfang der 50er Jahre lebten Lorna Marshall und ihr Mann bei einer Gruppe von Buschmännern in Südafrika. Zum Abschied schenkten sie jeder Frau aus der Sippe ein Armband aus Kaurischneckenhäusern. Kaurischnecken kommen in diesem Gebiet nicht vor, der Schmuck war in New York gekauft worden. Marshall fragte sich noch, was zukünftige Archäologen bei einem entsprechenden Fund in Südafrika denken würden ...

Als die Marshalls ein Jahr später zurückkehrten, stellten sie überrascht fest, daß niemand in der Sippe noch sein Armband hatte. »Sie tauchten nicht als ganze Ketten, sondern vereinzelt im Schmuck anderer Stammesangehöriger am Rande des Buschmanngebietes auf.«[247] Das Geschenk war in der ganzen Gemeinschaft weiterverbreitet worden.

Wir neigen dazu, Geschenkgesellschaften als primitiv einzustufen und sie mit einer gewissen Herablassung zu betrachten. Doch einige ihrer Rituale sind sehr kompliziert und hoch entwickelt. In traditionellen Gesellschaften gelten diese Schenkrituale als wichtigste soziale Handlung innerhalb der Gemeinschaft. Ihre komplizierten Regeln zeigen die Bedeutung, die man ihnen beimißt. So vollziehen etwa die Tikopia, die auf einem Archipel in Polynesien leben, bei einer Hochzeit 24 verschiedene rituelle Schenkzeremonien.[248] Der ganze Vorgang zieht sich über mehrere Tage hin.

Auf einer anderen Inselgruppe, dem Massim-Archipel, zirkulieren zwischen den einzelnen Inseln bestimmte Schmuckstücke namens Kula, die sonst keinerlei Funktion haben, als rituelle Geschenke. Bestimmte »Soulava«-Ketten – die nur von Frauen getragen werden – zirkulieren zwischen den Inseln gegen den Uhrzeigersinn, während die »Mwali«-Armmuscheln der Männer mit dem Uhrzeigersinn in Umlauf sind.[249]

Die Indianer des amerikanischen Nordwestens hielten große Versammlungen ab, bei denen alle benachbarten Stämme »Potlatch« (wörtlich »ernähren, geben«) feierten. Ein wichtiges Statussymbol waren die Qualität und Quantität der gestifteten Gegenstände. Bei uns gelten Menschen als berühmt, weil sie viel Geld haben oder weil sie einen Titel wie »königliche Hoheit« tragen. Die Ehrentitel bei den Kwakiutl bezeichneten dagegen die Großzügigkeit der Schenkenden: etwa »Der, dessen Besitz bei Festen gegessen wurde« oder »Der, bei dem Besitz strömt«.[250]

MODERNE GESELLSCHAFTEN UND DIE GEMEINSCHAFT DER WISSENSCHAFTLER

Die Familiengemeinschaft (bzw. ihre Überbleibsel) des westlichen Kulturkreises tritt immer noch an Weihnachten und bei Geburtstagen zutage, und zwar – wie Ihnen gerne jeder Verkäufer bestätigen wird – beim Austausch von Geschenken. Auch Hochzeiten – ein Ritual, bei dem sich zwei Familien offiziell zusammenschließen, um eine einzige größere Gemeinschaft zu bilden – sind immer noch durch den Austausch von Geschenken gekennzeichnet.

Japan ist das einzige Industrieland, das sich dem Zerfall der Gemeinschaft widersetzt. Im allgemeinen erklärt man dieses Phänomen mit der besonderen japanischen Gesellschaftsstruktur oder Mentalität der Japaner. Doch auch hier läßt sich unsere Theorie vom Gabentausch anwenden. Die japanische Tradition *Butsu Butsu Kokan* basiert auf der gegenseitigen Natur des Gabentauschs, die den Austausch von Geld ausdrücklich ausschließt. Schon der Name verdeutlicht das, wortwörtlich übersetzt lautet er »Objekt-Objekt-Austausch«. Diese Geschenke sind ein wichtiges Ritual bei praktisch allen Aspekten der japanischen Kultur. Ständig werden Geschenke ausgetauscht, und das nicht nur innerhalb der Großfamilie, sondern auch zwischen Arbeitskollegen; es gibt Geschenke für Menschen, die man achtet, für gesellschaftlich Höherstehende, Vorgesetzte bei der Arbeit und ältere Mitbürger. Oft handelt es sich bei den Geschenken um selbstgefertigte Kunstwerke, die die Talente des Schenkenden beispielsweise in der Kalligraphie zeigen oder seine anderen sozialen Leistungen zur Geltung bringen. Nicht der finanzielle Wert des Geschenks zählt, sondern die Absicht, die persönliche Geste.

Auch die modernste aller Gemeinschaften, die multinationale Gemeinschaft der Wissenschaftler, die sog. *Scientific Community,* basiert auf dem gleichen ungeschriebenen Gesetz. Wissenschaftler, die ihre Ideen mit den anderen teilen, genießen Achtung und Anerkennung. Wer dagegen Geld verlangt oder nur Lehrbücher veröffentlicht (eine rein kommerzielle Tätigkeit), wird nicht geachtet und manchmal sogar verspottet. »Der Grund, warum die Publikation von Lehrbüchern oft als verachtete Form des wissenschaftlichen Austauschs gilt ... (liegt darin, daß) der Verfasser von Lehrbüchern Allgemeingut für seinen persönlichen finanziellen Vorteil anwendet.«[251] Kurz gesagt, wer zur Gemeinschaft der Wissenschaftler gehören will, wird für seine Ideen geachtet, wenn er sie der Gemeinschaft schenkt, das heißt, kein Geld dafür verlangt.

Die deutsche Wissenschaftlerin Almut Kowalski hat sogar eine Theorie entwickelt, die mittels der »Geschenkepraxis« erklärt, wie die physische Realität funktioniert. Ihrer Ansicht nach sind alle Prozesse, die sie als »Einstimmen und sanftes Geben« beschreibt, im Grunde Austauschvorgänge, egal, ob es sich nun um Atome oder Galaxien, Pflanzen oder die Organe in unserem Körper handelt. So stimmen sich beispielsweise Ihre Nieren auf die anderen Bedürfnisse Ihres Körpers ein und geben, auf was sie verzichten können, zum Nutzen des Ganzen ab. Ken Wilbers »Holon«-Theorie geht in dieselbe Richtung.[252]

Wie Gemeinschaften zerfallen

Will man das Muster einer Gemeinschaft entflechten, macht man das Gegenteil dessen, was zu seiner Bildung beitrug. Diese Schlußfolgerung sollte niemanden überraschen. Daher formuliere ich die allgemeine Regel: Gemeinschaften zerfallen, wenn einseitige Geldgeschäfte den Gabentausch ersetzen.

Betrachten wir noch einmal einige Beispiele der Bildung von Gemeinschaften, die oben angeführt wurden, und beginnen wir mit dem letztgenannten, der Gemeinschaft der Wissenschaftler, die sich zum Teil schon aufzulösen beginnt. Sie zeigen, daß eine Gemeinschaft zerfällt, wenn die Geschenke durch Transaktionen mit »normalen« Landeswährungen ersetzt werden.

Dr. Jonathan Kind, Professor für Genetik am MIT, vertrat schon Anfang der 80er Jahre folgende Meinung: »In der Vergangenheit war der freie Austausch von Materialien, Organismen und Informationen eine der Stärken der amerikanischen Genforschung ...

Heute jedoch (wollen die Universitäten das kommerzielle Potential der Gentechnik nutzen), daher fördert und institutionalisiert man den privaten Profit und die Patentierung von Mikroorganismen. Kulturen werden nicht mehr verschickt, weil man sie nur für die eigenen Zwecke will. Das geschieht bereits. Bakterienstämme und Forschungsergebnisse werden nicht mehr wie früher untereinander ausgetauscht.«[253]

Der erste nennenswerte Kontakt zu den nordamerikanischen Indianerstämmen erfolgte zur Zeit der amerikanischen Revolution. Dann folgten die Pelzhändler, und die Hudson Bay Company errichtete ihre ersten Handelsposten in den 30er Jahren des 18. Jahrhunderts. Sie alle waren nur an Pelzen interessiert und ließen die Indianer unbehelligt. Schon Jahrzehnte vor dem Eintreffen der ersten Missionare, die die »heidnischen« Traditionen der Indianer ausmerzen wollten, zeigten einige Gemeinschaften durch den Kontakt mit den Händlern und ihren Geldgeschäften Auflösungserscheinungen. Stämme, die den Gabentausch durch Geldgeschäfte ersetzt hatten, lösten sich innerhalb einer Generation auf.

Dieser Vorgang wiederholt sich auf der ganzen Welt immer wieder, wenn traditionelle Gesellschaften Handelsbeziehungen zur westlichen Welt aufnehmen. Sobald innerhalb dieser traditionellen Gesellschaften Geld als Tauschmittel verwendet wird, beginnt sich die Gemeinschaft aufzulösen. Ich konnte das selbst in den 70er Jahren im Amazonasgebiet in Peru beobachten, als die peruanische Landeswährung bei einigen Stämmen in Umlauf kam.

Angesichts unserer bisherigen Erkenntnisse sollten wir Gemeinschaft nicht als Zustand betrachten, sondern als Prozeß. Wenn sie nicht durch regelmäßigen gegenseitigen Gabentausch gepflegt wird, zerfällt sie. Daher definiere ich Gemeinschaft als eine Gruppe von Menschen, die die Geschenke der anderen achten und die darauf vertrauen können, daß ihre Geschenke eines Tages auf irgendeine Art vergolten werden.

Wenn wir uns nun noch einmal dem merkwürdigen weltweiten Verlust des Gemeinschaftsgefühls zuwenden, erkennen wir, daß hinter dem Zerfall amazonischer Stämme, dem Wandel in Italien von Groß- zu Kernfamilien oder der Krise der westlichen Kernfamilie möglicherweise ein gemeinsamer Auslöser steht. Es gibt zwar sicher noch andere Faktoren, doch ein Schlüsselfaktor paßt zu allen genannten Zerfallserscheinungen. Innerhalb dieser Gemeinschaftssysteme sind Tauschvorgänge mit Geld im Gange, die nicht auf Gegenseitigkeit basieren. Laut mehreren Wirtschaftstheorien ist die Monetarisierung aller Transaktionen das Hauptmerkmal für »Entwicklung«, denn ab dann werden sie von der nationalen Statistik erfaßt. Das würde natürlich erklären, warum der Zerfall der Gemeinschaft am stärksten in den »entwickelten« Ländern ausgeprägt ist.

Hazel Henderson meinte dazu einmal trocken: »Wenn Sie ein Frühstück von Mutti haben wollen, gehen Sie zu McDonald's, dort bedient sie.« In einer Gesellschaft, in der man seinen Sohn fürs Rasenmähen bezahlen muß, ist der Zerfall der Kernfamilie in vollem Gange. Und wenn Sie Opa im Altenheim unterbringen, bedeutet das nicht nur den Verlust der Großfamilie, sondern auch, daß Sie für die Betreuung dort bezahlen müssen.

Bei einer Umfrage nach den Wünschen und Wertvorstellungen der Amerikaner rangierte der Wunsch »nachbarschaftliche Beziehungen und die Gemeinschaft zu stärken« mit 86 Prozent ganz oben.[254] Auf diese Zielsetzung kann sich offensichtlich jeder einigen. Doch wie kann man in der heutigen Welt die Gemeinschaft stärken bzw. wiederaufbauen?

Gemeinschaftsfördernde Währungen

Wir haben gerade die scheinbar allgemeingültige Regel kennengelernt, daß die Gemeinschaft zerfällt, sobald Geld im Spiel ist. Das trifft wie gesagt jedoch nur zu, wenn es sich um knappe Währungen handelt, die das Konkurrenzdenken fördern, z. B. unsere eigenen offiziellen Landeswährungen. Die Verwendung anderer

> **Komplementärwährungen und die Wirtschaftswissenschaft**
> Der Wirtschaftswissenschaft zufolge gibt es keinen Grund, warum man die Unbequemlichkeiten in Kauf nehmen und parallel Komplementärwährungen und Landeswährungen verwenden sollte.
> Konservative Wirtschaftswissenschaftler versuchten, den Erfolg der unkonventionellen Währungen damit zu erklären, daß man so Steuern sparen wolle. Die Komplementärwährungen lassen sich jedoch nicht so einfach abhandeln.
> Gegen die Steuertheorie spricht, daß bei der gebräuchlichsten Form der Komplementärwährungen, beim Local Exchange Trading System (LETS), alle Transaktionen im Computer gespeichert werden. Dadurch kann die Steuerbehörde jeden Vorgang überprüfen und besteuern, tatsächlich ist die Überprüfung sogar einfacher als beim Gebrauch der normalen Landeswährung.
> Für die Teilnehmer lohnt sich der gleichzeitige Gebrauch zweier Währungen, denn sie haben durch die Komplementärwährung eine Stärkung des Gemeinschaftsgefühls erfahren.

Währungsformen kann dagegen den entgegengesetzten Effekt haben und die Gemeinschaft fördern.

Das ist nicht nur bloße Theorie. Wir befassen uns mit Währungsexperimenten, die in verschiedenen Ländern seit einiger Zeit, in manchen Fällen sogar seit Jahrzehnten durchgeführt werden. Auf diesem Gebiet hinkt die Theorie der Praxis weit hinterher.

Es gibt tatsächlich Währungen, die auf Gegenseitigkeit basieren und daher besser zu einer Geschenkwirtschaft passen als unsere Landeswährungen. In der Praxis hat sich gezeigt, daß solche Währungen die Gemeinschaft stärken, anstatt sie zu zerstören. Was für ein Geld könnte das sein?

In diesem Abschnitt werden sechs Fallbeispiele vorgestellt. Die ersten drei berichten aus den USA, die anderen stammen aus Brasilien, Japan und Mexiko. Jedes Beispiel schildert einen unterschiedlichen Ansatz. Sie werden von jedem etwas anderes lernen, doch Sie können das Grundprinzip auch verstehen, wenn Sie sich von den sechs nur die Beispiele aussuchen, die Sie besonders ansprechen. Es handelt sich um:

1. Time Dollars: Die Time Dollars wurden von einem bekannten Anwalt aus Washington erfunden. Mittlerweile sind sie in mehreren hundert Gemeinschaften in den USA im Umlauf. Seit kurzem fördern 30 Bundesstaaten diesen Ansatz zur praktischen Lösung sozialer Probleme.
2. Ithaca Hours, eine Papierwährung in der kleinen Universitätsstadt Ithaca im Bundesstaat New York: Ithaca hat 27 000 Einwohner und ist eine Gemeinde mit relativ niedrigem Einkommen. Ähnliche Papierwährungen werden mittlerweile in 39 verschiedenen amerikanischen Gemeinden verwendet.
3. PEN Exchange: Das Beispiel zeigt, wie eine Papier- und Komplementärwährung die Gemeinschaft in Takoma Park fördert und in dem wohlhabenden Vorort von Washington, D.C., eine bessere Nachbarschaft schuf.
4. Curitiba: Curitiba ist eine Provinzhauptstadt in Brasilien mit 2,3 Millionen Einwohnern. Ihr Bürgermeister verwendet seit 25 Jahren Komplementärwährungen und brachte damit die Stadt binnen einer Generation auf den Stand der »Ersten Welt«. Im Jahr 1992 erhielt Curitiba von der UNO den Titel »ökologischste Stadt der Welt«. Ihr Bürgermeister genießt im ganzen Land den Ruf eines politischen Helden.
5. Die besonders erfolgreiche Form einer speziellen »Gesundheits-Pflege-Währung«, die landesweit in Japan verwendet wird: Sie bietet eine innovative Lösung zur Verbesserung der Gesundheitsfürsorge, ohne dem Staat Kosten zu verursachen.
6. Tlaloc: Tlaloc ist eine populäre Währung in einem Viertel in Mexiko-Stadt. Sie bietet ein weiteres Beispiel für eine »Low-Tech«-Komplementärwährung. Die einzelnen Benutzer brauchen weder einen Computer noch ein Telefon.

Anschließend werden noch zwei Beispiele für integrierte High-Tech-Zahlungssysteme vorgestellt, die in einer einzigen Transaktion eine duale Zahlung in der Landeswährung und einer Komplementärwährung ermöglichen.

Time Dollars

Edgar S. Cahn, Professor an der District of Columbia Law School, entwickelte das Konzept für Time Dollars im Jahr 1986. Ursprünglich war das System nur für Rentner-Wohnanlagen in Florida, einen Schulbezirk in Chicago und ein Sozialprojekt in Washington, D.C., gedacht. Inzwischen gibt es noch Hunderte von anderen Anwendungen. Ein besonderer Anreiz liegt sicher darin, daß die amerikanische Steuerbehörde alle Transaktionen in Time Dollars für steuerfrei erklärt hat.

Das System Time Dollars ist bestechend einfach. Die folgenden Beispiele zeigen, wie es funktioniert.

Joe sieht nicht mehr gut und kann daher nicht mehr Auto fahren. Er braucht aber ein Paar neue Spezialschuhe, die es nur am anderen Ende der Stadt gibt. Julia stellt sich für die einstündige Fahrt zur Verfügung und holt die neuen Schuhe ab. Sie erhält dafür ein Guthaben über eine Stunde, Joe dagegen ist mit einer Stunde im Soll. Beides wird am Schwarzen Brett vor dem Büro des Verwalters vermerkt.

Julia kann ihr Guthaben für die Kekse verwenden, die eine Nachbarin gebacken hat, während Joe sein Minus vielleicht durch Arbeit im Gemeinschaftsgarten wieder ausgleicht – oder durch eine andere Tätigkeit, die ihm sein schwaches Sehvermögen erlaubt. Wenn Joe eine Stunde in Julias Garten arbeitete, wäre das ein einfaches Tauschgeschäft. Doch Joe kann für den Ausgleich seines Kontos eine Stunde in einem anderen Garten arbeiten, und Julia kann ihr Guthaben für den Kauf von Janes Keksen verwenden. Dadurch ist der Austausch in Time Dollars wesentlich einfacher durchzuführen als ein Tauschgeschäft. Joe und Julia brauchen für die Transaktion keine »passenden Bedürfnisse und Angebote«.

Deswegen sind Time Dollars nach unserer Definition echtes Geld: eine Vereinbarung in einer Gemeinschaft, etwas (in diesem Fall Arbeitsstunden) als Tauschmittel zu verwenden. Anders ausgedrückt, Joe und Julia haben Geld geschaffen. So einfach ist das.

Die Kosten für ein derartiges System belaufen sich praktisch auf

Einstein entdeckt, daß Zeit tatsächlich Geld ist.

null. In kleinen Gemeinschaften kann man ein Schwarzes Brett oder ein Heft verwenden. Für größere Projekte kann ein »Timekeeper«-Computerprogramm kostenlos aus dem Internet heruntergeladen werden (http://www.timedollar.org). Die Namen aller Teilnehmer werden mit kleinen Plus- oder Minuszeichen aufgeführt. Die Liste verlängert sich automatisch, um weitere Teilnehmer und Stunden aufzunehmen.

Wenn jemand ein Guthaben erhält, entsteht bei jemand anderem automatisch ein Debit. Daher ist die Summe aller Time Dollars innerhalb eines Systems immer ausgeglichen. Trotzdem hat Joe seine Schuhe, Julia ihre Kekse, und die Gemeinschaft hat einen Gemüsegarten, ohne daß dafür ein einziger »normaler« Dollar aufgewendet werden mußte.

Die ausgetauschten Güter und Dienstleistungen sind jedoch nur ein Aspekt des Systems. Über die Wohnanlagen wurde eine vergleichende Studie erstellt; Heime, die Time Dollars verwendeten, wurden mit anderen Heimen verglichen.[255] Man fand heraus, daß die Time Dollars die Bewohner miteinander verbinden. Die Bewohner grüßen sich. An Geburtstagen feiert die ganze Wohnanlage ein großes Fest. Die Bewohner achten aufeinander. Einmal in der Woche findet ein gemeinsames Essen statt, zu dem jeder etwas mitbringt. Ein gemeinsamer Garten wurde angelegt. Kurz gesagt, eine Gemeinschaft wurde geschaffen.

Ein einfaches System hat die Beziehung der Menschen untereinander verändert. Sie wissen, daß ihre Beiträge belohnt werden. Sie fühlen sich geschätzt. Außerdem trat ein völlig unerwarteter Nebeneffekt auf: Der Gesundheitszustand der Teilnehmer verbesserte sich! In Brooklyn, New York, akzeptiert die Krankenkasse Elderplan 25 Prozent der Beiträge für ihre Seniorenprogramme in Time Dollars. Elderplan hat sogar eine eigene »Care Bank« (Pflegebank) eingerichtet, auf der 125 Mitglieder im Durchschnitt etwa 800 Arbeitsstunden im Monat eintragen lassen. Das Projekt begann als Heimreparaturservice, durch den mögliche Probleme beseitigt wurden, *bevor* sie Unfälle verursachten. Für die Versicherungsgesellschaft ist das natürlich ein cleverer Marketingtrick. Doch Elderplan ergriff diese ungewöhnliche Initiative auch aus einem anderen Grund: Die Senioren, die am Time-Dollars-System beteiligt sind, haben weniger gesundheitliche Probleme. Unter dem Strich betrachtet, kosten die Senioren die Krankenkasse weniger. Sollte man diesem Umstand in einer Welt, in der der Anteil der Senioren an der Bevölkerung ständig so hoch ist, daß ihre medizinische Versorgung eines Tages ganze Staaten in den Ruin treiben kann, nicht etwas mehr Beachtung schenken?

Ende der 90er Jahre waren über 200 Gemeinden und Sozialdienste am Time-Dollars-System beteiligt.

Ithaca Hours

Ithaca ist eine kleine Universitätsstadt im Norden des US-Bundesstaates New York. Die Stadt ist nicht reich. Sie weist beispielsweise den höchsten Anteil an »arbeitenden Armen« im ganzen Bundesstaat New York auf (Menschen, die in Vollzeit arbeiten, deren Einkommen aber trotzdem so niedrig ist, daß es unterhalb der Armutsgrenze liegt).

Paul Glover, der sich stark für die Belange der Stadtbewohner engagierte, fand, daß die Nähe zu New York City die Energie der Stadt zu sehr ablenkte. Er beschloß, etwas gegen das Problem zu unternehmen. Im November 1991 startete er eine Komplementärwährung, die die Bewohner ermuntern sollte, ihr Geld und ihre Zeit auf die eigene Stadt zu verwenden. Obwohl die Ithaca Hours einen etwas höheren Organisationsaufwand benötigen als Time Dollars, ist das System doch bemerkenswert einfach.

Herzstück von Ithaca Hours ist eine Zeitung, die alle zwei Monate erscheint. Darin werden die Produkte und Dienstleistungen der Menschen und Unternehmen angeboten, die Ithaca Hours annehmen. Eine Ithaca Hour (Stunde) hat einen Wert von 10 US-Dollar und entspricht damit etwa einer Arbeitsstunde bei einem für die Gegend großzügigen Mindestlohn. Es gibt Scheine im Wert von zwei Stunden, einer Stunde, eineinhalb Stunden und einer halben Stunde. Die meisten Scheine der Ithaca Hours werden zunächst über die Inserenten in der Zeitung ausgegeben. Sie erhalten pro Anzeige Scheine im Wert von vier Stunden. Das Ver-

breitungsgebiet der Ithaca Hours ist freiwillig auf einen Radius von 32 Kilometer um das Stadtzentrum beschränkt.

Im Durchschnitt enthält die Zeitung etwa 1200 Einträge, wovon etwa 200 von Unternehmen stammen. Dazu gehören der örtliche Supermarkt, alle drei Kinos der Stadt, der Bauernmarkt, Ärzte, Rechtsanwälte, Unternehmensberater und das beste Restaurant der Stadt. Die örtliche Bank führt auf Wunsch Konten in der Komplementärwährung und konnte sich damit einen treuen örtlichen Kundenstamm aufbauen.

Grund für den Erfolg ist der Umstand, daß die Inserenten bei ihren Angeboten beide Währungen kombinieren. So bietet beispielsweise ein Maler seine Dienste für 10 US-Dollar, 60/40, die Stunde an (d. h., daß 60 Prozent in Ithaca Hours und 40 Prozent in regulären US-Dollars [für Farbe, Pinsel, Benzin, Steuern usw.] zu zahlen sind). Ein anderer Maler wirbt vielleicht mit 11 Dollar in der Stunde, 90/10 (er akzeptiert bis zu 90 Prozent der Summe in Ithaca Hours). Falls man also zufällig gerade mehr Ithaca Hours als Dollars hat, nimmt man möglicherweise den zweiten Maler, obwohl er ein bißchen teurer ist.

Die Kinos in Ithaca z. B. akzeptieren nachmittags beim Eintritt bis zu 100 Prozent in Ithaca Hours, denn die Kosten für das Vorführen eines Films sind Fixkosten und damit unabhängig von der Zuschauerzahl (d. h., bei genügend freien Plätzen kostet ein weiterer Zuschauer auch nicht mehr).

In Ithaca verwenden über 1000 Menschen regelmäßig die Komplementärwährung, viele bezahlen damit die Miete oder andere Dienstleistungen.

Darüber hinaus werden 9,5 Prozent der Ithaca Hours an gemeinnützige Organisationen vor Ort ausgegeben, die damit verschiedene Ausgaben für die gesamte Gemeinschaft finanzieren. Bisher profitierten 19 verschiedene Organisationen von diesen Spenden.

Paul Glover faßt die Vorteile zusammen: »Mit unserem eigenen Geld wurden Tausende von Käufen getätigt und viele neue

Freundschaften geschlossen. Durch den örtlichen Handel stieg unser eigenes Bruttosozialprodukt um Hunderttausende.« Die wichtigen Entscheidungen (Drucken, Währungseinheiten, Ausgabe der Scheine, Zuschüsse) werden von der »Ithaca-Bundesbank« bei zwanglosen Essen getroffen, die jeden zweiten Monat stattfinden.

Über das System wurde bereits im japanischen und etwas später auch im amerikanischen Fernsehen berichtet. Die Beteiligten sind mit den Ergebnissen zufrieden; die Stadtbewohner suchen nun wieder häufiger die ortsansässigen Händler und Handwerker auf. Selbst denjenigen, denen Paul Glovers Stil oder Politik eigentlich nicht zusagt, gefällt mittlerweile das System. Die Idee hat inzwischen im ganzen Land Nachahmer gefunden. Paul Glover verkauft für 25 US-Dollar oder zweieinhalb Ithaca Hours eine Grundausrüstung, in der beschrieben wird, wie man das System auf die Beine stellt. Es existieren zur Zeit weltweit etwa 40 Ithaca-Hours-Systeme.

Bilanz: Ithaca Hours ist ein erfolgreiches, gutfunktionierendes Modell mit sehr geringen Startkosten. Allerdings besitzt es wie alle »Fiat«-Währungen einen gravierenden Nachteil: Das System benötigt eine zentrale Instanz, die entscheidet, wie viele Scheine ausgegeben werden. Diese Aufgabe wird auf demokratische Weise von der »Ithaca-Zentralbank« geregelt, doch alle Zentralbankiers werden bestätigen, daß die Handhabung einer »Fiat«-Währung (siehe Glossar) dennoch schwierig ist. Das größte Risiko besteht darin, daß mehr Geld emittiert wird, als die Menschen verwenden; in dem Fall kommt es zur Inflation und zur Entwertung der Komplementärwährung. Das wird nicht geschehen, wenn die Verwalter der Ithaca Hours Paul Glover und seinen Kollegen folgen und bei ihren Entscheidungen über die Geldmenge weise und konservativ vorgehen. Dennoch empfehle ich dieses Modell aufgrund des Risikos nicht für den allgemeinen Gebrauch.

PEN Exchange

Olaf Egeberg lebt in Takoma Park im US-Bundesstaat Maryland an der Grenze zu Washington, D.C., wo das amerikanische Finanzministerium und die Zentralbank ihren Sitz haben. Nach seiner Pensionierung wollte Egeberg etwas für seine Heimatstadt tun: »Heutzutage haben wir unsere wichtigsten Ressourcen aus den Augen verloren: unsere Mitmenschen. Wir können in unserem unmittelbaren Umfeld eine Gemeinschaft aufbauen, da, wo wir bereits sind. Ich halte eine gute Nachbarschaft für eine der wichtigsten Gemeinschaften, die wir aufbauen müssen.«

Im Gegensatz zu Ithaca handelt es sich bei Takoma Park um ein Viertel der Mittelschicht mit einer sehr niedrigen Arbeitslosenquote (etwa 1 Prozent). Egeberg definierte seine Nachbarn als alle Familien, die fünf Gehminuten vom Stadtzentrum entfernt lebten, was etwa 450 Familien ergab. Der Name »Philadelphia-Eastern-Neighbourhood« (kurz PEN) ergab sich aus den beiden Straßen, die die Grenze dieses Gebiets bilden.

Egeberg versandte 50 Briefe, in denen er beschrieb, wie PEN Exchange zur Entstehung einer »Solidargemeinschaft« beitragen könnte. »Wir hätten mehr zwischenmenschliche Kontakte, würden mehr miteinander kommunizieren und würden einander besser kennenlernen.« Niemand reagierte auf sein Schreiben.

Erstaunt über die fehlende Resonanz, stattete Egeberg seinen Nachbarn einen persönlichen Besuch ab. Das Rätsel klärte sich sofort auf; keiner dachte, er könnte etwas in den Austausch einbringen. Alle meinten, bei den Aktivitäten für die Tauschbörse würde es sich um normale kommerzielle Transaktionen handeln. So hatte ein Buchhalter, der am Wochenende gerne Pilze suchte, gar nicht daran gedacht, daß andere gerne mehr über Pilze erfahren würden. Eine Rentnerin, die zehn Jahre in Europa gelebt hatte, wäre nie von selbst darauf gekommen, ihre Kenntnisse gegen etwas einzutauschen, das sie brauchen könnte.

Zwischen den normalen Gelben Seiten und dem PEN-Verzeichnis besteht ein erheblicher Unterschied. Im PEN-Verzeichnis werden zahlreiche Güter und Dienstleistungen angeboten, für die man normalerweise kein Geld ausgeben würde. Auch stehen viele Einträge für Tätigkeiten, die Menschen gerne tun, weil sie Spaß machen. Es geht um Arbeit, die Spaß macht, nicht um einen langweiligen Job.

Infolgedessen läßt sich in Takoma Park noch eine andere Entwicklung beobachten. Die Komplementärwährung und das Verzeichnis fördern den Umgang miteinander, oft dienen sie als Vorwand zum Knüpfen von Kontakten. Bei vielen Tauschgeschäften wird die Komplementärwährung nur zum Teil verwendet, manchmal auch gar nicht, und oft kommt es zu einem Austausch von Sachen oder Diensten, von denen man gar nicht dachte, sie im Verzeichnis aufzuführen. Allmählich helfen sich die Nachbarn gegenseitig, ohne etwas dafür zu verlangen. Diese Entwicklung ist sehr positiv zu bewerten, denn Egeberg wollte die Menschen wieder zusammenbringen.

In der *Washington Post* wurde von dem Projekt berichtet.[256] Darin wird Mary Rodriguez zitiert. Sie ist 89 Jahre alt, lebt seit über 40 Jahren in Takoma Park und hat so etwas noch nie erlebt: »Es gibt so viele Wohnviertel, in denen man nicht einmal seine unmittelbaren Nachbarn kennt. Hier helfen die Nachbarn einander. Das schafft eine Art dörfliche Atmosphäre.« Nach nur drei Jahren hat sich ein enges Beziehungsgeflecht entwickelt, das weit über das hinausgeht, was eine wirtschaftliche Analyse über den Austausch von Gütern und Dienstleistungen in einer Gemeinschaft ergeben würde. Die Nachbarn halten sich via E-Mail über lokale Ereignisse auf dem laufenden, und Anwohner mit EDV-Kenntnissen bieten für jeden kostenlose Einführungskurse über die Nutzung des Internets an. Der 40jährige Nikolai Vishnewsky, der das E-Mail-System aufbaute, meint: »Die Menschen können eine Technologie, die normalerweise für die globale Verständigung verwendet wird, für ihre lokalen Zwecke nutzen.«

Die Nachbarn patrouillieren zum Schutz vor Verbrechern nachts auf den Straßen, geben ein Nachbarschafts-Mitteilungsblatt heraus, haben Spielgruppen für die Kinder gegründet, bei deren Leitung sie sich abwechseln, helfen Senioren, die ihr Haus nicht mehr verlassen können, und bauen Obst und Gemüse auf einer gemeinsamen Farm in Upper Marlboro an.

Martha Monroe, 38 Jahre alt, vertritt die Ansicht: »Wir sind einzigartig. In den meisten Vororten von Washington kommen die Leute von der Arbeit nach Hause, sehen fern und gehen dann schlafen.«

Curitiba: Aufbruch aus der Dritten Welt [257]

Im Jahr 1971 wurde Jaime Lerner Bürgermeister von Curitiba, der Hauptstadt des brasilianischen Bundesstaates Paraná im Süden des Landes. Von Beruf war er eigentlich Architekt.

In einer für die Region typischen Entwicklung war die Einwohnerzahl der Stadt von 120 000 Menschen im Jahr 1942 auf über eine Million im Jahr 1971 in die Höhe geschnellt. Ende der 90er Jahre hat die Stadt fast zweieinhalb Millionen Einwohner. Ein Großteil der Bevölkerung lebt in den sog. »Favelas«, den Elendsvierteln mit Hütten aus Karton und Wellblech.

Eines der Hauptprobleme, die Jaime Lerner zu lösen hatte, war der Müll. Die Wagen der städtischen Müllabfuhr gelangten erst gar nicht in die Favelas, weil die Straßen viel zu schmal waren. Folglich türmte sich dort der Müll auf, Ratten und Ungeziefer breiteten sich aus, und Krankheiten brachen aus. Ein unhaltbarer Zustand.

Lerner und sein Stab verfügten nicht über das Geld, um nach der üblichen Methode die Slums abzureißen und Straßen zu bauen. Statt dessen fanden sie eine andere Lösung. Am Rand der Favelas wurden große Metallcontainer aufgestellt. Die Tonnen trugen die Aufschrift Glas, Papier, Plastik, Biomüll usw. Zudem waren sie für die Analphabeten farblich gekennzeichnet. Wer eine Tüte mit vorsortiertem Müll brachte, erhielt eine Busfahrkarte. Über ein Programm zur Müllsammlung und -trennung in Schulen wurden ärmere Schüler mit Schulheften versorgt. Schon bald hielten Zehntausende von Kindern die Viertel sauber. Die Kinder lernten sogar, verschiedene Kunststoffe zu trennen. Die Eltern fuhren mit den Busfahrscheinen zur Arbeit in die Stadt.

Meiner Ansicht nach erfand Jaime Lerner Curitiba-Geld. Seine Busgutscheine sind eine Art Komplementärwährung. Sein Programm »Müll, der kein Müll ist« könnte ebenso »Müll ist Geld« heißen.[258]

Heute nehmen 70 Prozent aller Haushalte in Curitiba an diesem Programm teil. Allein die 62 ärmeren Viertel tauschten 11 000 Tonnen Müll gegen fast eine Million Busgutscheine und 1200 Tonnen Lebensmittel ein. In den letzten drei Jahren bekamen über 100 Schulen für 200 Tonnen Müll 1,9 Millionen Schulhefte. Schon durch das Papierrecycling erhält man die Rohstoffe, für die jeden Tag 1200 Bäume gefällt werden müßten.

Natürlich riefen Lerner und seine Leute das Programm nicht ins Leben, weil sie eine Komplementärwährung schaffen wollten. Sie analysierten vielmehr die vorhandenen Probleme und suchten eine interne Lösung. Dadurch entstand unbeabsichtigt eine Komplementärwährung, welche die Probleme löste.

Der Müllkreislauf ist nicht die einzige lokale Währungsform, die durch diesen Ansatz entstand. So wurde beispielsweise ein anderes System entwickelt, über das die Renovierung historischer Gebäude, die Anlage von Parks und Programme für den sozialen Wohnungsbau finanziert werden sollen, ohne das Stadtsäckel zu belasten. Das Geheimnis liegt nicht etwa darin, daß die Stadt oder ihre Einwohner einzigartig sind, sondern daß der integrierte Ansatz eine Komplementärwährung geschaffen hat, mit der die Probleme angegangen und gelöst werden. Das Ergebnis ist eine Stadt, in der vieles dem Schulwissen widerspricht.

Die eindeutigste Bestätigung für das Funktionieren des Programms ist wohl in der Tatsache zu sehen, daß Jaime Lerner jede Wahl mit einem beeindruckenden Ergebnis gewinnt. Heute ist er Gouverneur des Bundesstaates Paraná. Es gibt Bemühungen, ihn bei der nächsten Präsidentschaftswahl als Kandidaten aufzustellen.

Das Beispiel Curitiba zeigt, daß man in Zusammenhang mit

Curitiba: Eine andere Entwicklungsstrategie
- Der öffentliche Verkehr wird gegenüber dem Individualverkehr gefördert. So wird der öffentliche Verkehr besser und bequemer gemacht als die Fahrt im eigenen Auto. Beispielsweise ist der Busverkehr durch ein originelles Einsteigverfahren schneller: Mit den Fahrscheinen können die Fahrgäste speziell entworfene röhrenartige Haltestellen betreten; wenn der Bus kommt, öffnen sich ganze Teile des Busses und der Haltestelle, damit die Fahrgäste den Bus gruppenweise in wenigen Sekunden betreten und verlassen können. Beim Lösen oder bei der Kontrolle von Fahrkarten geht keine Zeit verloren. Spezielle Busfahrspuren machen den Bus zum schnellsten und bequemsten Transportmittel. Mit einem Ticket für 65 Centavos (etwa 40 Cent) kann man sich durch das ganze Netz bewegen, unabhängig von der Länge der Strecke. Dazu gehören auch die Verbindungen zu Zubringerlinien und Überlandlinien. Der deutlichste Beweis ist sicher, daß das öffentliche Verkehrssystem das beliebteste Fortbewegungsmittel ist. Jeder vierte Fahrgast im öffentlichen Nahverkehr besitzt ein Auto, benutzt es aber nicht in der Stadt. Dank des effizienten öffentlichen Verkehrs konnten mehrere Straßen in der Innenstadt in Fußgängerzonen umgewandelt werden, darunter auch die Hauptstraße. In den Fußgängerzonen spielen Musiker, es gibt beliebte Theateraufführungen und Kunstveranstaltungen für die Kinder. Manche Läden und Restaurants in den Einkaufspassagen sind rund um die Uhr geöffnet und tragen zur Belebung der Innenstadt bei, damit sie sich nicht wie viele andere Stadtzentren nach Ladenschluß in eine Geisterstadt verwandelt.
- Der konventionellen Städteplanung zufolge muß jede Stadt mit über einer Million Einwohnern ein U-Bahn-System haben, andernfalls kommt es zum Verkehrschaos. Außerdem müssen Städte, die über 1000 Tonnen Müll am Tag produzieren, über teure automatische Mülltrennungsanlagen verfügen. Curitiba hat weder das eine noch das andere. Die Investitionen in den öffentlichen Nahverkehr machen nur 5 Prozent der Summe aus, die ein entsprechendes U-Bahn-Netz kosten würde. Dank der Einsparungen kann Curitiba seine Busflotte ständig modernisieren, sie zählt zu den modernsten der Welt.
- Es gibt eine Umweltuniversität, die kostenlose Kurse und praktische Einführungen für Hausfrauen, Bauaufseher, Ladenbesitzer und Taxifahrer anbietet. Die Teilnehmer lernen die Auswirkungen kennen, die ihr tägliches Handeln für die Umwelt hat. Das Gebäude ist ein beeindruckendes architektonisches Wahrzeichen. Es wurde größtenteils aus

recycelten Telefonmasten gebaut und liegt idyllisch an einem künstlichen See. Früher befand sich dort ein Steinbruch.
- Curitiba ist die einzige Stadt in Brasilien, in der der Grad der Umweltverschmutzung heute niedriger liegt als in den 50er Jahren; die Verbrechensrate ist ebenfalls niedriger, das Bildungsniveau liegt dagegen höher als in vergleichbaren brasilianischen Städten. Als einzige Stadt in Brasilien hat Curitiba Fördermittel der Regierung abgelehnt, denn die Stadt hat Lösungen parat, die mit geringerem bürokratischen Aufwand verwirklicht werden können.
- Auf der ehemaligen Müllhalde des Stadtzentrums wurde ein botanischer Garten angelegt, der heute als Erholungs- und Forschungszentrum dient. Außerdem gibt es im Umkreis der Stadt derzeit 16 verschiedene Naturparks mit unterschiedlichen Schwerpunkten. Dadurch kommen in Curitiba 52 Quadratmeter Natur auf jeden Einwohner. Der Idealstandard der UNO beträgt 48 Quadratmeter Grünfläche pro Stadtbewohner, ein Maß, das weder in den Industrieländern noch in der Dritten Welt häufig erreicht wird. Natürlich sind alle Naturparks problemlos mit öffentlichen Verkehrsmitteln zu erreichen, so daß jeder die Anlagen nutzen kann – wovon auch reichlich Gebrauch gemacht wird.
- Curitiba wurde 1992 von der UNO als beispielhafte ökologische Stadt anerkannt. Jaime Lerner erfuhr für seine Maßnahmen internationale Anerkennung. Einige andere Städte sind auf Curitibas Lösungen aufmerksam geworden. Etwa 20 Städte in Brasilien übernahmen das System des öffentlichen Nahverkehrs. Kapstadt kopierte ebenfalls einige Ideen. Stadtplaner aus Buenos Aires, Santiago de Chile, Montreal, Paris, Prag, Mexiko und Lagos zeigten sich beeindruckt.

Komplementärwährungen auch in der Politik Karriere machen kann. Der Erfolg von Jaime Lerner läßt sich nicht allein auf seine Persönlichkeit oder seine Herkunft zurückführen. Außerdem gründen auf dieser Idee nicht nur Lerners Karriere, sondern noch zwei weitere. Lerners Amtsnachfolger Rafael Greca und Cassio Inaguchi, die beide ganz unterschiedliche Persönlichkeiten besitzen und einen anderen Werdegang haben, begannen als Mitglieder in Lerners Planungsstab. Wer mit Lösungen wie den hier vorgestellten Erfolg haben will, braucht Phantasie und die Fähigkeit, die Dinge in Bewegung zu bringen.

Die Auswirkungen von Komplementärwährungen lassen sich auch unter wirtschaftlichen Gesichtspunkten messen. Das Durchschnittseinkommen liegt in Curitiba etwa 3,3mal so hoch wie der Mindestlohn in Brasilien, doch das Realeinkommen liegt noch mal mindestens 30 Prozent darüber (d. h. in etwa das Fünffache des Mindestverdienstes). Die Differenz von 30 Prozent ergibt sich aus dem Einkommen, das nicht aus der konventionellen Landeswährung besteht, wie z. B. die Lebensmittel aus dem Müllsammelsystem. Ein weiterer Beweis für den Erfolg des Systems ist die Tatsache, daß Curitiba über das am besten ausgebildete soziale Netz und eines der lebendigsten Kultur- und Ausbildungsprogramme des Landes verfügt. Dennoch liegen die Steuern in Curitiba auch nicht höher als im übrigen Land.

Selbst in den Statistiken, dem traditionellen Feld der Makroökonomie, finden sich deutliche Anzeichen, daß in Curitiba eine ungewöhnliche Entwicklung stattfindet. Zwischen 1980 und 1995 wuchs das Bruttosozialprodukt von Curitiba pro Kopf um 45 Prozent schneller als das des Bundesstaates Paraná oder Brasiliens insgesamt.[259]

Das Beispiel Curitiba zeigt seit etwa drei Jahrzehnten, daß ein ganzheitlicher Ansatz, bei dem sowohl die konventionelle Landeswährung als auch eine gut konzipierte Komplementärwährung verwendet werden, Vorteile für alle bringt, darunter auch für diejenigen, die sich ausschließlich auf die herkömmliche Wirtschaftsweise konzentrieren. Eine Stadt der Dritten Welt konnte so innerhalb einer Generation zum Lebensstandard der Ersten Welt aufschließen.

Die japanische Pflegewährung

Von allen Ländern hat Japan den zweithöchsten Anteil alter Menschen an der Bevölkerung. Bereits heute benötigen 800 000 Senioren gelegentlich Hilfe, und eine weitere Million ist behindert. Das japanische Gesundheitsministerium rechnet schon in naher Zukunft mit einer deutlichen Zunahme dieser Zahlen.

Als Reaktion auf das rasch wachsende Problem haben die Japaner eine Art »Pflegewährung« eingeführt.[260] Bei diesem System werden die Stunden, die ein Freiwilliger bei der Pflege oder Unterstützung alter oder behinderter Menschen verbringt, auf einem »Zeitkonto« verbucht. Dieses Zeitkonto wird genau wie ein Sparkonto geführt, der einzige Unterschied besteht darin, daß die Rechnungseinheiten nicht Yen sind, sondern Stunden. Mit dem Guthaben des Zeitkontos kann man die normale Krankenversicherung ergänzen.

Verschiedene Aufgaben werden verschieden bewertet. So erhält man beispielsweise für eine Mahlzeit, die zwischen 9 Uhr und 17 Uhr serviert wird, ein geringeres Zeitguthaben als für Mahlzeiten außerhalb dieses zeitlichen Rahmens; auch für Arbeiten im Haushalt und fürs Einkaufen wird weniger angerechnet als beispielsweise für Körperpflege. Wir sprachen bereits von dieser Währung in Zusammenhang mit »Herrn Yamadas Altersvorsorge« (siehe S. 46).

Das Guthaben in der Pflegewährung kann von den Freiwilligen für sich selbst oder für jemanden ihrer Wahl innerhalb und außerhalb der Familie verwendet werden, wann immer entsprechende Hilfe benötigt wird. Einige private Dienste bieten Freiwilligen, die in Tokio Pflegedienste verrichten, die Möglichkeit, daß das Zeitguthaben ihren Eltern zur Verfügung steht, die vielleicht in einem anderen Landesteil wohnen. Manche bieten einfach ihre Dienste an und hoffen, daß sie ihr Guthaben nie brauchen werden. Andere arbeiten nicht nur freiwillig, sondern geben ihr Guthaben an andere weiter, die es ihrer Meinung nach brauchen. Für die Beteiligten verdoppelt sich quasi die Zeit. Das Prinzip funktioniert ähnlich, wie wenn Unternehmer oder Politiker bei Spendenaktionen die gesammelte Summe verdoppeln: Mit jeder Stunde Arbeit erhält die Gesellschaft zwei Stunden.

Besonders erfreulich ist, daß auch die alten Menschen diese Form der Pflege bevorzugen, da die Qualität der Leistungen höher ist als bei den in Yen bezahlten Pflegern und Pflegerinnen. Der Name der Währung, »Hureai Kippu« (»Pflege-Beziehungs-Tik-

> **Seniorengenossenschaften in Deutschland**
> Lothar Späth, der frühere Ministerpräsident von Baden-Württemberg, führte in Deutschland das Konzept einer Komplementärwährung ein, das speziell auf die Betreuung älterer Bürger zugeschnitten ist. Die Anregung dazu bekam er von dem Komplementärwährungsprojekt MORE, das er Ende der 80er Jahre in St. Louis/USA in der Praxis kennengelernt hatte. Die Baden-Württembergische Landesregierung gab 1991 Finanzhilfe für den Aufbau von zehn kleineren Projekten. Heute haben sich solche Seniorenhilfe-Projekte auch in anderen Ländern verbreitet, und an die fünfzig haben sich im ganzen Land etabliert. Die Währungseinheit sind »Zeit-Punkte«. In manchen dieser Systeme, wie z. B. in Dietzenbach, bekommt jeder, der mit 500 Zeit-Punkten im Haben-Bereich ist, einen silbernen Anstecker, wer 1000 Zeit-Punkte gesammelt hat, einen goldenen. In manchen Systemen ist es möglich, die Leistungen statt in Zeit-Punkten in nationaler Währung zu bezahlen (wobei eine »Verwaltungsgebühr« von fünf DM für die erste Stunde und drei DM für jede weitere erhoben wird). DM-Einnahmen brauchen die Systeme, um ihre Telefonrechnung, Druck-, Fahrtkosten und Versicherungsprämien zu bezahlen. Auch hier ist natürlich »der Aspekt der Gemeinschaft und der Gegenseitigkeit für die Systemnutzer viel entscheidender als die bloßen Waren oder Dienstleistungen, die in gleicher Qualität in konventioneller Währung zu erstehen wären«.
>
> Obwohl die Zeit-Punkte übertragbar sind und sogar an Familienangehörige oder Freunde vererbt werden können, sind sie bis jetzt doch an ein lokales System gebunden. Ein Verrechnungssystem, wie es etwa in Japan existiert, ist hier noch nicht geschaffen worden.

ket«), ist Programm. Sie bietet den alten Menschen eine Lösung, die ihnen angenehmer ist, denn vielen wäre es peinlich, um einen kostenlosen Pflegedienst zu bitten.

Die Japaner berichten zudem über einen deutlichen Anstieg der freiwilligen Leistungen, und das auch bei Helfern, die gar keine eigenen Zeitkontos eröffnen wollen. Der Grund könnte sein, daß durch dieses System alle Freiwilligen das Gefühl haben, ihre Leistungen würden mehr anerkannt. Damit wäre auch der Einwand widerlegt, daß durch die Bezahlung von Freiwilligen in Komplementärwährung diejenigen, die nicht bezahlt werden, nichts mehr machen.

Ende der 90er Jahre gab es auf lokaler Ebene über 300 Pflegedienste, die nach dem Prinzip der Zeitkonten arbeiten. Bei den meisten handelt es sich um private Organisationen wie das Sawayaka Welfare Institute, das »Wac Ac« (Wonderful Ageing Club, Club für wundervolles Altern, Active Club) oder das Japan Care System (Japanisches Pflegesystem, eine gemeinnützige Organisation, die staatliche Zuschüsse erhält).

Insgesamt betrachtet erweist sich die japanische Pflegewährung kostengünstiger und persönlicher als das im Westen übliche System. Warum nutzen wir angesichts der sich in Europa und den USA abzeichnenden Überalterung nicht die Erfahrungen, die in Japan gemacht wurden?

Tlaloc

Tlaloc ist der Regengott der Azteken, Herr eines eigenen Paradieses, der vor der spanischen Eroberung eine wichtige Rolle im Glauben spielte. Nach ihm ist eine Straße in dem Viertel Colonia Tlaxpana in Mexiko-Stadt benannt. In dieser Straße befindet sich der Sitz des kooperativen Entwicklungszentrums Promoción del Desarollo Popular A.C., das auf Anregung des Architekten Luis Lopezllera 1987 ein eigenes Währungssystem namens Tlaloc gründete. Besonders interessant an diesem System ist die Mischung aus High-Tech und Low-Tech, mit der es betrieben wird. Die Beteiligten brauchen weder einen Computer noch ein Telefon, dennoch gibt es eine eigene Website (http://www.laneta.apc.org) und eine regelmäßig erscheinende Zeitung *(La Otra Bolsa de Valores),* außerdem werden verschiedene andere Dienstleistungen angeboten.

Tlaloc ist ein wechselseitiges Kreditsystem, bei dem das Geld in Form von Papierschecks ausgegeben wird. Mehrere vertrauenswürdige Mitglieder haben Scheckbücher und stellen die Schecks immer auf runde Beträge aus (z. B. 1, 2, 5, 10, 50). Auf der Rückseite der Schecks ist Platz für Indossamente, Wechselübertragungsvermerke, so daß der erste Empfänger den Scheck an den nächsten Benutzer übertragen kann usw. Die Schecks sind wie eine Währung im Umlauf. Wenn der letzte Besitzer die Summe verbuchen will und der Aussteller belastet wird, gehen die Schecks regelmäßig zurück an das Zentrum. Kurz gesagt hat dieses System die Vorteile eines wechselseitigen Kreditsystems und einer Papierwährung. Zur Führung der Konten braucht man für das ganze System nur einen Computer. Und es kann als Papierwährung zirkulieren, ohne daß man ein Telefon zur Bestätigung der Transaktion braucht.

Andere Gemeinschaften haben das System übernommen. So sind beispielsweise »Compromisos«-Schecks in Tactiuco in Umlauf, einem Viertel von Quito in Ecuador.

Komplementärwährungen im Informationszeitalter

Die bisher vorgestellten Zahlungssysteme für Komplementärwährungen funktionieren parallel zu einer bestehenden Landeswährung. Obwohl viele Transaktionen die gleichzeitige Zahlung in beiden Währungen umfassen, erfordert ihre Durchführung zwei verschiedene Vorgänge. Meiner Ansicht nach liegt die Zukunft in der bequemen Zahlung mit beiden Währungsarten über dasselbe Medium. Dadurch bestünde für beide Zahlungsformen das gleiche Sicherheitsniveau, außerdem würde ein solcher Vorgang in etwa gleich viel kosten wie das Bezahlen in einer einzigen Währung.

Integriertes Währungsdesign: Commonweal Inc.

Joel Hodroff, der Begründer von Commonweal Inc. in Minneapolis im US-Bundesstaat Minnesota, hat, wie ich vermute, das erste System entwickelt, das offiziell Landes- und Komplementärwährungen integriert.[261] Er genießt hohe Anerkennung in der Geschäftswelt (darunter von mehreren Bankpräsidenten und dem

Geschäftsführer des größten Einkaufszentrums in den USA), von Bürgermeistern, Gewerkschaftsführern, von Verwaltungsbeamten, sozial Engagierten, Technikexperten und anderen wichtigen Menschen.

Das Commonweal Community Herocard System wurde bewußt so gestaltet, daß es Vorteile für alle Beteiligten bietet. Unternehmen gewinnen neue Kunden und erhöhen ihren Gewinn. Gemeinnützige Organisationen ziehen mehr Freiwillige an, können bei geringen Mehrkosten ihr Geld besser einsetzen und nehmen Gebühren ein (»sachgebundenes Marketing«), wenn ein Mitglied mit der Herocard einkauft. (Grundlage ist eine einfache Kundenkarte, doch das System ist so angelegt, daß es sich hervorragend für SmartCards in dualer Währung eignet, sobald die Händler mit den entsprechenden Lesegeräten für die Karten ausgestattet sind.) Am wichtigsten ist jedoch, daß Gemeinden und Stadtbezirke auf diese Art bisher ungenutzte menschliche und andere Ressourcen zur Lösung ihrer lokalen Probleme einsetzen können.

Alle Komponenten, auch die Technik, wurden einzeln getestet und sind bereits verfügbar. Neu daran ist, daß sie zu einem gemeinsamen System zusammengefaßt wurden.

Das Geheimnis ist ein duales Währungssystem, in dem eine Landeswährung und eine Komplementärwährung simultan operieren. Und so funktioniert es.

DAS KONZEPT

Beim System von Minneapolis werden zwei Währungen verwendet: der normale US$ und C$D. C$D ist die Abkürzung für Community Service Dollar (Gemeinschafts-Service-Dollar). Das Verhältnis ist 1 C$D = 1 US$. Eine Arbeitsstunde wird mit 10 C$D verrechnet.

Der Prozeß zur Schöpfung von C$D beginnt in der Geschäftswelt. Fast alle Betriebe verfügen über Reservekapazitäten für die Hochsaison oder um einer erhöhten Nachfrage entsprechen zu können. Diese Reservekapazitäten bleiben den Großteil der Zeit ungenutzt: Kinos am Morgen oder Nachmittag, selbst beliebte Restaurants am frühen Abend, Urlaubshotels außerhalb der Saison oder unter der Woche. Auch in vielen Fabriken kosten ein paar weitere Durchgänge in der Produktion nur einen Bruchteil der normalen Betriebskosten. So können z. B. Möbelhersteller oder Kleiderfabrikanten zu geringen Stückpreisen einige zusätzliche Teile aus einer Serie herstellen und machen das auch oft. In den meisten Fällen allerdings bleibt diese Reservekapazität ungenutzt. Die geschäftstüchtigeren Unternehmer versuchen etwas dazuzuverdienen und setzen ihre Überproduktion bei Tauschgeschäften oder als Sonderangebote ab. Dies ist bereits eine weitverbreitete Geschäftspraktik in vielen Unternehmen, egal, ob es sich nun um Hotelzimmer, Restaurants (zwei Mahlzeiten zum Preis von einer), Textilien oder Sportartikel handelt.

In Minneapolis bietet sich den Unternehmen noch eine weitere Möglichkeit: Sie können dem Commonweal Community Program beitreten und C$D akzeptieren. (Ein Restaurant könnte beispielsweise bis zu 50 Prozent des Rechnungsbetrages in C$D akzeptieren, wenn die Mahlzeit vor 19 Uhr eingenommen wurde. Oder ein Kino könnte bei den Nachmittagsvorstellungen bis zu 90 Prozent des Eintrittsgeldes in C$D akzeptieren, denn die Kosten für die Filmvorführung bleiben gleich, unabhängig von der Zahl der Zuschauer.)

Die C$D werden an gemeinnützige Organisationen ausgegeben, die ihre freiwilligen Helfer damit bezahlen.

Eine wichtige Eigenschaft des Minneapolis-Systems ist, daß die C$D aus dem Verkehr gezogen werden, nachdem sie in einem Geschäft eingelöst worden sind (in dieser Hinsicht ähneln C$D den Bonusmeilen für Vielflieger oder Rabattmarken). Dann werden neue C$D ausgestellt, die neue gemeinnützige Tätigkeiten belohnen. Probleme wie die Entscheidung über die Menge des ausgestellten Geldes sind von geringerer Bedeutung, denn die C$D zerstören sich nach ihrem Gebrauch selbst.

VORTEILE DES DUALEN ANSATZES

Das System bietet Menschen, die Zeit, aber wenig Geld haben, die Möglichkeit, sich voll in die Wirtschaft zu integrieren (wie bei Time Dollars). Es stellt außerdem eine effektive Marketingstrategie dar, denn es bringt neue Kunden und verstärkt die Kundenbindung, geht aber nicht auf Kosten der Kunden, die normal in Dollar bezahlen.

Die ganze Gemeinschaft zieht daraus nur Vorteile, wie für jeden Beteiligten einzeln gezeigt wird:

- Für die beteiligten Unternehmen: Aus Sicht der beteiligten Unternehmen gibt es noch einen weiteren entscheidenden Vorteil, der bisher noch nicht genannt wurde: die Kundenbindung und Imagegründe. Die Unternehmen bekommen Kunden, die sie sonst nicht ansprechen würden, und verdienen trotzdem noch bei jeder Transaktion (denn der Anteil an US-Dollar deckt immer die entstehenden Kosten inklusive Steuern). Außerdem werden durch das System auch Dienstleistungen in den Stadtvierteln angeboten, die sonst von den Anbietern ausgelassen würden. Die Verbesserung des Angebots wirkt sich positiv auf den Geschäftsgang insgesamt aus.
- Für gemeinnützige Organisationen: Auch sie gehören bei diesem neuen System zu den großen Gewinnern. Die Zahl der freiwilligen Helfer erhöht sich möglicherweise. Die öffentliche Beteiligung bei der Auswahl der Organisationen und der Zuteilung der C$D verschafft den Organisationen Anerkennung und macht ihre Arbeit bei einem breiteren Publikum bekannt.
- Für die beteiligten Mitglieder: Mitglieder können zwei Lebensweisen auf einfache Art miteinander kombinieren. Wer will, kann seinen Job und seine Arbeit verbinden. Die freiwilligen Beiträge der Helfer erfahren mehr Anerkennung als früher. Auch die allgemeine Verbesserung der Lebensqualität im beteiligten Stadtviertel kommt ihnen zugute.
- Für Arbeitslose und sozial Benachteiligte: Mit dem C$D-System kann man Zeit in Geld verwandeln. Wirtschaftlich Benachtei-

ligte nehmen wieder aktiv am Wirtschaftsleben teil, denn normalerweise haben gerade sie mehr Zeit als Geld. Das System bietet ihnen darüber hinaus eine berufliche Chance im gemeinnützigen Bereich, die sie sonst nicht hätten. Die Form der Abwicklung bei den Zahlungsvorgängen (nur sie müssen wissen, ob sie in Dollar oder C$D bezahlen) beläßt ihnen mehr Würde als Essensmarken oder Schecks des Sozialamtes. Außerdem ist damit keinerlei Bürokratie verbunden.
- Für die übrige Gemeinschaft: Selbst wer überhaupt nicht an dem System teilnimmt, kann erhebliche Vorteile daraus ziehen. Ohne das Commonweal-Programm gäbe es bestimmte Maßnahmen nicht, andere müßten über Steuern finanziert werden. Das Commonweal-System mobilisiert sonst ungenutzte Ressourcen, die Probleme lösen, die gelöst werden müssen. Das geschieht ohne die Verwendung von Steuern durch die Nutzung des Marktsystems.

Im Jahr 1998 wurde das Commonweal-System in einem Pilotprojekt im Viertel Lyndale in Minneapolis getestet. Neben gemeinnützigen Organisationen sind auch die Mall of America (das größte Einkaufszentrum in den USA) und andere Unternehmen beteiligt, darunter die National City Bank, die das Berechnungssystem zur Verfügung stellt und die Abrechnungen in C$D erledigt.

Internetgeld für virtuelle Gemeinschaften

Einer der faszinierendsten und sehr ermutigenden Aspekte bei der Entwicklung des Internet ist das Aufkommen virtueller Gemeinschaften, die in Howard Rheingolds Buch *Virtuelle Gemeinschaft: Soziale Beziehungen im Zeitalter des Computers* sehr ansprechend vorgestellt werden.[262]

Gemeinschaft oder das Gefühl von Gemeinschaft ist in unserer Gesellschaft so selten geworden, daß allein schon das Auftreten einer neuen Möglichkeit zur Schaffung von Gemeinschaften bemerkenswert ist.

VIRTUELLE GEMEINSCHAFTEN IM KAMPF GEGEN EIN MONOPOL DER LANDESWÄHRUNGEN IM INTERNET

Der Vorgang, durch den dieses Wunder zustande kam, wird oft nicht richtig verstanden. Selbst die Begründer virtueller Gemeinschaften wußten meist nicht, daß ihr Erfolgsgeheimnis in Verbindung mit der Tatsache zu sehen ist, daß sie eine Geschenkwirtschaft im Netz geschaffen hatten. »Ich helfe dir heute, und jemand anders wird mir helfen, wenn ich einmal Hilfe brauche«, gilt als Motto bei der Entstehung erfolgreicher Gemeinschaften. Anders ausgedrückt, gelten auch hier die Grundregeln von Gemeinschaften, die wir schon zu Beginn dieses Kapitels kennenlernten, sie werden nur in anderer Form praktiziert. Die virtuellen Gemeinschaften von heute sind »Gemeinschaften«, weil durch eine »Geschenkwirtschaft« in Form eines offenen Informationsaustausches soziale Bindungen entstanden. Vor kurzem hat auch die Wirtschaft die Bedeutung dieses Phänomens entdeckt.[263]

Allerdings scheint man sich weder in der Wirtschaft noch im Internet bewußt zu sein, daß entsprechende Vorsichtsmaßnahmen getroffen werden müssen, wenn die sprichwörtliche Gans, die goldene Eier legt, nicht geschlachtet werden soll, und die virtuellen Gemeinschaften wie die meisten traditionell lebenden »primitiven« Völker, die auf der Grundlage einer »Geschenkwirtschaft« existieren, nicht einfach verschwinden sollen. Genau wie traditionelle Gemeinschaften unwissentlich unter den konkurrenzfördernden Eigenschaften unserer »normalen« Währungen litten, werden Gemeinschaften im Internet vielleicht zerfallen, wenn die neuen Zahlungssysteme, die für das Internet entwickelt werden, ausschließlich auf diesen Währungen basieren.

Da nun immer mehr kommerzielle Unternehmen im Internet vertreten sind, wollen diejenigen, die das Net als Raum für Gemeinschaften schätzen, vielleicht Vorsichtsmaßnahmen treffen, damit die virtuellen Gemeinschaften nicht dasselbe Schicksal erleiden wie fast alle Geschenkwirtschaften vor ihnen.

DAS INTERNET: EIN IDEALER YIN-ORT FÜR EINE WIRTSCHAFTLICHE SYMBIOSE

Einige Eigenschaften machen das Internet zu einem idealen Ort, an dem die gemeinschaftsfördernden Währungen einträchtig neben den herkömmlichen Landeswährungen existieren könnten. Eine neue Symbiose zwischen beiden Ansätzen wäre so möglich.

Da das Internet unbegrenzt »Raum« bietet und natürliche sowie kulturelle Grenzen überschreitet, muß auch der elektronische Marktplatz nicht ausschließlich auf ein Währungssystem beschränkt sein. Neue Synergien zwischen virtuellen und lokalen Gemeinschaften wären möglich und könnten die Lebensqualität der beteiligten »Netizens« verbessern.

Meiner Ansicht nach wären die folgenden fünf Eigenschaften für eine Internetwährung wünschenswert, die in virtuellen Gemeinschaften verwendet werden würde:

- effizient und sicher in einem elektronischen Zahlungssystem;
- konvertierbar für lokale Ausgaben (d. h. die Antwort auf die Frage »Wie kann ich das Guthaben, das ich im Internet verdient habe, für Lebensmittel und meine sonstigen Bedürfnisse verwenden?«);
- supranational (eine wichtige Eigenschaft des Internets ist das Fehlen nationaler Grenzen, Länderwährungen sind dagegen auf die Förderung des Nationalgefühls ausgerichtet; warum sollte ein Deutscher, wenn er das Produkt einer indischen Firma im Internet kauft, dafür in D-Mark, Dollar oder Rupien bezahlen?);
- selbstregulierend direkt im Internet und
- gemeinschaftsfördernd.

Keine der Währungen und Zahlungssysteme, die derzeit im Internet zur Verfügung stehen, entspricht diesen Anforderungen. Zahlungssysteme, die auf den vorhandenen Landeswährungen basieren, erfüllen zwar eindeutig die ersten beiden Bedingungen, aber nicht die anderen.

EINE LÖSUNG: EINE CLEARINGSTELLE FÜR KOMPLEMENTÄRWÄHRUNGEN IM INTERNET?

Natürlich erfüllen Komplementärwährungen alle genannten Anforderungen (vor allem die wechselseitigen Kreditsysteme), doch leider stehen sie derzeit für den Handel im Internet noch nicht zur Verfügung.

Für eine Internetwährung nach unseren üblichen Vorstellungen bräuchte man eine automatische elektronische Clearingstelle für Komplementärwährungssysteme, die direkt im Internet arbeiten würde. Mit einer solchen Clearingstelle für Komplementärwährungen könnte beispielsweise jemand in Manchester ein Guthaben, das er durch eine Dienstleistung im Internet »verdient« hätte, gegen die Währung in seinem lokalen LETS eintauschen. Umgekehrt wäre das Guthaben, das jemand vor Ort in Manchester verdient, mehr wert, wenn er es gegen Güter und Dienstleistungen im Internet eintauschen könnte. Der Spruch »Denke global, handle lokal« erhielte durch diesen Ansatz einen neuen praktischen Bezug.

Ich möchte nicht dafür eintreten, daß im Internet keine Landeswährungen verwendet werden oder daß Gemeinschaftswährungen wie die bisher beschriebenen die Landeswährungen ersetzen. Es ist jedoch allerhöchste Zeit, daß wir etwas unternehmen. Wir können nicht einfach zusehen, wie der Sinn für Gemeinschaften vernichtet wird, nur weil wir nicht wissen, welchen Einfluß Währungen bei der Gestaltung unserer Beziehungen haben können.

»Eine wahre Gemeinschaft schließt andere mit ein; ihr größter Feind ist die Exklusivität. Gruppen, die andere aufgrund von religiösen, ethnischen oder subtileren Unterschieden ausschließen, sind keine Gemeinschaften.« So lautet eine Definition der Foundation for Community Encouragement (Stiftung zur Förderung von Gemeinschaften).

Ein Anliegen, auf das sich ein Großteil der Menschen einigen kann, ist die Stärkung des Gemeinschaftsgefühls. Die bisher aufgeführten Beispiele bestätigen, daß die Verwendung von Komplementärwährungen erheblich zu diesem Ziel beitragen kann. Ich behaupte nicht, daß sie ein Allheilmittel sind, aber sie haben definitiv bewiesen, daß sie unser soziales Instrumentarium, mit dem wir gegen die Probleme aus der »Zeitkompressionsmaschine« vorgehen können, erweitern.

Kapitel 7
Probleme in der Praxis

> »Eine große Innovation tritt zunächst meist in einer konfusen, unvollständigen und verwirrenden Form auf ... Eine Vermutung, die nicht auf den ersten Blick verrückt aussieht, ist hoffnungslos.«
> *Freeman Dyson*

> »Chaos ist Kreativität auf der Suche nach einer Form.«
> *John Welwood*

Es genügt nicht, eine neue Währung zu erfinden oder sie zu verwenden. Da Geld eine zentrale Rolle in unserer Gesellschaft spielt, haben auf diesem Gebiet viele verschiedene und mächtige Organisationen und Leute ein Mitspracherecht. Solange die Komplementärwährungen nur eine Randerscheinung waren, blieben sie meist unbeachtet von den Machtinstanzen wie Steuerbehörden und Zentralbanken. Wenn sich die Bewegung jedoch ausbreitet, wie ich es in diesem Buch empfehle, und wenn wir mit Hilfe der Komplementärwährungen systematisch gegen die Probleme aus der »Zeitkompressionsmaschine« vorgehen wollen, wäre es unklug, die Sorgen und Einwände dieser Organisationen einfach unbeachtet zu lassen. In diesem Kapitel soll auf mögliche Einwände und Probleme eingegangen werden. Das Kapitel befaßt sich außerdem mit den Elementen einer europäischen Sozialpolitik, bei der Komplementärwährungen verwendet werden könnten, und bietet den Menschen, die vielleicht an einem eigenen Projekt für Komplementärwährungen interessiert sind, einige nützliche Ratschläge.

Komplementärwährungen, Gesetze, Steuerbehörden und Zentralbanken

Die Frage nach dem Verhältnis zwischen Komplementärwährungen, der Gesetzeslage und der Steuerordnung läßt sich kurz mit dem Hinweis beantworten, daß es keine unüberwindlichen Hindernisse gibt. Zur Unterstützung dieser Aussage sind jedoch einige Erklärungen angebracht.

In den meisten Ländern gibt es kein Gesetz, das es verbietet, »in einer Gemeinschaft eine Vereinbarung über ein Tauschmittel zu treffen«. Andererseits hat in den meisten Ländern das Bankwesen unter der Aufsicht einer Zentralbank das Monopol über das »gesetzliche Zahlungsmittel«. Für die Praxis bedeutet dies, daß Sie niemanden zwingen können, bei der Rückzahlung Ihrer Schulden eine Komplementärwährung zu akzeptieren, und daß Sie Ihre Steuern in der Landeswährung zahlen müssen.

Eine allgemeine Regel zur Besteuerung besagt, daß nicht die Währung bestimmt, ob eine Transaktion besteuert wird, sondern die Art der Transaktion selbst.

Wenn eine Tätigkeit auf professioneller Basis durchgeführt wird (z. B. ein Klempner, der Klempnerarbeiten durchführt), gilt diese in den meisten Ländern unabhängig von der verwendeten Währung als steuerpflichtig. Die Währung, in der die Steuern entrichtet werden müssen, ist das »gesetzliche Zahlungsmittel«, also die Landeswährung. Wenn dagegen Menschen einfach anderen helfen, gilt das in den meisten Ländern nicht als steuerpflichtig. In den USA, deren Steuerbehörden als besonders streng gelten, gibt es einen wichtigen Präzedenzfall: Alle Transaktionen in Time Dollars sind offiziell steuerfrei, da sie einen primär sozialen Zweck verfolgen.

Die Zentralbanken und die Menschen, die sich derzeit in der Bewegung für Komplementärwährungen engagieren, zogen es bisher auf beiden Seiten vor, den anderen zu ignorieren. Die Beschäftigung mit lokalen Währungen lag offensichtlich bisher »unter der

Würde« der Zentralbanken, die Komplementärwährungen nur als Randerscheinungen mit geringem Verbreitungsgrad betrachteten. Die Aktivisten der Bewegung scheinen sich dagegen der Rolle und der Macht der Zentralbanken gar nicht bewußt zu sein.

Unter den Mitarbeitern der Zentralbanken traf ich sehr fähige und am Gemeinwohl orientierte Menschen. Dennoch haben sie die Macht und aufgrund ihrer langen Geschichte auch die Fähigkeit, etwas so Unorthodoxes wie die Komplementärwährungen sofort zu unterbinden, wenn sich zu viele Menschen für diese Idee begeistern. Doch dieses Mal spricht ein starkes Argument gegen eine solche Reaktion. Es gibt sogar Hinweise, daß die Zentralbanken ein Interesse an der Tolerierung – und unter gewissen Umständen sogar an einer Unterstützung – einer richtig konzipierten Komplementärwährung haben.

Reaktionen der Zentralbanken auf Komplementärwährungen

Wie gesagt reagierten die Zentralbanken bisher auf lokale Währungen, indem sie sie meist einfach ignorierten. Wenn aber die Währungen aus bestimmten Gründen »zu erfolgreich« wurden, unterdrückten die Zentralbanken die Initiativen, wenn nötig unter Zuhilfenahme rechtlicher Mittel (so geschehen in den 30er Jahren in Österreich, Deutschland und den USA, wie wir bereits in Kapitel 5 erfahren haben).

Eine Zentralbank – die neuseeländische – ging zum ersten Mal den umgekehrten Weg. Sie toleriert solche Währungen nicht nur, sondern sieht in ihnen ein Mittel zum Abbau der Arbeitslosigkeit, bei dem sie gleichzeitig die Inflation der Landeswährung im Griff behalten kann. Die Beweggründe für diese wichtige Ausnahme zeigen, warum die Zentralbanken heute meiner Meinung nach auch aus ihrer Sicht ein Interesse daran haben, richtig konzipierte Komplementärwährungen zu akzeptieren.

Derzeit haben die meisten Zentralbanken das Phänomen der lokalen Währungen vermutlich noch gar nicht erkannt – die momentane Entwicklung wurde vom »Radar« des offiziellen Systems noch nicht erfaßt. Doch die Entdeckung ist nur eine Frage der Zeit. Wenn die strukturelle Arbeitslosigkeit durch das Informationszeitalter weiter wächst und dadurch ein erhöhter Bedarf an Komplementärwährungen entsteht und wenn durch die neue Technik schon bald die Anwendungsmöglichkeiten der Komplementärwährungen erweitert werden, können wir mit ihrer explosionsartigen Steigerung rechnen.

Aus der Sicht der Zentralbanken liegt der entscheidende Aspekt im Verhältnis zwischen den Komplementärwährungen und der Inflation. Wenn die gesteigerte Verwendung von Komplementärwährungen die Inflation in die Höhe triebe, müßten die Banken eine derartige Entwicklung zu Recht verhindern. Wenn Komplementärwährungen allerdings nicht zu einer Inflation führen, sollten die Zentralbanken auch nicht eingreifen. Und wie schon mehrfach belegt wurde, tragen richtig konzipierte Komplementärwährungen nicht zu einer Inflationssteigerung bei, sondern können im Gegenteil sogar so eingesetzt werden, daß der inflationäre Druck auf die Landeswährungen vermindert wird.

Das Hauptproblem bei der Betrachtung von Komplementärwährungen im Zusammenhang mit einer Inflationsgefahr besteht darin, daß wir aufgrund unserer wirtschaftswissenschaftlichen und geldpolitischen Kenntnisse automatisch davon ausgehen, daß es in einem Land nur ein einziges Währungssystem gibt. Bei dieser Sichtweise könnte das Auftreten einer zweiten Währung einfach als lokale Erhöhung der Geldmenge interpretiert werden. Alle Wirtschaftswissenschaftler würden sofort begreifen, warum ein derartiger Prozeß den Beschäftigungsgrad erhöht, sie kämen aber auch (irrtümlich) zu dem Schluß, daß Komplementärwährungen automatisch den inflationären Druck auf die Gesamtwirtschaft verstärken.

Dieser Gedankengang wäre richtig, wenn alle (und nur dann) Komplementärwährungen »Fiat«-Währungen (siehe Glossar) ohne Deckung wie beispielsweise der Dollar, der Euro oder andere existierende Landeswährungen wären. Bei *einer* Komplementärwährung (Ithaca Hours in Kapitel 6) handelt es sich auch tatsächlich um solch eine Währung. Sie könnte ein Risiko darstellen, wenn sie weitere Verbreitung fände. Alle anderen Projekte, darunter auch die wechselseitigen Kreditsysteme (z. B. LETS, Time Dollars) tragen nicht zum inflationären Druck bei. Doch anstatt lediglich theoretisch zu argumentieren, wollen wir drei Beispiele betrachten.

Im Fall von simplen Tauschgeschäften, bei denen keinerlei Währung beteiligt ist, besteht die einzige Folge eines solchen Austausches in der Frage, wem was gehört. Wenn die Gesamtmenge der umlaufenden Waren- und Geldmenge unverändert bleibt, entsteht bei Tauschgeschäften kein inflationärer Druck.

In dem Falle der wechselseitigen Kreditsysteme (d. h. LETS oder Time Dollars) ähnelt die Situation in gewisser Hinsicht einem Tauschgeschäft, denn mit jedem neugeschaffenen Guthaben entsteht der Gemeinschaft auch ein Minus. Die Menge der umlaufenden Währung bleibt daher wie bei einem direkten Tauschgeschäft immer ausgeglichen. Von einem rein währungstechnischen Standpunkt aus betrachtet, erleichtern wechselseitige Kreditsysteme einfach ein multilaterales Tauschgeschäft und haben denselben Effekt wie ein Tauschgeschäft über drei oder mehrere Personen innerhalb einer Gruppe.

Im Falle richtig konzipierter integrierter Zahlungssysteme wie z. B. des Commonweal-Systems, das im vorherigen Kapitel vorgestellt wurde, ist die Argumentation etwas komplexer. Bei solchen Systemen wird die Währung im Verhältnis zu den Reservekapazitäten der beteiligten Unternehmen emittiert. Ein bekanntes Beispiel dafür sind die Unternehmenswährungen der Fluggesellschaften, die sog. Bonusmeilen für Vielflieger.

Erhöht die Vergabe von Bonusmeilen die Zahl der Flüge, die ein Passagier bucht? Die Antwort lautet natürlich ja. Geraten aber dadurch die Preise der Fluggesellschaft unter Druck? Überraschenderweise lautet die Antwort nein. Das liegt nicht daran, daß sich die Kosten für einen zusätzlichen Passagier quasi auf null belaufen (was der eigentliche Grund für die Freiflüge ist), sondern hat einen anderen Grund: Jeder Manager einer Fluggesellschaft, der sein Geld wert ist, achtet darauf, daß jeder Nutzer eines Freitickets für Vielflieger auf einem Platz sitzt, der normalerweise leer bleiben würde. Deswegen gibt es auch Einschränkungen wie »keine Freiflüge an Weihnachten oder in der Ferienzeit oder auf dieser Strecke an den Wochenenden« usw.

Genauso funktioniert auch die Ausgabe der Minneapolis C$D. Ein Restaurant kann vor 19 Uhr die Bezahlung der Rechnung in der Landeswährung und der Komplementärwährung im Verhältnis 50 zu 50 akzeptieren. Dadurch geraten die Preise des Restaurants nicht unter Druck, denn es werden ausschließlich Plätze genutzt, die sonst leer blieben. Bei entsprechender Konkurrenz kann sich ein Restaurant theoretisch nur dann eine Preiserhöhung leisten, wenn es voll ausgelastet ist. Die Tatsache, daß Unternehmen ihre Überkapazitäten selbst besser verwalten, ist unter dem theoretischen Aspekt der Inflationskontrolle ein faszinierender Aspekt der Komplementärwährungen.

Das soll nicht etwa heißen, daß das Problem der Inflation durch diesen Ansatz gelöst wäre. Doch wir haben zumindest gezeigt, daß uns unsere normale Sichtweise bei der Beurteilung von Währungen in die Irre führen kann, wenn es um Komplementärwährungen anstatt um eine einzige Landeswährung geht. Die Bedingungen sind dann eindeutig anders.

Man könnte sogar behaupten, daß sich durch die Förderung einer richtig konzipierten Komplementärwährung das Inflationsrisiko in einer Volkswirtschaft senken läßt. Die Behauptung ist nicht nur bloße Theorie, sondern kann am Beispiel Neuseelands belegt werden. Eigentlich erwartet man, daß eine Zentralbank der Verbreitung einer Komplementärwährung mit Mißtrauen begegnet. Zwischen dem Präsidenten der neuseeländischen Zentralbank und der Regierung besteht eine ungewöhnliche vertragliche Abmachung. Sie schreibt vor, daß dem Präsidenten automatisch gekündigt wird, wenn die Inflationsrate der Landeswährung höher als 2,5 Prozent im Jahr beträgt. Die Auflage ist einer der vielen originellen Anreize, die Neuseeland bei der Modernisierung seines Regierungs- und Sozialsystems vor mehr als zehn Jahren schuf.

Durch diese Vertragsklausel soll sich der Präsident der Zentralbank auf seine Hauptaufgabe konzentrieren: die Inflationskontrolle. Die neuseeländische Zentralbank entdeckte nun, daß Komplementärwährungen bei der Erreichung dieses Ziels *von Nutzen* sind. Wenn die Betroffenen bei einer hohen Arbeitslosigkeit zur Lösung ihrer Probleme eine eigene Komplementärwährung schaffen, nimmt auch der politische Druck ab, die Zinsen zu senken und damit der Inflation Vorschub zu leisten. Und so kam es, daß Mitarbeiter einer Zentralbank erstmals Komplementärwährungen zu schätzen wußten ...

Zentralbanken, deren Hauptaufgabe in der Inflationskontrolle besteht und nicht darin, ein Dogma oder das Monopol der Notenemission aus Prinzip zu schützen, könnten wie die neuseeländische Zentralbank zu einer ähnlichen Schlußfolgerung kommen.

Warum Neuseeland recht hat

Es gibt mehrere gute Gründe für die Behauptung, daß die Neuseeländer auf dem richtigen Weg sind. Einige Gründe sind neu: Sie reflektieren ein verändertes politisches und technisches Umfeld.

Nehmen wir einmal an, der Vorsitzende der amerikanischen Zentralbank wäre plötzlich nicht mehr für die wirtschaftliche Situation des ganzen Landes, sondern für eines der ärmsten Gebiete in Washington, D.C., zuständig. Würde er eine andere Währungspolitik betreiben als bisher? Natürlich würde er das, und auch völlig zu Recht.

Eines der Hauptprobleme liegt darin, daß Zentralbanken bei ihren Entscheidungen über die Geldmenge die wirtschaftliche Situation des ganzen Landes berücksichtigen müssen. Komplementärwährungen dagegen ermöglichen es uns, das Tauschmittel auf die lokalen Bedürfnisse abzustimmen. Daher fördern Neuseeland und Australien Komplementärwährungen in den Landesteilen, die am härtesten von der Arbeitslosigkeit betroffen sind. Aus diesem Grund bietet auch die Einführung des Euro einen zusätzlichen Anreiz zur Schaffung lokaler Währungen.

In den vergangenen 50 Jahren war die Währungspolitik eines der Hauptinstrumente, mit denen den Auswirkungen des bekannten Wirtschaftskreislaufes entgegengewirkt wurde. Doch wenn die derzeitige Arbeitslosigkeit das Resultat einer strukturellen Anpassung an die neuen Produktionstechniken des Informationszeitalters ist, befinden wir uns in einer schwierigen Lage.

Die Zentralbanken haben durchaus ein Interesse an neuen Möglichkeiten zur Lösung des Problems. Neuseeland hat sich bereits entschlossen, diesem Interesse nachzugeben, und wählte das richtige Instrument.

Die Geschichte hat gezeigt, daß Zentralbanken eine lokale Komplementärwährung ohne weiteres zerstören können. Doch ein derartiger Schutz des Währungsmonopols ist der falsche Weg. Das wäre, wie wenn man einen kleinen Fuchs tötete, um den Hühnerstall zu schützen, dabei aber ein Rudel hungriger Löwen unbehelligt ließe.

Die Gefahr besteht darin, daß die Zentralbanken möglicherweise gegen die Bestrebungen vorgehen, die sie unterdrücken können (d. h. die kleinen Komplementärwährungen ohne politische Protektion), anstatt sich mit den großen Neuerungen auseinanderzusetzen, die politischen Schutz genießen (d. h. den Unternehmenswährungen).

Der kreative Einsatz arbeitsschaffender und/oder Gemeinschaftswährungen ist dadurch bedroht, daß ihr stetiges Wachstum von den Zentralbanken als gefährliches und ansteckendes Phänomen betrachtet werden könnte.

Die Zentralbanken haben die Macht, die Komplementärwährungen zu zerstören, und können rechtlichen Beistand zur Durchsetzung dieses Vorhabens anfordern.

Die Zentralbanken sollten jedoch nicht ihrem ersten Impuls nachgeben. Hier geht es um mehr als um rein währungstechnische Fragen. Es ist an der Zeit, im Interesse des Allgemeinwohls die übliche Vorgehensweise zu überdenken. Es sollten sich auch noch mehr Akademiker mit den Auswirkungen multipler Währungssysteme und natürlich vor allem der Komplementärwährungssysteme befassen. Es handelt sich um weitgehend unerforschtes Gebiet, und wir brauchen weitere Kenntnisse über die Auswirkungen, die duale Währungssysteme (sowohl lokale Währungen als auch Unternehmenswährungen) auf die Wirtschaft haben. Komplex wird die Angelegenheit vor allem dadurch, daß jede Währung in ihrem Verbreitungsgebiet ein eigenes Verteilungssystem schafft, daß aber alle auch gleichzeitig auf demselben Markt interagieren.

Multiple Landeswährungen verhalten sich dagegen anders. Jedes Land hat sein eigenes privilegiertes Marktgebiet, in dem seine Währung allein regiert. Klassische Untersuchungen über multiple Währungen innerhalb eines Landes wie z. B. das Greshamsche Gesetz gehen davon aus, daß die eine Währung »gut« und die andere »schlecht« ist. Doch was geschieht, wenn beide »gut« sind, und das in überlappenden Marktsegmenten? Das ist eines der vielen Gebiete, »in denen es eine alarmierende Zunahme an Dingen gibt, von denen wir nichts wissen«.

Eine Sozialpolitik für das Informationszeitalter

Von allen Regionen in der entwickelten Welt besteht für Europa der stärkste Anreiz zur Umgestaltung seiner Sozialpolitik. Das soziale Netz des Industriezeitalters, in dessen Ausbildung Europa in der Vergangenheit wegweisend war, gerät zusehends unter Druck.

Das Zusammentreffen dreier Entwicklungen, von denen zwei schon ausführlicher in diesem Buch besprochen wurden, macht

die Arbeitslosigkeit zum wichtigsten Problem, mit dem sich Europa in Zukunft auseinandersetzen muß:
1. Ein langfristiger Trend, der bereits in den vergangenen Jahrzehnten zu beobachten war, deutet darauf hin, daß immer weniger Arbeitskraft gebraucht wird, um die Produktionserfordernisse auf globaler Ebene zu erfüllen.
2. Mit dem Ausbau der Cyberwirtschaft wird sich dieser Prozeß auch auf den Großhandel, den Einzelhandel und Teile des Dienstleistungssektors ausweiten.
3. Der Euro schränkt die traditionellen Strategien zur Beseitigung der Arbeitslosigkeit ein.

Auch wenn man Teile des sozialen Netzes retten kann, muß sich Europa an eine neue Denkweise gewöhnen, ob es die Cyberwirtschaft nun begrüßt oder auch nicht. Die hohe Arbeitslosigkeit in Europa bestand bereits, bevor das Internet zu einem wichtigen Faktor wurde. Durch das Aufkommen der Cyberwirtschaft wird das Problem nur noch drängender.

Die Entwicklung einer europäischen Sozialpolitik für das Informationszeitalter würde über den Rahmen dieses Buches hinausgehen. Allerdings ist ein wesentlicher Bestandteil einer solchen Politik – der kreative Gebrauch von Komplementärwährungssystemen – unser Thema. Daß der Euro eingeführt wurde, wird die Entwicklung in diese Richtung noch verstärken.

Das Euro-Dilemma

Der Vertrag über die Europäische Union wurde im Februar 1992 in Maastricht von allen Mitgliedsländern unterzeichnet (der sog. »Maastrichter Vertrag«). Ziel der Europäischen Union war die Einigung der Mitgliedsstaaten auf politischem, sozialem und wirtschaftlichem Gebiet. Bis zur Jahrtausendwende sollten die nationalen Währungen abgeschafft und durch eine Europawährung ersetzt werden. Zuständig für die neue gemeinsame Währung – den Euro – und die gemeinsame Geldpolitik ist die Europäische

Zentralbank (EZB). Ein wichtiger Schritt beim Einigungsprozeß wurde am 1. 1. 1999 vollzogen, als elf Länder offiziell den Euro als Währung einführten.

Die Wirtschafts- und Währungsunion ist ein ehrgeiziges und weitreichendes Projekt. Eine derartige Einigung wurde bisher in der Geschichte des Geldes noch nie versucht. Der Euro ist notwendig, wenn die Europäische Union auch im nächsten Jahrhundert weiter erfolgreich bestehen soll. Dennoch sollte uns die Währungsunion nicht von den Auswirkungen ablenken, die der Zeitpunkt der Durchführung vor allem hinsichtlich der Arbeitslosigkeit haben wird.

Derart hohe Arbeitslosenquoten wie zur Zeit sind einmalig in der Geschichte der Europäischen Einigung seit den Römischen Verträgen zur Gründung der Europäischen Wirtschaftsgemeinschaft im Jahr 1957. Für mehrere Länder, darunter auch Deutschland, ist die derzeitige Quote sogar die höchste seit der Weltwirtschaftskrise in den 30er Jahren. Die Einführung des Euro verringert den Spielraum der teilnehmenden Länder zur Bekämpfung der Arbeitslosigkeit in dreierlei Hinsicht.

1. Jede Regierung gibt die Kontrolle über die Euro-Geldmenge an die Europäische Zentralbank ab. Die EZB kann naturgemäß weniger auf die Erfordernisse der einzelnen Länder (und deren Arbeitslosenquoten) eingehen.

2. Die Europäische Zentralbank ist vor allem in den ersten fünf bis zehn Jahren nach ihrer Gründung an enge währungspolitische Richtlinien gebunden. Nach dem Maastrichter Vertrag kann die EZB nicht von den Regierungen der Mitgliedsländer unter Druck gesetzt werden und ist nur der Wahrung der Preisstabilität verpflichtet. Ein starker Euro würde natürlich auch bedeuten, daß die Möglichkeiten zur Bekämpfung der Arbeitslosigkeit durch internationale Exporte stark eingeschränkt sind.

3. Darüber hinaus ist ein weiteres traditionelles Instrument zur Bekämpfung der Arbeitslosigkeit – die Steuerpolitik – nun nur

noch sehr eingeschränkt zu verwenden. Die Festsetzung auf ein laufendes öffentliches Defizit von höchstens 3 Prozent der eigenen Wirtschaftsleistung wird wohl beibehalten, und die meisten Regierungen sind schon zu Beginn der Währungsunion an der Grenze dieses engen Limits angelangt. Praktisch bedeutet dies, daß nur wenig Handlungsfreiheit bei der Reduzierung der Arbeitslosigkeit über das Instrument des Deficitspending besteht. Lockerte man die steuerlichen Beschränkungen, würde die Politik der EZB nur noch härter. Eine Kombination aus einer toleranten Haushaltspolitik und einer entschlossen vorgehenden EZB würde die neue Währung noch weiter stärken. Ein geeigneter Vergleich wäre etwa das Verhalten der amerikanischen Zentralbank, die zu Beginn der 80er Jahre angesichts von Reagans enormem Haushaltsdefizit einen sehr starken Dollar produzierte.

Zusammengefaßt bedeutet dies, daß einmalige Umstände in den nächsten zehn Jahren aufeinandertreffen werden. Das aufkommende Informationszeitalter und die Haushaltsbeschränkungen durch den Maastrichter Vertrag lassen sich jetzt nicht mehr abwenden.

Alles deutet darauf hin, daß sich die europäischen Regierungen durch die Einführung des Euro unter den beschriebenen Bedingungen in eine Sackgasse mit unhaltbar hohen Arbeitslosenquoten manövriert haben und nicht mehr über die traditionellen Instrumente verfügen, mit denen sie etwas dagegen unternehmen könnten.

Selbst vor der Einführung des Euro war das soziale und politische Klima in vielen europäischen Ländern schon stark aufgeheizt. Wenn sich die Arbeitsmarktsituation nicht wie durch ein Wunder verbessert, muß man mit wachsenden Spannungen rechnen, von denen nur extremistische und nationalistische Parteien profitieren. Außerdem kann man davon ausgehen, daß die Europäische Union für die steigenden Arbeitslosenzahlen verantwortlich gemacht wird – und wenn die Europäische Zentralbank tatsächlich die Politik verfolgt, die oben beschrieben wurde, ist die Behauptung zumindest teilweise berechtigt.

Es geht daher um eine mögliche Eskalation der sozialen Spannungen, einen Auftrieb des politischen Extremismus und auch um die Möglichkeit, daß die Europäische Union ihre Legitimation verliert.

Ein Vorschlag

Parallel zum Euro könnte man den Komplementärwährungen eine offizielle Rolle im Rahmen einer neuen europäischen Sozialpolitik für das Informationszeitalter einräumen. Diese Maßnahme würde die europäischen Regierungen praktisch nichts kosten, denn sie müßten nur die bürokratischen Hürden bei der Schaffung und Verwendung dieser Währungen beseitigen. Eine solche Politik könnte auf drei verschiedenen Ebenen umgesetzt werden: passive Tolerierung, begrenzte Förderung und erhebliche Förderung.

1. Passive Tolerierung: In den meisten europäischen Ländern war die passive Tolerierung im Prinzip bisher die übliche Haltung gegenüber den Komplementärwährungen. Die Fortsetzung dieser Tolerierungspolitik würde einfach bedeuten, keine neuen oder zusätzlichen bürokratischen Beschränkungen einzuführen. Aus der Sicht der Steuerbehörden wird ein Einkommen in Komplementärwährung wie ein Einkommen in der Landeswährung behandelt. Die Steuern müssen allerdings mit dem »gesetzlichen Zahlungsmittel«, d. h. der offiziellen Landeswährung, entrichtet werden. Ähnlich wird bei der Arbeitslosenversicherung verfahren: Ein Arbeitsloser, der Geld in einer Komplementärwährung verdient, verliert seine Unterstützung, denn das Einkommen in einer Komplementärwährung wird genauso behandelt wie ein Einkommen in der Landeswährung.

2. Begrenzte Förderung: Hierbei handelt es sich um ein Ausmaß an Unterstützung, das bisher die neuseeländische Regierung

und zahlreiche amerikanische Bundesstaaten den Komplementärwährungen zukommen lassen (im Falle Neuseelands den »grünen Dollars« des LETS, in den Vereinigten Staaten den Time-Dollars-Systemen).
3. Erhebliche Förderung: Zu einer derartigen Förderung gehört die systematische Subventionierung von Komplementärwährungssystemen, die bei geringeren Kosten bessere Ergebnisse im sozialen Bereich erzielen als Landeswährungen. Die Einrichtung von Komplementärwährungssystemen wird mit staatlichen Zuschüssen gefördert, außerdem umfaßt eine solche Politik alle Maßnahmen, die bereits unter dem Punkt »Begrenzte Förderung« genannt wurden.

Einkommen in einer Komplementärwährung sollten wie die Time Dollars in den USA steuerfrei sein. Ein wesentlich produktiverer Anreiz wäre jedoch eine Steuererleichterung für *Unternehmen*, die Komplementärwährungen akzeptieren. Da die meisten Komplementärwährungssysteme bereits als gemeinnützige Organisationen anerkannt sind, müßte man Unternehmen nur noch die Möglichkeit geben, Einkommen aus einer Komplementärwährung als Spende an eine gemeinnützige Organisation abzurechnen. Community Way, ein Millionen Dollar schweres Projekt in Vancouver, testet momentan diese Möglichkeit. Für den Anteil in Komplementärwährungen werden SmartCards verwendet.

Es gibt noch einen weiteren Anreiz, der den öffentlichen Haushalt nicht belasten würde: Die Möglichkeit, kommunale Steuern in einer Komplementärwährung zu bezahlen. Kommunale Steuern werden für Einrichtungen vor Ort verwendet, und es gibt keinen Grund, warum kommunale Behörden mit der Komplementärwährung diese Einrichtungen nicht zu einem Teil finanzieren sollten. So gab die Stadtverwaltung von Manchester beispielsweise einem LETS als Startkapital einen Kredit in Pfund Sterling, der in *bobbins*, also direkt in der lokalen Währung, zurückgezahlt werden kann.

Die Entscheidung für eine der genannten Haltungen – Toleranz, begrenzte oder erhebliche Förderung – sollte sich nach der Arbeitslosenquote der beteiligten Region richten. Wenn die Arbeitslosigkeit auf ihrem hohen Stand bleibt, wäre eine starke Förderung angebracht. Falls eine deutliche Erholung eintreten sollte, würde eine begrenzte Förderung oder vielleicht sogar nur eine Fortsetzung der passiven Tolerierung genügen.

Projekte wie die Finanzierung des »Barateria«-Projektes durch die Europäische Union in vier verschiedenen Mitgliedsländern (Kapitel 6) sollten ausgeweitet werden; denn durch die Förderung von Komplementärwährungen in Europa parallel zur Einführung des Euros würden alle Vorteile entstehen, die wir im Zusammenhang mit den erprobten Beispielen bereits besprochen haben.

Ihre eigene Komplementärwährung

Der schwierigste Teil bei der Schaffung einer Komplementärwährung ist nicht etwa die Idee für eine neue Variante. Auch die Gründung der Währung selbst stellt kein großes Problem dar. Nein, am schwierigsten ist es, durchzusetzen, daß die Währung in Ihrer Gemeinschaft *akzeptiert und verwendet* wird. Für die Landeswährungen sprechen die Geschichte und die Gewohnheit, außerdem sind sie »gesetzliches Zahlungsmittel«. Da Ihre Währung diese Pluspunkte nicht aufweist, braucht sie eine andere Legitimation.

Wie alle Währungen muß auch Ihre vertrauenswürdig sein – sonst passiert gar nichts. Für die erfolgreiche Einführung einer Komplementärwährung muß man deshalb drei Punkte beachten: den richtigen Zeitpunkt, die entsprechenden Führungsqualitäten und ein bindendes Design.

Drei Kriterien
DER RICHTIGE ZEITPUNKT

Die Griechen hatten ein spezielles Wort dafür: *kairós* (»die richtige Zeit«) im Gegensatz zu *chronós*, der »normalen« Zeit. Je nach Zeitpunkt können dieselben Initiativen derselben Menschen ganz unterschiedliche Ergebnisse haben. Beim »richtigen Zeitpunkt« kann es sich um positive oder negative Umstände handeln.

So war beispielsweise aufgrund der hohen Arbeitslosigkeit der richtige Zeitpunkt für die rasche Verbreitung der Komplementärwährungen in Großbritannien und Frankreich gekommen. Die Krisen der Landeswährungen in Argentinien und Mexiko waren der Grund für die Entstehung der Komplementärwährungen in diesen Ländern.

Andererseits kann der »richtige Zeitpunkt« auch einfach im Zusammentreffen der richtigen Menschen bestehen, die beschließen, etwas Positives für Ihr Umfeld zu tun. Doch das bringt uns eigentlich schon zum nächsten Kriterium.

DIE ENTSPRECHENDEN FÜHRUNGSQUALITÄTEN

Führungsqualitäten bilden vielleicht den wichtigsten Faktor für die Einführung einer lokalen Währung. Man braucht einen einzelnen oder eine Gruppe mit der richtigen Mischung aus Vorstellungskraft, unternehmerischen Fähigkeiten und Ausstrahlung. Imaginationsvermögen wird benötigt, weil man sich erst einmal vorstellen muß, daß es einen anderen Weg als den bestehenden gibt. Außerdem muß der Prototyp der Währung den lokalen Gegebenheiten angepaßt werden. Unternehmerische Fähigkeiten braucht man für die Entscheidung, die Situation zu verändern, und für ein effektives Vorgehen. Und die Ausstrahlung ist notwendig, um das Umfeld von der Idee zu überzeugen. Fehlt eine dieser drei Führungsqualitäten, bleibt es entweder bei »bloßem Gerede«, oder das Projekt scheitert wie schon viele andere zuvor. Finden sich allerdings alle drei Eigenschaften in einem Team oder einer Person, wirken sie vertrauensbildend, was für die erfolgreiche Umsetzung des Projekts von entscheidender Bedeutung ist.

Schließlich geht es bei Geld um Vertrauen und damit ebenso um die Vertrauenswürdigkeit der Menschen, die das System vertreten. Das Vertrauen entscheidet auch über die Größe und Art des Projekts. Wenn die Führung nur in einem bestimmten Gebiet der Stadt Vertrauen genießt, arbeiten Sie auf dieser Ebene. Wenn die Fähigkeit vorhanden ist, eine ganze Region zu mobilisieren, dann ist ein Komplementärwährungssystem dieser Größe möglich.

Ein weiterer Aspekt, der vor allem bei lokalen Bewegungen von Bedeutung ist, läßt sich mit den Worten Laotses umschreiben: »Die beste Führung ist die, bei der die Menschen am Ende behaupten, sie hätten alles allein getan.«

EIN BINDENDES DESIGN FÜR EINE KOMPLEMENTÄRWÄHRUNG

Der letzte wichtige Schritt ist die Frage, welches System sich von den zahlreich vorhandenen Prototypen am besten für Ihre Zwecke eignet. Die Tabelle auf der folgenden Seite soll Ihnen bei dieser Entscheidung behilflich sein. Sie bietet Ihnen einen Überblick über die wesentlichen Eigenschaften der bisher angesprochenen Währungssysteme.

Das einzig neue Komplementärwährungssystem in dieser Tabelle ist ROCS (RObust Currency System – »robustes Währungssystem«), das besonders robuste Eigenschaften der anderen Systeme miteinander verbindet. Es ist so konzipiert, daß es einer Währungskrise am besten widersteht. ROCS wird am Ende dieses Abschnitts ausführlicher beschrieben werden.

Jedes System weist Eigenschaften auf, die man unter bestimmten Umständen als Vorteile oder Fehler interpretieren kann. So erleichtert z. B. die Bindung der Komplementärwährung an die Landeswährung (wie im Falle von LETS, WIR und Tlaloc) die Festsetzung der Preise für alle, auch für Händler, denn jedes Produkt oder jede Dienstleistung hat in beiden Währungen den gleichen

Vergleich verschiedener Währungssysteme			
Einheit	*Emittierung*	*Details*	*Hauptvorteil*
Landeswährungen US-Dollar, Euro, Yen, Pfund (an den Dollar gekoppelt)	Papiergeld ohne Deckung durch Metallgeld, von Banken emittiert, unter Aufsicht einer Zentralbank	Trägt Zinsen	Gesetzliches Zahlungsmittel
LETS 1 grüner $ = 1 $	Wechselseitiger Kredit	Gebräuchlichstes System	Leicht zu handhaben (da Währungseinheit $)
Time Dollars Arbeitsstunden	Wechselseitiger Kredit	Fester Wechselkurs: 1 Stunde = 1 Stunde	Einfachstes System
WIR 1 WIR = 1 sfr	Wechselseitiger Kredit + Kredite vom Zentrum	»Fiat«-Währung	Ausgereiftes System (2 Milliarden Dollar Jahresumsatz)
Ithaca Hours 1 Hour = 10 $	»Fiat Money«, ausgegeben vom Gemeinschaftszentrum	Menge muß geregelt werden	Einfache Handhabung (Papierscheine)
Japanische Pflegeversicherung Arbeitsstunden	Gemeinnützig, Kommunalverwaltung	Nationale Clearingstelle	Pflegedienst, der den Steuerzahler nichts kostet
Tlaloc 1 Tlaloc = 1 Mexikanischer Peso	Wechselseitiger Kredit	Emittierung in Schecks	Low Tech (Computer oder Telefon nicht erforderlich)
ROCS (RObust Currency System) Arbeitsstunden	Wechselseitiger Kredit	Wechselkurs wird ausgehandelt, Anti-Hortungs-Gebühr	Synthese der robustesten Eigenschaften

Zahlenwert. Wenn allerdings die Landeswährung unter Druck gerät, verfällt der Wert der Komplementärwährung parallel zu dem der Landeswährung. In dieser Hinsicht verliert die Komplementärwährung als Absicherung, als eine Art »Reserverad«, deutlich an Wirkung.

Je nachdem, wie Ihre Zielsetzungen lauten, kann eine unabhängige Währung sinnvoll sein oder eine Währung, die an die Landeswährung gekoppelt ist. Bei einer unabhängigen Währung ist eine Stunde eine sinnvolle Einheit. Eine Stunde ist ein allgemeingültiger Standard; bei fast allen Systemen, die ihre Einheit nicht an die Landeswährung binden, wird die Stunde verwendet.

Eine weitere wichtige Entscheidung ist die Frage, ob Sie eine »Fiat«-Währung (wie z. B. Ithaca Hours oder WIR, siehe Glossar) oder ein wechselseitiges Kreditsystem verwenden (wie LETS, Time Dollars, Tlaloc oder ROCS). Zwei entscheidende Gründe sprechen für ein wechselseitiges Kreditsystem, vor allem bei Systemen, die erweitert oder in großer Zahl kopiert werden sollen.

1. Alle »Fiat«-Währungen werden von einer zentralen Behörde emittiert, ob es sich nun um eine »kommunale Zentralbank«, eine einzelne Person oder ein Komitee handelt. Am schwierigsten ist die Frage – wie Ihnen sicher alle Angestellten einer Zentralbank bestätigen werden –, wieviel Geld emittiert werden soll. Ist die Geldmenge zu groß, kommt es unweigerlich zu einer Inflation, und die Menschen akzeptieren das Geld nicht mehr. Emittiert man zuwenig, kann die Komplementärwährung ihre Aufgabe nur noch eingeschränkt erfüllen. Wechselseitige Kreditsysteme haben dagegen den Vorteil, daß sich die Geldmenge stets selbst reguliert. Da die Beteiligten die Währung bei jeder Transaktion schaffen, ist stets die gleiche Menge im Umlauf. Darüber hinaus verringert sich diese Menge automatisch, wenn jemand eine Transaktion in umgekehrter Richtung vollzieht als die vorherige (d. h., jemand erhielt bei einer Transaktion ein Guthaben und verwendet dieses Guthaben auf eine Ware oder eine Dienstleistung; damit ist

die Bilanz wieder ausgeglichen). Die Selbstregulierung ist eine wichtige Eigenschaft, denn durch sie lassen sich schwierige und irreführende Entscheidungen vermeiden.
2. Der zweite Grund ist strategischer Natur. Wie bereits erwähnt wurde, ist eine Komplementärwährung besonders gefährdet, wie in den 30er Jahren von einer Zentralbank unterdrückt zu werden. Zentralbanken haben die gesetzliche Aufgabe, die Inflationsrate der Landeswährung unter Kontrolle zu halten. Wenn es zu einer Verbreitung der »Fiat«-Komplementärwährungen käme, wäre tatsächlich auch die Inflationskontrolle der Landeswährung durch die Zentralbanken potentiell gefährdet. Wechselseitige Kreditsysteme stellen dagegen keine solche Gefahr dar. Ihre Bedeutung könnte daher im Laufe der Zeit wachsen, ohne daß sie mit den Interessen der Zentralbanken in Konflikt geraten.

Wir befinden uns immer noch am Anfang des Informationszeitalters, daher ist es für die Bestimmung des »idealen« Komplementärwährungssystems noch zu früh. Aus diesem Grund sollten Kreativität und Experimentierfreudigkeit gefördert werden.
Ich bevorzuge bei den Komplementärwährungen ROCS, da diese Währung in sich alle besten Eigenschaften für ein robustes System vereinigt. Meines Wissens wurde die Währung allerdings bisher noch nicht getestet.
Die Währungseinheit von einer Stunde macht ROCS überall einsetzbar, außerdem ist es dadurch vor Erschütterungen der Landeswährungen geschützt. Als wechselseitiges Kreditsystem verringert sich bei ROCS das Risiko einer zu großen Geldmenge, das bei »Fiat«-Währungen stets gegeben ist. Der Unterschied zwischen ROCS und Time Dollars besteht darin, daß bei ROCS der »Kurs« einer Stunde zwischen den Beteiligten ausgehandelt wird. Manche sind vielleicht der Ansicht, daß die Zeit jedes Menschen gleich bewertet werden sollte. Doch das ist utopisch, denn praktisch bedeutet dies, daß die Menschen, deren Dienste auf dem

»normalen« Markt deutlich mehr wert sind, wie das z. B. bei Zahnärzten oder Chirurgen der Fall ist, einfach keine Time Dollar akzeptieren. Außerdem umfaßt ROCS auch einen Umlaufantrieb, wie aus dem folgenden Abschnitt hervorgeht.

Lektionen aus den 30er Jahren

Eine besonders interessante Eigenschaft der Notwährungen in den 30er Jahren, die sich in Hunderten von Fällen als äußerst erfolgreich erwies (darunter auch in Wörgl, wie wir in Kapitel 5 gesehen haben), ist der Umlaufantrieb in Form einer Anti-Hortungs-Gebühr. Allerdings wurde sie für die heutigen Komplementärwährungen nicht übernommen, obwohl sie einige sehr wichtige und wünschenswerte Auswirkungen hat.

Heutige Komplementärwährungssysteme haben den Nachteil, daß sie normalerweise von den ständigen Absatzbemühungen ihrer Initiatoren abhängen. Viele Systeme scheitern aus dem einfachen Grund, daß ihre Initiatoren keine Lust mehr hatten, dieser Aufgabe ständig nachzukommen. Verwendet man jedoch einen zeitgebundenen Umlaufantrieb, ist jeder Beteiligte automatisch an einer weiteren Verbreitung interessiert.

Es sollte allerdings auch erwähnt werden, daß es berechtigte Kritik am »Schwundgeld« der 30er Jahre mit seinem Klebesystem gab. Die Handhabung der Marken ist für alle Beteiligten unbequem. Außerdem kam es in den 30er Jahren oft vor, daß die Läden an den Tagen, bevor die Monatsmarke fällig war, geradezu eine Flut von Scheinen erhielten, weil die Besitzer nicht selbst für die Marke bezahlen wollten. Um das zu verhindern, führte man Wochenmarken ein, doch in kleinerem Ausmaß kam es immer noch vor, daß die Leute ihre Scheine loswerden wollten.

Dank der heutigen Computertechnik könnte man beide Unannehmlichkeiten problemlos vermeiden. Die meisten Komplementärwährungen sind heute computerisiert. Man könnte ohne weiteres eine geringe, zeitgebundene und feste Gebühr für alle Vorgänge (Soll und Haben) verlangen. Beispielsweise könnte man auf den Monat verteilt tageweise oder sogar stundenweise insgesamt 1 Prozent abziehen. Bei SmartCards läßt sich die Gebühr sogar direkt auf die Karte programmieren.

Für die meisten Systeme würde ich eine Gebühr von 1 Prozent im Monat empfehlen. Geringere Gebühren würden sich vermutlich nicht auf das Verhalten auswirken. Höhere Gebühren könnten die Menschen dagegen davon abhalten, die Währung zu akzeptieren. Zur besseren Abstimmung wären allerdings noch einige Testläufe angebracht.

Ein zusätzlicher Grund für eine Anti-Hortungs-Gebühr bei Währungssystemen ist der Umstand, daß dadurch die Aufmerksamkeit auf langfristigere Anliegen gelenkt wird. Im folgenden Kapitel wird dieser Aspekt ausführlich erörtert.

Kapitel 8

Eine globale Referenzwährung – wie Geld nachhaltig wird

»Ohne Planet keine Wirtschaft.« *Ein Sticker*

»Angesichts der weitverbreiteten Umweltzerstörung kommen die Menschen überall allmählich zu der Einsicht, daß wir mit den Gütern der Erde nicht weiterhin so umgehen können wie in der Vergangenheit. Ein neues ökologisches Bewußtsein entsteht, und anstatt es herunterzuspielen, sollte es gefördert und in konkrete Programme und Initiativen umgesetzt werden.«
Papst Johannes Paul II.

»Es gehört zu einem guten Geschäftsmann, daß er das Unausweichliche vorwegnimmt, und mir erscheint es unausweichlich – ob es uns gefällt oder nicht –, daß wir uns auf eine Wirtschaftsordnung zubewegen, die begrenzt und selektiv in ihrem Wachstum sein muß. Die Erde hat endliche Grenzen – ein Gedanke, mit dem sich die Amerikaner nur schwer anfreunden können.«
John D. Rockefeller III.

Erneut möchte ich mit Ihnen das Spiel spielen »Sag mir, was deine Ziele sind, und dann entwerfen wir eine Währung, die dazu paßt«. In diesem Kapitel geht es um eine letzte »Geldfrage«: Wie können wir den Konflikt zwischen kurzfristigen finanziellen Interessen und einer langfristigen, nachhaltigen Wirtschaftsweise lösen (siehe S. 35)? Oder anders formuliert: Kann es beim Geld, im Geschäftsleben und in der Gesellschaft nur einen Sieger geben?

Dieses Thema ist vielleicht das wichtigste überhaupt, weil unser Überleben und das Überleben vieler anderer Arten auf dem Spiel steht. Wie der berühmte französische Geldtheoretiker Jacques Rueff einmal sagte: »Das Geld wird über das Schicksal der Menschheit entscheiden.«[264] Müssen wir wirklich erst erleben, wie der letzte Fisch stirbt, der letzte Regenwald abgeholzt wird, bis wir begreifen, daß wir Geld nicht essen können?

Das Thema wird in diesem Kapitel angesprochen, weil mit dem hier vorgestellten Vorschlag – im Gegensatz zu den Entwürfen für neue Währungen, die in den vorangegangenen Kapiteln präsentiert wurden – Neuland erobert wird und er deshalb nicht an bestehenden Beispielen erläutert werden kann.

Positive Wirkungen des modernen Währungssystems

Es besteht ein wachsender Konsens darüber, daß der Weg, den wir derzeitig gehen, in eine Sackgasse führt, und zwar ökologisch, sozial und politisch. Arnold Toynbee gelangte, nachdem er ein Leben lang die Ursachen für den Untergang von Kulturen studiert hatte, zu dem Schluß, daß der Untergang von 21 Kulturen auf nur zwei Ursachen zurückgeführt werden konnte: extreme Konzentration von Reichtum und mangelnde Flexibilität angesichts von veränderten Bedingungen. In den letzten Jahrzehnten hat unsere Kultur augenscheinlich einen Weg eingeschlagen, der die beiden Ursachen des Untergangs verbindet. Doch bevor wir erörtern, welche Rolle das Währungssystem dabei spielt, werfen wir zunächst einen Blick auf die positiven Seiten der Bilanz, die es nämlich auch gibt.

Wir sollten mit der Anerkennung beginnen, daß das moderne Währungssystem bei den außerordentlichen Errungenschaften des Industriezeitalters eine herausragende Rolle gespielt hat.

Um zu industrialisieren, müssen ausreichend Ressourcen für die Industrie konzentriert werden. Man kann keine Stahlproduktion im Miniaturformat im Hinterhof beginnen – die Chinesen haben das in den 70er Jahren versucht und sind kläglich gescheitert. Und wenn man Ressourcen konzentrieren will, ist – um Churchills berühmtes Wort über die Demokratie abzuwandeln – der Wettbewerb zwischen privaten Akteuren das schlechteste System mit Ausnahme aller anderen. Würden Sie Ihr nächstes Auto, Ihr nächstes Mittagessen, Ihren nächsten Computer gerne von einem Produzenten kaufen, der *keinen* Konkurrenten hat?

Das bestehende System hat sich fraglos darin bewährt, die Industrialisierung voranzutreiben und die industrielle Produktionsweise rund um die Welt zu verbreiten.

Die wirklich außerordentlichen Errungenschaften des Industriezeitalters können wir am besten ermessen, wenn wir ihre Auswirkungen auf unsere gesamte Spezies betrachten. Das menschliche Leben wurde durch den Prozeß der Industrialisierung vollkommen verändert. Sehen Sie sich nur Abb. 24 an, dann erhalten Sie einen Eindruck, warum die letzten zweieinhalb Jahrhunderte eine so besondere Zeit sind.

Die Weltbevölkerung blieb fast die gesamte Zeit der Menschheitsgeschichte unverändert bei etwa 400 Millionen. Es gab sogar mehrere Perioden mit einer signifikanten Abnahme der Bevölkerungszahlen: am Ende der Eiszeit (rund 10 000 bis 8000 v. Chr.) und im ausgehenden Mittelalter, als der Schwarze Tod die Weltbevölkerung um mindestens 75 Millionen dezimierte (darunter rund ein Viertel der Bewohner Europas). Die erste Milliarde war in der ersten Hälfte des 19. Jahrhunderts erreicht. Von da an steigt die Kurve steil an. 1925 war die zweite Milliarde erreicht, 1962 die dritte, 1975 die vierte, 1986 die fünfte und 1999 die sechste. Vor diesem Hintergrund ist es immerhin eine positive Meldung, daß die Geschwindigkeit des Anstiegs langsam geringer wird. Die meisten Experten sagen voraus, daß sich die Bevölkerungszahl nur noch einmal verdoppelt. Die siebte Milliarde dürfte im Jahr 2009 erreicht sein, die achte im Jahr 2019. Irgendwann um die Mitte des 21. Jahrhunderts wird sich die Weltbevölkerung vermutlich bei zehn bis zwölf Milliarden stabilisieren.[265]

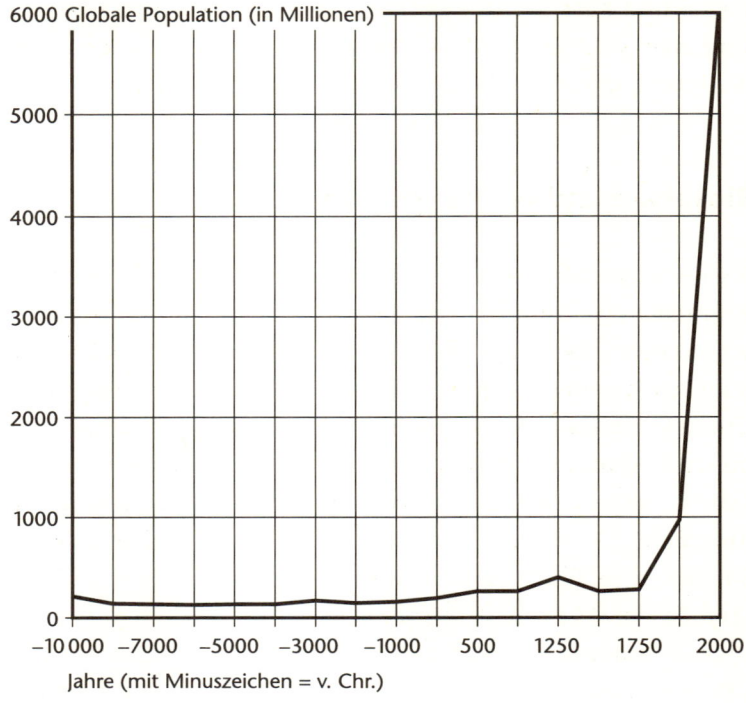

Abb. 24: **Entwicklung der Weltbevölkerung (in Millionen)**[266]

Die Bevölkerungsexplosion wurde eindeutig durch die industrielle Revolution ermöglicht (wiederum mit allen positiven *und* negativen Aspekten), als erstmals in der Geschichte die Arbeitskraft von Menschen und Tieren durch fossile Brennstoffe ersetzt wurde. Die Kurve der Güterproduktion verläuft sogar noch steiler als die Kurve des Bevölkerungswachstums. Das Bruttosozialprodukt (BSP) pro Kopf ist in der entwickelten Welt von 1800 bis heute um den Faktor 20 gewachsen.

Der Lebensstandard ist von der reinen Überlebenssicherung in Europa, Nordamerika und dem industrialisierten Asien auf ein Niveau gestiegen, das unseren Vorfahren als außerordentlicher Reichtum gegolten hätte. All dies sind enorme Leistungen, und ungeachtet aller eventuell möglichen negativen Auswirkungen verdienen sie Anerkennung. Doch es gibt noch eine andere Seite der Bilanz, und auch die sollten wir uns genau ansehen.

Biosphäre und Währungssystem

Bis ins letzte Jahrhundert hinein betrachtete man die Natur als eine mächtige, ehrfurchtgebietende Kraft, auf welche die Menschen, wenn überhaupt, nur wenig Einfluß hatten. Dies ist heute dramatisch anders. 1996 veröffentlichte die World Conservation Union in Zusammenarbeit mit mehr als 600 Wissenschaftlern den bis dahin umfassendsten Bericht über den Zustand des tierischen Lebens auf der Erde. Ihre Bilanz: 25 Prozent der Säugetiere und Amphibien, 11 Prozent der Vögel, 20 Prozent der Reptilien und 34 Prozent der Fischarten sind weiterhin vom Aussterben bedroht. Weitere 5 bis 14 Prozent aller Arten werden »demnächst vom Aussterben bedroht« sein. Eine 1998 durchgeführte Untersuchung ergab, daß 6000 oder 10 Prozent aller Baumarten in Gefahr sind.[267]

Meine persönliche Bilanz all dieser einzelnen Aspekte läßt sich in den folgenden drei Punkten zusammenfassen:
1. Die ermutigenden Ergebnisse auf der positiven Seite beweisen klar, daß wir den Prozeß der Umweltgefährdung umkehren können, wenn wir es wollen, doch die Zeit läuft uns davon.
2. Die Mittel, mit denen üblicherweise Unternehmen und Einzelpersonen zu entsprechendem Verhalten veranlaßt werden (d. h. in der Regel durch Vorschriften und durch Überzeugung), greifen zu kurz, in geographischer Hinsicht wie nach ihrem Umfang, um damit Nachhaltigkeit zu erreichen.
3. Schließlich wird auf den weiteren Seiten dieses Kapitels gezeigt, daß eine Veränderung unseres Währungssystems eine pragmatische Möglichkeit darstellt, um die enorme Energie der Weltwirtschaft in Richtung Nachhaltigkeit und Zukunftsfähigkeit zu lenken.

Warum sollten wir unser Währungssystem ändern, wenn wir Nachhaltigkeit wollen? Führt kein direkterer Weg zu diesem Ziel? Es gibt nur drei Möglichkeiten, wie man Menschen und Institutionen zu einer nicht spontanen Verhaltensänderung bewegen kann:
1. Erziehung und Überzeugung,
2. Vorschriften
3. und finanzielle Anreize.

Im Laufe der letzten Jahrzehnte wurden mit wachsendem Umweltbewußtsein der Menschen fast ausschließlich die ersten beiden Möglichkeiten praktiziert.

Die Geschichte lehrt jedoch, daß bei einem Konflikt zwischen finanziellen Interessen und Vorschriften letzten Endes fast immer die finanziellen Interessen gewinnen. Die beständigen und allermeist zum Scheitern verurteilten Bemühungen, Schmuggel und Drogenhandel durch Vorschriften zu unterbinden, führen uns vor Augen, was wir zu erwarten haben, wenn wir uns ausschließlich auf Vorschriften verlassen.

Die Auseinandersetzung ist oft sogar noch erbitterter, wenn finanzielle Interessen und moralischer Druck kollidieren. Viele Menschen beschließen, daß sie es sich entweder nicht leisten können oder daß es ihnen nicht wichtig genug ist, einer moralischen Empfehlung zu folgen, wenn damit Kosten für sie verbunden sind.

Es ist offensichtlich, daß umfassende Verhaltensänderungen nur dann erwartet werden können, wenn die genannten motivie-

renden Kräfte in derselben Richtung wirken; z. B. funktioniert das Sammeln von Altglas und Weißblechdosen immer dann wirklich gut, wenn gleichzeitig folgende Bedingungen gegeben sind:
- Vorschriften, daß solche Dinge gesammelt werden sollen,
- Aufklärung darüber, warum Sammeln erforderlich ist,
- und schließlich ein Pfand pro Flasche oder Dose.

Es muß hervorgehoben werden, daß der Währungsaspekt eine notwendige, aber keine hinreichende Bedingung ist, um Nachhaltigkeit zu erzielen. Es ist um so wichtiger, finanzielle Interessen und Nachhaltigkeit in Einklang zu bringen, weil viele der betreffenden Probleme auf globaler Ebene angegangen werden müssen (z. B. globale Klimaveränderungen, saurer Regen, der Abbau der Ozonschicht). Und die Chance ist gering, daß wir mit Regelungen und Überzeugungskraft die ganze Welt auf einen anderen Kurs bringen können. Beispielsweise kalkulieren die Chinesen, daß sie im Jahr 2015 allein genausoviel Kohlendioxid in die Atmosphäre ausstoßen werden wie heute die gesamte Welt. Dabei wurden die Emissionen aller heute bereits bestehenden und noch in Planung befindlichen Kohlekraftwerke hochgerechnet. Was können wir angesichts eines solchen Szenarios tun?

Der Architekt William McDonough behauptet, Vorschriften seien ein Zeichen dafür, daß man beim Planen einen Fehler gemacht habe. Die Antwort auf die Frage, wer für ein Schiff verantwortlich sei, lautet: Es ist der Planer, der 90 Prozent dessen, was der Kapitän tun kann, durch seinen Entwurf vorgegeben hat. Ich behaupte, daß es sich mit der Wirtschaft genauso verhält: Die Konzeption des Währungssystems präformiert 90 Prozent der Investitionsentscheidungen, die auf der Welt fallen oder nicht fallen. Und Vorschriften, die auf Nachhaltigkeit abzielen, versuchen nur, die in unserem Währungssystem eingebauten Fehler zu korrigieren. Allerdings haben sich Vorschriften in dieser Hinsicht bislang als weitgehend wirkungslos erwiesen.

In unseren wirtschaftswissenschaftlichen Lehrbüchern lesen

wir, daß Unternehmen und Individuen um Märkte und Ressourcen konkurrieren. Tatsächlich *konkurrieren sie um Geld* und nutzen dabei Märkte und Ressourcen. Wenn wir in der Lage sind, das Geld in einer Weise neu zu entwerfen, die langfristige Visionen unterstützt, könnten wir die enormen Ressourcen der globalen Unternehmen für eine nachhaltigere Zukunft erschließen.

Währungssysteme, Zeitbegriffe und Nachhaltigkeit

Beide Seiten, Währungsspezialisten wie Umweltschützer, sehen üblicherweise keine Verbindung zwischen dem Währungssystem und der Nachhaltigkeit. Im folgenden wird deutlich werden, daß dies ein Trugschluß ist.

Die beste Möglichkeit, wie wir uns mit dieser Verbindung vertraut machen können, ist das folgende Märchen für mein Patenkind.

> ### *Der Mann mit den Nahsichtgläsern*
> *(Ein Märchen für Kamir, sieben Jahre)*
> *Es war einmal ein Mann, der lebte gar nicht weit von hier. Er trug schon so lange Augengläser, daß es ihm gar nicht mehr bewußt war. Nur leider verhalfen ihm die Gläser nicht dazu, daß er besser sah, sondern sie machten ihn so kurzsichtig, daß er nicht weiter als bis zu seiner Nasenspitze sehen konnte.*
>
> *So stieß er dauernd mit Menschen und Gegenständen zusammen, denn sie tauchten immer ganz plötzlich vor ihm auf, ohne Vorwarnung, und dann war es schon zu spät, dem Hindernis auszuweichen. Das machte ihm sehr zu schaffen, und so suchte er Rat bei einem Wissenschaftler.*
>
> *Der Wissenschaftler hörte ihm aufmerksam zu. Dann holte er ein sehr dickes Buch über Optik hervor mit lauter Gleichungen und Diagrammen. Und er zeigte dem Mann, daß es ganz normal war, wenn er in der Nähe*

besser sah als in der Ferne. Er erzählte ihm etwas von der Anzahl der Lichtteilchen, die im Quadrat zur Entfernung relativ zu seinem Standpunkt abnahmen. Der Mann mit den Nahsichtgläsern verstand die Erklärung nicht ganz, aber er war sehr erleichtert zu hören, daß es einen wissenschaftlichen Grund gab und alles ganz in Ordnung war.

So stieß er weiter mit Menschen und Bäumen zusammen und sogar mit seiner eigenen grüngestrichenen Haustür und mit allem, was plötzlich vor ihm auftauchte, wenn er es mit der Nase berührte. Einmal stieß er sich die Stirn besonders heftig an einer roten Backsteinmauer, und das bekümmerte ihn sehr. Er wurde sehr traurig, als er an die vielen Zusammenstöße dachte. So suchte er einen Psychiater auf.

Der Arzt forderte ihn auf, daß er sich auf eine breite Couch legte, und stellte ihm eine Menge Fragen: Wie er mit seinem Vater zurechtgekommen sei, mit seiner Mutter, mit seinen Geschwistern. Der Mann beantwortete alle Fragen, und dann sagte der Psychiater ihm, es sei ganz normal, wenn er traurig sei, und er solle regelmäßig einmal die Woche zu einer gründlichen Behandlung kommen.

Eines Tages, inzwischen war viel Zeit vergangen, kehrte der Mann mit den Nahsichtgläsern trauriger denn je von seiner Stunde bei dem Psychiater zurück und stieß mit seiner kleinen fünfjährigen Enkelin zusammen, die vor seinem Haus auf ihn wartete. Er freute sich sehr, daß sie da war, und sie gingen zusammen hinein und spielten allerlei Spiele.

Als die Kleine besonders ungestüm Hoppereiter auf den Knien des Großvaters spielte und nach dem Zügel greifen wollte, schlug sie dem Großvater die Nahsichtgläser von der Nase. Schlagartig merkte der Mann, daß er auf einmal viel weiter sehen konnte als nur bis zu seiner Nasenspitze. Er erkannte deutlich das lachende Gesicht seiner Enkelin. Und unübersehbar stand die grüne Tür vor ihm, gegen die er in der letzten Woche gelaufen war. Er bemerkte sogar, daß die rote Backsteinmauer an der Stelle repariert werden mußte, die er mit seinem Kopf getroffen hatte. Der Gedanke gefiel ihm außerordentlich, daß er die Dinge sehen konnte, bevor er mit ihnen zusammenstieß.

Wir können nun die Beziehung folgendermaßen neu formulieren: Zinsen schaffen eine eingebaute Neigung, die Zukunft zu ignorieren, sie erzeugen ein ähnliches Bild der Welt wie die »Nahsichtgläser«. Und je höher die Zinsen sind, desto ausgeprägter ist diese Tendenz.

In Kapitel 2 haben wir gesehen, wie die Zinsen in unserem vorherrschenden Währungssystem bereits tief in den Prozeß der Geldschöpfung hineinverwoben sind. Die Beziehung zwischen Zinsen und der Wahrnehmung der Zeit wird in folgenden drei Schritten behandelt:

1. Zunächst geht es darum, zu verstehen, wie die Entscheidungen über die Allokation von Kapital im allgemeinen mit Hilfe der »diskontierten Einnahmenüberschußrechnung« getroffen werden.
2. Dann wird dargelegt, warum solches Abzinsen der Zukunft eine der wichtigsten Ursachen dafür ist, daß in unseren bestehenden Währungssystemen finanzielle Kriterien und ökologische Nachhaltigkeit in Konflikt geraten.
3. Und schließlich wird gezeigt, daß der bei der diskontierten Einnahmenüberschußrechnung verwendete Abzinsungssatz direkt von dem Zinssatz der Währung abhängig ist, die bei der Analyse zugrunde gelegt wird.

»Abgezinste Investitionen« = *»Abzinsung der Zukunft«*

»DCF-Analyse« (Discounted Cash Flow, diskontierte Einnahmenüberschußrechnung) ist die Technik, mit der im allgemeinen unter finanziellen Gesichtspunkten entschieden wird, ob in ein bestimmtes Projekt investiert werden soll, oder mit deren Hilfe unterschiedliche Projekte miteinander verglichen werden. Sie wird in jedem finanzwissenschaftlichen Lehrbuch in allen Einzelheiten erläutert.

Was wir für unseren Zusammenhang wissen müssen, können wir an einem einfachen Beispiel erläutern. Nehmen wir einmal an, daß ein bestimmtes Projekt heute eine Investition in Höhe von

1000 Euro verlangt und daß es in den nächsten 15 Jahren an jedem ersten Tag des Jahres einen Nettogewinn in Höhe von 100 Euro abwerfen wird. Nehmen wir weiter an, daß es in diesem Zeitraum keine Inflation gibt. Abb. 25 zeigt, wie der reale Geldfluß bei diesem Projekt aussehen würde: Am Anfang steht ein negativer Betrag, minus 1000 Euro, wenn das Geld am ersten Tag einbezahlt wird, und in jedem der folgenden 15 Jahre haben wir einen Betrag von 100 Euro auf der Einnahmeseite. Für den Finanzanalysten hingegen wird dasselbe Projekt anders aussehen (siehe Abb. 26). Am Anfang sieht er genau dasselbe: minus 1000 Euro im Jahr Null. Aber der Ertrag von 100 Euro wird nach dem ersten Jahr nur 91 Euro wert sein, wenn wir annehmen, daß der Zinssatz über die gesamte Laufzeit des Projekts unverändert bei 10 Prozent pro Jahr bleibt. (Alle Zahlen sind aus Gründen der besseren Übersichtlich-

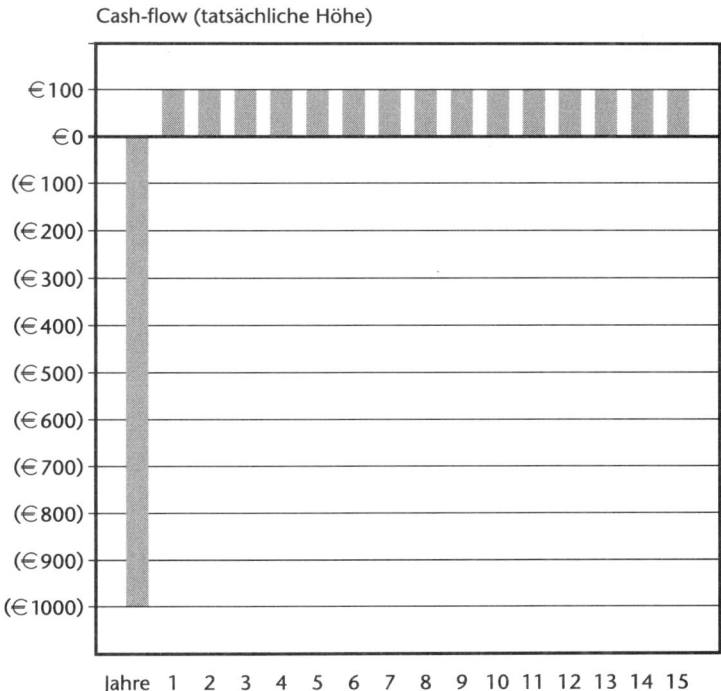

Abb. 25: **Jährlicher Geldfluß bei einem Projekt**

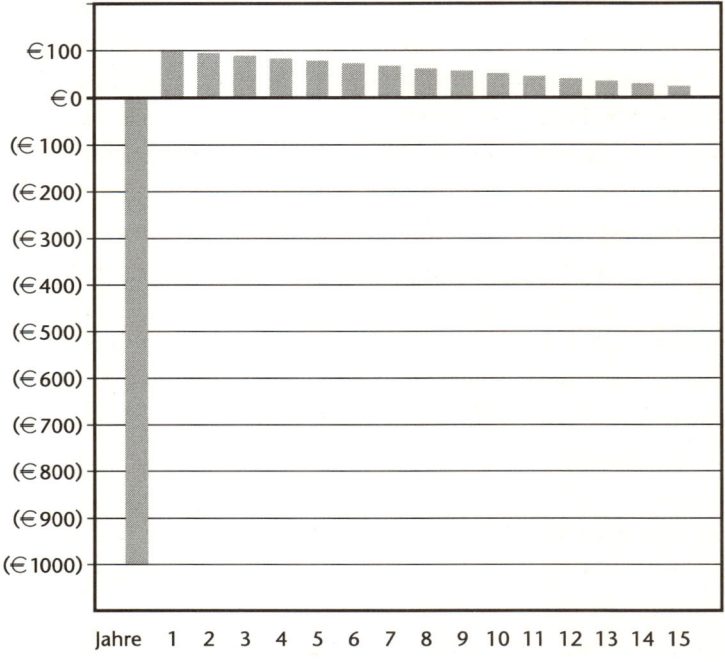

Abb. 26: **Diskontierter Cash-flow in konventioneller Währung nach der Rechnung eines Finanzanalysten – Problem: »Nahsichtgläser«**

keit gerundet, denn eine lange Reihe von Dezimalstellen würde an unserer Argumentation nichts ändern.)[268]

Wir alle wissen, daß unser Geld in der Zukunft weniger wert ist als heute. Wieviel weniger es wert ist, hängt ganz entscheidend von dem »Abzinsungssatz« ab, der bei einem Projekt angewendet wird.

Unser Analyst weiß, daß er heute vollkommen risikofrei 91 Euro zu einem Zinssatz von 10 Prozent anlegen könnte und dann in einem Jahr automatisch 100 Euro bekommen würde. Deshalb hat der Betrag, der in einem Jahr 100 Euro wert ist, heute einen Wert von 91 Euro. Nach derselben Logik sind die 100 Euro des zweiten

Jahres heute nur 83 Euro wert, die des dritten Jahres 75 Euro usw. Die 100 Euro des zehnten Jahres sind in heutigem Geldwert 39 Euro und die 100 Euro des 15. Jahres gar nur kümmerliche 24 Euro.

Was in Abb. 25 wie eine durch und durch vernünftige Investition aussah, bei der nach einer Anfangsausgabe von 100 Euro am Schluß 1500 Euro herauskommen, verliert, wenn man es mit den »Nahsichtgläsern« unseres Finanzanalysten betrachtet, seinen Glanz.

Sollten wir die Rechnung für ein ganzes Jahrhundert aufmachen, wären die letzten 100 Euro dann nur 7 Cent wert. Dehnen wir die Perspektive auf zwei Jahrhunderte aus, wären es nur noch ein paar hundertstel Cent. Kein Wunder, daß wir in unseren Gesellschaften üblicherweise nicht die Auswirkungen einer heute getroffenen Entscheidung »für die siebte Generation« mit bedenken, was bedeutete, zwei Jahrhunderte in die Zukunft vorauszurechnen.

An der Sicht und der Kalkulation des Finanzanalysten ist nichts falsch. Er wendet nur konsequent die finanzielle Logik auf eine Währung an, die einen positiven Zinssatz hat.

Da diese Logik für alle finanziell motivierten Investitionen gilt, erzeugt sie kollektiv den wohlbekannten Druck des Währungssystems, kurzfristig Erträge zu erzielen zu Lasten jeglicher langfristiger Überlegungen – einschließlich der Nachhaltigkeit.

Wenn ein leitender Angestellter eines Unternehmens darüber klagt, daß der finanzielle Druck ihn zwingt, sein Augenmerk immer nur auf die Ergebnisse des nächsten Quartals zu richten, ist er ein Opfer der »Nahsichtgläser«. Wenn die Chinesen sagen, daß sie sich umweltschonendere Technologien zur Energieerzeugung nicht leisten können, dann sagen sie in Wirklichkeit, daß die Kosten der langfristigen wirtschaftlichen Folgen diskontiert zu heute zu vernachlässigen sind, verglichen mit den direkten Ersparnissen, welche die geplanten »dreckigen« Technologien, die sie verwenden wollen, ihnen bescheren. Wenn ein Hausbesitzer entscheidet, daß es zu teuer ist, Solarzellen für die Erhitzung des

Brauchwassers zu installieren, dann sagt er eigentlich, daß die Kosten, die langfristig dafür aufgewendet werden müssen, um Strom oder Gas vom Energieversorgungsunternehmen zu kaufen, diskontiert zu heute geringer sind als die für die Solarzellen erforderliche anfängliche Investition. Wenn wir ein Haus billig bauen und auf eine richtige Isolierung verzichten, dann diskontieren wir in Wahrheit die höheren Heizungskosten in der Zukunft zu heute und rechnen sie gegen die höheren Baukosten auf.

Der Zusammenhang mit den Zinsen

In der oben gegebenen Erklärung der DCF-Analyse haben wir angenommen, daß der zugrundegelegte Abzinsungssatz identisch ist mit dem Zinssatz der Währung. Tatsächlich sollten wir als Abzinsungssatz die »Kapitalkosten des Projekts« verwenden. Ohne an dieser Stelle allzusehr in die technischen Einzelheiten zu gehen, sei erwähnt, daß nicht eine, sondern drei Komponenten der Kapitalkosten berücksichtigt werden müssen:
1. der Zinssatz der betreffenden Währung,
2. die Eigenkapitalkosten und
3. ein Faktor, der die Ungewißheit des Cash-flow innerhalb des Projekts widerspiegelt.

Die dritte Komponente ist ganz und gar projektspezifisch und wird deshalb von der verwendeten Währung nicht beeinflußt. Sie ist unabhängig vom Währungssystem immer gleich und kann deshalb bei unserer Erörterung unberücksichtigt bleiben.

Die ersten beiden Komponenten hingegen hängen unmittelbar von dem jeweiligen Währungssystem ab. Hier liegt die Wurzel für die buchstäbliche »Kurzsichtigkeit« der Finanzmärkte, die Unternehmen zwingt, Entscheidungen zu treffen, die, wie sie selbst wissen, auf lange Sicht der Gesellschaft und sogar dem Geschäft schaden können.

Wenn der Manager eines Unternehmens versucht sein sollte, in sozialer oder ökologischer Hinsicht langfristiger zu denken, dann würde er entweder von seiner Unternehmensleitung abgesetzt oder – falls nötig – von einer neuen Leitung, nachdem »Ausschlachter« das Unternehmen übernommen hätten. »Eine spezielle Sorte von Investoren, die Unternehmensausschlachter, haben sich darauf spezialisiert, etablierte Unternehmen zu kapern und auszuplündern. Das Grundmuster ist einfach, auch wenn die Details vielfältig und die Machtkämpfe oft sehr häßlich sind. Der Ausschlachter registriert, daß ein börsennotiertes Unternehmen einen höheren ›Schrott‹-Wert hat, als dem gegenwärtigen Marktpreis der Aktien entspricht. Manchmal handelt es sich um Unternehmen in Schwierigkeiten. Öfter jedoch sind es gut geführte, finanziell solide Unternehmen, die ordentlich ihre Steuern zahlen und sehr wohl eine Zukunft haben. Nicht wenige haben erhebliche Bargeldreserven, um eine wirtschaftliche Flaute durchzustehen, und gehen mit natürlichen Ressourcen verantwortungsbewußt um.«[269] Nach der Übernahme ändern sie ihre Politik und jagen auf einmal dem schnellen Geld hinterher, ironischerweise brauchen sie es oft hauptsächlich dafür, um die immensen Kredite zu bedienen, die zur Finanzierung der Übernahme aufgenommen werden mußten. Das Ergebnis: Ein weiteres Unternehmen trägt künftig »Nahsichtgläser« ...

Zusammenfassend können wir sagen: In dem bestehenden Währungssystem ist langfristiges Denken nicht nur weniger profitabel, es wird sogar schwer bestraft.

Aber wir können ein Währungssystem skizzieren, das die Kapitalkosten dadurch dramatisch reduzieren würde, daß es gleichzeitig die Zinsen und die Eigenkapitalkosten senkt. Und Sie werden sehen, wie dabei die finanziellen Interessen mit dem Ziel der Nachhaltigkeit in Einklang gebracht werden.

»Weitsichtgläser«?

Wenn Sie ein Fernglas umdrehen und andersherum hineinschauen, erscheinen auf einmal nicht mehr ferne Gegenstände nah, sondern nahe Gegenstände fern. In unserem Bild von den »Nahsichtgläsern« waren die positiven Zinsen das Merkmal unseres bestehenden Währungssystems, das die allgemeine finanzielle Kurzsichtigkeit verursachte und die Zukunft weniger wichtig erscheinen ließ. Und je höher die Zinssätze, desto stärker ist die Kurzsichtigkeit. Mit anderen Worten: Das Ergebnis positiver Zinsen ist so, wie wenn wir durch ein umgedrehtes Fernglas schauen.

Was würde passieren, wenn wir – im übertragenen Sinne – das Fernglas des Finanzanalysten umdrehen?

Erinnern Sie sich noch an das Liegegeld, das wir bereits erwähnt haben? Liegegeld ist das geistige Kind von Silvio Gesell (siehe S. 264) und wurde als Anti-Hortungs-Gebühr bei den Freigeldwährungen in den 30er Jahren eingesetzt. Wie schon dargelegt wurde, lautete Gesells Grundüberlegung, daß Geld eine öffentliche Dienstleistung ist, so ähnlich wie der Nahverkehr. Und dafür, daß man die Dienstleistung in Anspruch nimmt, entrichtet man eine kleine Gebühr.

Aus finanzwirtschaftlicher Perspektive ist ein auf die Währung erhobenes Liegegeld das mathematische Äquivalent zu einem *negativen* Zins. Aus Gründen, die bald einsichtig werden, nenne ich diese zeitabhängige Gebühr »Nachhaltigkeitsgebühr«. Und wie würde sich eine solche Nachhaltigkeitsgebühr oder ein solches Liegegeld auf die Sichtweise unseres Finanzanalysten auswirken? Das in Abb. 25 dargestellte Projekt würde für ihn auf einmal so aussehen wie in Abb. 27. Diese Darstellung ist nicht wahr, wenn rein mechanisch eine Abzinsungstabelle zugrunde gelegt wird. Aber selbst wenn sie auf den ersten Blick seltsam aussieht und dem widerspricht, was wir von unseren üblichen Währungen her gewohnt sind, ist sie doch in finanzwirtschaftlicher Hinsicht rundherum sinnvoll.

Nehmen wir einmal an, ich biete Ihnen 100 Einheiten einer inflationsfreien Währung mit einer Nachhaltigkeitsgebühr und lasse Sie wählen, ob Sie den Betrag heute oder in einem Jahr haben wollen. Wenn Sie das Geld nicht unmittelbar für den Konsum brauchen und Sie sicher sein können, daß ich im nächsten

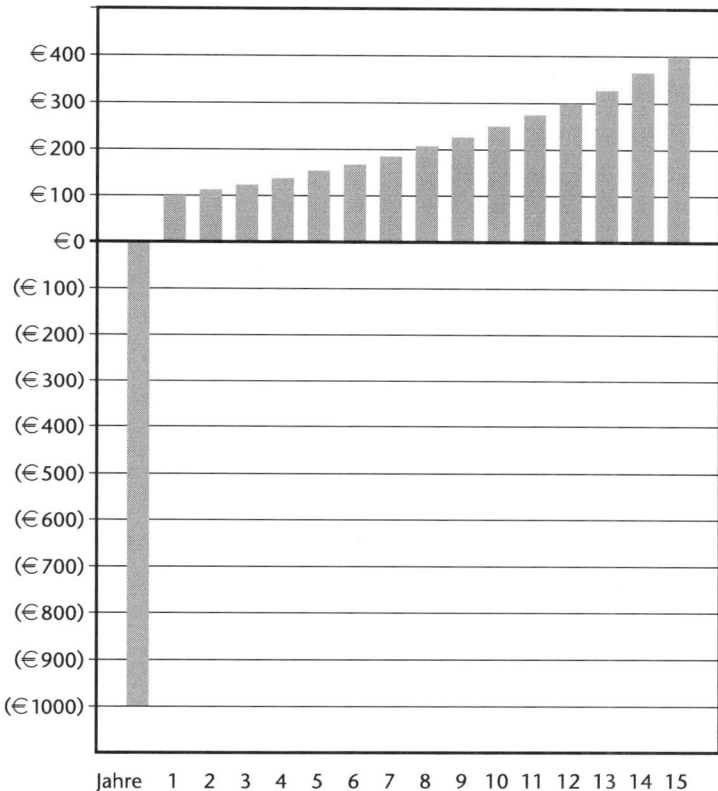

Abb. 27: **Das in Abb. 25 dargestellte Projekt aus der Sicht eines Finanzanalysten, wenn die betreffende Währung eine Nachhaltigkeitsgebühr (oder Liegegeld) enthält – die Lösung: »Weitsichtgläser«**

Jahr noch kreditwürdig bin, sollten Sie sich logischerweise dafür entscheiden, das Geld erst in einem Jahr entgegenzunehmen. Denn wenn Sie das Geld erst in einem Jahr erhalten, müssen Sie für diesen Zeitraum die Nachhaltigkeitsgebühr nicht bezahlen. In den Begriffen der Fachsprache formuliert, werden 100 Einheiten, diskontiert zu heute, in einem Jahr mehr wert sein, als sie es wären, wenn Sie das Geld heute erhielten. Sie wären genau 100 Einheiten plus die Nachhaltigkeitsgebühr wert. Wenn Währungen verwendet werden, die mit einer Nachhaltigkeitsgebühr belastet

sind, wird die Zukunft im Laufe der Zeit wertvoller, es passiert also genau das Gegenteil dessen, was unsere üblichen Währungen mit ihren positiven Zinsen bewirken. Nun müssen wir uns noch mit zwei grundlegenden Fragen befassen:
1. Wie kann man diese Idee durchsetzen? Wer könnte in absehbarer Zeit die Initiative ergreifen, eine solche neue Weltwährung in Angriff zu nehmen?
2. Ist ein solches unkonventionelles Währungssystem funktionsfähig? Und welche wirtschaftlichen Konsequenzen hätte es?

Eine globale Referenzwährung und die Rechnungseinheit Terra

Als globale Referenzwährung (abgekürzt GRW) bezeichne ich die Grundidee einer Währung, die nicht an einen bestimmten Nationalstaat gebunden und deren Hauptziel es ist, eine stabile und verläßliche Referenzwährung für den internationalen Handel zu sein.

Darüber hinaus schlage ich als Rechnungseinheit für einen bestimmten Typus von GRW die Einheit Terra vor, durch welche die Währung fest in der materiellen/physischen Welt verankert wird. Rufen Sie sich ins Gedächtnis zurück, daß einer der Gründe, warum es in dem globalen Währungskasino manchmal so turbulent zugeht, der ist, daß die Finanzwelt und die physische Realität losgelöst voneinander bestehen, seit Präsident Nixon die Verbindung – den Goldstandard – aufgehoben hat. Insofern wäre die Einheit Terra das Äquivalent zum Goldstandard des 19. Jahrhunderts.

Die Einheit Terra wird definiert durch einen Standardwarenkorb von Gütern und Dienstleistungen, die im internationalen Handel besonders wichtig sind, und ihr relatives Gewicht in dem Warenkorb würde im Idealfall das Gewicht widerspiegeln, das sie im internationalen Handel haben. So könnte man den Wert von Terra beispielsweise folgendermaßen definieren:

1 Terra = 1/10 Barrel Rohöl (z. B. der Qualität Brent zzgl. Lieferung)
+ 8 Gallonen Weizen (ab Produktenbörse Chicago)
+ 2 Pfund Kupfer (ab Metallbörse London)
+ usw.
+ 1/100 Unze Feingold (ab New York)
(Anmerkung: Dies sind einfache Beispiele für einzelne Waren, ihre Qualität, die Lieferbedingungen und ihren jeweiligen Anteil an der Rechnungseinheit Terra. In der Praxis würde all dies zwischen den Teilnehmern ausgehandelt und in einem Abkommen festgelegt werden. Es könnten auch Dienstleistungen und Indizes einbezogen werden mit dem Ziel, die Stabilität noch weiter zu erhöhen.)

Terra hat vier wichtige Merkmale:
1. Die Währung kann definitionsgemäß inflationssicher gemacht werden. Inflation wird stets definiert als Wertveränderung eines Korbes von Waren und Dienstleistungen. Wenn man nun den Korb, der die Einheit Terra bildet, so gestaltet, daß er repräsentativ für den weltweiten Handel ist, wird automatisch Inflationssicherheit erreicht.
2. Der Wert der neuen Währung Terra kann leicht in jede bestehende Landeswährung umgerechnet werden. Wenn jemand den Wert von Terra in seiner eigenen nationalen Währung ausgedrückt sehen möchte, muß er nur die Preise der international gehandelten Güter nachschlagen, aus denen sich der Korb von Terra zusammensetzt. Die Preise werden schon heute auf den Wirtschaftsseiten aller großen Zeitungen der Welt veröffentlicht und sind über das Internet jederzeit in Echtzeit verfügbar.
3. Noch wichtiger ist, daß die Währung Terra automatisch konvertierbar ist in jede bestehende Landeswährung, ohne daß es eines neuen internationalen Vertrages oder Abkommens bedarf. Jeder, der in dieser Währung bezahlt wird, hat die Wahl, daß er auch den Warenkorb zu vereinbarten Lieferbedingungen (wie sie z. B. bereits für die unterschiedlichen Termin-

märkte existieren) erhalten könnte. Die bestehenden Warenmärkte könnten auch der Ort sein, an dem man, falls es gewünscht wird, Bargeld in konventioneller Landeswährung für die ausgelieferten Waren bekommen kann. Es ist zu erwarten, daß in dem Maß, wie die neue Währung sich als stabil und vertrauenswürdig erweist, immer weniger Menschen den Wunsch verspüren, die Empfangsscheine für die Waren in Bargeld einzulösen.

4. In unserem Zusammenhang ist jedoch die Tatsache am wichtigsten, daß in dieses Währungssystem eine Nachhaltigkeitsgebühr »von Natur aus« eingebaut ist. Sie garantiert die vollständige Integration der vorgeschlagenen Währung in das bestehende Marktsystem der »realen« Volkswirtschaft mit all ihren Aspekten.

Die Lagerung der Waren verursacht Kosten, und die Nachhaltigkeitsgebühr bestünde einfach aus den Kosten für die Lagerung der Waren, die sich in dem Warenkorb befinden. Die Lagerkosten (und damit die Nachhaltigkeitsgebühr) werden auf 3 bis 3,5 Prozent pro Jahr geschätzt.

Anzumerken ist, daß diese Kosten keine neuen zusätzlichen Kosten innerhalb der Volkswirtschaft sind. Tatsächlich werden sie bereits in der bestehenden Volkswirtschaft eingerechnet. Vorgeschlagen wird lediglich, die bestehenden Kosten auf den Inhaber von Terra zu übertragen, wodurch sie die nützliche soziale Funktion einer Nachhaltigkeitsgebühr erhalten.

Theoretische und praktische Bewährung

Ihrer Konzeption nach ist Terra eine Kombination von zwei Gedanken: einmal dem Gedanken einer auf einem Korb von Rohstoffen basierenden Währung, wie sie zu allen Zeiten von vielen bedeutenden Wirtschaftstheoretikern vorgeschlagen wurde[270], darunter auch dem Träger des Nobelpreises für Wirtschaftswissenschaften im Jahr 1969, Jan Tinbergen; und zum zweiten dem

Gedanken der Nachhaltigkeitsgebühr, wie sie Silvio Gesell unter dem Begriff »Liegegeld« eingeführt hat. Der zweite Gedanke – Liegegeld auf eine Währung – wurde von keiner geringeren Autorität als John Maynard Keynes ausdrücklich unterstützt. Er führte aus, daß eine Währung mit Liegegeld (»Durchhaltekosten« heißt es bei ihm) nicht nur theoretisch sinnvoll, sondern auch praktisch unseren üblichen Währungen vorzuziehen ist. In Kapitel 17 seines Hauptwerkes *Allgemeine Theorie der Beschäftigung, des Zinses und des Geldes* schreibt er: »Jene Reformatoren, die in der Erzeugung künstlicher Durchhaltekosten des Geldes ein Heilmittel gesucht haben, zum Beispiel durch das Erfordernis periodischer Abstempelungen der gesetzlichen Zahlungsmittel zu vorgeschriebenen Gebühren, sind somit auf der richtigen Spur gewesen; und der praktische Wert ihrer Vorschläge verdient, erwogen zu werden.«[271] Und Keynes schließt mit dem höchst überraschenden Fazit, »daß die Zukunft mehr vom Geiste Gesells als von jenem von Marx lernen wird«.[272]

Die beste zeitgenössische Untersuchung der Thesen von Gesell stammt von Dieter Suhr.[273] Er belegt, daß unsere üblichen Währungen mit positiven Zinsen zu einer systematischen Fehlallokation von Ressourcen führen, was bei zinsfreien Währungen oder Währungen mit einer Nachhaltigkeitsgebühr nicht der Fall ist. Er widerlegt auch mit gewichtigen Argumenten die Kritik, die gegen Währungen mit einer Nachhaltigkeitsgebühr vorgebracht wird.

All diese Wirtschaftsfachleute unterstützten aus einer Reihe überzeugender Gründe – die nichts mit Nachhaltigkeit zu tun haben – unterschiedliche Aspekte des Vorschlags einer globalen Referenzwährung, etwa weil sie mehr Währungsstabilität, geringere Schwankungen des Konjunkturzyklus und eine Verminderung der internationalen Ungleichgewichte davon erwarteten. Eine globale Referenzwährung wie Terra würde all diese Vorteile bündeln und dazu noch die Vorteile einer Nachhaltigkeitsgebühr mit einbringen.

Es ist auch wichtig, sich klarzumachen, daß die Menschen nicht selbst die Waren bewegen müssen, wenn sie Zahlungen in Terra leisten oder entgegennehmen, genausowenig wie jemand, der einen Terminkontrakt über Kupfer besitzt, das Kupfer selbst bewegen muß. Die Rechnungseinheit Terra ist lediglich eine Quittung, die den Inhaber berechtigt, den Wert der in dem Korb enthaltenen Waren in der Währung, die er möchte, entgegenzunehmen. Terra könnte deshalb genau wie unsere heutigen Landeswährungen elektronisch transferiert werden, sie wäre einfach zu handhaben und darüber hinaus inflationssicher, was die vorhandenen Währungen erwiesenermaßen nicht sind.

Die Idee einer durch Waren gedeckten Währung in Verbindung mit einer Nachhaltigkeitsgebühr ist wohlgemerkt nicht neu. Eine frühe Form gab es im Ägypten der Pharaonenzeit. Darin lag das Geheimnis der erstaunlichen, seither von keiner anderen Kultur wieder erreichten Stabilität des ägyptischen Währungssystems.[274] Die Währung garantierte für mehr als tausend Jahre wirtschaftliche Stabilität und Wohlstand. Die historischen Aufzeichnungen belegen auch die bemerkenswerte Fähigkeit von Nachhaltigkeitsgebühren, über einen Zeitraum von mehreren Jahrhunderten nachhaltiges Wachstum zu erzeugen. Dieses Thema wird an anderer Stelle vertieft.[275]

Wahlmöglichkeiten für die Umsetzung

Eine globale Referenzwährung kann auf unterschiedliche Weise umgesetzt werden; beispielsweise könnte man theoretisch einen Konsens der Regierungen über die Einführung einer globalen Referenzwährung im Rahmen eines neuen Abkommens von Bretton Woods oder durch die Reform des Internationalen Währungsfonds erzielen.

In Anbetracht der bestehenden politischen Realitäten ist es jedoch höchst unwahrscheinlich, daß die Regierungen zu einem solchen neuen Konsens gelangen. In privaten Gesprächen haben verantwortliche Mitarbeiter der Bank für Internationalen Zahlungsausgleich und des Internationalen Währungsfonds bestätigt, daß eine grundlegend neue währungspolitische Initiative unter den heutigen geopolitischen Gegebenheiten nur vom privaten Sektor ausgehen kann. Außerdem fallen die wichtigen Entscheidungen mittlerweile sowieso eher in multinationalen Unternehmen als in Regierungen. Die wichtigsten zeitlichen Prioritäten, die eine Umschichtung verlangen, wenn Nachhaltigkeit erreicht werden soll, liegen bei den globalen Unternehmen, und deshalb ist eine Beteiligung der Unternehmen auf jeden Fall erforderlich. An dieser Stelle wird darum als Strategie vorgeschlagen, eine Gruppe von Schlüsselunternehmen für die Einführung der globalen Referenzwährung zu gewinnen. Diese Unternehmen könnten sie dann als Dienstleistung jedem zur Verfügung stellen, der weltweit Handel treiben möchte. Die Einführung der globalen Referenzwährung als Unternehmensinitiative ist aus einer Reihe von Gründen sinnvoll.

Die globale Referenzwährung als Unternehmensinitiative

Standardisierte Tauschbedingungen
Aus unternehmerischer Sicht läßt sich die globale Referenzwährung am besten als Standardisierung des Tausches verstehen. Tauschgeschäfte haben national wie international bemerkenswert an Gewicht gewonnen. Im Laufe der letzten 20 Jahre ist Tauschhandel immer wichtiger geworden und ist mittlerweile für viele Unternehmen der Medien, Reise- und Hotelbranche sowie im internationalen Handel ein zentraler Geschäftsbereich. Das Volumen des weltweiten Tauschhandels belief sich bereits im Jahr 1995 auf 590 Milliarden US-Dollar jährlich. Die Krisen in Asien und Rußland Ende der 90er Jahre werden dem Tauschhandel weiteren Auftrieb geben. Einige Branchen haben bereits ihre eigenen, auf ihre Bedürfnisse zugeschnittenen Standardeinheiten für Tausch-

Ein wenig Fachjargon
Wirtschaftswissenschaftliche Lehrbücher definieren Geld durch seine Funktionen. Die drei wichtigsten Funktionen sind Rechnungseinheit, Tauschmittel und Vermögensspeicher.

Seit 1972 gibt es keinen internationalen Wertmaßstab mehr. Insofern stellt eine GRW ganz einfach diese Funktion für all jene wieder her, die sie als vereinbarte Währung verwenden. Die Rolle des Tauschmittels würde entweder von der GRW übernommen oder von konventionellen Landeswährungen, je nach Wunsch der Beteiligten – genau wie man heute festlegt, in welcher Landeswährung eine bestimmte Zahlung geleistet wird. Die Funktion des Vermögensspeichers schließlich würde *nicht* von der GRW ausgefüllt. Sie könnte entweder von Instrumenten in konventionellen Landeswährungen übernommen werden oder von spezifischen neuen Finanzprodukten, die Liquidität aus Investitionen in produktiven Anlagen ziehen würden.

Die Verteilung der Funktionen zeigt, daß die GRW immer eine zu den konventionellen Landeswährungen *komplementäre* Rolle spielt.

Die von der GRW ausgehende Dynamik wirkt ähnlich wie die »guten« Aspekte der Inflation, während zugleich die »schlechten« vermieden werden. Ökonomen haben festgestellt, daß eine moderate Inflation sich positiv auf die Wirtschaft auswirken kann, z. B. hatte die Inflation in den 80er Jahren in den Vereinigten Staaten negative Nettoeinnahmen aus Geldanlagen mit festem Ertrag zur Folge und stimulierte deshalb Investitionen in produktive Projekte. Allerdings geht die Inflation auch mit regressiven Erscheinungen einher wie der Erosion aller Preisvereinbarungen und der Umverteilung des Vermögens von der finanziell eher unwissenden Mehrheit zu einer Minderheit, die sich gut auskennt.

Die Liegegebühr der GRW führt zu den positiven Auswirkungen der Inflation und vermeidet zugleich die negativen.

Schließlich bietet noch Fishers klassische Gleichung für die Umlaufgeschwindigkeit des Geldes (oder Transaktionsgleichung) eine weitere Möglichkeit, die Wirkungen der GRW zu verdeutlichen:

$$T = \text{Sum} (PG) = QV$$

(dabei ist T = reales Handelsvolumen *[total economic exchanges]*, P = Preisniveau *[prices]*, G = ausgetauschte Güter und Dienstleistungen *[goods and services exchanged]*, Q = Geldmenge *[quantity of money]* und V = Umlaufgeschwindigkeit *[velocity of money circulation]*).

Bei einer gegebenen in Umlauf befindlichen Geldmenge (ein gegebe-

> ner Wert für Q) erhöht das zu einer GRW gehörende Liegegeld die Umlaufgeschwindigkeit V. Da die Einheit der GRW durch einen repräsentativen Korb von Gütern und Dienstleistungen ausgedrückt wird, bleibt P definitionsgemäß konstant. Fishers Gleichung zeigt deshalb, daß die Gesamtmenge der ausgetauschten Güter und Dienstleistungen notwendigerweise stiege, und dies würde den allgemeinen wirtschaftlichen Wohlstand erhöhen.

handel entwickelt. Der Internationale Verband der Luftverkehrsgesellschaften IATA beispielsweise benutzt seit mehr als 20 Jahren eine eigene globale Rechnungseinheit zur Verrechnung von Zahlungen der ihm angehörenden Fluglinien. In ähnlicher Weise entwickeln sich heute »Hotelzimmer« und »Werbeminuten« zu branchenspezifischen Rechnungseinheiten für den Tauschhandel.

Der nächste logische Schritt ist die Entstehung standardisierter Tauscheinheiten für Geschäfte im Internet. In diesem Sinne wäre Terra oder eine andere globale Referenzwährung nichts anderes als eine über Branchengrenzen hinweg einsetzbare Tauscheinheit. Doch diese Tauscheinheit hätte darüber hinaus drei zusätzliche Vorteile:

1. Ein gut konzipierter Tauschstandard wäre robuster als die heute existierenden nationalen Währungen und könnte als internationaler Wertmaßstab für Verträge und Zahlungen über den Tauschhandel hinaus verwendet werden.
2. Da der Währungskorb durch einen tatsächlichen Vorrat der darin enthaltenen Waren gedeckt ist, würde sich dieses System stark antizyklisch zur Konjunkturentwicklung verhalten.
3. Schließlich würde, wie weiter oben bereits ausgeführt, durch den Umstand, daß die Lagerhaltungskosten auf den Inhaber der Währung abgewälzt werden, ein Ausgleich von finanziellen Interessen und langfristiger Zukunftssicherung erreicht.

Welche Bedeutung haben nun die drei genannten Vorteile für die Geschäftstätigkeit?

Ein internationaler Wertmaßstab

Hogart und Pearce haben als erste auf das Problem hingewiesen, daß es keinen internationalen Wertmaßstab gibt: »Es wird nicht lange dauern, bis die Welt aufs neue zu der Erkenntnis gelangt, daß man Geschäfte genausowenig ohne einen geeigneten Wertmaßstab abwickeln kann wie ohne vereinbarte Maßeinheiten für Länge und Gewicht.«[276]

Eine Folge des fehlenden internationalen Wertmaßstabs ist die Zunahme von Währungsrisiken. Währungsrisiken wiegen inzwischen typischerweise schwerer als politische Risiken (d. h. die Gefahr, daß eine ausländische Regierung eine Investition verstaatlicht) und sogar als Marktrisiken (d. h. die Gefahr, daß die Kunden ein Produkt nicht haben wollen).

Währungsrisiken sind mittlerweile die Hauptsorge der meisten internationalen Unternehmen. Darüber hinaus versuchen viele, die Währungsrisiken mit teuren Derivateoperationen zu begrenzen. Bezeichnenderweise sind die größten und umsichtigsten Unternehmen auch am aktivsten bei der Kurssicherung.

Ein wichtiger Aspekt ist noch nicht untersucht worden: Viele Auslandsinvestitionen werden überhaupt nicht getätigt, weil das Währungsrisiko nicht abgedeckt werden kann oder weil die Abdeckung zu teuer wäre. Diese Opportunitätskosten sind nicht nur für das betroffene Unternehmen von großem Nachteil, sondern ebenso für die Gesellschaft insgesamt.

All dies war bereits vor der jüngsten Flut von Währungskrisen so. Mit den Turbulenzen in Asien, Rußland und Brasilien Ende der 90er Jahre hat das Problem indes eine neue Dimension erreicht. Die folgenden Zitate zeigen, wie ernst die Währungsverantwortlichen heute die Lage einschätzen:

- »Wir befinden uns in einer Situation, die wirklich gefährlich ist.« Michel Camdessus, über drei Amtsperioden Chef des Internationalen Währungsfonds (6. 9. 1998).
- »Dies ist eine nie dagewesene Situation.« Der amerikanische Finanzminister Robert Rubin (September 1998).

- »Es handelt sich um die schwerste Finanzkrise seit dem Zweiten Weltkrieg.« Bill McDonough, Chef der New Yorker Reservebank, bei einer Sitzung des Internationalen Währungsfonds (Oktober 1998), Präsident Clinton wiederholte diese Aussage einige Wochen später wörtlich.

Eine globale Referenzwährung wie Terra würde deshalb unter normalen Währungsbedingungen die Betriebskosten verringern und zusätzlich einen wirksamen Schutzwall gegen weitere größere Währungsinstabilitäten bilden.

Ein Gegengift gegen die Gefahr einer Depression

Zum ersten Mal seit mehr als 60 Jahren kann die Gefahr einer weltweiten Rezession, die sich dem Einfluß der Währungshüter entzieht, nicht mehr ausgeschlossen werden. Oder wie Paul Krugman es formuliert hat: »Probleme, bei denen wir zu wissen glaubten, wie wir sie behandeln müssen, sind auf einmal wieder unbehandelbar geworden wie zeitweilig wirksam bekämpfte Bakterien, die auf einmal resistent gegen Antibiotika sind ... Unbestreitbar liegt ein Hauch 30er Jahre in der Luft.«[277]

Das Terra-System könnte in einer Weise gelenkt werden, daß es einen starken antizyklischen volkswirtschaftlichen Effekt gegenüber dem offiziellen Währungssystem hätte, und auf diese Weise würde es dazu beitragen, die Risiken einer schwerwiegenden weltweiten Rezession zu verringern. Dies rührt daher, weil die Bestände, die den Warenkorb von Terra bilden, während einer Rezession logischerweise anwachsen würden, da Unternehmen in solchen Zeiten immer größere Lagerbestände haben. Damit würde automatisch an diesem Punkt des Konjunkturzyklus die Liquidität in Terra zunehmen. In einer Phase der Hochkonjunktur würde genau das Umgekehrte passieren: Die Bestände und die Liquidität in Terra würden abnehmen. Das GRW-System würde sich damit automatisch gegenläufig zum konventionellen Wirtschaftszyklus verhalten. Die Einführung eines solchen Systems würde damit sehr gut der Gefahr einer langfristigen Rezession oder gar Depression, wie sie viele fürchten, entgegenwirken.

Ökonomie und Ökologie: die Sicht der Wirtschaft

Ein Sonderbericht des Global Business Network zum Thema Nachhaltigkeit endet mit dem Fazit: »Wirtschaft und Umwelt können nicht länger getrennt betrachtet werden. Das globale Ökosystem und das globale sozioökonomische System sind miteinander verschränkt – das Schicksal des einen ist an das Schicksal des anderen gekoppelt. Wenn die konventionelle Industrialisierung weitergeht, besteht die Gefahr, daß sie das Ökosystem vernichtet; wenn das Ökosystem zusammenbricht, zieht dies den Kollaps der Wirtschaft nach sich.

Das industrielle System ist durch schwerwiegende Umweltprobleme hochgradig verletzbar. Multinationale Unternehmen sind wie hochgezüchtete Rennwagen dafür ausgelegt, immer neue Bestmarken zu erreichen. Sie gehen davon aus, daß die Rennstrecke in perfektem Zustand ist und keinerlei Hindernisse lauern. Industrieanlagen, Gebäude, Fabriken, die Energieversorgung – all dies ist für ganz bestimmte klimatische Rahmenbedingungen mit einer geringen Toleranz konzipiert: Schutz vor Wind bis zu einer bestimmten Windstärke, Schutz vor Erdbeben mittlerer Stärke, stetiger Fluß von Ressourcen. Aber aus Eiskernbohrungen in der Arktis und ähnlichen Untersuchungen wissen wir, daß die Natur sehr viel heftigere Wetterphänomene produzieren kann, als wir es von den relativ geringen Klimaschwankungen der jüngeren Vergangenheit gewohnt sind. Eine mögliche globale ökologische Katastrophe und die damit verbundenen Zerstörungen könnten deshalb die gesamte ökonomische Basis unserer Industriegesellschaft erschüttern.«[278]

Wie wir bereits gesehen haben, hat die Versicherungswirtschaft als erste die Auswirkungen der engen Verflechtung von Ökonomie und Ökologie zu spüren bekommen. Sie ist der erste Sektor, der das registrieren mußte, wird aber gewiß nicht der einzige bleiben.

Folgerungen

Es mag zunächst seltsam klingen, daß Unternehmen die Funktion übertragen werden soll, eine Währung als öffentliches Gut zu schaffen. Doch erinnern wir uns daran, daß die sog. »nationalen Währungen« in Wirklichkeit ebenfalls eine Form von Unternehmenswährungen sind, die, wie bereits dargelegt, von Privatbanken ausgegeben werden. Halten wir weiter fest, daß die Banken und Finanzdienstleister nicht von der globalen Referenzwährung ausgeschlossen werden sollen: Gerade die kreativen Finanzinstitutionen werden ihre Dienste in Terra anbieten, genau wie sie heute Geschäfte in jeder beliebigen ausländischen Währung abwickeln.

Tatsächlich gibt es ein historisches Beispiel, wie Kaufleute eine internationale Initiative auf den Weg gebracht haben: die Hanse (1367 bis 1500; siehe dazu Kasten auf S. 388).

Die heutige Ausgestaltung einer solchen Funktion würde sich freilich wesentlich von der historischen Hanse unterscheiden. Eine heutige Organisation sollte global und nicht regional sein, ein offenes Angebot und kein Kartell, sie sollte moderne Rechts- und Finanzkonzepte sowie moderne Kommunikationsmittel wie das Internet bei ihrer Umsetzung nutzen.

Letzten Endes läuft alles auf die Frage hinaus, ob Wirtschaftskapitäne willens und auch in der Lage sind, die Verantwortung für eine Reform des bestehenden Währungssystems durch private Initiative zu übernehmen mit dem Ziel, die Wirtschaft dadurch wahrhaft nachhaltig zu machen. Der schwedische Begriff für »Wirtschaft« ist *Näring Liv* (wörtlich »die Ernährung des Lebens«). Wenn eine Gruppe von Unternehmen Terra auf den Weg brächte, wäre dies ein wichtiger Schritt in diesem Sinne. Für die beteiligten Wirtschaftskapitäne wäre damit der Vorteil verbunden, daß sie dem beständigen Konflikt zwischen Prioritäten der Anteilseigner und ihrem Bemühen um Nachhaltigkeit entgehen würden, egal, ob die Sorge um Nachhaltigkeit durch öffentlichen Druck geweckt wurde, in persönlichen Wertvorstellungen grün-

> **Ein historisches Vorbild, wie Unternehmer einen multinationalen Rahmen schaffen**
> Zu einer Zeit starker Zersplitterung in Nordeuropa schlossen sich Kaufleute aus unterschiedlichen unabhängigen Städten (Bremen, Köln, Hamburg, Brügge, aus dem Baltikum und andere) zusammen und schufen einen eigenen rechtlichen Rahmen für den Handel (die Hanse), dazu eigene Standardwährungen und eigene internationale Gerichtshöfe zur Regelung von Streitfällen. All dies existierte außerhalb der offiziellen politischen/herrschaftlichen Ordnung. Ihr System hatte über ein Jahrhundert Bestand, sechsmal so lange wie das gegenwärtige Experiment mit freien Wechselkursen.
>
> Die Hanse wurde im Jahr 1367 zu einer offiziellen institutionellen Struktur erklärt, nachdem über ein Jahrhundert lang informelle Experimente unternommen worden waren. Das System erwies sich als bemerkenswert erfolgreich beim Erreichen seiner Ziele. Doch die Kaufleute in jeder Hafenstadt verwendeten ebensoviel Energie darauf, ihren Konkurrenten den Zugang zu der Organisation zu verwehren, wie darauf, neue Märkte in fernen Ländern zu erobern. Zudem blieben gezielt Händler aus bestimmten Ländern ausgeschlossen. Ende des 15. Jahrhunderts zerfiel die Hanse endgültig, als holländische und englische Händler, Reeder und Fischereiflotten – die ursprünglich ausgeschlossen gewesen waren – mit Erfolg das Monopol der Hanse angriffen.
>
> Wenn eine private Initiative zur Implementierung einer beliebigen globalen Referenzwährung ergriffen wird, wäre es deshalb wichtig, von Anfang an Garantien für einen wirklich freien Marktzugang aller am internationalen Handel beteiligten Akteure vorzusehen, unabhängig von Größe und Herkunft, damit sich dieser Teil der Geschichte der Hanse nicht wiederholt.

det oder aus dem Gefühl der Verantwortung für die Zukunft ihrer Enkelkinder erwachsen ist. Denn: »Wir haben die Welt nicht von unseren Eltern bekommen, wir haben sie von unseren Kindern gepachtet«, wie es auf einem Plakat im Saal über biologische Vielfalt im New Yorker Museum für Naturgeschichte heißt.

Kapitel 9
Nachhaltiger Wohlstand

»Die Geschichte ist ein Wettlauf zwischen der Bildung und Katastrophen.« *H. G. Wells*

»Da alle Gedanken miteinander verbunden sind, ist die Erlangung einer positiven Sichtweise vermutlich das höchstentwickelte Unternehmen, das wir in Angriff nehmen können.« *Willis Harman*

»Laßt uns fröhlich sein, denn das Unglück, das sich am schwersten ertragen läßt, ist das, das nie eintritt.« *James Russell Lowell*

Der nachhaltige Wohlstand ist ein Szenario und orientiert sich an den gleichen Vorgaben wie die Szenarien, die bereits in Kapitel 4 beschrieben wurden. Das Szenario verbindet alle Teile des Puzzles, die wir bisher angesprochen haben. Wir werden den nachhaltigen Wohlstand bei einem »Besuch auf dem Stanford-Campus« erkunden. Die Geschichte beleuchtet die Rolle dreier sich überlappender Entwicklungen – des Wertewandels, der Informationsflut und der Entstehung neuer Währungen – bei der Schaffung eines nachhaltigen Wohlstandes. Am Ende wird das Verhältnis zwischen dem nachhaltigen Wohlstand und den früher vorgestellten Szenarien untersucht.

Ein Besuch auf dem Stanford-Campus

Neulich spielte ich an den Hebeln der »Zeitkompressionsmaschine« herum und löste dabei versehentlich einen Mechanismus aus. Plötzlich geschah etwas völlig Unerwartetes. Ich reiste durch die Zeit zum Campus der Stanford-Universität und landete dort am ersten Tag des neuen Semesters. Dabei erlebte ich folgendes:

Eine Reise durch die Zeit

Der Ort kam mir sofort bekannt vor. Ich konnte den charakteristischen Hoover Tower und die neospanischen Gebäude in der Umgebung erkennen und sah überall Studienanfänger in großen Gruppen herumschwirren. Auch spürte ich die typische Mischung aus Aufregung und Zögern, die jeder Neuling ausstrahlte.

Ich betrat das Gebäude der betriebswirtschaftlichen Fakultät. Ein Schild im Flur vor dem ersten Hörsaal ließ mich innehalten. Darauf stand: »Wintersemester 2020, Ökosophie 101«.

In dem Moment kam mir der Verdacht, daß ich in der Zukunft gelandet war ...

Im Hörsaal begann eine sehr attraktive reifere Frau mit der Vorlesung: »Es gab einmal eine Zeit, da machte man einen Abschluß in den Fächern Volkswirtschaft, Betriebswirtschaft, Finanzwirtschaft, Psychologie, ja sogar in der Soziologie und Politik, ohne auch nur Grundlagenkenntnisse in der Ökosophie zu besitzen. Anscheinend war man sich damals nicht bewußt, daß dies so gefährlich war, wie wenn jemand einen ›Doktortitel für Magenkunde‹ hätte, ohne über Ernährung, den Blutkreislauf oder das Nervensystem Bescheid zu wissen.

Der Ursprung des Begriffs ›Ökosophie‹ läßt sich ähnlich herleiten wie der der Worte ›Ökologie‹ und ›Ökonomie‹.« Sie schrieb mit einer Art Laserpointer, und der Text erschien gleichzeitig an drei Wänden, nein, er schien in der Luft vor den Wänden einige Meter über dem Boden zu schweben. Ich dachte: »Irgendeine holographische Lasertechnik: Ich bin wirklich in der Zukunft gelandet ...« Vor den Wänden schwebten drei Spalten:

Griechische Wurzel	Heutiger Begriff	Ursprüngliche Bedeutung
oikos = *»Haushalt«*	*Ökosophie*	*Weisheit des Haushalts*
sophía = *»Weisheit«*		
lógos = *»Lehre«*	*Ökologie*	*Lehre vom Haushalt*
nómos = *»Regel«*	*Ökonomie*	*Regeln des Haushalts*

»Die Ökosophie beschäftigt sich damit, wie man weise mit der Umwelt und unserer Erde umgeht. Wie unsere wirtschaftlichen, monetären, geschäftlichen, politischen, soziologischen, psychologischen und ökologischen Modelle und Tätigkeiten miteinander zusammenhängen und unser gemeinsames Leben auf diesem Planeten beeinflussen. Sie umfaßt die unverzichtbare gemeinsame Grundlage, die jedem der zuvor genannten Wissensgebiete zugrunde liegt. Die Ökosophie betrachtet die Spezies Mensch im Kontext seiner Biosphäre, zu der wir in wechselseitiger Abhängigkeit stehen.

Die Ökosophie ist nur ein Zeichen von vielen, daß unsere Zivilisation den Übergang von der Moderne zu einem, wie wir es nennen, Zeitalter der Integration geschafft hat. Die Grundlage für diesen Übergang läßt sich in den Veränderungen bei der Interpretation unseres physikalischen Weltbildes erkennen, die bereits vor über einem Jahrhundert ihren Anfang nahmen. Wie bei früheren Veränderungen des Weltbildes – etwa der Kopernikanischen Revolution vor 500 Jahren – ist die Interpretation des physikalischen Universums der deutlichste Indikator für Veränderungen in einer Kultur.

Jahrhundertelang betrachtete der Mensch Mutter Natur als Extrapolation des menschlichen Geistes. Descartes vertrat ein mechanistisches Naturbild, Natur war unbelebte Materie, die man nur durch die Analyse immer kleinerer Teile begreifen konnte. Newton betrachtete die Natur als einen Mechanismus, den Gott in Bewegung gesetzt hatte und der von Naturgesetzen gesteuert wurde. Kannte man diese Gesetze, ließ sich die Natur vom Menschen kontrollieren. Diese Sichtweise geriet ins Wanken, als die Relativitätstheorie und die Quantenphysik in der ersten Hälfte sowie die Komplexitätstheorie in der zweiten Hälfte des 20. Jahrhunderts als gültige Sichtweise der Realität akzeptiert wurden. Sie schufen den geistigen Rahmen für unsere Zeit. Die Arbeit Einsteins, Heisenbergs, Bohrs und später Böhms, Feynmans, Prigogines und der vielen anderen, die sich mit Chaos- und Komplexitätstheorien beschäftigten, waren allesamt Meilensteine bei dieser Entwicklung.

Die alten Metaphern von der Welt als seelenloser Maschine mit Menschen als losgetrennten »objektiven« Beobachtern wurden durch die Vor-

stellung von einer lebendigen und lernenden Welt ersetzt, mit der die Menschen kommunizieren und für die sie auch einen Teil der Verantwortung für die weitere Entwicklung übernehmen. Manche Menschen sind der Ansicht, daß wir zu dieser neuen Weltsicht gezwungen wurden, um mit globalen Problemen wie der Umweltverschmutzung, dem Raubbau der Wälder, der Klimaveränderung und dem Verschwinden der Ozonschicht fertig zu werden.

Ein wichtiger Katalysator für die Integration war zugleich ein Paradoxon. Es entstand, als die stärkste ›Yang‹-Technologie des Industriezeitalters – der Computer – erstmals auf einen ›Yin‹-Bereich übergriff, in dem eine Integration ungehindert stattfinden konnte. Ich spreche von der ›Cybersphäre‹, der Nachfolgerin des alten Internets. Die Sache erscheint um so paradoxer, wenn man bedenkt, daß all das ursprünglich für das amerikanische Militär gegen Ende des kalten Krieges entwickelt wurde. Neue Synergieeffekte zwischen der virtuellen und der realen Welt ließen die integrierte Wirtschaft entstehen.«

(Als kleine Erinnerungshilfe: Die Cybersphäre ist ein virtueller Raum, in dem sich alle Kommunikationstechnologien wie Telefon, Fernsehen, Computer und Zahlungssysteme verbinden. Die Konzepte »Yin« und »Yang« und die »integrierte Wirtschaft« werden später erklärt.)

Die Professorin fuhr fort: »Zum besseren Verständnis dieses Prozesses in seiner ganzen Tragweite betrachten wir ein Schema, das von dem Anthropologen Pierre Teilhard de Chardin stammt, der von 1881 bis 1955 lebte.«

Plötzlich erschien in einigem Abstand von den vier weißen Wänden des Raumes ein Diagramm in leuchtenden Farben. Die Professorin stellte sich zwischen das Diagramm und die Wand. In dem Moment fiel mir zum ersten Mal auf, daß sie sich an ein größeres Publikum zu wenden schien als an die anwesenden Studenten. »Eine Art Fernlerntechnik«, schoß es mir durch den Kopf.

Sie näherte sich dem Diagramm und erklärte: »Teilhard de Chardin wurde von dem kaum bekannten Werk eines russischen Biologen namens Vladimir I. Vernadskij inspiriert. Das Buch hieß Der Mensch in der Biosphäre *und erschien in den 20er Jahren. Teilhard de Chardin verall-*

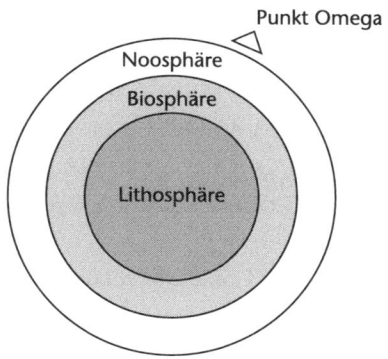

Abb. 28: **Die Vision von Teilhard de Chardin**

gemeinerte dieses Konzept und sah die Evolution der Erde eingebettet in ›Sphären‹. Zuerst kommt die ›Lithosphäre‹, sie steht für die unbelebte Materie der Erde. Dann kommt die ›Biosphäre‹, die alle Lebensformen umfaßt. Sie sieht wie eine mehr oder weniger dichte ›Kruste aus Biomasse‹ aus, die die unbelebte Materie umgibt. Es handelt sich dabei um eine dünne Schicht, die sich bis einige Meter unter und mehrere hundert Meter über die Erdoberfläche erstreckt, sie umfaßt auch Wasser und die tiefer liegenden Gefilde der Atmosphäre für Vögel, geflügelte Insekten und Mikroorganismen. Erst im 21. Jahrhundert gab der Mensch die Illusion auf, daß er losgelöst von der Natur existieren kann. Wir haben erst vor kurzem wirklich verstanden, daß es nur eine Lebensform auf der Erde geben kann: die Biosphäre. Heute wissen wir, daß die Spezies Mensch etwa die Rolle spielt, die einem Organ in einem Körper zukommt.

Die nächste Schicht, die sog. Noosphäre, ist hier dargestellt.« Sie zeigte auf eine fast durchscheinende Zone auf dem Schaubild. »Sie ist ätherisch. Das ist der Bereich, in dem alle Bewußtseinsformen zusammenwirken, auch das menschliche Bewußtsein. Nach Teilhard de Chardins Ansicht würde der Mensch mit der zunehmenden Erkenntnis seiner wechselseitigen Abhängigkeit auch das Bewußtsein seiner Einheit erkennen. Er dachte, das Ziel der Evolution des Menschen sei ein von ihm als ›Punkt Omega‹ bezeichneter Zustand, ein kosmisches Bewußtsein der Einheit eingedenk aller Vielfalt.

Er wußte allerdings nicht, wie *es zu so einem mysteriösen Vorgang kommen sollte. Bedenken Sie bitte, daß er seine Hauptwerke zur Zeit des Zweiten Weltkriegs und in der Nachkriegszeit verfaßte. Es ist schon erstaunlich, daß er unter diesen Umständen überhaupt die Richtung der nächsten Evolutionsstufe vorhersehen konnte. Für uns heute sind die Mittel, die diesen Bewußtseinswandel beschleunigen, natürlich offensichtlich.«* Sie näherte sich dem Diagramm und berührte den durchsichtigen Bereich zwischen der Biosphäre und dem Ring der Noosphäre. Umgehend erschien an dieser Stelle ein leuchtendes Dreieck, so daß das Diagramm wie in Abb. 29 aussah.

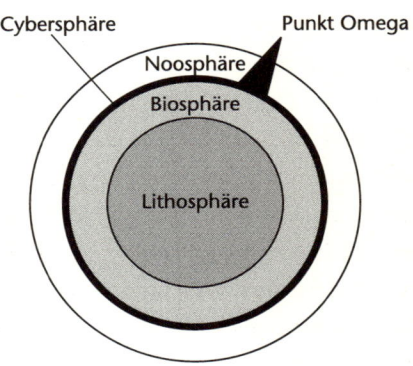

Abb. 29: Teilhard de Chardins Vision und die Cybersphäre

»Die Cybersphäre ist das Bindeglied zwischen Teilhard de Chardins Noosphäre und ihrem Ziel, sie ist der virtuelle Raum, in dem sich das menschliche Bewußtsein für eine Integration entwickeln konnte. Sie spielt eine ähnliche Rolle wie die Lithosphäre für die Biosphäre. Alle Lebensformen verwenden unbelebte chemische Bestandteile der Lithosphäre und bauen sie für ihre Lebenserhaltungssysteme um. Die Computerspezialisten des 20. Jahrhunderts dachten, sie würden nur ein Computernetzwerk entwickeln, tatsächlich aber schufen sie eine zusätzliche Dimension und eine neue Form des Raums.

Aus heutiger Sicht lassen sich die letzten Jahrzehnte des 20. Jahrhunderts mit der sog. kambrischen Explosion vergleichen. Vor 550 Millionen

Jahren kam es plötzlich zu einer Veränderung der Biomasse. Bei den Einzellern entstand eine ungeheure Vielfalt, und es bildeten sich komplexe vielzellige Organismen. Millionen Jahre später waren die Photosynthese und später die sexuelle Reproduktion und der Tod des Individuums ähnliche Meilensteine. Die Evolution vollzieht sich offensichtlich in solchen Quantensprüngen. So gesehen hat das Leben nun den digitalen Raum erreicht und benutzt die Menschheit als Ersatz. In der Cybersphäre ist das Leben frei von den Beschränkungen der langsamen molekularen Rekombination, kann sich mit Lichtgeschwindigkeit fortbewegen und sogar, wenn notwendig, diesen Planeten verlassen ...«

Ich ging weiter zum nächsten Hörsaal und hörte eine, wie mir schien, Einführungsvorlesung in die Wirtschaftsgeschichte.

»In der Altsteinzeit benutzte der Mensch für viele verschiedene Zwecke das gleiche Werkzeug: Ein scharfkantiger Steinkeil konnte für alles verwendet werden, für das Töten der Beute bis zum anschließenden Reinigen der Fingernägel. Im 19. und 20. Jahrhundert war man offensichtlich genauso festgelegt, denn man versuchte mit dem gleichen Finanzinstrument – den Landeswährungen – alles zu machen, vom Welthandel bis zur Finanzierung einer Ausbildung oder der Altenpflege. Um eine andere Metapher zu verwenden, das wäre, wie wenn man annähme, das Nervensystem sei der einzige Informationsübermittler des menschlichen Körpers. Den Blutkreislauf, das Lymphsystem und unendlich viele biochemische Verbindungen würde man einfach ignorieren.

Die Idee, daß bei Währungssystemen ›eines für alle‹ ausreicht, mußte schließlich aufgegeben werden, als aufgrund der Informations- und Nanoproduktionstechnologien der Großteil der Bevölkerung keine Arbeit in der Produktion mehr hatte. Heute haben weniger als 30 Prozent der Weltbevölkerung noch Vollzeitjobs dieser Art. Dadurch konnten sich die meisten Menschen dem widmen, was sie am meisten interessiert – ihrer ›Arbeit‹, die meist in lokalen oder virtuellen Gemeinschaften geleistet wird. Die alten knappen Landeswährungen waren nie dafür geschaffen worden, eine derartige Explosion spontaner Kreativität zu fördern.

Selbstverständlich mußten viele ökonomische Konzepte des Industriezeitalters wie z. B. das Bruttosozialprodukt oder die Arbeitslosenquote überarbeitet werden. Beide entstanden zu Beginn des 20. Jahrhunderts ursprünglich als Maß für das militärische Potential eines Landes. Neben anderen Nachteilen maß das Bruttosozialprodukt nur die Tätigkeiten, die einen Austausch in der Landeswährung umfaßten. Das führte zu immer merkwürdigeren Resultaten. So wurde beispielsweise eine identische Tätigkeit (etwa die Pflege eines kranken Kindes) im Rahmen eines Beschäftigungsverhältnisses als Teil des Bruttosozialproduktes gewertet, aber wenn die Pflege im privaten Bereich erfolgte, dagegen nicht – aus dem einfachen Grund, weil der Pfleger oder die Pflegerin in einem Fall in der Landeswährung bezahlt wurde und im anderen nicht. Dadurch wurde die Tätigkeit, die kostenlos verrichtet wurde, komplett ignoriert.

Die alten Maßstäbe des Bruttosozialproduktes verwechselte man mit klugem und weisem Wachstum. Die Zielsetzung des Informationszeitalters vom »vollen Potential« hat mittlerweile die Vorstellung des Industriezeitalters von der »Vollbeschäftigung« ersetzt. Das »volle Potential« bezieht sich auf die Verwendung der Lernfähigkeit und die Chance, daß jeder seine Talente entwickeln kann. Wie bei der Vollbeschäftigung lassen sich auch hier nie 100 Prozent des vollen Potentials der Bevölkerung erreichen.

Heute wissen wir, daß es nur durch die Freisetzung der außerordentlichen Kreativität aller Menschen noch Hoffnung für die Erde gab. Kreativität war in der Vergangenheit das Privileg einer kleinen Minderheit: Künstler, Wissenschaftler und einige andere Mitglieder der akademischen Führungsschicht. Selbst nach der alten Definition von Beschäftigung waren in den 90er Jahren mindestens 700 Millionen Menschen arbeitslos. Ihr »volles Potential« ausschöpfen konnten nach Schätzung unserer Wissenschaftler damals nur die wenigsten, vermutlich nur einer von 1000. Sie galten damals als ›Genies‹. Bedenken Sie nun, daß damals nur zwei der neun Intelligenzformen anerkannt und damit auch im Bildungssystem gefördert und gemessen wurden, nämlich die verbal-linguistische Intelligenz und die logisch-mathematische Intelligenz, beide mit einer ›Yang‹-Ausrichtung. Andere Intelligenzformen wurden früher einfach ig-

noriert. Daher wurde bei der Kindererziehung auch nur selten auf die anderen sieben Lernformen geachtet: die musikalische, räumliche, körperlich-kinästhetische, intrapersonale, interpersonale, die mystische Intelligenz und die Intelligenz bei der Mustererkennung.[279]

Kurz gesagt, das Potential der Menschen wurde früher stark unterschätzt, nicht im mindesten gefördert und schon gar nicht zur Lösung unserer Probleme verwendet. Es ist erstaunlich, daß die Menschheit es überhaupt bis ins 20. Jahrhundert schaffte. Aus heutiger Sicht könnte man meinen, daß unsere Spezies mit verbundenen Augen sowie gefesselt an Händen und Füßen an einem Wettrennen teilnahm. Duane Elgin, ein Pionier des 20. Jahrhunderts, war der Ansicht, daß die Menschheit immer Höchstleistungen vollbrachte, wenn sie bis an die Grenze ihrer Fähigkeiten gefordert war. Wir mußten uns radikal und bewußt ändern und in allen Bereichen das Prinzip der Nachhaltigkeit verfolgen, sonst wären wir wie die Dinosaurier vor uns ausgestorben.

Die Erklärung für diesen radikalen Wandel liegt in drei Entwicklungen, die um die Jahrtausendwende zusammentrafen:

1. ein Wertewandel, in dessen Verlauf die alten Werte der Moderne allmählich den Werten des Zeitalters der Integration wichen,

2. die Informationsrevolution, die sehr vielen Menschen den Zugang zu Informationen und Wissen in einem noch nie dagewesenen Ausmaß verschaffte,

3. die Währungsrevolution, in deren Verlauf das alte Währungssystem der Landeswährungen durch neue Systeme ergänzt wurde.

In den 90er Jahren kannten die meisten Menschen nur die Informationsrevolution. Darauf konzentrierten sich damals die Medien. Tatsächlich waren aber alle drei Entwicklungen bereits in vollem Gange und konnten auch erkannt werden, wenn man den Blick von der offiziellen Berichterstattung löste.

Zusammen bewirkten diese drei Entwicklungen eine rasche Veränderung unseres Wirtschaftssystems, durch die die Cyberwirtschaft zu dem wurde, was sie heute ist: die größte und immer noch am schnellsten wachsende Wirtschaft der Welt. Daher eignet sich die Cybersphäre be-

sonders zur Bewertung unseres derzeitigen Währungssystems. Wie Sie alle wissen, operiert unser sich ständig weiterentwickelndes Währungssystem auf verschiedenen Ebenen, die von globalen bis zu lokalen Anwendungen reichen. Der wesentliche Vorteil dieses mehrschichtigen Währungssystems liegt darin, daß jede Aktivität von der Währungsform getragen wird, die sich am besten dafür eignet. Die Konvertierbarkeit zwischen den verschiedenen Währungen ist durch die Cybersphäre gewährleistet, wann immer ein Umtausch erforderlich ist. Die verschiedenen Systeme interagieren als organisches Ganzes, bei dem sich jede Komponente den Anforderungen und Möglichkeiten des Umfeldes anpaßt, in dem sie sich bewegt.

Doch wenden wir uns nun den Meilensteinen zu, die uns aus dem Dilemma des vorigen Jahrhunderts in die Gegenwart brachten, in das Zeitalter des nachhaltigen Wohlstandes für alle Menschen...«

Plötzlich verschwamm der Hörsaal vor meinen Augen. Benommen fand ich mich in unserer Zeit wieder. Zu meiner großen Enttäuschung werde ich wohl nie erfahren, wie der Übergang zum Zeitalter des nachhaltigen Wohlstandes verlief...

Vermutlich sollte ich warten, welche Überraschungen das Leben zu bieten hat...

Im weiteren Verlauf dieses Kapitels werden die Behauptungen der Professoren aus dem Jahr 2020 belegt – mit Fakten, die an der Jahrtausendwende schon zur Verfügung stehen.

Wir haben den nachhaltigen Wohlstand bereits als Kennzeichen einer Gesellschaft definiert, die ihre Bedürfnisse befriedigt, ohne die Zukunftsaussichten kommender Generationen zu schmälern, und *gleichzeitig* vielen Menschen Wahlmöglichkeiten bietet, damit sie ihren Gefühlen und ihrer Kreativität Ausdruck verleihen können. Die Menschheit wird eines Tages wohl oder übel zumindest einen der beiden Bestandteile des Begriffs erreichen – die Nachhaltigkeit. Die Frage ist nur, wie lange das dauern wird, ob der Zustand geplant oder nach einem großen Zusammenbruch erreicht wird und ob sich für dieses Ziel ein bewußter Sinneswandel herbeiführen läßt.

Die Erde kann sich selbst erhalten. Die Frage ist nur, ob wir dabeisein werden. Wenn wir jetzt die entsprechenden Vorsichtsmaßnahmen treffen, wird das immer noch billiger sein als die

---

Nachhaltigkeit: verschiedene Ansichten

Unternehmerischer Ansatz: »Nachhaltigkeit ist ein Schrei nach Hoffnung. Sie postuliert eine Gesellschaft der Zukunft, in der Umweltschäden und extreme soziale Gegensätze vermieden werden. Als Programm fordert die Nachhaltigkeit die Übernahme von Verantwortung und ein Handeln, das die gezielte Verbesserung oder Veränderung unseres derzeitigen Lebensstils zum Ziel hat. Außerdem muß man das Konzept der Nachhaltigkeit bekannter machen, denn viele sehen darin eine drohende soziale, ökologische und ökonomische Krise.«[280]

Politischer Ansatz: »Eine nachhaltige Entwicklung ist ein Wachstum im sozialen Bereich, das nicht meßbar ist. Sie ist ein Prozeß, kein Zustand, und setzt daher nicht unbedingt voraus, daß die Bevölkerung oder die Wirtschaft statisch oder stagnierend sind.«[281]

Der *Wirtschaftsexperte* Herman Daly[282], der früher für die Weltbank arbeitete, schlägt drei Bedingungen für eine nachhaltige Gesellschaft vor:
1. Von nachwachsenden Rohstoffen sollten nicht mehr verbraucht werden, als regeneriert werden können.
2. Von nichterneuerbaren Rohstoffen sollte sowenig wie möglich verbraucht werden, bis nachhaltige erneuerbare Ersatzstoffe entwickelt werden.
3. Luftverschmutzende Emissionen sollten nicht die Aufnahmekapazität der Umwelt überschreiten.

Die *Biologen* Paul und Anne Ehrlich[283] zeigen mit einer einfachen Gleichung die Bedeutung der Technologie beim Abbau der Umweltbelastung:

$$\text{Umweltbelastung} = \text{Bevölkerung} \times \text{Wohlstand} \times \text{Technologie}$$

Wenn sich die Bevölkerung in den nächsten 50 Jahren ein letztes Mal verdoppelt und sich der Wohlstand vervierfacht, muß sich der Einfluß der Technologie um mindestens ein Achtel verringern, damit die Belastung der heutigen entspricht.

Reparatur der späteren Schäden. Ein Reserverad wird die meiste Zeit über nicht gebraucht, doch wenn man einmal eine Reifenpanne in einer verlassenen Gegend hat ...

Viele Menschen bzw. Organisationen konzentrieren sich entweder auf die Nachhaltigkeit (z. B. die ökologische Bewegung) oder den Wohlstand (z. B. die Wirtschaft), aber nicht auf beides. Natürlich gibt es viele Bereiche, in denen die Nachhaltigkeit und der Wohlstand in Konflikt stehen. Wer seinen Wohlstand mit Holz sichern will, muß Bäume fällen, wer Wohlstand über Autos definiert, muß mit Umweltbelastungen und Verkehrsbehinderungen rechnen. Glücklicherweise tritt dieser Konflikt nicht in allen Bereichen auf. Gerade die drei Entwicklungen, die der Professor in Stanford im Jahr 2020 beschreibt, bieten Ansätze, bei denen Nachhaltigkeit und Wohlstand nicht nur kompatibel, sondern sogar synergetisch sind.

Aus diesem Grund war ich auch so neugierig darauf, welche Anzeichen heute schon auf die Entwicklung eines nachhaltigen Wohlstandes hindeuten. Im folgenden Abschnitt stelle ich die Belege vor, die ich bisher gefunden habe.

Eine integrierte Wirtschaft?

> »Jede explizite Dualität ist eine implizite Einheit.«
> *Alan Watts* [284]

Zunächst sollten wir so rätselhafte Begriffe wie »Yin«, »Yang« oder »integrierte Wirtschaft« klären, die die Professorin im Jahr 2020 verwendete. Was können wir heute über diese Konzepte herausfinden?

Eine taoistische Sichtweise: Alles ist das Gleichgewicht

Die erste Erkenntnis existiert seit vielen Jahrhunderten. Es handelt sich um die taoistische Sichtweise, daß eine Synergie möglich ist, wenn wir aufhören, Polaritäten einander entgegenzusetzen.

Unsere Kultur, unsere Informationsquellen, unsere Werte, sogar unsere Worte, mit denen wir kommunizieren und denken, neigen stets zur Polarisierung. Jede Unterscheidung »basiert auf einem angenommenen Gegensatz und der Logik der Verneinung«.[285] So bedeutet beispielsweise das Wort »kalt« in indoeuropäischen Sprachen automatisch »nicht warm«. Das Wort »Gesundheit« impliziert die Abwesenheit von Krankheit usw.

Taoisten dagegen sehen Kontraste nicht so dichotomisch wie wir. Ihre bekannteste Polarität ist Yin und Yang. Wir übersetzen dieses östliche Konzept meist als Ausdruck der uns vertrauten Gegensatzpaare. Wir nehmen daher auch an, daß Yin und Yang Gegensätze repräsentieren: Schwarz oder Weiß, kalt oder warm, Nacht oder Tag, männlich oder weiblich usw. Aus unserer Sicht schließt Schwarz Weiß aus, Kälte schließt Wärme aus, und Nacht bedeutet die Abwesenheit des Tages.

Für Taoisten dagegen sind Yin und Yang miteinander verbunden, sie sind notwendige Bestandteile des Ganzen. Daher sprechen sie nie von Yin *oder* Yang, sondern immer von »Yin-Yang«. So betonen sie die Verbindung zwischen den beiden und nicht den Raum, der sie voneinander trennt. Yin ist nur bis zu dem Grad schwarz, wie Yang weiß ist. Yin ist bis zu dem Grad kalt, wie Yang warm ist. Yin ist nur so lange Nacht, wie Yang Tag ist. Dieser Unterschied in der Weltsicht ist subtil, aber von entscheidender Bedeutung. Die Taoisten sehen im Ganzen gleichzeitig Teile. Jedes Teil existiert nur aufgrund der Berührungspunkte zum Ganzen. Wir dagegen sehen meist einen Teil und setzen ihn in Gegensatz zu einem anderen.

Die gleiche Unterscheidung wird auch in der Kampfkunst gemacht. In der östlichen Tradition spricht man von den »weichen Augen«, die es dem Kämpfenden ermöglichen, gleichzeitig seinen Gegner und seine Umgebung wahrzunehmen. Zum Fliegenfischen braucht man ebenfalls solche »weichen Augen«, deren Blickfeld sowohl die Stelle umfaßt, wo man die Schnur ausbringt, als auch den ganzen Fluß. Beim Angeln mit Köder genügen dage-

> **Laotse fürs 21. Jahrhundert**
> Der Taoismus wird auf den chinesischen Philosophen Laotse zurückgeführt, von dem nur sehr wenige historische Fakten bekannt sind. Der Überlieferung nach war er im 6. Jahrhundert v. Chr. Archivar am Hofe des Königs von Chon. Wegen Zwistigkeiten am Hof gab er seinen Posten auf und ging nach Westen. Auf Bitten des Wächters Yin Hsi, den er am Hsien-ku-Paß traf, soll er das 5000 Zeichen umfassende *Taoteking* verfaßt haben, eine Abhandlung über die richtige Lebensweise. Die Forschung hat jedoch gezeigt, daß das *Taoteking* nicht vor dem 4. oder 3. Jahrhundert v. Chr. entstanden sein kann und daher wohl kaum von Laotse selbst stammt.[286]
>
> Das *Taoteking* beginnt mit den Worten: »Der Sinn (das Tao), der sich aussprechen läßt, ist nicht der ewige SINN. Der Name, der sich nennen läßt, ist nicht der ewige Name.«[287] Dies bedeutet, daß die Sprache das erste Hindernis ist, das uns vom Weg abhält. Im *Taoteking* wird auf die Bedeutung verwiesen, ein Leben in Ausgeglichenheit zu führen, das Weibliche und Männliche zu schätzen, also auf die Gleichstellung von Mann und Frau. Das *Taoteking* betont die Intuition und die Beziehung zur Natur.
>
> Laotse war ein Zeitgenosse von Konfuzius, der zu der Zeit ein ernster junger Lehrer war. Konfuzius lehrte – vereinfacht ausgedrückt –, daß Männer zuerst ihr Verlangen unter Kontrolle bringen müßten, dann ihre Frauen und danach ihre Kinder. Konfuzius formalisierte die patriarchalische Familienstruktur und das System der sozialen Kontrolle in China, betonte den Wert der Hierarchie, der Vernunft und der Beschäftigung mit den Klassikern.
>
> Meiner Ansicht nach sollten wir mehr von Laotse als von Konfuzius lernen, zumindest in der Übergangsphase, in der wir uns momentan befinden.

gen »harte Augen«, die sich nur auf den Schwimmer konzentrieren. Vogelkundler und Walbeobachter berichten von einem ähnlichen Vorgang. Kurz gesagt, die Taoisten sind Fliegenfischer, während wir uns schon aufgrund unserer Sprache mit dem Köderangeln begnügen müssen.

Haben Sie beispielsweise die Überschrift dieses Abschnitts »Alles ist das Gleichgewicht« richtig gelesen? Haben Sie vielleicht automatisch »Alles ist *im* Gleichgewicht« gelesen, was eine andere

Bedeutung hat? Oder dachten Sie, es handele sich um einen Druckfehler?

Wenn dieser Text in chinesischen Ideogrammen geschrieben wäre, würden die Leser sofort verstehen, was gemeint wäre: Das Ganze existiert nur, weil Gleichgewicht zwischen den beiden Teilen herrscht. »Alles ist Gleichgewicht« wird durch das klassische T'ai-Chi-Symbol dargestellt, bei dem Schwarz und Weiß durch ihr ausgeglichenes Ineinandergreifen ein einziges Ganzes schaffen. Doch die beiden Gegensätze formen einander nicht nur, in der Mitte jeder Polarität ist auch die andere vertreten (der kleine weiße Punkt auf der schwarzen Seite des Symbols und umgekehrt, siehe Abb. 30).

Abb. 30: **Das T'ai-Chi-Symbol**

Mit meinen Ausführungen wollte ich Ihnen die unterschwellige Macht zeigen, die uns automatisch das lesen läßt, was wir erwarten, und nicht das, was eigentlich dasteht. Allein durch Worte projizieren und sehen wir Polaritäten, wo vielleicht auch ein harmonisches Gleichgewicht besteht, möglicherweise sogar deutlich hervortritt.

Ich möchte nun das taoistische Yin-Yang-Vokabular auf die Wirtschaft übertragen. Dahinter verbirgt sich nicht das Streben nach Exotik, sondern die Hoffnung, daß die Terminologie uns daran erinnert, ganzheitlich zu denken und uns von den Polaritäten zu lösen, die in unserem Bewußtsein verankert sind. Die Menschen schaffen Zusammenhänge: Sie fühlen, denken und nehmen ihre Umgebung in Zusammenhängen wahr. So formt beispielsweise ein Yang-Zusammenhang die Gedanken, Handlungen und Gefühle, was sich in der Wahrnehmung Gottes ebenso ausdrückt wie in der Weltsicht und der Auseinandersetzung mit alltäglichen

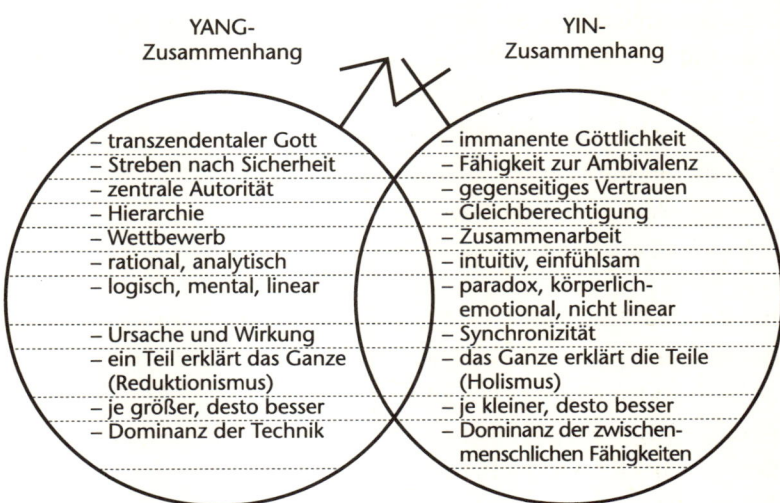

Abb. 31: **Darstellung der Yin-Yang-Gegensätze**

Kleinigkeiten. Abb. 31 zeigt einige Aspekte dieser Yin-Yang-Zusammenhänge. Wenn man sie von oben nach unten liest, ergeben sich interne Zusammenhänge, liest man sie von links nach rechts, erschließen sich einem die, wie die Taoisten sagen würden, verbindenden Gegensätze zwischen den beiden Sichtweisen.

In modernen Gesellschaften wird normalerweise nur eine Polarität akzeptiert: der Yang-Zusammenhang. Dieser Yang-Zusammenhang findet sich über ein patriarchalisches Kontrollsystem in allen Aspekten des Lebens: bei den Kirchen, der Wissenschaft, beim Militär, in der Politik und in ganz alltäglichen Witzen. Vor allem unser Währungssystem ist förmlich durchtränkt von diesen Yang-Werten. Zudem ist es eines der Hauptinstrumente, mit dem die »reale Welt« dieser Sichtweise angepaßt wurde.

Hier soll allerdings nicht die Gültigkeit dieses Yang-Zusammenhangs in Frage gestellt werden, sondern nur sein Anspruch auf Allgemeingültigkeit.

Ich möchte vorschlagen, beide Sichtweisen gleichermaßen zu berücksichtigen. Schließlich ist das Prinzip der Nachhaltigkeit ein

Yin-Zusammenhang, der Wohlstand dagegen ist mit Yang verbunden. Daher bietet uns die taoistische Sichtweise – die immer die Ausgeglichenheit der beiden Prinzipien umfaßt – einen nützlichen Orientierungsrahmen. Sie verdeutlicht sogar wichtige wirtschaftliche Unterschiede zwischen verschiedenen Kapitalformen:
- Yang: Geldkapital, Sachkapital.
- Yin: soziales Kapital, natürliches Kapital.

In den traditionellen Wirtschaftswissenschaften gibt es nur die beiden Yang-Formen des Kapitals: Sachkapital (Gebäude, Maschinen, Grundstücke) und Geldkapital (Aktien, Anleihen, Bargeld und »geistiges Eigentum« wie Patente und Warenzeichen). Die Rolle der beiden Yin-Formen des Kapitals wird daher weitgehend außer acht gelassen: soziales Kapital (z. B. Solidarität in der Familie oder einer Gemeinschaft, Frieden, Lebensqualität usw.) und natürliches Kapital (reines Wasser, Luft usw.). Diese Ignoranz ist bemerkenswert, denn das Yang-Kapital könnte ohne den kontinuierlichen Beitrag der Yin-Formen des Kapitals gar nicht bestehen. Außerdem warnt uns die taoistische Lehre davor, daß die Tendenz zur Unterdrückung beim dominanten Yang gefährlich für das Ganze und damit auch tödlich für das Yang ist.[288]

Komplementäre Yin-Yang-Währungsformen

Die verschiedenen Währungssysteme, die in diesem Buch vorgestellt wurden, lassen sich nach der Stärke ihres Yin- oder Yang-Einflusses ordnen. In der Tabelle werden die Kriterien zur Einteilung der verschiedenen Währungsformen aufgelistet. Dadurch können wir sie in Abb. 32 leichter zuordnen.

	Yang	*Yin*
Auswirkung auf Beziehung	knapp/wettbewerbsfördernd	ausreichend/kooperationsfördernd
Entstehung	»Fiat-Money« durch eine Autorität	»wechselseitiger Kredit«

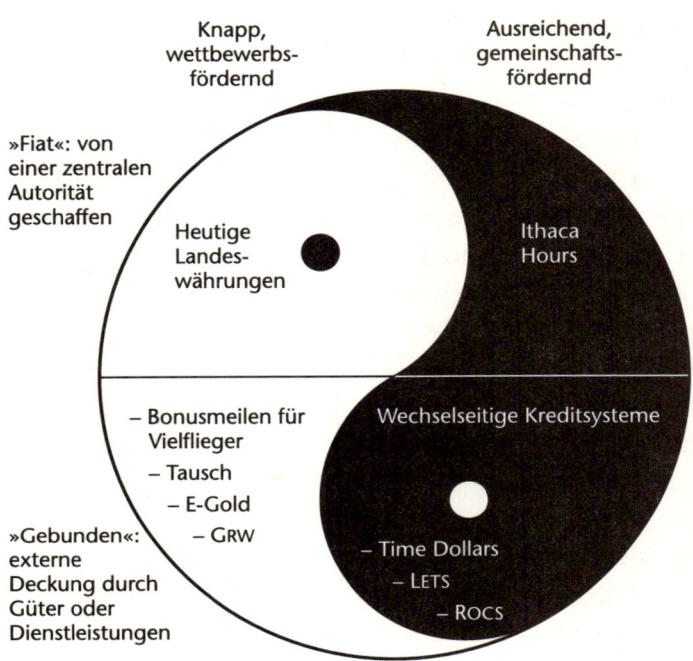

Abb. 32: **Die komplementären Rollen verschiedener Währungsformen**

»Fiat«-Währungen werden von einer zentralen Autorität geschaffen und benötigen daher eine »Yang«-Hierarchie. Wechselseitige Kreditsysteme werden von den Benutzern im Moment der Transaktion geschaffen und sind deswegen eher dem Yin-Prinzip zuzurechnen. In der oben abgebildeten Überblicksdarstellung wird der dadurch entstandene Rahmen gezeigt.

Soziales Kapital entwickelt sich am besten durch kooperationsfördernde Währungen, der Welthandel läßt sich dagegen am besten über wettbewerbsfördernde Yang-Währungen abwickeln. Abb. 32 zeigt auch die komplementäre Funktion, die jedes Währungssystem für ein anderes haben kann.

Abb. 32 verdeutlicht außerdem, wie Beziehungen durch die unterschiedlichen Währungen beeinflußt werden können. Bei Währungen geht es immer um eine Beziehung. Unter gleichen

Voraussetzungen kann die Art der Währung die Beziehung zwischen den Verwendern bestimmen.

In Gruppen, in denen Sie kooperative, gleichberechtigte Beziehungen der Yin-Form schaffen wollen, sollten Sie auch Währungen in Yin-Form verwenden. Der Gebrauch von Yang-Währungen trägt zu wettbewerbsorientierten, hierarchischen Beziehungen bei, die sich für bestimmte Bereiche wie die Wirtschaft hervorragend eignen. Beide Formen der Beziehung haben in jedem Leben ihren Stellenwert.

Wenn die Geldschöpfung auf Wechselseitigkeit basiert und wenn die Währung in ausreichendem Maße vorhanden ist – Bedingungen, die von wechselseitigen Kreditsystemen erfüllt werden –, tragen die mit dieser Währung durchgeführten Transaktionen zur Förderung des Gemeinsinns bei.

Diese Logik sollte jedoch nicht bis zum letzten Extrem befolgt werden. Man darf also nun nicht glauben, daß man einer Mörderbande nur eine Yin-Währung geben müsse, um sie in eine Herde Lämmchen zu verwandeln. »Unter den gleichen Voraussetzungen« ist ein wichtiger Vorbehalt. Doch wie viele traute Familien zerbrachen nicht im Streit um das knappe Geld?

Die integrierte Wirtschaft oder
Die komplementäre Yin-Yang-Wirtschaftstheorie

Das Prinzip der Yin-Yang-Zusammenhänge (Abb. 31) kann nun mit den konkurrierenden und kooperierenden Wirtschaftszyklen verbunden werden. Dadurch entsteht die Kombination in Abb. 33. Sie illustriert die mögliche Rolle eines voll entwickelten Yin-Wirtschaftskreislaufs als Ergänzung zur herkömmlichen Yang-Wirtschaft. Das Schaubild verdeutlicht, wie jede Perspektive, die Yang- und Yin-Seite der Wirtschaft, mit den Worten von Richard Tarnas »bestätigt, überschritten und als Teil eines größeren Ganzen erkannt werden kann; denn jede Polarität braucht die andere für ihre Erfüllung«.[289]

Der Mensch in der Mitte des Schaubilds steht für unsere kol-

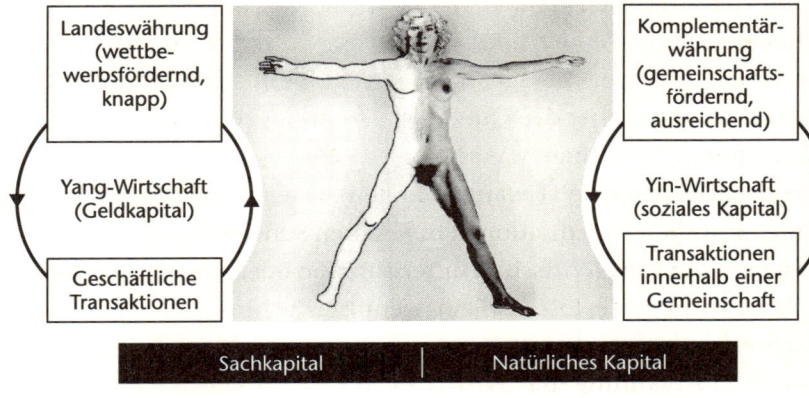

Abb. 33: **Die integrierte Wirtschaft und die komplementären Yin-Yang-Wirtschaftskreisläufe**

lektive Energie, unsere gesamten wirtschaftlichen Aktivitäten (Abb. 33). Der Kreislauf auf seiner rechten Seite (links auf dem Bild) ist die Yang-Wirtschaft, die von den konventionellen Landeswährungen in Fluß gehalten wird. Sie sorgen automatisch für das Konkurrenzdenken unter den Beteiligten. Das ist die dominierende Wirtschaftsform. Für die meisten Wirtschaftswissenschaftler ist sie auch das *einzige* Wirtschaftssystem. Es umfaßt Sachkapital und zielt auf die Schaffung von Geldkapital.

Der Kreislauf auf der linken Seite der Figur (rechts im Bild) symbolisiert entweder die Geschenkwirtschaften von einst oder die neu entstehenden, kooperierenden und gemeinschaftsfördernden Währungssysteme von heute. Er umfaßt natürliches Kapital und zielt auf die Schaffung sozialen Kapitals.

Wenn die Arbeitslosigkeit des Industriezeitalters tatsächlich strukturell bedingt ist, ist es meiner Ansicht nach in jedermanns Interesse, selbst derjenigen, die in der Yang-Wirtschaft engagiert sind, eine stärkere Entwicklung der Yin-Wirtschaft mit allen Mitteln zu fördern. Zu diesen Mitteln zählen auch die Komplementärwährungen, die offiziell, etwa mit steuerlichen Anreizen, unterstützt werden sollten. Warum?

Erinnern Sie sich an den Teufelskreis der Arbeitslosigkeit aus Kapitel 5? Arbeitslose Menschen verschwinden nicht einfach. Sie werden entweder »wirtschaftlich bedeutungslos« und damit zu einer ständig drohenden Quelle der Gewalt und der Probleme für die übrige Gesellschaft, was sehr teuer werden kann (z. B. in Form von lebenslänglichen Gefängnisstrafen). Oder sie werden von gemeinnützigen Organisationen bzw. durch Subventionen aus den Steuern der Yang-Wirtschaft unterstützt. So oder so stellt sich die Yang-Wirtschaft selbst ein Bein, wenn sie die Yin-Initiativen wie schon so oft in der Geschichte unterdrückt. Durch das Blockieren einer Yin-Währung und Wirtschaft, durch ein Beharren auf der Monopolstellung der Yang-Wirtschaft, muß die Yang-Wirtschaft auch Ressourcen in Form von Steuern an die Yin-Wirtschaft abführen. Aus der Sicht der Yin-Wirtschaft erwiesen sich diese Mittel als unzureichend für die bestehenden Bedürfnisse. Es wäre für beide Seiten sinnvoller, wenn man der Yin-Wirtschaft erlauben würde, mit ihren eigenen Komplementärwährungen nach dem Prinzip der Nachhaltigkeit zu gedeihen.

Mittlerweile wächst das Bewußtsein, daß wir in einer gesunden Gesellschaft »soziales Kapital« brauchen. Die Komplementärwäh-

»Geld tröpfelt nicht einfach weg, außer es ist irgendwo ein verdammtes Leck.«

rungen sind einfach ein Mittel, die dieses Kapital fördern. So wie im Yang-Kreislauf das Geldkapital entsteht, wird im Yin-Kreislauf das soziale Kapital gefördert und entwickelt.

Fassen wir noch einmal zusammen: Die integrierte Wirtschaft hat einen integrierten Reichtum zum Ziel. Ich definiere Reichtum daher *nicht* als Ansammlung von Geld. Der integrierte Reichtum entwickelt sich nur, wenn alle vier Kapitalformen – natürliches und soziales Kapital, Geld- und Sachkapital – miteinander im Gleichgewicht sind. Durch die Verwechslung von Reichtum mit Geldkapital erliegen wir der Annahme, daß wir unser soziales und natürliches Kapital unbegrenzt ausbeuten können. Doch bei einem erschöpften natürlichen und sozialen Kapital hat auch das Geldkapital keine Bedeutung mehr: Im sozialen Chaos oder nach einem ökologischen Kollaps ist ein dickes Bankkonto bedeutungslos und verliert sehr rasch seinen Wert.

Drei Entwicklungen hin zu einem nachhaltigen Wohlstand

Möglichkeiten treten zusammen auf wie eine Traube. Drei Trends bauen tatsächlich aufeinander auf: Wertewandel, Informationsflut und Währungsrevolution. Der Wertewandel blieb bis heute größtenteils unbeachtet, er unterstützt aber den ganzen Prozeß. Er treibt die Veränderung voran, während die Informationsrevolution und die Währungsrevolution die technische Ausrüstung für die notwendige Kreativität bieten.

Die Informationsflut ist das einzige Phänomen, das nicht jenseits der Radarstrahlen gesucht werden muß: In den Medien häufen sich die Berichte darüber. Daher sind keine weiteren Erklärungen notwendig, die meisten Aspekte wurden ohnehin bereits in Kapitel 3 angesprochen. Es genügt, wenn wir uns daran erinnern, daß die »Cybersphäre« als der ideale Ort definiert wurde, an dem sich die Währungsrevolution voll entwickeln kann. Das ganze

Buch handelt von dieser dritten Entwicklung. Mit der »Währungsrevolution« wird hier die Entstehung von Währungssystemen bezeichnet, die das offizielle System der Landeswährungen ergänzen.

Zwei wichtige Untersuchungen zur Nachhaltigkeit – *Die neuen Grenzen des Wachstums (Beyond the Limits)* [290] und *Sustainability* [291] von Global Business Network – haben gezeigt, daß gleichzeitig ein Wertewandel und technische Veränderungen gebraucht werden. Nach einer ausführlichen Untersuchung und Bewertung der Beziehungen zwischen Ressourcen, der Bevölkerung, der industriellen Produktion und der Umweltverschmutzung kamen die Verfasser zu folgendem Schluß: »Mit dem Potential des technischen Fortschritts können wir zwar Zeit gewinnen, doch es wird trotzdem zum Zusammenbruch kommen. Er verschiebt sich nur bis in die Mitte des 21. Jahrhunderts. Auch radikale Veränderungen des Verhaltens und der Einstellung wurden untersucht, aber es stellte sich heraus, daß diese allein nicht genügen – es käme dann *immer noch* zu einem Zusammenbruch im 21. Jahrhundert. Nur wenn alle Formen der Veränderungen zusammentreffen, kann eine Katastrophe verhindert werden.«[292] Genau diese Kombination gibt es heute bereits.

Der Wertewandel

>»Zuerst ignorieren sie dich;
>dann verspotten sie dich;
>dann greifen sie dich an;
>und dann gewinnst du.«
>*Mahatma Gandhi*

Die detailliertesten Daten über einen Wertewandel innerhalb der letzten 20 Jahre liegen für die USA vor. Doch es gibt erste Hinweise, daß sich dieser Vorgang in der gesamten westlichen Welt vollzieht, vermutlich sogar weltweit.

Paul Ray führte die umfangreichsten aktuellen Umfragen zum Wertewandel in den letzten 20 Jahren durch. Diese Umfragen umfaßten Stichproben bei 100 000 Amerikanern und genauere Untersuchungen bei über 500 Zielgruppen. Ray führte bei einem repräsentativen Querschnitt der amerikanischen Bevölkerung Studien zu neuen Werten durch.[293] Er liefert darin wertvolle Fakten über die derzeitigen Wertvorstellungen in den USA. Ray fand heraus, daß in den USA heute drei Subkulturen nebeneinander existieren. Jede ist eine Welt für sich und hat eine andere Weltsicht. Es handelt sich um die sog. »Traditionalisten«, die »Modernisten« und die »kulturell Kreativen«.

Die »Traditionalisten« sind religiöse Konservative und orientieren sich an traditionellen Werten. Sie machen etwa 29 Prozent der Bevölkerung aus, wobei ihre Bedeutung seit dem Zweiten Weltkrieg zurückgeht. Im Mittleren Westen sind sie noch etwas stärker vertreten. Bis vor kurzem existierte neben ihnen nur noch eine weitere Gruppe: die Modernisten.

Die »Modernisten« sind die gesellschaftlich dominierende Gruppe und verkörpern den offiziellen »westlichen Lebensstil«. Allerdings stellen sie nicht mehr die Mehrheit der Bevölkerung wie in den 50er Jahren, sondern ihr Anteil sank auf 47 Prozent (88 Millionen Erwachsene). Ihre Weltsicht prägte das Industriezeitalter. Selbst bei allmählich sinkenden Zahlen dominiert ihre modernistische Weltsicht weiterhin die Massenmedien.

Historisch betrachtet, hat der Modernismus seine ersten Wurzeln in der Renaissance als Reaktion auf die »traditionalistischen« Gesellschaften. Die Modernisten lehnten die von der Religion geprägte Weltsicht ab, die bis dahin fast die einzige Sichtweise war. Als »modern« (synonym mit »hochentwickelt, fortschrittlich, urban und/oder unvermeidlich« verwendet) gelten somit Werte, Technologien und Vorstellungen, die im Gegensatz zu den »rückständigen«, »unterentwickelten« Gesellschaften stehen.

Die Modernisten halten jedoch unerschütterlich an einem der wichtigsten Prinzipien des früheren, vom Glauben geprägten Weltbilds fest: dem biblischen Geheiß, daß der Mensch sich die Erde untertan mache.

Die »kulturell Kreativen« stellen die einzige Gruppe, deren Anteil an der Bevölkerung in den letzten Jahrzehnten zunahm. Vor 20 Jahren waren sie statistisch noch gar nicht erfaßt (weniger als 3 Prozent), doch heute machen sie etwa 24 Prozent der Bevölkerung aus (44 Millionen Erwachsene in den USA). Das ist ein historisch ungewöhnlich rascher Wertewandel in nicht einmal einer Generation. In der Vorlesung im Jahr 2020 war vom Wertewandel in dieser Gruppe die Rede. Daher werden wir ihre Weltanschauung und ihren derzeitigen Status näher betrachten. Später wird noch gezeigt, daß es sich bei diesem Trend vielleicht sogar um eine globale Entwicklung handelt.

So wie die Sichtweise der ersten Modernisten als Reaktion auf eine in ihren Augen zu Vereinfachungen und Exzessen neigenden Weltsicht des Spätmittelalters entstand, bildete sich die Subkultur der kulturell Kreativen als Reaktion auf die Blindheit und Übertreibungen der modernistischen Tradition.

Auf der persönlichen Ebene besteht ihr Hauptanliegen in der Selbstverwirklichung; d. h., ihnen liegt mehr an inneren Werten als an äußerem sozialen Prestige.

Auf der kollektiven Ebene gilt die Sorge der kulturell Kreativen dem Zerfall des Gemeinsinns und der Umwelt (92 Prozent wollen den Gemeinsinn wieder stärken; 87 Prozent glauben an einen ökologisch nachhaltigen Umgang mit der Umwelt).

Falls Sie nun neugierig geworden sind, ob Sie selbst zu den kulturell Kreativen gehören, können Sie den Persönlichkeitstest in Anhang C ausfüllen.

Die Zahl der kulturell Kreativen, die binnen einer Generation scheinbar aus dem Nichts aufgetaucht sind, mag viele überraschen. Ich war jedenfalls erstaunt. Selbst Menschen, die zu dieser Subkultur gehören, betrachten sich selbst als isolierte Ausnahmen. Dieser Eindruck von Isolation entsteht aus zwei Gründen:
1. Es gibt keine Organisation, mit der man sie in Verbindung bringen kann.
2. Sie werden von den Medien nicht beachtet.

Einer der Hauptgründe für diese relative Unsichtbarkeit liegt darin, daß die kulturell Kreativen keine politische Partei hervorgebracht haben, keine religiöse Massenbewegung und nicht einmal einen unabhängigen Markt für Publikationen. Die kulturell Kreativen sind Eklektiker, die nach ihren jeweiligen Interessen auswählen, egal, ob es sich nun um die Publikationen großer Verlage oder unbekannte Veröffentlichungen handelt, ob einheimische oder ausländische. Daher gibt es keinen Ort und keine Gruppe, wo sie sich treffen können und man sie zählen könnte.

Noch wichtiger ist, daß sich die Massenmedien, der Spiegel unserer Gesellschaft, immer noch ausschließlich mit der modernistischen Kultur befassen und praktisch nur diesen Standpunkt wiedergeben. Wenn die Medien die kulturell Kreativen erwähnen, präsentieren sie diese normalerweise als Zerrbild der ganzen Gruppe: Sie berichten über die Anhänger des »New Age«, eine Randgruppe der kulturell Kreativen, die weniger als 2 Prozent der Bevölkerung umfaßt (vier Millionen Erwachsene). Selbst wenn also über sie berichtet wird, erkennt sich der Großteil der zig Millionen kulturell Kreativer gar nicht wieder. Die Unsichtbarkeit, die selbst unter den Mitgliedern besteht, ist vermutlich das ungewöhnlichste Kennzeichen dieser neuen Subkultur.

Als der Modernismus aufkam, wußten die »Modernisierenden« sehr gut, daß sie eine Bewegung verkörperten. Die »Medien« der damaligen Zeit verfolgten beispielsweise jeden Schritt von Erasmus von Rotterdam oder den französischen Enzyklopädisten. Sie wurden von anderen als Bewegung betrachtet und sahen sich auch selbst so, obwohl sie kaum mehr als 1 Prozent der damaligen Bevölkerung ausgemacht haben dürften (verglichen mit den etwa 24 Prozent der kulturell Kreativen heute). Wenn die soziopolitische Realität dieser Entwicklung also eines Tages in Erscheinung tritt, müssen wir mit deutlich schnelleren Veränderungen rechnen als beim Modernismus.

Ray unterscheidet bei den kulturell Kreativen zwei Typen: die »grünen« kulturell Kreativen und die integrierten.

1. Die grünen kulturell Kreativen befassen sich mit der Umwelt und sozialen Aspekten. Sie treten häufig aktiv in der Öffentlichkeit auf. Sie konzentrieren sich auf die Lösung der Probleme ihrer Umwelt und sind weniger an der Entwicklung ihrer Persönlichkeit interessiert.
2. Die integrierten kulturell Kreativen (nach Rays Untersuchung 10,6 Prozent oder 20 Millionen Amerikaner) sind sowohl an der Entwicklung der eigenen Persönlichkeit als auch am Umweltschutz interessiert. Die Mitglieder dieser Gruppe beschäftigen sich ernsthaft mit Psychologie und dem spirituellen Leben und streben nach ihrer Selbstverwirklichung. Sie probieren gern neue Ideen aus, sind sozial engagiert, beschäftigen sich mit der Emanzipation der Frau und/oder dem Umweltschutz.

Die kulturell Kreativen: ein weltweiter Trend?

Für die globale Entwicklung gibt es keine Untersuchung, die sich mit der von Paul Ray vergleichen ließe. Allerdings verwendete das Generalsekretariat der Europäischen Union Rays Fragebogen zur Erkennung kulturell Kreativer in seiner monatlich erscheinenden Umfrage im Euro-Barometer, die bei allen 15 Mitgliedsländern durchgeführt wird (800 Interviews pro Land). Zur allgemeinen Überraschung fand man heraus, daß der Anteil der kulturell Kreativen an der Bevölkerung so hoch wie in den USA ist.

Aus einer Untersuchung von Duane Elgin geht hervor, daß es sich bei diesem Trend sogar um ein globales Phänomen handelt. Elgin kommt zu dem Schluß: »Insgesamt betrachtet, deuten die Trends darauf hin, daß sich ein weltweiter Wertewandel vollzieht.«[294] Die Weltbevölkerung ist darin den Staatsoberhäuptern und Medien überall voraus. So gibt beispielsweise eine Mehrheit weltweit dem Schutz der Umwelt gegenüber dem wirtschaftlichen Wachstum den Vorzug und ist bereit, dafür einen höheren Preis zu zahlen. Die überwiegende Zahl der Befragten spricht sich auch dafür aus, daß Männer und Frauen die gleichen Rechte und Chancen haben sollten und daß ein höherer Frauenanteil in der Politik die allgemeine Situation verbessern würde. Besonders bemerkenswert ist daran, daß dieser Trend in den Entwicklungsländern fast genauso stark ausgeprägt ist wie in den Industrieländern.

Elgin weist außerdem auf einen weiteren interessanten und bisher meist vernachlässigten Faktor hin: der Trend zu einer ganzheitlichen Medizin und die Abkehr von der konventionellen Schulmedizin. In dem Artikel »Unkonventionelle Medizin in den USA«, der bereits 1993 im *New England Journal of Medicine*[295] erschien, berichtet Dr. Eisenberg, daß unkonventionelle Therapiemethoden in den Vereinigten Staaten weit häufiger angewendet würden, als man bisher angenommen habe. Tatsächlich wurden die Anbieter von alternativen Behandlungsmethoden häufiger aufgesucht als konventionelle Schulmediziner (425 Millionen gegenüber 388 Millionen Konsultationen). In einer Untersuchung, die 1998 im *Journal of the American Medical Association* erschien, wird belegt, daß sich der Trend seit 1993 sogar noch verstärkt hat. Demnach stiegen die Ausgaben, die in den Vereinigten Staaten aus eigener Tasche für alternative Behandlungsmethoden ausgegeben wurden, auf 27 bis 34 Milliarden Dollar pro Jahr. Die amerikanischen Universitäten reagierten bereits auf die veränderten Wünsche der Patienten; 64 Prozent der medizinischen Fakultäten bieten mittlerweile Vorlesungen in alternativer Medizin an. Von besonderer Bedeutung ist dabei, daß diese alternativen Behandlungsmethoden in zunehmendem Maße als Ergänzung zur konventionellen westlichen Medizin betrachtet werden.

Einem Artikel in *Time* zufolge ist in Europa der Trend bei Ärzten zu ergänzenden alternativen Behandlungsmethoden »enorm«: »Von den 88 000 Menschen, die Akupunktur praktizieren, sind 62 000 zugelassene Ärzte.«[296] In Großbritannien greifen 42 Prozent aller Ärzte regelmäßig auf die Homöopathie zurück. In Frankreich verschreibt ein Drittel der Allgemeinärzte homöopathische Heilmittel, in Deutschland sind es 20 Prozent. In den meisten europäischen Apotheken nehmen pflanzliche Medikamente mindestens ebensoviel Platz in den Regalen ein wie pharmazeutische Produkte. In Asien setzte das wissenschaftliche und gesundheitspolitische Interesse an Akupunktur bereits in den 50er Jahren ein. Seit kurzem erfreuen sich auch andere traditionelle Heilmethoden wie z. B. Ayurveda zunehmender Beliebtheit. Auch sie dienen als Ergänzung zur modernen westlichen Medizin.

Jeder dieser Trends wird für sich genommen oft als »Marotte« oder kurzlebiger Modetrend gesehen. Wenn man sie jedoch als Gesamterscheinung betrachtet, läßt sich daran ein allgemeiner Wertewandel ablesen: Die Yin-Werte werden in gesellschaftlicher Hinsicht wieder geschätzt. Davon sind alle Bereiche betroffen. Der Wandel umfaßt so unterschiedliche Phänomene wie ein wachsendes Bewußtsein für den Umweltschutz, ganzheitliche Behandlungsmethoden in der Medizin, den Ersatz hierarchischer Strukturen durch Netzwerke (wie z. B. das Internet und virtuelle Organisationen), die Überwindung der dualistischen Leib-Seele-Lehre des Kartesianismus und die Emanzipation der Frauen.

Die veränderte Sichtweise läßt sich bei Männern und Frauen beobachten. Am erstaunlichsten ist jedoch, daß sich das Muster in allen Bereichen wiederholt – und dennoch die Gesamtbedeutung übersehen wird. Dadurch werden nicht nur die Bedeutung, sondern auch die Geschwindigkeit und das Ausmaß des Wandels oft übersehen.

Ein Währungssystem für den nachhaltigen Wohlstand

In den Vorstellungen der traditionellen Währungspolitik genügte stets eine Währung pro Land. Daher würde ein mehrschichtiges Währungssystem wahrscheinlich wegen seiner vermeintlich unnötigen Komplexität und Ineffizienz kritisiert werden. Doch der Vorwurf einer »unnötigen Komplexität« läßt sich nur rechtfertigen, wenn wir aus der Gewohnheit heraus die Ineffizienz und

Komplexität des Währungssystems unserer Zeit übersehen. Dieses System umfaßt etwa 170 verschiedene Landeswährungen, die nach den Berichten des Internationalen Währungsfonds in acht verschiedenen Systemen »organisiert« sind.[297] Der Modus vivendi des Währungssystems ist seit der Auflösung des Abkommens von Bretton Woods eindeutig unbefriedigend.

»In den 30 Jahren, die seit der Auflösung des Abkommens von Bretton Woods vergangen sind, ist das Wirtschaftswachstum in den Industrieländern um ein Drittel zurückgegangen. Die Zahl der internationalen Währungskrisen ist dagegen deutlich gestiegen. Dies ging sogar so weit, daß selbst Länder, die eine vernünftige Wirtschaftspolitik betreiben, durch andere, verschwenderische Länder mit hineingezogen wurden. Nach Zahlen, die der Weltbank vorliegen, machten 69 Länder seit Ende der siebziger Jahre ernsthafte Bankkrisen durch, und 87 Länder erlebten seit 1975 einen Verfall ihrer Währungen.«[298]

Möglicherweise gilt unser derzeitiges Währungssystem einmal als besonderes Kuriosum (siehe S. 420, »Die Bewohner der Insel Yap in Fort Knox«).

Das Währungssystem muß sich vor allem in organisatorischer Hinsicht verändern. Ich schlage vor, daß in der Übergangsphase des postindustriellen Zeitalters, in der wir uns gerade befinden, zusätzlich zu den Landeswährungen und ihrer Kommando- und Kontrollebene (Yang) die Entwicklung von flexibleren, offenen und anpassungsfähigen Systemen (Yin) gefördert werden sollte. Die Gründe dafür lassen sich am besten durch einen Vergleich der Eigenschaften zwischen einer fortgeschrittenen Industriegesellschaft und einer postindustriellen Gesellschaft verstehen (siehe Tabelle rechts oben).

Solange die Annahme zutraf, daß wir in einer Welt leben, in der sich die Ereignisse sowohl vorhersehen als auch kontrollieren lassen (beide sind wichtige Yang-Positionen), war es auch sinnvoll, Informationen zu zentralisieren und Entscheidungen den »Experten« zu überlassen. Die schlüssigste Managementstruktur ist

Alte Umwelt (fortgeschrittenes Industriezeitalter)	Neue Umwelt (postindustrielles Zeitalter)
Angenommene Vorhersehbarkeit und Kontrolle	Angenommener grundlegender Wertewandel
Wissen und Informationen zentralisiert	Wissen und Informationen verteilt
Expertengesteuerte Lösungen	Viele Menschen experimentieren mit neuen Ansätzen
Kommando- und Kontrollstruktur	Komplexe adaptive Strukturen

unter solchen Bedingungen die traditionelle Hierarchie, die in Kommando- und Kontrollebenen organisiert und heute fast überall anzutreffen ist. Da es jedoch in immer mehr Bereichen zu Zusammenbrüchen und Krisen kommt (z. B. im Weltwährungssystem, in der Politik, im Bildungswesen, im Umweltschutz, auf dem Arbeitsmarkt usw.), ist es an der Zeit, die alten organisatorischen Strukturen noch einmal zu überdenken, denn der Übergang zur Informationswirtschaft könnte sich sonst zu einem »Zeitalter der Verunsicherung«[299] entwickeln. Unter solchen Bedingungen würde ein Festhalten an den alten, expertengelenkten, hierarchischen Kommando- und Kontrollstrukturen vermutlich die Innovationen verhindern, die dringend gebraucht werden.

Tony Judge, der von Alvin Toffler als »einer unserer brillantesten Informationstheoretiker« bezeichnet wurde, ist der Meinung, daß die Organisationsformen der Zukunft Netzwerke sein werden, »die von niemandem koordiniert werden; die Beteiligten koordinieren sich selbst«.

Dieses Prinzip wurde erstmals in großem Maßstab von Dee Hock getestet, als er das VISA-Kreditkartensystem in den 70er Jahren gründete.[300] VISA kann ein spektakuläres Wachstum vorweisen und ist heute die größte Unternehmensorganisation der Welt: Das Unternehmen hat einen Jahresumsatz von 1,3 Billionen Dollar und bedient 655 Millionen Kunden. Doch wissen Sie,

Die Bewohner der Insel Yap in Fort Knox
Milton Friedman erkannte zwischen dem »primitiven« Währungssystem der Insel Yap und unserem derzeitigen Währungssystem eine erstaunliche Parallele.

Im Jahr 1903 war der amerikanische Völkerkundler William Henry Furness so fasziniert vom Währungssystem der Insel Uap oder Yap, daß er ein Buch mit dem Titel *The Island of the Stone Money (Die Insel des Steingelds)* verfaßte. Yap gehört zu den Karolineninseln in Mikronesien, die zu der Zeit eine deutsche Kolonie waren, und zählte etwa 5000 Einwohner (siehe Foto S. 119).

»Ihr Tauschmittel nennen sie *fei.* Es besteht aus großen, massiven Steinscheiben mit einem Loch in der Mitte, das je nach Durchmesser des Steins verschieden groß ist. Durch dieses Loch läßt sich eine entsprechend dicke und starke Stange schieben, die das Gewicht des Steins zu tragen vermag und auf diese Weise den Transport ermöglicht. Diese Stein-›Münzen‹ wurden aus Kalkstein gefertigt, der auf einer rund 600 Kilometer entfernten Insel vorkommt. Der behauene Stein wurde von wagemutigen Eingeborenen in Kanus und auf Flößen nach Yap gebracht ... Wird ein Handel zum Preis eines *fei* abgeschlossen, der zu groß ist, um sich bequem transportieren zu lassen, ist sein neuer Eigentümer durchaus dazu bereit, sich mit der bloßen Anerkennung seines Eigentums zufriedenzugeben. Das Tauschgeschäft wird nicht einmal durch eine Markierung angezeigt, sondern die Münze bleibt unangerührt auf dem Grund und Boden des vorherigen Eigentümers.

Als die deutsche Regierung nach dem Kauf der Karolinen von Spanien im Jahre 1898 die Inseln übernahm, waren viele Pfade auf der Insel in schlechtem Zustand. Die Häuptlinge wurden damals dazu aufgefordert, sie instand zu setzen und zu pflegen. Einige weigerten sich, daher beschloß man, die Häuptlinge der Bezirke wegen Ungehorsams mit einer Geldstrafe zu belegen. Doch wie sollte die Strafe eingetrieben werden? Schließlich kam man auf die glückliche Idee, einen Regierungsvertreter zu entsenden. Er kennzeichnete die wertvollsten *fei* mit einem schwarzen Kreuz zum Zeichen ihrer Beschlagnahme durch die Regierung.

Die Maßnahme wirkte Wunder. Die auf diese Weise bitter verarmten Menschen begannen mit der Instandsetzung der Pfade und leisteten sehr gründliche Arbeit. Die Regierung entsandte wieder ihre Vertreter und ließ die Kreuze entfernen. Hokuspokus! – Die Geldstrafe war entrichtet, die Menschen waren wieder Eigentümer ihres Kapitals und sonnten sich glücklich im Lichte ihres Reichtums.«[301]

> In den Jahren 1932/33 und noch einmal 1971 bat die Banque de France (die französische Zentralbank) die amerikanische Zentralbank, einen Teil ihres in den USA gehaltenen Dollarvermögens in Gold einzulösen. Praktisch sah das so aus, daß einige Goldbarren in Fort Knox als Eigentum der Franzosen gekennzeichnet wurden. Von den amerikanischen Wirtschaftsmagazinen wurde dieser Vorgang jedoch als »Goldabwanderung« bezeichnet, an den Devisenbörsen galt der Dollar als geschwächt, der französische Franc als gestärkt.
>
> Milton Friedman fragt in diesem Zusammenhang: »Besteht wirklich ein Unterschied zwischen der Einstellung der amerikanischen Zentralbank, die sich aufgrund einiger Kennzeichnungen auf den Schließfächern in ihrem Goldtresor in einer schwächeren Währungsposition glaubte, und der Überzeugung der Bewohner der Insel Yap, die angesichts der schwarzen Kreuze auf ihrem Steingeld glaubten, ärmer geworden zu sein? Die Bewohner der Insel Yap betrachteten die Steine, die sie auf einer weit entfernten Insel aus dem Steinbruch geholt, behauen und auf ihre eigene Insel transportiert hatten, als konkret sichtbares Zeichen ihres Vermögens. Über 100 Jahre lang sah die ›zivilisierte‹ Welt Metall, das aus tiefen Erdschichten geschürft, mit riesigem Aufwand gereinigt, über große Entfernungen transportiert und dann erneut tief unter der Erde in Tresorräumen verwahrt wurde, als ein konkret sichtbares Zeichen ihres Vermögens an. Ist die eine Gepflogenheit tatsächlich vernünftiger als die andere?«[302]

wo sich die Hauptverwaltung von VISA befindet? Oder an welcher Börse Sie VISA-Aktien kaufen können? Die Antwort wird Sie vermutlich überraschen, denn es gibt keine Hauptverwaltung und auch keine Aktien. Dennoch arbeitet das Unternehmen effizient und verfügt über ein Personal von 3000 Menschen in 21 Niederlassungen auf vier Kontinenten. VISA ist als eine Allianz von über 20 000 Finanzinstituten in über 200 Ländern und Regionen organisiert. Bei dieser Struktur erfolgt die Entscheidungsfindung über das ganze System anstatt von oben. Dee Hock bezeichnet seine Unternehmensgründung als »Chaord« (ein Begriff, den er schuf, um eine Organisation zu beschreiben, die sowohl »chaotisch« als auch »ordentlich« ist). »Zeigen Sie mir den Vorstandsvorsitzenden des Waldes, zeigen Sie mir den Finanzvorstand der

Fische im Teich, zeigen Sie mir (sich an die Stirn klopfend) den Vorstand der Neuronen im Gehirn.«[303]

Tatsächlich trifft es zu, daß sich diese Strategie nicht nur auf die Finanz- und Geschäftswelt anwenden läßt. Das Santa Fe Institute leistete bei der Untersuchung komplexer adaptiver Systeme Pionierarbeit und bestätigte die Gültigkeit dieser Prinzipien für alle Systeme (physikalische, biologische, soziale, wirtschaftliche usw.), die ein gewisses Maß an Komplexität erreichen. Die Komplexitätstheorie besagt, daß Komplexität im Gegensatz zur Newtonschen Logik nicht linear wächst, sondern in nichtlinearen Sprüngen auftritt, in episodenhaften Stadien »am Rande des Chaos«. Diese »beinahe chaotischen« Perioden treten dem Nobelpreisträger Ilya Prigogine zufolge dann auf, wenn Systeme sich auf der nächsten Komplexitätsebene regenerieren und restrukturieren.

Meiner Ansicht nach bewegen wir uns gerade »am Rande des Chaos«. Die gegenwärtige Krise der herrschenden Institutionen unserer modernen Gesellschaft deutet darauf hin, daß sich die Menschheit auf der nächsten Ebene reorganisiert.

Daher befinden wir uns momentan in einer Übergangsphase,

> **Die Schmetterlingsmetapher**
> Die Metamorphose der Raupe zum Schmetterling wird von Norie Huddle als Metapher für unsere Zeit verwendet.[304] Wenn die Raupe mit der Metamorphose beginnt, löst sich der Zellverband unter dem Einfluß von Hormonen regelrecht auf und bildet eine amorph aussehende Flüssigkeit. Dann wird unter dem Einfluß der Imaginalscheiben die Adultform aufgebaut. (Imaginalscheiben sind teilungsfähige Zellen, die auf die endgültige Schmetterlingsform determiniert sind. Die Adultform ist die endgültige Schmetterlingsform.) Dabei strukturieren die Imaginalscheiben die ganze Raupe um und vollbringen so die wundersame Verwandlung der Raupe zum Schmetterling.
>
> Die moderne Zivilisation hat mittlerweile die Auflösungsphase erreicht, und die »Imaginalscheiben« haben begonnen, sich in der Cybersphäre zu vernetzen. Der nachhaltige Wohlstand ist der »Schmetterling«, das Szenario, das wir als die »Vier Jahreszeiten im Jahr 2020« beschrieben haben (siehe S. 45ff.).

dem Abschnitt »zwischen den Geschichten« aus der »Zeitkompressionsmaschine« (siehe Abb. 1.).

Wie schon gesagt wurde, liegt im finanziellen Bereich die größte Gefahr darin, daß einige der spontan entstehenden neuen Währungsebenen blockiert werden (nach den Erfahrungen in der Geschichte trifft es wahrscheinlich zuerst die lokalen Währungen, da sie am einfachsten zu verbieten sind), während andere sich selbst überlassen bleiben (z. B. die privaten Unternehmenswährungen, weil sie nicht der Kontrolle der Zentralbanken unterliegen). Bei einer derartigen Entwicklung würde der Schwerpunkt unseres Wirtschaftssystems weiter bei den Yang-Währungen und Werten bleiben, obwohl doch gerade ein Yin-Einfluß nötig wäre. Die traditionellen Kommando- und Kontrollstrukturen können ein Chaos in der bestehenden alten Ordnung vermutlich nicht verhindern. Dennoch sollte man ihre Macht nicht unterschätzen, sie können immer noch erste Ansätze für eine neue Ordnung im Keim ersticken.

Langfristig gesehen – also über das Jahr 2020 hinaus – rechne ich damit, daß sich neue Wirtschafts- und Verwaltungsstrukturen auf der nächsten Komplexitätsstufe herausbilden werden und eine neue Ära vorhersehbarer Strukturen wiederkehren wird. Dann werden höchstwahrscheinlich andere Währungssysteme benötigt als die, die in diesem Buch vorgestellt wurden. Vielleicht werden wir eines Tages überhaupt keine Währungen mehr brauchen. Wenn wir Captain Jean Luc Picard von Star Trek Glauben schenken wollen, gibt es im 24. Jahrhundert kein Geld. In der Zwischenzeit brauchen wir Währungssysteme für den Übergang, die uns als Krücken bei der Wiederfindung unseres verkümmerten Sozialverhaltens dienen können.

In diesem Buch konzentrierte ich mich nur auf die Währungssysteme für den Übergang, die sich für die Phase eignen, in der wir uns bereits befinden. Die wichtigste Aussage kann man nicht oft genug wiederholen: In der derzeitigen Übergangsphase läßt sich ein Teil der schmerzhaften Veränderungen und gewalttätigen Auseinandersetzungen vermeiden, indem man vielversprechende soziale Experimente fördert, ersten Ansätzen zu einer positiven Veränderung eine Chance gibt und die Ansätze in neuen Formen Verbreitung finden läßt, die sich bereits beim Strukturwandel in anderen Ländern als effektiv erwiesen. Auf diese Art geht die Natur seit fünf Milliarden Jahren vor. Können wir es uns leisten, das zu ignorieren?

Im folgenden Abschnitt wird die Entwicklung eines Währungssystems auf vier Ebenen beschrieben. Eine Ebene existiert bereits – das konventionelle Bankgeldsystem der Landeswährungen. Die Entwicklung der drei neuen Währungssysteme wird anhand von drei Zeittafeln anschaulich gemacht, die zeigen, daß die neuen Systeme auf einer organischen Entwicklung basieren. Die einzelnen Elemente dieser Entwicklung existieren seit Jahrzehnten und werden durch ihre eigene Logik vorangetrieben. Das konventionelle System der Landeswährungen wird neben diesen drei neuen Ebenen wahrscheinlich weiterhin so funktionieren wie bisher. Der einzige Unterschied besteht darin, daß die Landeswährungen dann nicht mehr als das einzig existierende System betrachtet werden.

Das Währungssystem im Jahr 2020: ein Vierganggetriebe

Stellen wir uns noch einmal vor, wir lebten im Jahr 2020. Fast alle Unternehmen und viele Einzelpersonen verwenden routinemäßig Währungen auf verschiedenen Ebenen. Gegen eine geringe Gebühr kann man im Internet jede Währung ganz einfach in eine andere umtauschen. Wie bei den Bonusmeilen für Vielflieger heute, sind kombinierte Zahlungen üblich (Sie können ein Flugticket in der Landeswährung kaufen und für eine bessere Klasse mit Bonusmeilen bezahlen). Die vier Ebenen im Jahr 2020 würden sich folgendermaßen zusammensetzen:

1. eine globale Referenzwährung,
2. drei grundlegende multinationale Währungen,
3. einige Landeswährungen und
4. lokale Komplementärwährungen.

Die globale Referenzwährung

Im Internet konkurrieren mehrere Unternehmenswährungen miteinander, die von Amex, Microsoft und einem Verbund verschiedener europäischer und asiatischer Unternehmen herausgegeben werden. Einige Unternehmen gründeten zur Ausgabe dieser Währungen spezielle Tochterunternehmen – mit starken Bilanzen –, die Vertrauen in die Währungen schaffen sollten. Eine Währung nahm die Form einer globalen Referenzwährung an, wie sie in Kapitel 8 beschrieben wurde. Sie entstand aus der Systematisierung des Barterhandels.

Barter- oder Tauschgeschäfte – der Austausch von Gütern oder Dienstleistungen ohne die Verwendung einer Währung – werden bereits seit Menschengedenken durchgeführt.

Aufgrund dieser langen Tradition wurde der Tauschhandel oft als »niedrige« oder »primitive« Form des Handels betrachtet und manchmal auch mit der Schattenwirtschaft in Verbindung gebracht. In letzter Zeit hat sich diese Haltung allerdings grundlegend geändert. Laut BarterNews, dem führenden Publikationsorgan dieser Handelsform, erreichen Tauschgeschäfte einen Umsatz von 650 Milliarden Dollar im Jahr. Beim Großteil dieser 650 Milliarden handelt es sich um Bartergeschäfte der Wirtschaft, sowohl im Binnen- als auch im Außenhandel (der Fachbegriff dafür lautet »Gegengeschäfte«). Für die Bartergeschäfte gibt es heute zwei große Handelsorganisationen, die International Reciprocal Trade Association (IRTA, Website: http://www.irta.net) und den Corporate Barter Council (CBC).

Im Anschluß wird ein Zeitplan für das Wachstum des Barterhandels und der Cyberwirtschaft vorgestellt. Außerdem wird gezeigt, wie durch ihr Zusammentreffen eine von der Wirtschaft initiierte globale Referenzwährung entstand (alle Informationen einschließlich des Jahres 1999 sind wahr, die anderen sind entsprechend hochgerechnet).

Die Entstehung einer globalen Unternehmenswährung (1960 bis 2020)

- *60er Jahre: Westliche Unternehmen entwickeln einen großangelegten Tauschhandel mit den Comecon-Ländern (Ländern des »kommunistischen Blocks«).*
- *70er Jahre: Ausdehnung des Tauschhandels auf schwächer entwickelte Länder, wenn »harte Währungen« knapp sind.*
- *1974: In den USA erleichtern 100 kleine Tauschhandelshäuser den Tauschhandel, der einen Umsatz von etwa 45 Millionen Dollar hat und 17 000 Unternehmen umfaßt.*
- *80er Jahre: Standardisierung des Bartergeschäfts im internationalen Handel infolge der lateinamerikanischen Schuldenkrise.*
- *1982: Der amerikanische Kongreß erkennt den Barterhandel als legitime Form des Handels an und legt eine Meldepflicht fest. Die Einnahmen aus Bartergeschäften werden von der amerikanischen Steuerbehörde als normale Einnahmen betrachtet.*
- *90er Jahre: Ausweitung des Tauschhandels in allen Industrieländern. Gleichzeitig läuft der Internethandel an.*
- *1997: Alan Greenspan, der Vorsitzende der amerikanischen Zentralbank, gibt indirekt sein Einverständnis für Initiativen im Bereich der Unternehmenswährungen: »Wenn wir finanzielle Innovationen fördern wollen, dürfen wir keine Vorschriften erlassen, die sie behindern.«*[305] *Der Umsatz der Cyberwirtschaft wird auf 35,6 Milliarden Dollar im Jahr geschätzt.*
- *1998: In den USA sind 400 000 Unternehmen Mitglieder bei 686 Tauschhandelshäusern, der Umsatz im Inland beläuft sich auf 8,5 Milliarden Dollar. Die jährliche Wachstumsrate beträgt 15 Prozent und ist damit dreimal so hoch wie beim Handel in Dollar.*
- *1999: Der Verkehr im Internet verdoppelt sich alle 100 Tage.*
- *2000: Die Cyberwirtschaft erreicht einen Jahresumsatz von 200 Milli-*

arden Dollar, die Hälfte davon wird im Großhandel erreicht. Der Tauschhandel wird verstärkt auch im Internet praktiziert und verbindet sich mit der Cyberwirtschaft ...
- 2001: Standardisierung von Barterverträgen durch einige Firmen.
- 2002: Der Großhandel im Internet erreicht einen Umsatz von 300 Milliarden Dollar.[306]
- 2003: Mehrere private Unternehmenswährungen konkurrieren miteinander um die Etablierung im Cyberspace.
- 2005: In den USA betreiben 1,6 Millionen Unternehmen Bartergeschäfte mit einem Umsatz von insgesamt 31 Milliarden Dollar.[307]
- 2006: Ein »chaordischer« Verband internationaler Konzerne verwendet eine standardisierte globale Referenzwährung namens Terra, die mit einem »Anti-Hortungs-Mechanismus« ausgestattet ist.
- 2007: 20 Prozent des amerikanischen Einzelhandels werden über das Internet abgewickelt, in anderen im Cyberspace aktiven Ländern läßt sich ein ähnlicher Trend ausmachen (vergleichbar mit der Verbreitung von Supermärkten und Einkaufszentren nach amerikanischem Vorbild in der Nachkriegszeit, nur läuft die Entwicklung deutlich schneller ab).
- 2015: Die globale Referenzwährung wird zur fakultativen offiziellen Währungseinheit für multinationale Konzerne.
- 2020: Die Cyberwirtschaft ist der größte Wirtschaftssektor der Welt. Private Unternehmenswährungen (darunter auch Terra) werden bei 50 Prozent der Geschäfte im internationalen Handel mitverwendet.

Drei multinationale Währungen

Das Zukunftsszenario für die multinationalen Währungen sieht wie folgt aus: Nachdem der Euro im Jahr 1999 die Landeswährungen in elf europäischen Ländern ersetzt hat, schließen sich die Briten und andere europäische Länder, die sich bis dahin zurückgehalten haben, einige Jahre später dem System an. Dadurch wird der Druck zur Bildung einer asiatischen Yuan-Währungszone immer größer. Wenig später erfolgt die Einführung des NAFTA-Dollars. Es zeigt sich tatsächlich, daß eine regionale wirtschaftliche Integration nur funktionieren kann, wenn eine gemeinsame

Währung allen wirtschaftlichen Beteiligten die gleichen Voraussetzungen bietet. Nur eine gemeinsame Währung garantiert ein einheitliches Informationsfeld.

Im folgenden Abschnitt wird die Entstehungsgeschichte der drei großen multinationalen Währungssysteme bis zum Jahr 2020 geschildert. Die vorgestellten multinationalen Währungen sind konventionelle Bankgeldwährungen, sie unterscheiden sich von den bisherigen Landeswährungen nur durch ihr größeres Verbreitungsgebiet.

Die Entstehung multinationaler Integrationswährungen (1958 bis 2020)

- *1958: Mit den Römischen Verträgen beginnt der europäische Einigungsproze*ß *für einen »Gemeinsamen Markt«. Eine Zollunion zwischen zunächst sechs Ländern (Bundesrepublik Deutschland, Frankreich, Italien, Belgien, Niederlande und Luxemburg) wird geschaffen.*
- *1960: Mit der Stockholmer Konvention wird die Europäische Freihandelsassoziation (EFTA) auf Initiative Großbritanniens gegründet. Mitglieder sind mehrere europäische Staaten, dem handelspolitischen Zusammenschlu*ß *gehören auch Island, Finnland, Norwegen, Österreich, Portugal, Schweden und die Schweiz an.*
- *1967: Gründung des Verbandes Südostasiatischer Staaten (ASEAN) in Bangkok durch Indonesien, Malaysia, die Philippinen, Singapur und Thailand.*
- *1973: Großbritannien, Dänemark und Irland werden mit Wirkung vom 11. Januar Vollmitglieder der Europäischen Wirtschaftsgemeinschaft.*
- *1979: Schaffung der europäischen Währungseinheit Ecu als währungspolitisches Einigungs- und Integrationsinstrument sowie als europäische Rechen- und Zahlungseinheit.*
- *1984: Brunei tritt der ASEAN bei.*
- *1991: Die Präsidenten von Argentinien, Brasilien, Paraguay und Uruguay unterzeichnen im März des Jahres in Asunción ein Abkommen über die Schaffung eines gemeinsamen Marktes: den Mercosur.*

- *1992: Im Maastrichter Vertrag wird die Einführung einer gemeinsamen europäischen Währung in den Ländern der Europäischen Union zur Jahrtausendwende festgelegt.*
- *1995: Beitritt Vietnams zur ASEAN im Juli.*
- *1996: Gründung der nordamerikanischen Freihandelszone NAFTA. Mitglieder: die Vereinigten Staaten, Kanada und Mexiko.*
- *1997: Laos und Myanmar treten im Juli der ASEAN bei. Japan schlägt die Gründung eines 100 Milliarden Dollar umfassenden asiatischen Währungsfonds unabhängig vom Weltwährungsfonds vor, der Vorschlag wird jedoch von den Vereinigten Staaten und Großbritannien abgeblockt.*
- *1999: Der Ecu wird offiziell durch den Euro ersetzt, der gemeinsamen Währung von elf europäischen Ländern. Mercosur beginnt Beitrittsverhandlungen mit der NAFTA.*
- *2001: Chile tritt der NAFTA bei. Mehrere europäische Staaten treten der Europäischen Wirtschafts- und Währungsunion bei.*
- *2003: Die ASEAN gibt offiziell die Absicht zur Gründung einer ASEAN-Yuan-Währungszone bekannt. Japan und China werden assoziierte Mitglieder des Yuan-Währungsprojektes.*
- *2004: Kuba (in der Ära nach Castro) und mehrere andere lateinamerikanische Länder treten der NAFTA bei.*
- *2005: Großbritannien, das sich lange geweigert hat, tritt nach einem heftig debattierten Referendum der Europäischen Wirtschafts- und Währungsunion bei.*
- *2007: Taiwan vereinigt sich friedlich mit China nach dem Prinzip »ein Land, eine Währung, verschiedene Systeme«.*
- *2010: Die Yuan-Währungsunion tritt in Kraft. Weitere asiatische Staaten treten bei.*
- *2012: Gründung der NAFTA-Dollar-Zone.*
- *2020: trilateraler Vertrag über eine wirtschaftliche Zusammenarbeit der drei großen Freihandelszonen (Europäische Union, ASEAN und NAFTA).*

Landeswährungen

In vielen Ländern werden nationale Währungen noch lange im Umlauf sein. Sie spielen auch zukünftig eine wichtige Rolle in den Ländern, die nicht einem offiziellen multinationalen Währungsintegrationssystem beigetreten sind. Die meisten Geschäfte werden zumindest in Teilzahlungen die Landeswährungen umfassen, nicht zuletzt aus dem Grund, weil sie das offizielle Zahlungsmittel bleiben, mit dem die nationalen Steuern bezahlt werden. Der wesentliche Unterschied zu früher liegt darin, daß die Landeswährungen nicht mehr das einzige Tauschmittel sind. Viele Zahlungen erfolgen dann in Mischformen, eine einzelne Transaktion kann die Landeswährung und Unternehmenswährungen oder Internetwährungen umfassen.

Nur in einigen wenigen unterentwickelten Ländern, wie z. B. Albanien, oder in anderen rückständigen Diktaturen werden die Landeswährungen ihre alte Monopolstellung beibehalten. Dort unterliegt das Internet staatlicher Kontrolle, wodurch die Cyberwirtschaft außer Landes gehalten wird.

Lokale Komplementärwährungen

Diese letzte Ebene war bereits Thema der Kapitel 5 und 6. Als Reaktion auf die wirtschaftliche Globalisierung entwickelt sich parallel dazu die Selbstorganisation auf lokaler Ebene. Die Informationsrevolution zieht den systematischen Abbau von Arbeitsplätzen im produzierenden und dienstleistenden Gewerbe nach sich. Angesichts der hohen Arbeitslosigkeit schaffen die Gemeinden und Städte ihre eigenen Währungen, die den lokalen Handel unter ihren Mitgliedern fördern sollen.[308] Ab einem gewissen Verbreitungsgrad entstehen im Internet Clearingstellen für Komplementärwährungen, damit auch die Einwohner dieser Gemeinden und Städte an der Cyberwirtschaft teilhaben können.

Die folgende Zeittafel zeigt die bisherige und die voraussichtlich zu erwartende Entwicklung der Komplementärwährungen nach 1999.

Entstehung der Komplementärwährungen (1934 bis 2020)

- *1934:* Entstehung des ältesten noch existierenden Komplementärwährungssystems: WIR in der Schweiz (im Jahr 1994 hatte das System 80 000 Mitglieder und erzielte einen Jahresumsatz von 2,5 Milliarden Schweizer Franken. WIR ist ein Beispiel für das Potential eines ausgereiften Komplementärwährungssystems).
- *1983:* Das erste LETS (Local Exchange Trading System) der Nachkriegszeit wird in kanadischen Gebieten mit hoher Arbeitslosigkeit angewandt.
- *1986:* Edgar Cahn entwickelt das Time-Dollars-System.
- *90er Jahre:* Zeit des Stellenabbaus in der Wirtschaft. Die Zahl der Komplementärwährungssysteme steigt vor allem in Neuseeland, Australien, Großbritannien, Deutschland und Frankreich sprunghaft an und erreicht bis Mitte des Jahrzehnts weltweit die 1000er-Marke. Die neuseeländische Zentralbank stellt fest, daß Komplementärwährungen zum Abbau des inflationären Druck auf die Landeswährung beitragen.
- *1990:* Die amerikanische Steuerbehörde erklärt den Handel in Time Dollars für steuerfrei.
- *1991:* Gründung von Ithaca Hours, der ersten »Fiat«-Komplementärwährung der Nachkriegszeit. Es gibt weltweit etwa 200 lokale Währungssysteme.
- *1993:* Missouri ist der erste amerikanische Bundesstaat, der Time Dollars zur Finanzierung seines Sozialsystems verwendet.
- *1996:* Die Sozialhilfeprogramme der amerikanischen Bundesregierung werden dezentralisiert und an die Bundesstaaten übertragen.
- *1998:* Die Stadt Minneapolis in Minnesota erprobt das erste duale Währungssystem mittels der SmartCard (Dollars und eine lokale Komplementärwährung).
- *1999:* Ein dezentralisiertes Komplementärwährungssystem mit SmartCards wird in Vancouver in Kanada getestet. In zwölf Industrieländern existieren etwa 2000 Komplementärwährungssysteme.
- *2001:* Die erste Clearingstelle für Komplementärwährungen (CCCH: Complementary Currency Clearing House) entsteht im Internet.

- *2003: Reform des europäischen Sozialsystems, Komplementärwährungen werden offiziell als gemeinschaftsförderndes Mittel anerkannt und mit einbezogen.*
- *2008: Zum ersten Mal übersteigt die Zahl der Komplementärwährungen die 10 000er-Marke.*
- *2020: In den am weitesten entwickelten Industrieländern werden 20 Prozent des Binnenhandels in Komplementärwährungen abgewickelt.*

Natürlich gibt es auch Länder, die mit Gewalt die Monopolstellung ihrer Landeswährung verteidigt und sich den neuen Möglichkeiten verschlossen haben, welche die Währungsrevolution und die Cyberwirtschaft bieten. Das Resultat läßt sich mit den Auswirkungen in den Ländern vergleichen, die sich – wie z. B. China – zu Beginn der Industrialisierung der Entwicklung der Eisenbahn entgegenstellten. Sie verhinderten so auf Kosten ihrer Bevölkerung und ihrer Stellung in der Welt die Industrialisierung für fast ein Jahrhundert und wurden schließlich die »weniger entwickelten Länder« des 20. Jahrhunderts. Heute stehen die Staaten vor der Entscheidung, ob sie zu den »hinsichtlich Information unterentwickelten Ländern« des 21. Jahrhunderts zählen werden.

Da wir nun das Währungssystem kennen, das dem nachhaltigen Wohlstand am förderlichsten wäre, verstehen wir jetzt auch besser die Hintergründe für die »Vier Jahreszeiten im Jahr 2020« (siehe S. 45) und die vier bzw. fünf Zukunftsszenarien (Kapitel 4). Mit beiden wollen wir uns noch einmal kurz befassen.

Die Jahreszeiten und die Szenarien im Rückblick

Am Anfang des Buches stand eine Beschreibung der »Zeitkompressionsmaschine« und von vier Szenen, in denen die Möglichkeiten des nachhaltigen Wohlstandes im Jahr 2020 aufgezeigt wurden. Sie werden in Abb. 4 auf S. 57 zusammengefaßt.

In diesem Zusammenhang räumte ich ein, daß Ihnen einige Geschichten »phantastisch« erscheinen könnten, wie eine Art Märchen für Erwachsene. Doch mittlerweile haben wir die währungstechnischen Details geklärt, die diesen »Phantasiegeschichten« zugrunde liegen.

»Herrn Yamadas Altersvorsorge« und »Eine Welt im Gleichgewicht« sind durch stabile Yin-Währungen möglich, die in ausreichendem Maße zur Verfügung stehen. »Die Vorstandssitzung der Firma Bechtel« zeigt die Auswirkungen einer mit einer »Anti-Hortungs-Gebühr« versehenen globalen Referenzwährung, die bei großen Konzernen als Rechnungs- und Planungsinstrument zum Standard geworden ist. »Die Chinareise Ihrer Großnichte« schließlich beschreibt eine Welt, in der eine integrierte Wirtschaft, die Yin- und Yang-Währungen im ausgeglichenen Verhältnis umfaßt, selbstverständlich ist.

In einer integrierten Wirtschaft würden sich diese verschiedenen Währungen ergänzen. Die Lebensqualität selbst der Menschen, die sich strikt an ihre Arbeitsplätze nach dem Muster des Industriezeitalters klammerten, würde sich verbessern. Eine integrierte Wirtschaftsweise fördert Einstellungen, wie sie beispielsweise Robert D. Haas, der Vorstandsvorsitzende von Levi Strauss, für die Zukunft voraussagt, nämlich daß der deutlichste Unterschied zwischen den Unternehmen der Zukunft und den heutigen nicht in den Produkten liegen wird, die sie herstellen, oder in den Maschinen, die sie verwenden, sondern in den Fragen, wer arbeiten wird, warum jemand arbeitet und was die Arbeit für ihn bedeutet.

Für unsere momentane Situation bietet sich folgende Metapher an: Im Industriezeitalter haben wir uns – bildlich gesprochen – an einen Werkzeugkasten mit einem einzigen Werkzeug gewöhnt: einem Schraubenzieher. Schraubenzieher sind natürlich hervorragende Werkzeuge; wenn man nur mit Schrauben zu tun hat, sind sie sogar das einzige geeignete. Doch nur dann. Denn zum Streichen etwa ist ein Schraubenzieher ziemlich unpraktisch. Man kann vielleicht versuchen, einen Schraubenzieher als Pinsel zu verwenden, doch das Ergebnis wird nicht sehr überzeugend ausfallen. Wenn beispielsweise gemeinnützige Organisationen miteinander um knappe Fördermittel konkurrieren, versuchen sie, »mit einem Schraubenzieher zu streichen«. Ähnlich verhält es sich, wenn wir versuchen, soziales Kapital wie z. B. Kinderbetreuung oder Altenpflege ausschließlich mit Währungen des Yang-Typs zu entwickeln.

In Kapitel 4 sprachen wir neben der »offiziellen Zukunft«, die so kaum eintreten wird, von vier weiteren Szenarien: dem »Jahrtausend der Konzerne«, den »Schutzgemeinschaften«, der »Hölle auf Erden« und dem Szenario »Nachhaltiger Wohlstand«. Nach der Lektüre des Buches verstehen wir mittlerweile besser, in welchem Verhältnis der nachhaltige Wohlstand zu den drei anderen Szenarien steht. Das »Jahrtausend der Konzerne« ist die Folge einer, wie Taoisten sagen würden, »exzessiven Yang-Abweichung« vom nachhaltigen Wohlstand. Yang-getriebene Unternehmen und Währungen übernehmen mit der Auflösung der alten Ordnung jeden gesellschaftlichen Bereich. Dazu könnte es kommen, wenn die Vorteile der Währungsrevolution und der Informationsflut von der Konzernwelt ausschließlich für ihre eigenen Zwecke beansprucht werden würden. Am wahrscheinlichsten wäre eine solche Entwicklung, wenn Autoritäten in der Politik und im Finanzsektor lokale Währungen mit begrenzter Verbreitung verböten, gegen die Konzernwährung aber machtlos wären oder nichts unternähmen.

Die »Schutzgemeinschaften« sind dagegen eine »exzessive Yin-Abweichung«. Die Sorge um den Zusammenhalt der Gemeinschaft gewinnt die Oberhand, nachdem ein Zusammenbruch des Weltwährungssystems soziale und wirtschaftliche Krisen hervorgerufen hat. Und die »Hölle auf Erden« entsteht, wenn keine gesellschaftliche Gruppe das Machtvakuum nach einem Währungszusammenbruch ausfüllen kann.

Alvin Toffler erklärte einmal, vermutlich stünde uns weder eine von Konzernen dominierte Zukunft noch eine Weltregierung bevor, sondern ein wesentlich komplexeres System. Er ist der Auffassung, wir bewegen uns auf ein globales System zu, das aus eng miteinander verknüpften Einheiten bestehe. Es ähnele in seiner Organisation mehr den Neuronen im Gehirn als den Ministerien eines Staates.

Sollte Toffler recht haben und sollte sich ein Währungssystem entwickeln dürfen, das zu dieser Sicht paßt, dann ist der nachhaltige Wohlstand unsere Zukunft.

Epilog und Auftakt

> »Die große Herausforderung der Moderne liegt nicht in der Umgestaltung der Welt, sondern in der Umgestaltung unseres Ich. Sei die Veränderung, die du in der Welt gerne hättest.«
>
> *Mahatma Gandhi*

> »Wir sehen die Dinge nicht, wie sie sind. Wir sehen sie, wie wir sind.«
>
> *Anaïs Nin*

Wir haben es nicht mit einer gewöhnlichen Wirtschafts-, Finanz- oder Währungskrise zu tun. Derzeit erleben wir eine deutliche Veränderung der Sozioökonomie unserer Zivilisation. Diese Umstrukturierung kann zu unterschiedlichen Ergebnissen führen; unsere Zukunft ist nicht vorherbestimmt. Doch je früher wir erkennen, daß sich herkömmliche Lösungsansätze nicht für unsere derzeitige Situation eignen, desto schneller können wir die emotionalen, politischen und intellektuellen Rahmenbedingungen schaffen, unter denen sich geeignete Lösungen entwickeln.

Eine Übergangsphase steht uns in jedem Fall bevor. Meiner Meinung nach gehen wir am besten damit um, indem wir die menschliche Kreativität auf allen Ebenen bewußt dezentralisieren und fördern. Die drei Entwicklungen zum nachhaltigen Wohlstand ermöglichen diese Strategie. Bedenken Sie, daß *wir* diese Entscheidung für unsere Kinder treffen, unsere Enkel und auch für einen großen Teil der Biosphäre.

In den nächsten 20 Jahren kommt es entweder zu einem unwiederbringlichen Verlust an Tier- und Pflanzenarten sowie einer Minderung der Lebensqualität für die meisten Menschen, oder wir werden den nächsten Schritt in der Evolution vollziehen. Angesichts der ungeheuer motivierenden Wirkung des Geldes können wir durch eine Veränderung des Währungssystems sanft die Richtung bestimmen, in die wir uns bewegen, ohne das Verhalten von Milliarden Menschen ändern oder regulieren zu müssen. Dieses Buch soll eine »Straßenkarte« bieten, die zeigt, wie man das erreichen kann. Es befaßte sich mit dem Geld unserer *Außenwelt,* beschrieb Währungssysteme und ihre sozialen Auswirkungen.

Allerdings verfügt das Thema Geld noch über eine ganz andere Dimension. Wenn wir sie entdecken wollen, müssen wir uns in die Vorstellungswelt des Geldes begeben, in die Welt *in* unseren Köpfen. Diese andere Straßenkarte gewährt uns Einblick in die kollektiven Gefühle, die mit dem Geld verbunden sind. Sie umfaßt die Symbole und Mythen, die in unserem Unterbewußtsein aktiv sind, denn im Unterbewußtsein findet sich die Quelle für die Anziehungskraft des Geldes.

Eine Verbindung dieser »Außen-« und »Innenansicht« ist bei jedem Thema ungewöhnlich. Meines Wissens ist dies der erste Versuch im Zusammenhang mit dem Thema Geld. Doch der Zirkelschluß zwischen der Außenwelt und der Innenwelt ist dennoch der vielversprechendste Weg zum Ziel. Das ist Thema meines Buches *Mysterium Geld.*[309] Es befaßt sich mit kollektiver Psychologie und greift beispielsweise folgende Fragen auf:

- Warum wurden die konventionellen Landeswährungen im Verlauf der Industrialisierung unabhängig vom kulturellen oder politischen Kontext weltweit so dominierend?
- Warum sind in unserem Währungssystem bestimmte Gefühle – Gier und die Angst vor Mangel – »eingebaut«?
- Warum bahnt sich jetzt ein grundlegender Wandel unseres Währungssystems an, nachdem die herkömmlichen Landeswährungen jahrhundertelang bedenkenlos akzeptiert wurden?

Die parallel ablaufenden Veränderungen, die mit dem Wertewandel und der Währungsrevolution angesprochen wurden, bieten uns heute die historisch einmalige Möglichkeit, *bewußt* einen nachhaltigen Wohlstand zu schaffen. Diese Chance zu ergreifen ist vielleicht unsere größte Herausforderung.

Angesichts dieser Herausforderung sollten wir uns die Worte Wayne Dyers vor Augen halten, der in einem Radiointerview sagte: »Niemand weiß genug, um ein Pessimist zu sein.«[310]

ANHANG

Anhang A
Die sekundären Funktionen des Geldes

Im folgenden Abschnitt werden die sekundären Funktionen des heutigen Währungssystems beschrieben. Sie ergänzen die Erläuterungen der Kapitel 1 und 2. Die derzeitigen Landeswährungen sind nicht nur Tauschmittel, sondern erfüllen zusätzliche Funktionen. Zu den wichtigsten Sekundärfunktionen zählen: Geld als Maßeinheit, zur Wertaufbewahrung, als Spekulationsinstrument und in einigen Fällen als Herrschaftsinstrument.

Maßeinheit: Die sprichwörtlichen Äpfel und Birnen lassen sich doch vergleichen, man muß nur ihren Wert in der gleichen Maßeinheit ausdrücken, also in Dollar für die Amerikaner, in Euro für die Europäer usw. Früher unterschied sich bei vielen Kulturen die Maßeinheit vom Tauschmittel. Beispielsweise war in der Antike Vieh eine wichtige Maßeinheit. Bezahlt wurde allerdings oft mit einem praktischeren Tauschmittel wie z. B. Bronzeartefakten, Gold- oder Silberbarren und später Münzen.

Wertaufbewahrung: Geld war bei vielen alten Kulturen im allgemeinen nicht das bevorzugte Mittel zur Wertaufbewahrung. Der Begriff »Kapital« geht beispielsweise auf das lateinische Wort *caput*, Genitiv *capitis*, zurück, das »Kopf« bedeutet, und bezieht sich auf die Kopfzahl des Viehs. Auch heute noch kann man in Texas oder bei den Watussi in Afrika auf eine derartige

Verwendung treffen, einen reichen Mann definiert man dort immer noch über die Anzahl der Rinder, die er besitzt. Im westlichen Kulturkreis legte man Geld oder Besitz seit der Zeit der Pyramiden über das Mittelalter bis Ende des 18. Jahrhunderts in Land und seine entsprechenden Verbesserungen (Bewässerung, Kultivierung etc.) an.

Spekulationsinstrument: In den meisten wirtschaftswissenschaftlichen Lehrbüchern wird die Funktion des heutigen Geldes als Spekulationsinstrument nicht erwähnt. Doch es hat sich eindeutig dazu entwickelt, denn 98 Prozent des Devisenhandels sind Spekulationsgeschäfte.

Herrschaftsinstrument: Mit einer Währung läßt sich ein homogener Wirtschafts- und Informationsraum schaffen. Als sich die Nationalstaaten etablierten, besaßen Landeswährungen eine wichtige symbolische Funktion (zusammen mit der Nationalflagge, der Nationalhymne usw.). Aristoteles betrachtete die Macht zur Durchsetzung einer Währung als Voraussetzung für ein Reich.

Anhang B
Wie man seine eigene Komplementärwährung schafft

Zehn Schritte zur Gründung Ihres eigenen Komplementärwährungssystems

1. Bilden Sie einen Ausschuß aus Initiatoren. Dabei kann es sich um eine einzelne Person oder eine kleine Gruppe handeln. Wichtiger als die Zahl der Mitglieder ist ihr Engagement. Hauptaufgabe des Ausschusses ist es, durch erste Vorbereitungen die »Sache zum Laufen zu bringen«. So sollten Sie z. B. den Zweck und das Ausmaß Ihres Projektes festlegen. Geht es um den Abbau von Arbeitslosigkeit, um Altenpflege, die Förderung der Gemeinschaft oder um eine Kombination des bisher Genannten? In welcher Weise sollen die Unternehmen vor Ort beteiligt werden?
2. Befassen Sie sich mit den Vor- und Nachteilen der verschiedenen Systeme, die sich für Ihr Projekt eignen. Dieses Buch bietet Ihnen dabei eine Hilfestellung. Gründen Sie eine Gruppe, die sich über die Komplementärwährung informiert und ihre Möglichkeiten diskutiert. Setzen Sie sich mit anderen Gruppen in Ihrem Umfeld oder im Internet in Verbindung, die bereits erfolgreich eine Komplementärwährung ins Leben gerufen haben. Die Websites http://www.futuremoney.de und http://www.transaction.net/money helfen Ihnen in dieser Hinsicht weiter. Letztere enthält eine Rubrik »Geldkonferenz«, die speziell für Gespräche, Informationen und den Erfahrungsaustausch eingerichtet wurde. Außerdem werden Links zu vielen Websites verschiedener Komplementärwährungen geboten sowie Links, bei denen Sie sich die nötige Software

und anderes Dokumentationsmaterial für Ihr eigenes System herunterladen können.

3. Die schwierigste Aufgabe des Gründungsausschusses besteht in den Gesprächen, die sie mit potentiellen Mitgliedern des leitenden Gremiums führen müssen. Dieses Gremium soll das Komplementärwährungsprojekt auf den Weg bringen. Es umfaßt normalerweise Vertreter aller wichtigen Sparten Ihres Projekts. Je nach Zweck und Größe Ihres Vorhabens zählen dazu sozial engagierte Mitbürger, lokale Unternehmer, möglichst jemand von der zuständigen Industrie- und Handelskammer, Vertreter der Kirchengemeinde, Vertreter der jüngeren und älteren Mitbürger, Mitglieder der Gemeinde- oder Stadtverwaltung, gemeinnützige Organisationen, die sich mit den Problemen befassen, gegen die Sie angehen wollen, usw. Zu viele Leute sind besser als zu wenige. Wer nicht mitmachen will, kann später immer noch aussteigen.

4. Das leitende Gremium wird die Größe Ihres Projekts bestimmen. Wenn Sie Ausschußmitglieder haben, die sich in einem kleinen Gebiet engagieren und dort Vertrauen genießen, gestalten Sie das System für dieses Gebiet. Wenn Sie das Vertrauen einer ganzen Stadt oder einer Region genießen, kann Ihr Projekt vielleicht auch in diesem Maßstab funktionieren.

5. Treffen Sie eine erste Auswahl für das Komplementärwährungssystem, das Sie schaffen wollen. In Kapitel 5 und 6 wurden die immer zahlreicher werdenden Systeme beschrieben, die erfolgreich verwendet werden (siehe auch den Abschnitt »Ihre eigene Komplementärwährung« in Kapitel 7 und die Übersicht auf S. 354). Sie reichen von Low-Tech- bis High-Tech-Systemen, manche eignen sich für Gruppen mit bis zu 100 Teilnehmern, andere schaffen auch Kapazitäten bis zu einer Million oder sogar noch mehr.

6. Wenn Ihre lokale Währung für ein breites Publikum geeignet sein soll, sollte das leitende Gremium auch Angehörige der wichtigsten Unternehmen vor Ort umfassen. Beteiligen Sie

die renommiertesten ortsansässigen Unternehmen: das beste Restaurant der Stadt, die größte Videothek, die Kinos usw. Wenn sich das beste Restaurant erst einmal zur Teilnahme entschlossen hat, lassen sich andere viel leichter überzeugen. In der umgekehrten Richtung funktioniert das leider nicht.
7. Wenn möglich, verfolgen Sie die Taktik »Gleich und gleich gesellt sich gern«, d. h., ein Unternehmer sollte andere Unternehmen anwerben, ein Lehrer sollte mit anderen Lehrern reden usw.
8. Informieren, informieren, informieren. Bei der Schaffung einer Komplementärwährung wird die meiste Zeit von der Aufklärung der Teilnehmer über das Wie und Warum des neuen Systems beansprucht. Einzelgespräche, Gruppendiskussionen, Workshops und offizielle Präsentationen vermitteln, wie das System funktioniert. In Großbritannien erwies sich in den 80er Jahren ein Spiel als besonders erfolgreich, das von dem englischen Aktivisten Mitra entwickelt wurde. Es wird im Anschluß vorgestellt.
9. Beginnen Sie mit einem kleinen Low-Tech-Projekt, das nur wenige Kosten verursacht. Wachsen Sie langsam, aber sicher. Wenn Sie eine »Fiat«-Währung verwenden, sollten Sie besonders vorsichtig bei der Wachstumsrate sein.
10. Wir sollten voneinander lernen, wie man nachhaltigen Wohlstand in seinem Leben und seiner Umgebung schaffen kann.

Das »Was-wäre-wenn-Spiel« zur Aufklärung von Gemeinschaften

Das hier vorgestellte Spiel wurde von Mitra entworfen, einem Internet- und Computerexperten, der sich sozial sehr engagiert.

Es hieß ursprünglich »Lets Pretend«, weil es sich, ursprünglich zur Präsentation von LETS-Währungen entwickelt, aber leicht auch auf andere Komplementärwährungen übertragen läßt. Das

Spiel eignet sich vor allem für große Gruppen (zwischen 20 und mehreren hundert Menschen). Es erwies sich als spannendes und erlebnisreiches Mittel, um Gemeinschaften über Währungssysteme aufzuklären. Beim Spielen entwickelt sich – im Gegensatz zum bloßen Lesen – wirklich ein Gefühl dafür, wie der Tauschhandel, normale Währungen und wechselseitige Kreditwährungen verschiedene Interaktionen formen. Als Zubehör für das »Was-wäre-wenn-Spiel« benötigen Sie:
- pro Mitspieler zwölf Karten (7 bis 10 Zentimeter) und einen Stift,
- eine Tafel oder ein großes Flip-chart mit den entsprechenden Stiften sowie
- pro Mitspieler eine oder zwei kleine Münzen.

Das Spiel verläuft in vier Phasen, in denen jeweils gezeigt wird, wie der Tauschhandel funktioniert, wie eine konventionelle Bankgeldwährung verwendet wird, wie Ladenketten das Geld aus einer Gemeinschaft abziehen und wie wechselseitige Kreditsysteme verschiedene Probleme lösen, die durch das konventionelle Währungssystem entstanden sind.

Das Spiel funktioniert am besten, wenn man Menschen aus dem Publikum nach vorn bittet und an ihnen verdeutlicht, was in jeder Phase getan werden muß. Erst dann sollte man das Publikum auffordern, dasselbe zu tun.

Phase 1: Der Tauschhandel
- Verteilen Sie die Karten und Stifte.
- Fordern Sie die Spieler auf, die Fähigkeiten und Gegenstände aufzuschreiben, die sie tauschen würden. Seien Sie darauf gefaßt, daß einige Spieler glauben, sie hätten der Gemeinschaft nichts zu bieten.
- Nun müssen die Mitspieler umhergehen, sich vorstellen und gegenseitig auf ihren Karten nachsehen, ob sie darauf etwas Interessantes zum Tauschen finden.

- Nach ein paar Minuten setzt sich jeder wieder hin und nennt die Transaktionen, die stattgefunden haben.
- Normalerweise ist es nur zu wenigen Tauschvorgängen gekommen. Betonen Sie dieses Ergebnis.

Phase 2: Konventionelles Bankgeld
- Schreiben Sie »Kredite« an die Tafel.
- Geben Sie sich als Bank aus, und verleihen Sie Münzen an einige Mitspieler.
- Fragen Sie einen Teilnehmer, was er sucht, und notieren Sie es an der Tafel.
- Wenn jemand aus dem Publikum die Nachfrage erfüllen kann, »kauft« der erste Mitspieler das Gut/die Dienstleistung von dem zweiten.
- Die ursprüngliche Anfrage wird gelöscht, der neue Besitzer der Münzen schreibt seinen eigenen Wunsch an die Tafel.
- Lenken Sie nach mehreren Transaktionen die Aufmerksamkeit des Publikums darauf, daß schon die Verwendung einer Münze mehrere aufeinanderfolgende Transaktionen erleichtert.
- Vergeben Sie mehrere Kredite, und ermuntern Sie das Publikum, miteinander zu handeln und an der Tafel die Dinge zu notieren, die schwer zu bekommen sind.
- Machen Sie das Publikum darauf aufmerksam, wie die »Geldmenge« (die Zahl der Münzen im Umlauf) den Austausch der Güter und Dienstleistungen bestimmt.
- Fordern Sie den ersten Mitspieler auf, den Kredit zurückzuzahlen. Falls er nicht kann (wovon wir ausgehen), beschlagnahmen Sie seinen Stuhl oder etwas anderes.

Phase 3: Geldschwund in Gemeinschaften
- Ernennen Sie einen der Mitspieler zu einem riesigen Supermarkt, der *immer* all das bietet, was die Leute suchen. Die anderen Beteiligten kaufen dort ein und bezahlen mit ihren Münzen.

- Schon bald wird der Geldvorrat zur Neige gehen, wodurch auch andere Transaktionen nicht mehr stattfinden können.
- Beenden Sie das Spiel, und machen Sie die Beteiligten auf diesen Vorgang aufmerksam.

Phase 4: Eine wechselseitige Kreditwährung
- Teilen Sie die Tafel in vier Spalten: »An«, »Von«, »Summe« und »Gut/Dienstleistung«.
- Finden Sie einen Freiwilligen (X), fragen Sie, nach was er sucht, und machen Sie jemanden (Y) im Publikum ausfindig, der das bietet.
- Notieren Sie den Handel an der Tafel:

An	*Von*	*Summe*	*Gut/Dienstleistung*
X	Y	Worauf Sie sich einigten	Das/die entsprechende Gut/Dienstleistung

- Machen Sie die Mitspieler darauf aufmerksam, daß X nicht wie bei einem Tausch in Phase 1 Y etwas schuldet, sondern der *Gemeinschaft,* und daß Y jetzt ein Guthaben bei dieser Gemeinschaft hat.
- X verkündet nun, was er der Gemeinschaft anbieten will, und Y sagt, wofür er sein Guthaben verwenden möchte. Die entsprechenden Transaktionen werden an der Tafel notiert.
- Öffnen Sie nun das Spiel für alle Beteiligten.
- Führen Sie am Ende eine allgemeine Diskussion über die Vorgänge in einem wechselseitigen Kreditsystem im Gegensatz zu den »normalen« Bankwährungen.

Anhang C
Sind Sie kulturell kreativ?

(Aus dem Buch *The Cultural Creatives* von Paul Ray und Sherry Anderson, New York 1999)

Zählen Sie zu den »kulturell Kreativen«? Wenn Sie zehn oder mehr Aussagen dieses Tests mit Ja beantworten, sind Sie es vermutlich. Eine höhere Trefferquote erhöht die Wahrscheinlichkeit noch.

Sie sind kulturell kreativ, wenn Sie ...

1. ... ein Naturliebhaber sind und sich Gedanken über die Umweltzerstörung machen.
2. ... die Probleme unserer Welt kennen (globale Erwärmung, Vernichtung des Regenwalds, Überbevölkerung, eine mangelnde ökologische Nachhaltigkeit, die Ausbeutung der Menschen in den ärmeren Ländern) und wollen, daß mehr dagegen unternommen wird.
3. ... höhere Steuern in Kauf nähmen oder höhere Produktpreise bezahlten, wenn Sie wüßten, daß das Geld für die Umwelt und das Ende der globalen Erwärmung verwendet werden würde.
4. ... der Entwicklung und dem Erhalt Ihrer persönlichen Beziehungen große Bedeutung beimessen.
5. ... großen Wert darauf legen, anderen zu helfen und deren besondere Talente zum Vorschein zu bringen.
6. ... ehrenamtliche Tätigkeiten für einen guten Zweck ausüben.
7. ... sich intensiv Gedanken über Ihre persönliche und spirituelle Entwicklung machen.
8. ... Spiritualität oder Religion als wichtigen Bestandteil Ihres Lebens betrachten, sich aber auch Gedanken über die Rolle des Fundamentalismus in der Politik machen.

9. ... Gleichberechtigung für Frauen bei der Arbeit fordern und mehr Frauen in der Wirtschaft und der Politik vertreten sehen wollen.
10. ... die Gewalt und der Mißbrauch von Frauen und Kindern auf der ganzen Welt betroffen macht.
11. ... wollen, daß in der Politik mehr Wert auf das Wohl und die Ausbildung unserer Kinder gelegt wird und der Staat dafür auch mehr Geld ausgibt.
12. ... mit den linken und rechten Parteien unzufrieden sind und einen neuen Weg finden wollen, der sich abseits der bequemen Mitte orientiert.
13. ... unsere Zukunft in gewisser Weise optimistisch sehen und der zynischen und pessimistischen Haltung mißtrauen, die in den Medien vermittelt wird.
14. ... an der Schaffung einer neuen und besseren Lebensweise in unserem Land und auf der ganzen Welt beteiligt sein wollen.
15. ... sich Gedanken machen, was die großen Konzerne im Interesse noch höherer Gewinne machen: Stellenabbau, die Zerstörung der Umwelt und die Ausbeutung ärmerer Länder.
16. ... Ihre Finanzen und Ausgaben unter Kontrolle haben und nicht über Ihre Verhältnisse leben.
17. ... den hohen Stellenwert ablehnen, den Erfolg in unserer Gesellschaft genießt, und keinen großen Wert auf Reichtum und Luxusgüter legen oder darauf, »es zu schaffen«, »alles« zu erreichen und zu bekommen.
18. ... exotische und fremde Menschen und Länder mögen, gern neue Erfahrungen machen und andere Lebensweisen kennenlernen.

Anhang D
Glossar

Abwertung: Eine Währung verliert gegenüber anderen Währungen an Wert.

»Anti-Hortungs-Gebühr«: zeitgebundene Gebühr auf eine im Umlauf befindliche Währung. Die Gebühr funktioniert wie ein negativer Zinssatz und soll das Horten einer Währung verhindern. Ersparnisse können dann nur in anderer Form angelegt werden und nicht durch die Anhäufung des Tauschmittels. Silvio Gesell entwickelte die Theorie, daß Geld ein öffentliches Angebot sei (wie z. B. öffentliche Verkehrsmittel), daher sei dafür auch eine Gebühr gerechtfertigt. John Maynard Keynes und Irving Fisher untermauerten Gesells Ansatz, der zuletzt in den »Stempelwährungen« der 30er Jahre in die Tat umgesetzt wurde.

Aktie: Besitzanteil an einem Unternehmen. Aktien werden auf dem geregelten Börsenmarkt gehandelt.

Ausreichend: Gegenteil von knapp. Siehe Knappheit.

Bank für Internationalen Zahlungsausgleich (BIZ): Private Organisation mit Sitz in Basel. Derzeit besitzen 31 Länder Aktien der BIZ und zählen damit zu den Mitgliedern der BIZ. Geleitet wird sie vom Verwaltungsrat, dem die elf wichtigsten Zentralbanken der Welt angehören. Ursprünglich sollte die Bank als Treuhänder bei internationalen Zahlungsgeschäften wirken, hat sich aber zu einem Forum für die Präsidenten der Zentralbank und einer Forschungsstelle für alle Angelegenheiten des Weltwährungssystems entwickelt.
Website: http://www.bis.org.

Barter: Direkter Austausch von Gütern oder Dienstleistungen ohne Beteiligung einer Währung.

Bond: Schuldverschreibung mit fester Verzinsung.

Bruttosozialprodukt (BSP): Wert aller Güter und Dienstleistungen, die innerhalb eines Jahres in einer Volkswirtschaft produziert bzw. erbracht werden. Größter Bestandteil des BSP ist das *Bruttoinlandsprodukt (BIP)*, die Summe aller innerhalb eines Jahres erbrachten volkswirtschaftlichen Leistungen im Inland. Der Unterschied zwischen BSP und BIP liegt im Außenhandel.

Bretton Woods: kleiner Ort im US-Bundesstaat New Hampshire, in dem 1944 das Abkommen von Bretton Woods geschlossen wurde. Bei den Verhandlungen waren Großbritannien und die Vereinigten Staaten federführend. Das System, auf das man sich schließlich einigte, wurde auch als »Dollar-Gold-Äquivalent-Standard« bezeichnet, weil der amerikanische Dollar den Rang einer offiziellen Weltreservewährung erhielt. Dafür mußten die Vereinigten Staaten die Goldkonvertibilität des Dollars zu einem festgelegten Kurs von 35 Dollar pro Feinunze Gold garantieren und auf Verlangen der anderen Zentralbanken Dollar in Gold umtauschen. Im August 1971 brach Nixon einseitig dieses Abkommen und »schloß das goldene Fenster«, als Frankreich und Großbritannien eine entsprechende Einlösung forderten. Damit begann die Zeit der »floatenden Wechselkurse«, in der sich der Wert jeder Währung und des Goldes am freien Markt orientierte.

Currency Board: währungstechnischer Mechanismus, bei dem eine Landeswährung an eine Reservewährung gekoppelt ist. Für die umlaufende Geldmenge ist der entsprechende Wert in der anderen Währung hinterlegt. Im Prinzip handelt es sich also um eine gebundene Währung, doch die Deckung erfolgt über die Währung eines anderen Landes. Argentinien, Hongkong und andere Länder verfügen über solche Currency Boards, die Deckung erfolgt über den US-Dollar.

Derivat: Finanzinstrument, das die Unterscheidung verschiedener Risikoformen erlaubt. Die bekanntesten Derivate sind Futures (standardisierte Terminkontrakte, die auf dem geregelten Börsenmarkt gehandelt werden), Forwards (Termingeschäfte im ungeregelten Freiverkehr) und Optionen. »Exotische« Derivate sind komplizierte Kombinationen aus Forwards und Optionen.

Diskontierter Cash-flow: Dabei wird der Wert eines zukünftigen Cash-flow auf seinen entsprechenden momentanen Wert berechnet. So entspricht der Wert von 100 Dollar in einem Jahr dem Wert von 90,909 Dollar heute, wenn man einen Diskontsatz von 10 Prozent verwendet, denn wenn man 90,909 Dollar zu einem Satz von 10 Prozent auf ein Jahr anlegt, erhält man 100 Dollar.

Euro: Gemeinsame europäische Währung, die seit dem 1. 1. 1999 die Landeswährungen in elf Mitgliedstaaten der Europäischen Union ersetzt. Ab dem Jahr 2002 werden die Euro-Scheine und -Münzen ausgegeben. Als Übergangsmechanismus von den verschiedenen Landeswährungen zum Euro diente der Ecu, der seit 1979 als Währungseinheit des Währungskorbes der Europäischen Wirtschaftsgemeinschaft fungiert.

Fester (fixer) Wechselkurs: Von einer Instanz festgelegter Kurs, der das Verhältnis von Währungen zueinander bestimmt. Das Abkommen von Bretton Woods von 1944 bis 1971 basierte auf festen Wechselkursen. Jede Veränderung der Kurse mußte vom IWF genehmigt werden. Nach 1972 wurden die festen Wechselkurse bei den meisten Landeswährungen durch freie Wechselkurse ersetzt.

»Fiat«-Währung: Eine Währung, die von einer zentralen Autorität »aus dem Nichts« geschaffen wird, meist vom Staat geschaffenes Papiergeld ohne Deckung durch Metallgeld. Alle Landeswährungen sind »Fiat«-Währungen.

Freier (floatender) Wechselkurs: Kurs einer Währung, der durch das Spiel von Angebot und Nachfrage auf dem ausländischen Devisenmarkt zustande kommt. Gelten seit 1972 für die meisten Landeswährungen.

Gebundene Währung: Eine Währung, deren Wert durch eine Ware oder sonstige Werte gedeckt ist. Wer über einen Schein dieser

Währung verfügt, kann normalerweise ihre Einlösung gegen die entsprechende Ware oder Dienstleistung verlangen. Gebundene Währungen gliedern sich in verschiedene Untergruppen, z. B. Metallwährung, *Warenreservewährung* usw. Eine gebundene Währung wird üblicherweise von der Institution emittiert, der das Deckungsprodukt oder die entsprechende Dienstleistung gehört (Beispiel: der Goldstandard vieler Währungen im 19. Jahrhundert; Time Dollars, die durch gemeinnützige Arbeitsstunden gedeckt sind).

Geld: Synonym für Währung. Unsere Arbeitsdefinition lautet: eine Vereinbarung in einer Gemeinschaft, etwas als Tauschmittel zu verwenden.

Geschenkwirtschaft: Wirtschaftssystem, in dem der Austausch von Gaben eine überaus wichtige soziale Funktion hat. Anthropologische Untersuchungen haben gezeigt, daß zwischen dem Gabentausch und der Entstehung von Gemeinschaften ein direkter Zusammenhang besteht. Auch der Begriff *community* (engl. für »Gemeinschaft«) weist auf diese Verbindung hin: *cum* = lat. für »zusammen, untereinander« und *munus* = »Geschenk«.

»Gesetzliches Zahlungsmittel«: Das bedeutet, daß diese Währung als gültige Zahlung angenommen werden muß. Wenn A beispielsweise bei B Schulden hat und diese Schulden mit dem gesetzlichen Zahlungsmittel bezahlen will, B diese Währung aber ablehnt, kann A die Schulden für nichtig erklären und erhält prinzipiell vor Gericht recht. (Das ist vor allem bei Steuerzahlungen und anderen finanziellen Forderungen des Staates wichtig.)

Globale Referenzwährung: Eine Währung, die einen stabilen internationalen Bezug für Verträge und Zahlungsvorgänge bietet und speziell für den Welthandel entworfen wurde. Ein Beispiel für eine globale Referenzwährung ist Terra, eine Währung, die auf einem speziellen Korb aus zwölf für den Welthandel wichtigen Waren und Dienstleistungen basiert. Die Kosten für die

Lagerung der Waren würden an den Träger weitergegeben werden und so als »Anti-Hortungs-Gebühr« fungieren. Diese Eigenschaft kehrt die Tendenz um, auf Kosten der Zukunft zu leben, und bringt dadurch die finanziellen Interessen der Wirtschaft mit einer langfristigen Nachhaltigkeit in Einklang.

Inflation: Wertverlust einer Währung im Hinblick auf Güter und Dienstleistungen. Eine übermäßige Ausweitung der Geldmenge kann zu einer Inflation beitragen.

Internationaler Währungsfonds (IWF): Internationale Organisation mit Sitz in Washington. Der Internationale Währungsfonds wurde ursprünglich zur Verwaltung des Abkommens von Bretton Woods geschaffen. Die Vereinigten Staaten besitzen als einziges Land ein Vetorecht.
Website: http://www.imf.org.

Investition: Geldsumme, die mit dem Ziel ausgegeben wird, die Produktionskapazität eines Unternehmens oder Projektes zu verbessern oder zu steigern. Aus wirtschaftlicher Sicht ist eine Investition das Gegenteil von Verbrauch.

Kapital: Im engeren finanziellen Sinn eine Geldsumme, aus der man ein Einkommen beziehen kann. Die traditionellen Mittel zum Bezug dieses Einkommens sind Zinsen (durch Kreditvergabe) und Dividenden (bei Aktien). Im weiteren Sinne eine Ressource, die das Leben verbessert. Dabei lassen sich folgende Arten von Kapital unterscheiden: Geldkapital, Sachkapital (Produktionsmittel wie Gebäude und Ausstattung), geistiges Kapital (Patente, geistiges Eigentum), soziales Kapital (Beziehungen innerhalb einer Gemeinschaft) und natürliches Kapital (»Mutter Natur«).

Knappheit: in unzureichender Menge vorhanden. Alle Landeswährungen halten ihren Wert nur durch ihre im Verhältnis zu ihrem Nutzen knappe Menge. Für unsere Zwecke liegt der Gegensatz *nicht* im Überfluß, sondern in einer *ausreichend* vorhandenen Menge. So steht Geld in einem wechselseitigen Kreditsystem immer in ausreichendem Maße zur Verfügung (da die Beteiligten das Geld im Moment der Transaktion durch ein Haben bzw. Soll auf ihrem Konto schaffen).

LETS: Abkürzung für Local Exchange Trading System (Lokales Tauschhandelssystem), die beliebteste lokale Währung, organisiert nach dem wechselseitigen Kreditsystem.

Limitiert floatende Wechselkurse: Im Gegensatz zu den festen Wechselkursen wird beim limitierten Floaten der Wechselkurs ausgehandelt. Die derzeit floatenden Wechselkurse der Landeswährungen wurden ausgehandelt und bewegen sich in bestimmten Grenzen. Bei ROCS wird der Wert einer Arbeitsstunde erst bei der Transaktion ausgehandelt: Ein Zahnarzt verlangt beispielsweise 5 ROCS für jede Arbeitsstunde.

Markt: Realer oder virtueller Raum, in dem Angebot und Nachfrage im freien Spiel der Kräfte den Preis eines Produktes oder einer Dienstleistung festlegen. Eine Marktwirtschaft setzt variable Preise voraus, z. B. daß die Preise bei einem hohen Angebot automatisch fallen. Es hat sich gezeigt, daß man für eine echte Marktwirtschaft theoretisch viele kleine Anbieter, viele Verbraucher und niedrige Zugangsbeschränkungen braucht. Diese Idealbedingungen können sich in der heutigen Wirtschaft nur selten halten. Das Gegenteil des Marktpreises ist ein Preis, der von einer Autorität – einer Einzelperson, einem Staat oder einem Konzern – festgesetzt wird.

Mikrokredit: Kredite über niedrige Beträge in konventioneller Landeswährung an kleine Unternehmer.

Mindestreserven: Guthaben, die Kreditinstitute kraft Gesetzes unterhalten müssen. Diese Methode entstand im mittelalterlichen London, als die Goldschmiede Quittungen für das Gold ausstellten, das bei ihnen in Verwahrung gegeben wurde. Die Depotquittungen wurden mit der Zeit zu einer Art Papiergeld, das Gold diente als Reserve. Ursprünglich sollten die Mindestreserven der Sicherung der Zahlungsbereitschaft der Banken dienen. Die Mindestreserve ist auch heute noch eine wichtige Vorschrift des Bankwesens, denn eine Bank kann eine »Fiat«-

Währung emittieren, auch wenn sie nur über einen kleinen Teil der Landeswährung oder Staatsanleihen verfügt (dieser Anteil variiert je nach Art der Einlage – z. B. kurz- oder langfristige Einlagen – und ist eine der Variablen, über die Zentralbanken die Geldmenge steuern können).

Monetarismus: Richtung der Wirtschaftswissenschaften, deren Anhänger die Geldmenge für die wichtigste Determinante zur Bestimmung der Preise halten. Demnach ist es kontraproduktiv, geldpolitische Mittel für einen anderen Zweck als die Inflationskontrolle einzusetzen. Der Monetarismus geht davon aus, daß Geld »neutral« ist, d. h., daß weder die Produktion noch die Verteilung durch Geld beeinflußt werden. Der Markt »weiß« also immer mehr als der Mensch, auch mehr als Zentralbanken. Keynes stellte den klassischen Monetarismus in Frage, durch Milton Friedman erhielt der Ansatz jedoch wieder neuen Auftrieb.

OECD: Abkürzung für die Organisation für wirtschaftliche Zusammenarbeit und Entwicklung mit Sitz in Paris. Mitglieder sind die Industrieländer.
Website: http://www.oecd.org.

ROCS: Abkürzung für Robust Currency System (robustes Währungssystem). Es vereint besonders robuste Eigenschaften verschiedener neuer Währungssysteme. Währungseinheit ist eine Stunde. Die Währung entsteht durch wechselseitigen Kredit und umfaßt eine geringe »Anti-Hortungs-Gebühr«.

Strukturelle Anpassung: Verschiedene wirtschaftspolitische Maßnahmen des Internationalen Währungsfonds als Voraussetzung für neue Kredite. Damit soll in erster Linie erreicht werden, daß ein Land wieder in der Lage ist, für die Zinsen aufzukommen und später den Kredit zurückzuzahlen.

Time Dollars: Ein wechselseitiges Kreditsystem mit der Währungseinheit von einer Arbeitsstunde. Time Dollars wurde von Edgar Kahn Mitte der 80er Jahre entwickelt. Die amerikanische Steuerbehörde erklärte Transaktionen in Time Dollars für steuerfrei.

Unternehmenswährung: private Währung eines Unternehmens oder einer Einzelperson. Wird in Form eines Schuldscheins ausgestellt. Die Bonusmeilen für Vielflieger der Fluggesellschaften beispielsweise sind quasi eine solche Unternehmenswährung.

Währung: Synonym für Geld, betont aber die Funktion des Geldes als Tauschmittel.

Warenreservewährung: Eine Warenreservewährung ist eine Form der gebundenen Währung, bei welcher der Wert direkt an den Wert einer Ware oder an einen Warenkorb gebunden ist. Es gibt nur drei Möglichkeiten für die Gestaltung eines Währungssystems: freie Währungen (»Fiat«, d. h. ohne Deckung), gebundene Währungen wie z. B. Metallwährungen, deren Wert über den Wert eines Edelmetalls (Gold oder Silber) ausgedrückt wird, und die Warenreservewährung, eine durch eine Ware »gedeckte« Währung, bei der die Währung einen Anspruch auf eine bestimmte Menge dieser Ware darstellt (weswegen man davon einen gewissen Vorrat braucht, um entsprechenden Bitten nachzukommen).

Wechselseitiger Kredit: Prozeß der Geldschöpfung durch die gleichzeitige Entstehung von »Soll« und »Haben« bei den Beteiligten einer Transaktion. Zu den Beispielen für wechselseitige Kreditsysteme zählen LETS, Time Dollars, Tlaloc und ROCS. Wenn Julia beispielsweise im Time-Dollar-System eine Stunde Arbeit für James leistet, ist ihr Konto mit einer Stunde im Haben, das von James mit einer Stunde im Soll. Die beiden haben die Time Dollars geschaffen, die für ihre Transaktion nötig sind, indem sie sich mit der Transaktion einverstanden erklärten. Der Hauptvorteil der wechselseitigen Kreditsysteme liegt in ihrer Fähigkeit zur Selbstregulierung, so daß die Währung immer in ausreichendem Maße zur Verfügung steht.

Weltbank: Schwesterorganisation des Internationalen Währungsfonds, ebenfalls mit Sitz in Washington. Ursprünglich waren im Zuge von Bretton Woods neben dem Internationalen Wäh-

rungsfonds zwei weitere Organisationen geschaffen worden: die internationale Bank für Wiederaufbau und Entwicklung (IBRD) und die Internationale Entwicklungsorganisation (IDA). Sie werden mit der Weltbank zur Weltbankgruppe zusammengefaßt. Ihre Hauptaufgabe liegt in der Förderung der wirtschaftlichen Entwicklung in der sog. Dritten Welt.
Website: http://www.worldbank.org.

Welthandelsorganisation (WTO): Organisation, die aus dem Allgemeinen Zoll- und Handelsabkommen GATT hervorging. Ihre Aufgaben bestehen in der Erstellung und Überprüfung von verbindlichen Regeln für den Welthandel.
Website: http://www.wto.org.

Wert: Der *Tauschwert* beschreibt die Geldsumme, die eine bestimmte Ware oder Dienstleistung auf dem Markt erzielt. Der *Gebrauchswert* umfaßt den Nutzen und die Befriedigung, die ein Benutzer aus dem Produkt ziehen kann. Klassische Wirtschaftswissenschaftler (zu denen in diesem Falle auch die Marxisten zählen) definieren auch einen *Arbeitswert,* der den Wert eines Produktes nach der Arbeit bestimmt, die in ihm enthalten ist.

Zahlungssystem: Vorgang und Infrastruktur, durch die der Transfer einer Währung von einer Person zur anderen durchgeführt wird.

Zentralbank: Bank, die offiziell für eine Landeswährung zuständig ist. Einige Zentralbanken gehören Privatbanken (wie z. B. die amerikanische Federal Reserve Bank); andere befinden sich in Staatsbesitz (z. B. die Banque de France und die britische Zentralbank seit ihrer Verstaatlichung in den 50er Jahren), bei anderen sind die Besitzverhältnisse gemischt (z. B. die belgische Zentralbank). Alle Zentralbanken sind für den Binnenwert (d. h. die Inflationskontrolle) und den Außenwert ihrer Währung (d. h. den Wert der eigenen Währung im Verhältnis zu anderen Landeswährungen) verantwortlich. Für diese Aufgaben stehen ihnen verschiedene Mittel zur Verfügung, z. B. die

Intervention (der Aufkauf oder Verkauf von Währungen auf dem internationalen Finanzmarkt), die Veränderung der Zinssätze oder die Festlegung der Reserven für Privatbanken. Im Prinzip geht es bei diesen Maßnahmen immer um eine Veränderung der Geldmenge, die von den Banken ausgegeben wird.

Zins: zeitgebundenes Einkommen für einen Geldverleiher oder zeitgebundene Kosten für den Schuldner. Die Zinsnahme war in den drei Weltreligionen verboten: dem Judentum, Christentum und dem Islam. Heute hält nur noch der Islam an dem Verbot fest (dem trägt das sog. *islamic banking* Rechnung: Bei islamischen Banken ersetzen Gebühren die Zinsen). Zinsen sind ein wesentlicher Bestandteil des diskontierten Cash-flow, der zu einem Ausverkauf der Zukunft beiträgt.

Anhang E
Anmerkungen

1 Mesarovic, Mihaljo, und E. Pesterl: *Mankind at the Turning Point: The second report to the Club of Rome*, New York 1974.
2 Quelle: »A Bad Time to be an Ostrich« (»Schwere Zeiten für den Vogel Strauß«), Leitartikel in *The Economist*, 1. 1. 1999.
3 Die Angaben zur Überalterung der Bevölkerung stammen von einer Konferenz, die im Januar 1999 in der San Francisco Bay Area unter der Leitung von Ken Dytchwald stattfand. Dytchwald ist Gründer von Age Wave Inc. und Autor von *Agewave* und *Wellness and Health Promotion for the Elderly*.
4 Petersen, Peter G.: »Gray Dawn: The Global Age Crisis«, in: *Foreign Affairs* (Januar/Februar 1999), S. 43.
5 Die Organization for Economic Cooperation and Development (OECD) mit Sitz in Paris koordiniert die Wirtschaftspolitik ihrer Mitgliedsstaaten (zur Zeit 29 Industrienationen) und ist auf dem Gebiet der Entwicklungshilfe tätig.
6 Die Daten in diesem Abschnitt stammen aus Petersen, Peter G., a. a. O., S. 46.
7 Killinger, Barbara: *Workaholics: The Respectable Addict*, Toronto 1991, S. 7.
8 »Job Stress Characterized as Global Phenomenon«, in: *Oakland Tribune*, 23. März 1993, D-11.
9 Greider, William: *One World: Ready or Not*, New York 1997; auch in: *Suggest Digest*, März 1997.
10 William Bridges, Autor von *Understanding Todays Job Shift*, 1995 auf einer Konferenz in San Francisco.
11 Diese Zeit wird aufgrund ihres ungewöhnlich hohen Lebensstandards von manchen Historikern auch als »Europas erste Renaissance« oder »Renaissance des kleinen Mannes« bezeichnet.
12 Zitiert bei Rifkin, Jeremy: »After Work«, in: *Utne Reader* (Mai/Juni 1995), S. 54. Einige der genannten Beispiele stammen ebenfalls aus dem Artikel.
13 Quelle: Associated Press, zusammengestellt von Donna Abu-Nasr am 27. 11. 1998.
14 Davidson, Keay: »Ice of Antarctica May be Melting«, in: *San Francisco Examiner*, 2. 8. 1998, S. A4.
15 *The Economist*, 1. 1. 1999, S. 32.
16 Caffrey, Andy: »Antarcticas Deep Impact Threat«, in: *Earth Island Journal*, Sommer 1998, S. 26.
17 »World Scientists Warning To Humanity«, The Union of Concerned Scientists, www.ucsusa.org.
18 *Adbusters: Journal of the Mental Environment*, Winter 1997, S. 41.

19 Bei der Verleihung des John Clarke Medial, eines Preises für den besten Wirtschaftswissenschaftler unter 40 Jahren.
20 Krugman, Paul: »The Return of Depression Economics«, in: *Foreign Affairs*, Januar/Februar 1999, S. 42–74.
21 Russell, Peter: *The White Hole in Time*, New York 1992, S. 198.
22 Dee Hock, Gründer und ehemaliger Vorsitzender von VISA International.
23 Meadows, Donella, u. a.: *Die neuen Grenzen des Wachstums: Die Lage der Menschheit: Bedrohung und Zukunftschancen*, Stuttgart 1992, S. 231.
24 Daß Nachhaltigkeit ein *Prozeß* ist und kein passiv-statischer Zustand, wurde schon früher erkannt: im »Brundlandt-Report«, angefertigt für die World Commission on Environment and Development (WCED), mit dem Titel *Our Common Future*, Oxford 1987; und in Meadows, Donella, u. a., a. a. O.
25 Oates, J.: *Babylon*, London 1974, S. 25.
26 *US News and World Report*, 30. 12. 1996, S. 72.
27 Zu GEN gehören verschiedene Eco-Villages auf der ganzen Welt, darunter die Findhorn Community (Schottland), The Farm (Tennessee, USA), Lebensgarten (Steyerberg, Deutschland), Crystal Waters (Australien), Ecoville (St. Petersburg, Rußland), Gyûrûfû (Ungarn), The Ladakh Project (Indien), The Manitou Institute (Colorado, USA) und der Verband der dänischen Eco-Villages. Der Verband unterhält regionale Niederlassungen in Australien, Deutschland, den USA und Dänemark.
28 Das russische Zahlungssystem »Goldene Krone« ist eines der drei Fallbeispiele bei Krüger, M. und Gottschalk, H.: *Herausforderung des bestehenden Geldsystems im Zuge seiner Digitalisierung – Chancen für Innovationen*. Karlsruhe: Institut für Technikfolgenabschätzung und Systemanalyse, November 1998.
29 Lapham, Lewis: *Money and Class in America: Notes and Observations on Our Civil Religion*, New York 1988.
30 Drucker, Peter: *The Post-Capitalist Society*, New York 1993, S. 1.
31 Trilling, Lionel: *The Liberal Imagination*, New York 1950.
32 Jevons, William Stanley: *Money and the Mechanism of Exchange*, London 1875.
33 Durban, Charles F.: »The Bank of Venice«, in: *Quarterly Journal of Economics*, Jg. 6, Nr. 3, April 1892.
34 Heichelheim, F. M.: *An Ancient Economic History*, Leiden 1958, Bd. III, S. 122.
35 Davies, Glyn: *A History of Money from Ancient Times to the Present Day*, Cardiff 1994, S. 180.
36 Goodrich, L. C.: *A Short History of the Chinese People*, London 1957, S. 152.
37 Dent, J. M.: *The Travels of Marco Polo*, London 1908, Kap. XVIII im Original, S. 202–205 in der Übersetzung.
38 Auf jeder US-Banknote steht der Satz: »This note is legal tender for all debts public and private.« (»Diese Banknote ist gesetzliches Zahlungsmittel für alle öffentlichen und privaten Schulden.«). In der Praxis bedeutet dies: Wenn Sie jemandem Geld schulden und der Betreffende weigert sich, US-Banknoten von Ihnen anzunehmen, können Sie die Schuld für nichtig erklären und weggehen. Die Gerichte stehen auf Ihrer Seite.

39 Um ganz genau zu sein, sei angemerkt, daß zwar die Charta der Bank von England aus dem Jahr 1688 stammt, aber das Monopol für die Ausgabe von Papiergeld dieser Institution erst 1694 von König Wilhelm von Oranien verliehen wurde. In dem Jahr brauchte er dringend zusätzlich 1,2 Millionen Pfund für einen Krieg gegen die Franzosen. In ganz ähnlicher Weise wurde in Schweden der Bank der Reichsstände das Recht der Geldausgabe verliehen, als die Krone Geld zur Finanzierung eines Krieges gegen Dänemark benötigte. Die Einführung von Papiergeld ermöglichte die Übertragung des Rechts der Geldausgabe von den Herrschern auf die Banken, unmittelbarer Anlaß war meist ein Krieg.

40 Galbraith, John Kenneth: *Geld. Woher es kommt, wohin es geht,* München 1976, S. 39.

41 Weil die Bestimmung lautet, daß nur 10 Prozent einer Einlage als »Reserve« gehalten werden müssen für den Fall, daß ein Kunde sein Geld wieder abzieht. 90 Prozent der Summe stehen darum für neue Darlehen zur Verfügung. Die Veränderung dieser Prozentsätze ist ein Mittel, mit dem Zentralbanken steuern, wieviel Geld die Geschäftsbanken in Umlauf bringen können. Im einzelnen hängen die Prozentsätze auch von der Art der Einlagen ab: Je langfristiger Geld angelegt wird, desto geringer ist der Prozentsatz, der als »Reserve« gehalten werden muß. Die hier genannten 90 Prozent sind ein Beispiel, ein »Multiplikator« von 9 zu 1 eignet sich gut, die Vorgänge zu erläutern.

42 Mayer, Martin: *The Bankers,* New York 1974, S. 16.

43 Ders.: *The Bankers, The New Generation,* New York 1997, S. 16, S. 19.

44 Weiter unten werde ich zeigen, daß die Bonusmeilen für Vielflieger allmählich eine private Währung werden (ein »corporate scrip« im Jargon). Sind Bonusmeilen vielleicht eine der Währungen der Zukunft?

45 Moore, Carl H., und Russell, Alvin E.: *Money: Its Origins, Development and Modern Use,* Jefferson NC 1987, S. 74.

46 Friedman, Milton: »Quantity Theory of Money«, in: *Money,* New York und London 1989, S. 15.

47 Die Zahlen in der Tabelle für den Zeitraum 1970 bis 1990 sind entnommen aus Deane, Marjorie, und Pringle, Robert: *The Central Banks,* New York 1995, S. 352 ff. Für den Zeitraum 1990 bis 1996 wurden sie ergänzt durch Angaben im Monatsbulletin des International Labor Office (ILO).

48 Byrne, E. H.: *Genovese Shipping in the 12th and 13th Century,* Cambridge/Mass. 1930, S. 14.

49 In einer formellen Umfrage von der BIZ erhobene Zahlen.

50 Antwort: Keines ist richtig. 2 Billionen Sekunden bringen uns zurück an einen Zeitpunkt, der 10 000mal weiter zurückliegt als das Neolithikum (5000 v. Chr.) und immer noch 1000mal weiter als die Cro-Magnon-Zeit (40 000 v. Chr.). Ihre Druckerpresse hätte ein Dinosaurier in der Kreidezeit anwerfen müssen. 2 Billionen Sekunden entsprechen, um genau zu sein, etwas mehr als 63 418 500 Jahren!

51 Die Statistik ist zusammengestellt aus den Zahlen über die täglichen Devisen-

transaktionen, wie sie alle drei Jahre von der BIZ veröffentlicht werden, und sie werden in Relation gesetzt zu den Zahlen für den jährlichen weltweiten Handel, geteilt durch die Zahl der Tage. Einige Devisentransaktionen werden doppelt gezählt, weil eine Bank vielleicht besonders große Währungspositionen von Kunden nicht in ihren Büchern haben möchte und sie darum auf dem Markt ausgleicht. Auf diese Weise können aus einer einzigen spekulativen Transaktion weitere hervorgehen. Ich kenne keine verläßliche Statistik, die darüber Aufschluß geben könnte, in welchem Umfang dies der Fall ist. Aber selbst wenn alle spekulativen Devisentransaktionen doppelt gezählt wären und sich dadurch das Gesamtvolumen aller ursprünglich spekulativen Transaktionen auf eine Billion verminderte, würden sich die Prozentsätze nur geringfügig von 96 Prozent spekulativen gegenüber 4 Prozent »realen« Transaktionen anstatt 98 Prozent zu 2 Prozent verringern. Mein Argument würde seine Gültigkeit behalten. Zudem verdoppelt sich das Volumen der spekulativen Geschäfte mittlerweile alle drei Jahre, und nach Subtraktion der doppelt gezählten Posten würde die beschriebene Entwicklung lediglich ein paar Jahre später eintreten.

52 »Liquidität« und »Tiefe« eines Finanzmarktes beziehen sich auf die Möglichkeit, große Geldmengen zu bewegen, ohne daß dadurch die Preise signifikant beeinflußt werden. Auf einem tiefen Markt kaufen und verkaufen sehr viele Leute. Auf einem dünnen Markt hingegen handeln weniger Leute; und darum kann eine einzige umfangreiche Transaktion erhebliche Auswirkungen auf die Preise haben.

53 Keynes, John Maynard: *Allgemeine Theorie der Beschäftigung, des Zinses und des Geldes,* Berlin 1966, S. 134.

54 Für die holländische Tulpenkrise 1637 wurde das Vorhandensein von Terminkontrakten verantwortlich gemacht. In der Krise 1929 waren es die Trusts, 1987 der computergesteuerte Handel. Allen drei Fällen ist gemeinsam, daß immer der jeweils letzten Neuerung die Schuld gegeben wurde. Eine andere Erklärung, die für alle großen Währungskrisen der letzten 350 Jahre Gültigkeit hat, wird in einem weiteren Buch über die Psychologie des Geldes vorgestellt, das im Frühjahr 2000 mit dem Titel *Mysterium Geld* erscheinen soll.

55 Elsworth, Peter, in: *The New York Times,* 16. 2. 1999, S. A1A. Auszug aus dem Artikel von Kristoff, Nicholas D., und Sanger, David E.: »How US Wooed Asia to Let Cash Flow in«.

56 Davies, Glyn: *A History of Money from Ancient Times to the Present Day,* a. a. O., S. 646.

57 Zitiert bei Weatherford, Jack: *The History of Money,* New York, S. 264.

58 Die wichtigsten Typen von Währungsderivaten sind Futures, Forwards und Optionen. Die jeweiligen Definitionen lauten folgendermaßen:
- Future: Ein Future-Kontrakt über eine Währung ist eine Übereinkunft, an einem bestimmten Tag in der Zukunft an einem bestimmten Ort (einer Börse) zu einem heute vereinbarten Preis eine Währung zu kaufen oder zu verkaufen.

- Forward: Ist ähnlich wie ein Future mit dem Unterschied, daß der Preis der aktuell gültige Preis ist und daß der Kontrakt nicht an einer Börse gehandelt, sondern direkt mit einer bestimmten Finanzinstitution abgewickelt wird (im »Freiverkehr«).
- Option: Eine Währungsoption ist das Recht, aber nicht die Verpflichtung, eine Währung zu einem bestimmten Preis zu kaufen (»Call«) oder zu verkaufen (»Put«). Die Entwicklung der Optionsgeschäfte war möglich dank des theoretischen Durchbruchs der Professoren Robert Melton und Myron Scholes bei der Preisbildung für Optionen. Im Juni 1997 wurden sie dafür mit dem Nobelpreis ausgezeichnet.

Diese Instrumente sind die Bausteine, und ihre Kombination ermöglicht die Verschiebung vieler Risiken. Manche Kombinationen (»exotische« Kombinationen) können außerordentlich komplex aussehen.

Alle diese Instrumente gibt es auch für Waren und nicht nur für Währungen, aber das Volumen der Währungsderivate, besonders der im »Freiverkehr« gehandelten, stellt alle anderen entsprechenden Transaktionen in den Schatten.

59 Elsworth, Peter: »Money on the Move: How the World Financial Landscape has Changed«, in: *The New York Times,* 17. 2. 1999, S. A10.
60 Anruf von New York nach London wenige Wochen vor der Katastrophe. Wiedergegeben in der *Financial Times* vom 20. 9. 1996, S. 10, hier zitiert aus dem Buch von Gapper, John, und Denton, Nicholas: *All that Glitters,* London 1996.
61 Mayer, Martin: *The Bankers: The New Generation,* a. a. O., S. 324. Sein Argument lautet: »Die beste Illustration dafür ist der Absturz des S&P 500 Futures an der Produktenbörse von Chicago, wo man von 200 ehemaligen Taxifahrern, die sich nun an der Börse tummelten, erwartete, sie würden aktiv Portfolios retten, als sich am 19. 10. 1987 der Börsencrash ereignete.«
62 Die Angaben sind entnommen aus Elsworth, Peter C. T.: »The Path of Crisis«, in: *The New York Times,* 17. 2. 1999, S. A8.
63 Cassidy, John: »The New World Disorder«, in: *The New Yorker,* 26. 10. und 2. 11. 1998, S. 199 f.
64 »Hot Money«, in: *Business Week,* 20. 3. 1995, S. 46.
65 Edey, Malcolm, und Ketil Hviding: *An Assessment of Financial Reform in OECD Countries* (OECD-Arbeitspapiere Nr. 154), 1995.
66 Im Devisenhandel sind die Positionen immer gleichzeitig »long« bei einer Währung und »short« bei einer anderen. In unserem Beispiel könnten die Händler D-Mark oder Dollar kaufen (sie decken sich ein, ihre Position ist »long« im Jargon) und französische Franc verkaufen (sie verkaufen leer, ihre Position ist »short«).
67 Deane, Marjorie, und Pringle, Robert: *The Central Banks,* a. a. O., S. 178.
68 Soros, George: *The Alchemy of Finance: Reading the Mind of the Market,* London 1988, S. 69.
69 Kurtzman, Joel: *The Death of Money: How the Electronic Economy has destabilized the Worlds Markets and created Financial Chaos,* New York 1993.

70 Volcker, Paul, und Gyohten, Toyoo: *Changing Fortunes: The Worlds Money and the Threat to American Leadership,* New York 1992.
71 Carmine Rotondo, Devisenhändler bei der Security Pacific Bank, zitiert in Rowen, Hobart, »Wielding Jawbone to Protect the Dollar«, in: *Washington Post,* 15. 3. 1987, S. H-1.
72 Auszug aus dem Artikel von Gerth, Jeff, und Stevenson, Richard W.: »Poor Oversight Said to Imperil World Banking: Tide of Money is Seen as Continuous Threat«, in: *The New York Times,* 22. 12. 1997, S. 1.
73 Die Überschrift und die Informationen sind dem letzten Artikel einer aus vier doppelseitigen Beiträgen bestehenden Artikelserie entnommen, verfaßt von Nicholas D. Kristoff und mehreren Koautoren, erschienen in *The New York Times,* 16., 17., 18., 19. 2. 1999. Die vier Artikel geben einen in der amerikanischen Presselandschaft einmaligen Überblick über die Turbulenzen im Weltwährungssystem und ihre Auswirkungen auf den durchschnittlichen Bürger.
74 Quelle: *The New York Times,* 17. 2. 1999, S. A10.
75 Simmel, Georg: *Philosophie des Geldes,* Leipzig ²1907.
76 Galbraith, John Kenneth: *Geld. Woher es kommt, wohin es geht,* München 1976, S. 15.
77 Needleman, Jacob: *Money and the Meaning of Life,* New York 1994, S. 239.
78 Skidelsky, Robert: *John Maynard Keynes: The Economist as a Savior,* Bd. II, New York 1994, S. 312. Ebenfalls zitiert bei Lawrence S. Ritter (Hrsg.): *Money and Economic Activity,* Boston 1967, S. 33.
79 Keynes, John Maynard: *Vom Gelde,* Berlin 1983 (Nachdruck der 1. Aufl. 1931), London 1930, Kap. 1, S. 11.
80 Die volle Bedeutung der Beziehung zwischen Geld und den weiblichen Fruchtbarkeitsgöttinnen wird dargelegt in meinem Buch *Mysterium Geld* über die Psychologie des Geldes, das im Frühjahr 2000 erscheinen soll. Darin spüren wir der archetypischen Dimension der Währungssysteme nach.
81 Der Kongreßabgeordnete Bill Dannemeyer aus Südkalifornien schrieb an seinen Wahlkreis: »Es ist kein Zufall, daß das amerikanische Experiment mit einem Papierdollar-Standard, einem variablen Standard, zu einer Zeit begonnen wurde, in der wir uns fragen, ob die amerikanische Kultur auf der jüdisch-christlichen Ethik gründet oder auf einem weltlichen Humanismus. Zum Erstgenannten gehören formale Regeln, die uns von Gott durch die Bibel mitgeteilt werden. Zum Humanisten gehören variable Regeln, die Menschen festsetzen und ändern, wie es ihnen angemessen erscheint.« Zitiert bei Greider, William: *The Secrets of the Temple,* New York 1987, S. 230.
82 Ferguson, Sarah: »Star Trek: The Next Currency«, in: *Worldbusiness,* Frühling 1995, S. 14.
83 Zusammenfassung eines Vortrags von Joseph Campbell.
84 Greider, William: *The Secrets of the Temple,* a. a. O., S. 240.
85 Davies, Glyn: *A History of Money from Ancient Times to the Present Day,* Cardiff 1994, S. 27.
86 Proust, Marcel: *Die wiedergefundene Zeit,* Frankfurt 1984.

87 Buchan, James: *Frozen Desire: The Meaning of Money*, New York 1997, S. 19 f. Hervorhebung von mir.
88 Der Philosoph Georg Friedrich Wilhelm Hegel (1770 bis 1831) hat die Begriffe »Zeitgeist« und »Weltanschauung« interessanterweise parallel zu seinem Konzept des Nationalstaats entwickelt. Zum »Zeitgeist« gehören auch Einstellungen, die gerade modernen Ideen und die Kunstformen, durch welche die Einstellungen und Ideen zum Ausdruck gebracht werden.
89 Hegel hat das theoretische Konzept eines Nationalstaats entwickelt, der seiner Bevölkerung gehört, im Gegensatz zu einem einzelnen oder einer oligarchischen Gruppe gehörenden Lehnsherrschaften, die in der Geschichte bei König- und Kaiserreichen die Regel waren.
90 Handy, Charles: *The Empty Raincoat*, London 1995, S. 108.
91 Committee on the Working of the Monetary System: *Report*, London 1959, Paragraph 345, S. 117.
92 Jackson und McConnell: *Economics*, Sydney 1988.
93 Bitte beachten Sie, daß ich von »ausreichendem« Angebot spreche und nicht von »Überfluß«. Ökonomen werden – völlig zu Recht – darauf hinweisen, daß alles, was im Überfluß vorhanden ist (einschließlich Geld), als wertlos angesehen wird. Für ein ausreichendes Angebot gilt das nicht. Wechselseitige Kreditsysteme schaffen eine ausreichende Menge einer Währung, z. B. Zeit für Dienstleistungen, sie ist weder knapp noch im Überfluß vorhanden.
94 Die Geschichte vom elften Lederstück ist eine vereinfachte Darstellung für Nichtökonomen, bei der die Auswirkungen von Zinsen auf das Geldsystem beleuchtet werden. Um diese Variable zu isolieren, habe ich eine Gesellschaft ohne Wachstum angenommen: kein Bevölkerungswachstum, kein Wachstum der Produktion und der Geldmenge. In der Praxis wachsen diese drei Variablen im Laufe der Zeit natürlich an und verschleiern die Wirkung der Zinsen. Der springende Punkt bei der Geschichte ist der, daß – wenn alle anderen Faktoren gleichbleiben – die Konkurrenz, um das Geld zu bekommen, mit dem die Zinsen bezahlt werden können, dem Währungssystem strukturell inhärent ist.
95 Thuillier, P.: »Darwin chez les Samouraï«, in: *La Recherche*, Nr. 181, Paris 1986, S. 1276–1280. Siehe auch Eichelbeck, Reinhard: *Das Darwin-Komplott. Aufstieg und Fall eines pseudowissenschaftlichen Weltbildes*, München 1999.
96 Sahtouris, Elisabet: *Earth Dance: Living Systems in Evolution*, Alameda/CA 1996.
97 Kennedy, Margrit: *Geld ohne Zinsen und Inflation: Ein Tauschmittel, das jedem dient*, München 1988, S. 22, 38. Bei dieser Berechnung wird ein Goldpreis von 18 500 DM pro Kilo Gold angenommen, das war der Preis im Januar 1990, und das Gewicht der Erde, ausgedrückt in Kilogramm, ergibt die Zahl 5973 mit 24 Nullen dahinter. Berechnung bei Heinrich Haussmann: *Der Josefspfennig*, Fürth 1990.
98 Kennedy, Margrit: *Geld ohne Zinsen und Inflation*, a. a. O.
99 Quelle: Projekt »Responsible Wealth«, 37 Temple Place, Boston/MA 02111.
100 Meadows, Donella: »Wealthy stand up for greater equality«, in: *Bennington Banner*, November 1997.

101 Korten, David: »Money versus Wealth«, in: *YES! A Journal of Positive Futures*, Nr. 2, Frühling 1997, S. 14. Diese Nummer der Zeitschrift stützt sich auf eine Untersuchung von Sarah Anderson und John Cavanagh vom Institute for Policy Studies (1996).
102 Gates, Jeff: *The Ownership Solution*, Boulder 1998.
103 Dee Hock, Vorstand von VISA, 1968, zitiert bei Mayer, Martin: *The Bankers: The Next Generation*, a. a. O., S. 129.
104 *The Economist*, 28. 9. 1969: »Survey of the World Economy«, S. 3 f.
105 Schätzung von John Gage, leitendem Ingenieur bei Sun Microsystems. Seiner Ansicht nach ist die Zahl der SmartCards 1999 auf 600 Millionen angestiegen.
106 Quelle: Bell Northern Research.
107 von Tunzelman, G. N.: *Steam Power and British Industrialisation to 1860*, Oxford 1978.
108 »Survey of the World Economy«, in: *The Economist*, 28. 9. 1969, S. 10.
109 Cleveland, Harlan: »Fairness and the Information Revolution«, in: *Perspectives on Business and Global Change*, World Business Academy, Bd. 11, Nr. 2, 1997.
110 Cleveland, Harlan: *Leadership and the Information Revolution*, Minneapolis 1997; und ders.: *The Knowledge Executive: Leadership in an Information Society*, New York 1985.
111 Rheingold, Howard: *Virtual Reality and Virtual Community*, New York 1993.
112 Cleveland, Harlan: *Leadership and the Information Revolution*, a. a. O.; und ders.: *The Knowledge Executive*, a. a. O.
113 Rheingold, Howard: *Virtual Reality and Virtual Community*, a. a. O.
114 Nach Ted Hall, Direktor von McKinsey & Co., auf dem State of the World Forum, San Francisco, November 1997.
115 Cleveland, Harlan: *Leadership and the Information Revolution*, a. a. O.; und ders.: *The Knowledge Executive*, a. a. O.
116 Das Gesetz geht auf die Agrarökonomie zurück. Danach erzielt man, wenn man einem Stück Land Dünger oder Arbeit zuführt, mit jeder weiteren Tonne Dünger oder jeder zusätzlichen Arbeitsstunde weniger Gewinn als zuvor. Ab einem gewissen Punkt geht der Ertrag durch zuviel Dünger oder zuviel Arbeit zurück.
117 Arthur, Brian: »Increasing Returns and the Two Worlds of Business«, in: *Harvard Business Review*, Juli 1996.
118 Cleveland, Harlan: »Fairness and the Information Revolution«, in: *Perspectives on Business and Global Change*, World Business Academy, Bd. 11, Nr. 2, 1997 (Hervorhebungen im Original).
119 Frank, Robert, und Cook, Philip: *The Winner-Takes-All Society*, Free Press, o. J.; und der Artikel von Rosen, Sherwin: »The Economics of Superstars« aus dem Jahr 1981.
120 *Wired*, November 1997, S. 202.
121 Hilzenrat, David S.: »Change is Good, they Bet« und »Fewer Middlemen, Bigger Margin«, in: *The Washington Post*, 21. 10. 1997, S. 13.
122 Platt, Charles: »Digital Ink«, in: *Wired*, Mai 1997, S. 162–165.

123 Die »Print-on-demand«-(POD)Geräte gehören zur Zeit der Ingram Book Company, dem größten Buchgroßhändler in den USA. Mit POD sollten zunächst Bücher hergestellt werden, die vergriffen sind und nicht mehr gedruckt werden. Mehrere hundert Titel waren im Sommer 1998 bereits erhältlich. Optimisten sehen in POD eine Möglichkeit, vergriffene Bücher vor dem Vergessen zu bewahren. Pessimisten glauben, daß dadurch viele Bücher gar nicht mehr »normal hergestellt« werden.
124 Bei einer Versammlung in Washington, die vom Finanzministerium gesponsert wurde. Zitiert bei Mayer, Martin: *The Bankers: The Next Generation*, a. a. O.
125 The Forrester Report: *Money and Technology – Open Finance*, Bd. 2, Nr. 4, Dezember 1996, S. 3.
126 *Wired*, September 1997, S. 223.
127 Hoffer, Eric: *Reflections on the Human Condition*, aph. 32, o. O. 1973.
128 Das Zitat von Eliot stammt aus *The Rock*, das Zitat von Cleveland aus *The Knowledge Executive*, a. a. O., S. 22.
129 Michel de Montaigne (1533–1592).
130 Valéry, Paul: *Historical Fact*, o. O. 1932.
131 Schwartz, Peter: *The Art of the Long View*, New York 1996, S. 43.
132 Botkin, J., Elmandjira, M., und Malitza, M.: *No Limits to Learning: Bridging the Human Gap*, New York 1979.
133 Schwartz, Peter: »Foresee the Futures: The Art of the Long View«, in: *Soundview Executives Book Summaries*, Bd. 13, Nr. 8, Teil 2, August 1991, S. 1–3.
134 Sunter, Clem: *The World and South Africa in the 1990s* und *The High Road: Where are we Now?* Kapstadt 1996.
135 Schwartz, Peter: *The Art of the Long View*, a. a. O.
136 »SmartCards« sehen aus wie Kreditkarten, haben aber statt eines Magnetstreifens einen Computerchip zur Datenspeicherung. Damit lassen sich nicht nur mehr Informationen speichern, sondern die Daten auch direkt identifizieren oder verschlüsseln. In Deutschland werden SmartCards beispielsweise für die »Gesundheitskarten« der Krankenkassen verwendet.
137 Mit »Plaza Agreement« wird das Abkommen bezeichnet, das zwischen den Zentralbanken der G5 (USA, Japan, Deutschland, Großbritannien und Frankreich) 1985 im New Yorker Plaza Hotel getroffen wurde. Darin einigte man sich auf ein koordiniertes Vorgehen zur schrittweisen Wertsenkung des Dollars auf dem Weltmarkt. Das Abkommen markiert das Ende der amerikanischen Zurückhaltung auf dem Währungsmarkt.
138 Die Terminologie und Methodik der Szenarien stammt von Schwartz, Peter: *The Art of the Long View*, a. a. O.
139 Willis Harman: *Global Mind Change*, San Francisco 1998.
140 »Making Money on the Net«, in: *Business Week*, 23. 9. 1996, S. 104.
141 Stil des Szenarios und ein Teil seines Inhalts basiert auf zwei Artikeln: »Altered States« von Paul Rogers und »The Wild Frontier« von Peter Popham, beide in: *The Sunday Review* (Sonntagsbeilage von *The Independent*, 13. 10. 1996, S. 10–14. Einige Ideen stammen aus diesen Artikeln, der hier enthaltene Text um-

faßt jedoch erhebliche Ergänzungen und Unterschiede, mit denen die Autoren vielleicht nicht einverstanden sind, daher übernehme ich die volle Verantwortung für die Änderungen.
142 Im Cyberjargon des Jahres 2020 wird mit »Cybersphäre« der virtuelle Raum bezeichnet, in dem sich alle elektronischen Technologien – Zahlungssysteme, Telefon, Computer, Medien, Sicherheitssysteme, das Internet – zu einem einzigen nahtlosen System zusammenfügen.
Mit »Personal Security Clearance (PSC)« werden die Gebiete bezeichnet, zu denen eine bestimmte Person Zutritt hat – bestimmte Stadtviertel, Gebäude, Räume im Gebäude eines Unternehmens. Die Organisation erfolgt über ein Sicherheitssystem, das sich automatisch aktualisiert, wenn man eine Verabredung mit jemandem in einer Konzern-Enklave hat. Der Datenausweis wird automatisch gelesen, während man sich fortbewegt. Man kann seinen Weg ohne Unterbrechung fortsetzen – wenn man die entsprechenden Unbedenklichkeitsnachweise besitzt. Das PSC kontrolliert auch den Zugang zur Cybersphäre. Eine derartige Kontrolle wurde im Interesse der allgemeinen Sicherheit notwendig, da ein großer Teil der Gesellschaft – die nicht das Privileg einer Arbeitsstelle bei einem Konzern genießen – kriminell wurde und mit Gewalt für seinen Lebensunterhalt kämpft (das reicht vom altmodischen Straßenraub bis zur Entführung von Konzernmitgliedern, Cyberterrorismus, Erpressungen durch Störfälle usw.).
Über »Personal Economic Clearance (PEC)« wird die Kreditwürdigkeit des einzelnen bei den verschiedenen Unternehmenswährungen überprüft, die er oder sie verwendet. Ohne die entsprechende »wirtschaftliche Unbedenklichkeitsbescheinigung« wird einem der Zugang zu bestimmten Läden oder Einkaufszentren in der Stadt oder im Internet verwehrt (dort gibt es ohnehin nicht viel, was man sich mit einem niedrigen Kreditrahmen leisten könnte).
143 Handy, Charles: *Die Fortschrittsfalle: Der Zukunft neuen Sinn geben,* Wiesbaden 1995.
144 Postman, Neil: *Wir amüsieren uns zu Tode,* Frankfurt ⁷1987; und Gans, Herbert J.: *Deciding Whats News: A Study of CBS Evening News, NBC Nightly News, Newsweek and Time,* New York 1980.
145 Eine der besten Untersuchungen zu diesem Thema bietet Korten, David: *When Corporations Rule the World,* San Francisco 1996.
146 Greenspan, Alan: »Fostering Financial Innovations: The Role of Government«, in: *The Future of Money in the Information Age,* Washington 1997, S. 49 f.
147 *Wired,* September 1997, S. 287.
148 *Wired,* Februar 1999, S. 149.
149 Alle Angaben stammen aus *Wired,* Juli 1998, S. 86.
150 Quellen: OECD und *The Economist,* 22. 3. 1997, S. 143; und 21. 3. 1998, S. 135.
151 Sarah Anderson und John Cavanagh in einer Untersuchung für das Institute for Policy Studies (1996).
152 Hawken, Paul, zitiert bei Korten, David: *The Post-Corporate World: Life after Capitalism,* San Francisco 1999, Kap. 2, S. 8.

153 Zitiert in *A Matter of Fact*, Bd. 25, Juli/Dezember 1996.
154 Hacker, Andrew: *Money: Who Has How Much and Why*. New York 1997. Kap. 8, S. 105 ff.
155 Bureau of the Census: *Government Finances Series GF, No. 5*, various years; und: Bartlett, Donald, und Steele, James: *America: Who Really Pays Taxes?*
156 Zitiert nach Kaplan, Robert: »Was Democracy Just a Moment?«, in: *Atlantic Monthly*, Dezember 1997, S. 73.
157 Ebenda.
158 Zitiert nach Kaplan, Robert: a. a. O., S. 71.
159 Lempinen, Edward: »Journalists Probe Their Own Credibility Gap«, in: *San Francisco Chronicle*, 2. 8. 1998, S. A7.
160 Keohane, Robert, und Nye, Joseph: »States and the Information Revolution«, in: *Foreign Affairs*, September/Oktober 1998, Bd. 77, Nr. 5, S. 90.
161 Lempinen, Edward: »Journalists Probe Their Own Credibility Gap«, a. a. O.
162 Baker, Russ: »The Big Squeeze«, in: *Columbia Journalism Review*, Oktober 1997.
163 Barlett, Donald L., und Steele, James B.: »What Corporate Welfare Costs«, in: *Time*, 6. 11. 1998.
164 Alle Angaben ebenda.
165 Korten, David: *When Corporations Rule the World*, San Francisco 1996.
166 Gekürzte und veränderte Fassung des Szenarios aus Global Business Network über die »Generation X«, *Netview*, Bd. 7, Nr. 1, Winter 1996, S. 5 ff.
167 Mark, Ludwig: *Millennium: Gateway to a Cashless Society*, 1997; und: Yourdon, Edward und Jennifer: *Time Bomb 2000*, New York 1998.
168 Hearing am 30. 7. 1997, zitiert bei Yourdon, Edward und Jennifer: *Time Bomb 2000*, New York 1998, S. 123.
169 Verschiedene Variationen eines solchen Zusammenbruchs wurden beispielsweise von Joel Kurtzman oder George Soros vorhergesagt oder auch bei Judy Shelton: *Money Meltdown: Restoring Order to the Global Currency System*, New York 1994.
170 Die Schweiz ist mit dem Schweizer Franken, dessen Wert noch voll durch Gold gedeckt ist, das einzige Land, das zwar nicht offiziell dem IWF angehört, aber trotzdem einen Sitz in der sog. »10 + 1«-Gruppe der zehn wichtigsten Finanzländer und der Schweiz hat.
171 Für diejenigen, die ein ausführliches Szenario des Zusammenbruchs wollen: Ein möglicher Verlauf wäre aus heutiger Sicht folgender. Das japanische Bankensystem erleidet aufgrund von Fehlinvestitionen in heimische und amerikanische Immobilien und massiven Devisenverlusten bei Dollar-Rentendepots einen Verlust über insgesamt 1 Billion Dollar, der mit den Auswirkungen der Asienkrise von 1997 zusammentrifft. Sollten die japanischen Banken ernsthaft unter Druck geraten, müßten sie plötzlich Liquidität schaffen, was in der Praxis heißt, daß sie ihre amerikanischen Bonds verschleudern. Die Billionen Dollar im Eurodollarmarkt wären dann zu heiß, außerdem ist in so einem Fall keine Zentralbank verantwortlich (und hätte auch gar nicht die Macht, bei einer solchen Krise einzugreifen). Ein Preisverfall bei den US-

Schatzanleihen würde automatisch die Zinsen in den USA steigen lassen, was wiederum zu einem deutlichen Kursverfall an der Börse führen würde. Eine Panik an der Wall Street würde wie 1987 innerhalb eines Tages auf alle anderen Börsen übergreifen. Ein Zusammenbruch des Dollars wäre schlimmer als der Börsenkrach 1929, denn seine Auswirkungen wären weltweit zu spüren, außerdem wären fast alle Finanzinstrumente betroffen. Beim Börsenkrach 1929 z. B. brach nur der Aktienmarkt zusammen. Man hätte dem Crash entgehen können, indem man einfach seine Ersparnisse in US-Schatzanleihen angelegt hätte. Die meisten Rentenmärkte und das auf dem Goldstandard basierende Währungssystem gerieten zwar in den 30er Jahren unter starken Druck, hielten ihm aber größtenteils stand. Erst durch den Krieg ging die alte, auf dem Goldstandard basierende Finanzordnung zugrunde. Wenn der Dollar heute in Schwierigkeiten geriete, wäre das Währungssystem der schwächere Teil und würde zuerst nachgeben. Eine vorhersehbare und direkte Folge einer Währungskrise wäre eine Panik auf den Aktien- und Rentenmärkten.

172 Homebase: A regional Support Center for the Homelessness Policy and Programs: *10 Points,* San Francisco, Frühjahr 1989, S. 4.
173 AFDC-HAP ist die Abkürzung für »Aid to Families with Dependent Children – Homeless Assistance Programs« (Hilfe für Familien mit abhängigen Kindern – Unterstützung für Obdachlose).
174 Center for Common Concern: *A Homebase Report,* San Francisco, Jahresberichte 1989, 1993, 1994, 1996.
175 Waxman und Hinderliter: *A Status Report on Hunger and Homelessness in Americas Cities: 1996* (US Conference of Mayors, 1520 Eye St. NW, Suite 400, Washington, D.C., 2006–4005.
176 Als »bezahlbare Mieten« definiert man in den Staaten Mieten, die bis zu 30 Prozent des Bruttoverdienstes verschlingen. Die »marktübliche Miete« sind die Kosten für eine nicht staatlich geförderte Unterbringung.
177 Kaufman, Tracy: *Housing Americas Future: Children at Risk,* Washington, D.C., Low Income Housing Coalition 1996.
178 Childrens Defense Fund (CDF) und die National Coalition for the Homeless: *Welfare to What? Early Findings on Family Hardship and Well-Being,* Dezember 1998,http://www.childrensdefense.org/fairstart_welfare2what.html.
179 *The Quotable Woman,* London 1991.
180 Needleman, Jacob: *Money and the Meaning of Life,* New York 1991, S. 177.
181 Naisbitt, John: *Megatrends: Zehn Perspektiven, die unser Leben verändern werden,* Bayreuth ^{2}1984, S. 204.
182 Canfield, Jack, und Hansen, Mark Victor: *Hühnersuppe für die Seele: Geschichten, die das Herz erwärmen,* München 1996, S. 165.
183 Stichwort »Job«, in: *Etymologisches Wörterbuch des Deutschen, Berlin 1989.*
184 Stichwort »Arbeit«, in: ebenda.
185 Premiers Council on Health Strategy: *Nurturing Health: A Framework on the Determinants of Health,* Toronto 1991, S. 7.
186 Einen guten Überblick zu diesem Thema bietet Rifkin, Jeremy: *Das Ende der*

Arbeit und ihre Zukunft, Frankfurt 1995. Mehrere der genannten Beispiele stammen von ihm.
187 Die Zitate aus *Fortune* und dem *Wall Street Journal* stammen aus: *Netview (Global Business Network News),* Bd. 7, Nr. 1 (Winter 1996), S. 16 bzw. S. 9.
188 Angaben aus *The Economist,* 28. 9. 1996, S. 13.
189 Das Buch, das den Stein ins Rollen brachte: Hammer, Michael, und Champy, James: *Business Reengineering: Die Radikalkur für das Unternehmen,* Frankfurt 1994.
190 Zitiert in *The New York Leaders,* San Francisco, Mai/Juni 1996, S. 6.
191 Bridges, William: *Manager in eigener Sache: Wie man sich auf dem neuen Arbeitsmarkt durchsetzt,* München 1998.
192 Bericht von Melania Brian in *The Independent,* 15. 10. 1996.
193 Bridges, William: *Understanding Today's Job Shift,* Konferenz in San Francisco im April 1995.
194 Krugman, Paul: *The Accidental Theorist and other Dispatches from the Dismal Science,* New York, London 1998, vor allem Teil 1, »Jobs, Jobs, Jobs«.
195 Greider, William: *Endstation Globalisierung: Der Kapitalismus frißt seine Kinder,* München 1998; und Reich, Robert: *Die neue Weltwirtschaft: Das Ende der nationalen Ökonomie,* Frankfurt 1993.
196 Krugman, Paul: *The Accidental Theorist ...,* a. a. O.
197 Keynes, John Maynard: *Essay on Persuasion,* 1930.
198 Wiener, Norbert: *Mensch und Menschmaschine: Kybernetik und Gesellschaft,* Frankfurt/Berlin 1952, S. 172.
199 Machiavelli, Niccolò: *Politische Schriften,* Frankfurt 1990.
200 Die Fallbeispiele stammen von Jeremy Rifkins Artikel »African Americans and Automation«, in: *Utne Reader,* Nr. 69, Mai/Juni 1995, S. 68.
201 Nicholas Lehmann, zitiert in: ebenda.
202 Rifkin, Jeremy: *Das Ende der Arbeit und ihre Zukunft,* Frankfurt 1995.
203 Michael, Donald: *Automation: The Silent Conquest;* und ders.: *The Unprepared Society,* New York 1968; und Toffler, Alvin: *Der Zukunftsschock,* Bern 1970.
204 Zitat des Philosophen Pogo Possum.
205 Crandall, B. C.: *Nanotechnology: Molecular Speculations on Global Abundance,* Cambridge/Mass. 1996, S. 52.
206 Zitiert in: *YES! A Journal of Positive Futures,* Sonderausgabe zu Geld: »Print your Own«, Nr. 2, Frühjahr 1997, S. 12.
207 Es gibt einen hervorragenden Katalog, in dem auf über 300 Seiten mehrere tausend Beispiele für Notwährungen (Notgeld) aufgeführt sind: Mitchell, Ralph A., und Shafer, Neil: *Standard Catalogue of Depression Scrip of the United States in the 1930s including Canada and Mexico,* Iola, Wisconsin, 1984. Das Chase Manhattan Museum of Money of the World besitzt ebenfalls eine reichhaltige Sammlung dieser Währungen.
208 Johnson, Paul: *Modern Times: The World from the Twenties to the Eighties,* New York 1983, S. 134 f.
209 Zitiert in: Kennedy, Margrit: *Geld ohne Zinsen und Inflation,* München 1994 bzw.http://userpage.fu-berlin.de/roehrigw/kennedy/kap4.html.

210 U. a. Prof. Joachim Starbatty (Tübingen), Prof. Oswald Hahn (Nürnberg), Prof. Hans C. Binswanger (St. Gallen), Prof. Dietrich Suhr (Augsburg). Gesells Werk umfaßt 18 Bände: *Gesammelte Werke* (Hg. Werner Onken), München 1988 bis 1997, Reprint der Originalausgabe von 1891 bis 1928. Außerhalb Deutschlands ist Gesell kaum bekannt, nur sein Hauptwerk wurde unter dem Titel *Natural Economic Order* 1958 in Englisch veröffentlicht. Zu den Ausnahmen, die sich im Ausland mit Gesells Ideen befaßt haben, zählen T. Cowen, R. Krosner, William Darrity und Mario Seccareccia. Von ihnen erschienen neuere Publikationen zu Gesell.

211 Genaue Zahlen bei Whale, P. B.: *Joint-Stock Banking in Germany,* London 1930, 1968, S. 210.

212 Die Daten für die Grafik stammen von Fritz Schwarz: *Das Experiment von Wörgl,* Bern 1951, S. 15, und wurden teilweise korrigiert.

213 Bei der Grafik, die nach den Daten von Fritz Schwarz erstellt wurde, fehlen die Angaben zur Reichstagswahl vom 6. 11. 1932, bei der die NSDAP zwei Millionen Stimmen verlor und in eine tiefe Krise geriet. Nach den Wahlen vom 31. 7. 1932 hatte Hindenburg Hitlers Ernennung zum Reichskanzler abgelehnt, und Hitler lehnte eine Vizekanzlerschaft unter von Papen ab. Der Stimmenverlust war darauf zurückzuführen, daß sich viele Mitglieder und Wähler enttäuscht über Hitlers Einstellung des »Alles oder nichts« von ihm abwandten. Erst nach Hitlers Einigung mit von Papen ernannte Hindenburg unter dem Druck persönlicher Vertrauter, der Industrie, des Reichslandbundes und von Teilen der Reichswehrführung Hitler am 30. 1. 1933 zum Reichskanzler.

214 Quellen: Heimatmuseum in Wörgl; und Schwarz, Fritz: *Das Experiment von Wörgl,* a. a. O.

215 Unterguggenbergers Programm, 8. 1. 1934, Heimatmuseum in Wörgl.

216 Fisher, Irving: *Stamp Scrip,* New York 1933.

217 Mitchell, Ralph A., und Shafer, Neil: *Standard Catalogue of Depression Scrip of the United States,* a. a. O.

218 Schwarz, Fritz: *Das Experiment von Wörgl,* a. a. O., S. 14.

219 Titel der Schacht-Biographie von Mühlen, Norbert, Zürich 1938.

220 Anstelle der vollkommen entwerteten Papiermark (Verhältnis 1:1 Billion).

221 Schacht, Hjalmar: *Abrechnung mit Hitler,* Hamburg 1948, S. 29 ff.

222 Goebbels, Joseph: *Tagebücher 1945: Die letzten Aufzeichnungen,* Hamburg 1977.

223 Marsh, David: *Die Bundesbank: Geschäfte mit der Macht,* München 1992, S. 136.

224 Dodd, William, und Dodd, Martha: *Ambassador Dodds Diary 1933–38,* New York 1941, S. 176.

225 Ritter, Gerhard: *Carl Goerdeler und die deutsche Widerstandsbewegung,* Stuttgart 1954.

226 Marsh, David: *Die Bundesbank,* a. a. O., S. 146 f.

227 Als Quelle dienten meist Internet-Websites, vor allem: http://www.transaction.net/money/community. Dort finden sich Informationen von verschiedenen anderen Websites.

228 Linton, Michael, und Greco, Thomas: »The Local Employment and Trading System«, in: *Whole Earth Review*, Nr. 55, Sommer 1987. Einen der besten Überblicke zu technischen Fragen von LETS und anderen alternativen Währungen bietet Greco, Thomas: *New Money for Healthy Communities,* im Selbstverlag: Thomas Greco, P. O. Box 42663, Tucson, AR 85733, USA.
229 Beispiel aus Greco, Thomas: *New Money for Healthy Communities,* a. a. O., S. 92.
230 Mowat, Iain: *The Growing Trend Toward Local Exchange Trading Systems within Industrialised Nations,* Dissertation im Department of Economics an der University of Strathclyde, 1997 bis 1998, S. 3 f.
231 New Economic Foundation: »Community Works«, in: *New Economics Magazine,* Nr. 41, Frühjahr 1997.
232 Jackson, Mark: *Helping Ourselves: New Zealands Green Dollar Exchanges,* Bendigo: La Trobe University, P. O. Box 199, Bendigo, 3550 Victoria/Australia, 1996. Jacksons Arbeit ging interessanterweise aus dem ANZAC Fellowship Program hervor, einem Austauschprogramm zwischen Australien und Neuseeland für begabte Studenten, die von einer Forschungsarbeit im anderen Land profitieren könnten. Mark Jackson kann über E-Mail kontaktiert werden: 240102@basil.bendigo.latrobe.edu.au.
233 Suffrin, Claire, und Marc-Heber: *Appel aux Intelligences.* Die Beispiele für die Anwendung des Systems stammen von: Maison de l'Amitié, Allée du Nondeux, 5570 Beauraing, Belgien.
234 Quellen: *50 ans de Cercle Economique WIR (Schrift zum fünfzigjährigen Bestehen von WIR),* Oktober 1984; *Une entreprise de service et une banque pour le developpement economique des PME* (WIR-Veröffentlichung). Siehe auch Simon, E.: *Entstehung und Entwicklung des Schweizerischen Wirtschaftsringes* und Enz, P.: *Wie und Warum der WIR entstand.*
235 *WIR-Nachrichten,* Nr. 1, November 1934.
236 Ansprache von Werner Zimmermann, Herbstkonferenz 1954.
237 Douthwaite, Richard, und Diefenbacher, Hans: *Jenseits der Globalisierung: Handbuch für ein lokales Wirtschaften,* Mainz 1998.
238 *Washington Post,* 20. 5. 1991, S. A1; und *The Berkshire Record,* 26. 4. 1991, S. B1. Alle vier Experimente werden neben zahlreichen weiteren bei Thomas Greco erörtert: *New Money for Healthy Communities,* a. a. O.
239 Desmonde, William H.: *Magic, Myth and Money,* New York 1962, S. 25.
240 Bruce, Judith: *Families in Focus,* New York 1995; und Lewin, Tamar: »The Decay of Families is Global, Study Says«, in: *The New York Times,* 31. 5. 1995, S. A5.
241 Quelle: »The Family: Home Sweet Home«, in: *The Economist,* 9. 9. 1995, S. 26.
242 Bennet, William: *Index of Leading Cultural Indicators,* New York 1994.
243 Schaef, Anne Wilson: *Native Wisdom for White Minds: Daily Reflections Inspired by the Native Peoples of the World,* New York 1995, Betrachtung vom 6. 1., Hervorhebungen im Original.
244 Die anthropologische Literatur zu Gemeinschaften und der »Geschenkwirtschaft« ist sehr umfangreich. Die besten Werke zu Geschenkwirtschaften sind

m. E. die Klassiker von Mauss, Marcel, und Ritter, Henning: *Die Gabe: Form und Funktion des Austauschs in archaischen Gesellschaften,* Frankfurt 1990; und auf englisch: Hyde, Lewis: *The Gift: Imagination and the Erotic Life of Property,* New York ³1983; siehe auch Levi-Strauss, Claude: *Die elementaren Strukturen der Verwandtschaft,* Frankfurt 1993.

245 »Venerable Beads«, in: *Discover: The World of Science,* Oktober 1998, S. 26 ff.

246 Bhikku, Thanissaro: »The Economy of Gifts: An American Monk Looks at the Traditionalist Buddhist Economy«, in: *Tricycle: The Buddhist Review,* Winter 1996, S. 56, Hervorhebung des Autors.

247 Marshall, Lorna: »Sharing, Talking and Giving: Relief of Social Tensions Among the Kung Bushmen«, in: *Africa,* Journal of the International African Institute, 31, Nr. 3, Juli 1961, S. 231 ff.

248 Raymond Firth brauchte zur Erläuterung dieses Prozesses in 24 Schritten ein kompliziertes, ganzseitiges Diagramm. Firth, Raymond: »Marriage Gifts among the Tikopia«, in: *Primitive Polynesian Economy,* London 1939.

249 Malinowski, Bronislaw: *Argonauts of the Western Pacific,* London 1922.

250 Barnett, H. G.: »The Nature of Potlatch«, in: *American Anthropologist,* Bd. 40, Nr. 3, Juli–September 1938, S. 349 ff.

251 Hagstrom, Warren O.: *The Scientific Community,* New York 1965, S. 22.

252 Wilber, Ken: *Eros, Kosmos, Logos: Eine Vision an der Schwelle zum nächsten Jahrtausend,* Frankfurt 1996.

253 Interview mit Prof. Kind, erschienen im *Boston Globe,* 3. 11. 1980, S. 19.

254 Die Umfrage wurde 1995 von Paul Ray für American Lives Inc. durchgeführt. Sie ist die grundlegende Umfrage zum Wertewandel in Amerika.

255 *The Multinational Monitor,* April 1989.

256 Artikel von Lina Fina in: *The Washington Post,* 1. 2. 1996.

257 Verschiedene Quellen, darunter auch einige persönliche Interviews des Autors mit Beamten vor Ort bei einer Reise nach Curitiba 1996/97. Einige Berichte über Curitiba erschienen auch auf englisch, z. B. Rabinovitch, Jonas: »Curitiba: Toward Sustainable Urban Development«, in: *Environment and Urbanization,* Bd. 4, Nr. 2, Oktober 1992, S. 62 ff.; und Rabinovitch, Jonas, und Leitman, Josef: »Urban Planning in Curitiba«, in: *Scientific American,* März 1996, S. 46 ff.

258 In letzter Zeit wurde die Verteilung der Gutscheine größtenteils von privaten Unternehmen übernommen; Angestellte erhalten 50 Gutscheine pro Monat von ihrem Arbeitgeber. Gleichzeitig hat sich der Anteil an frischem Obst und Gemüse im Austausch für Müll erhöht. An Weihnachten werden außerdem traditionelle Gerichte gegen das »Müllgeld« eingetauscht.

259 Die Zahlen der Jahre 1993 bis 1995 stammen aus: *Indústria, Comércio e Turismo gesto Rafael Creca,* Dezember 1996. Die entsprechenden Wachstumsraten betragen 8,6 Prozent im Jahr für Curitiba, 6 Prozent für den Bundesstaat Paraná und 5 Prozent für Brasilien. Die Wachstumsraten pro Kopf betragen zwischen 1980 und 1995 277 Prozent für Curitiba, 190 Prozent für Paraná und 192 Prozent für Brasilien. Statistische Angaben aus *Informaciones Socioeconomicas,* her-

ausgegeben von der Prefeitura da Cidade Curitiba (1996), verglichen mit den brasilianischen Datenbanken von SACEN, IPARDES und SICT/ICPI.

260 Quelle: *A l'ecoute du Japon*, Brüssel, Informationsbulletin der japanischen Gesandtschaft für die Europäische Union, 3. 7. 1995, S. 7.

261 Zu den Quellen zählen persönliche Gespräche sowie *Commonweal Inc. Business Plan*, 18. 7. 1998; Hodroff, Joel: *Creating Jobs in a Decade of Downsizing: Introducing the Commonweal Currency Exchange Network*, 17. 3. 1995; Morris, David: *Institute for Self Reliance: Memorandum on C$D*, Washington 1995; Commonweal Inc. (Hg.): *Building Positive Futures for Youth and Communities*, Minneapolis 1998, P. O. Box 16299, Minneapolis MN 55416, USA.

262 Rheingold, Howard: *Virtuelle Gemeinschaft: Soziale Beziehungen im Zeitalter des Computers*, Bonn 1994; und Jones, Steve (Hg.): *Cybersociety*, Thousand Oaks 1995; und ders.: *Virtual Culture: Identity and Communication in Cybersociety*, London 1997.

263 *Business Week*, 5. 5. 1997, S. 80.

264 Überschrift der Einführung zu Rueff, Jacques: *The Age of Inflation*, Chicago 1964.

265 McKibben, Bill: »A Special Moment in History«, in: *Atlantic Monthly*, Mai 1998.

266 Schätzungen von Edouard Parker, vorgelegt von Sunter, Clem: *The High Road: Where are we Now?*, Kapstadt 1996.

267 BBC World Report, 24. 8. 1998.

268 Die genaue mathematische Formel für die Berechnung der Abzinsung mit einem Abzinsungsfaktor q zum Jahr n ist $1/(1+q)^n$. Die meisten finanzwissenschaftlichen Lehrbücher haben einen Anhang mit Abzinsungstabellen.

269 Korten, David: *When Corporations Rule the World*, San Francisco 1995, S. 208.

270 Z. B. Harmon, Elmer: *Commodity Reserve Currency*, New York 1959; Graham, Benjamin: *World Commodities and World Currency*, New York 1944; und *Storage and Stability*, New York 1937; Grondona, St. Clare: *Economic Stability is Attainable*, London 1975; Gondriaan, Ian: *How to Stop Deflation*, London 1932; Jevons, W. S.: *Money and the Mechanism of Exchange*, 1875.

271 Keynes, John Maynard: *Allgemeine Theorie der Beschäftigung, des Zinses und des Geldes*, Berlin ³1966, S. 196.

272 Ebenda, S. 300.

273 Suhr, Dieter: *Capitalism at Its Best: The Equalisation of Moneys Marginal Costs and Benefits*, Augsburg 1989.

274 Die bemerkenswerte Geschichte des ägyptischen Währungssystems wird ausführlich in meinem Buch *Mysterium Geld* diskutiert. Die beste Quelle dazu ist Preisigke, Friedrich: *Girowesen im griechischen Ägypten enthaltend Korngiro, Geldgiro, Girobanknotariat mit Einschluß des Archivwesens*, Straßburg 1910.

275 Siehe dazu mein Buch *Mysterium Geld*, in dem ausführlich zwei historische Vorläufer von Währungen mit Liegegeld und deren Auswirkungen auf die Gesellschaft und den wirtschaftlichen Wohlstand behandelt werden: Ägypten und das Hochmittelalter (10. bis 13. Jahrhundert). Es wird aufgezeigt, daß es einen Zusammenhang zwischen der Währung und dem außergewöhnlichen Wohl-

stand im Hochmittelalter gab, das deshalb manchmal auch als »erste europäische Renaissance« und als das »Zeitalter der Kathedralen« bezeichnet wird.

276 Hogart, W. P., und Pearce, I. F.: *The Incredible Eurodollar*, London 1982, S. 130f.
277 Krugman, Paul: »The Return of Depression Economics«, in: *Foreign Affairs*, Januar/Februar 1999, S. 42 ff.
278 Tibbs, Harding: »Sustainability«, in: *Deeper News*, Januar 1999, S. 29.
279 Die ersten sieben der insgesamt neun Intelligenzformen wurden bereits von Howard Gardner im Rahmen des Projekts Zero in Harvard identifiziert und in seinem Buch *Abschied vom IQ: Die Rahmentheorie der vielfachen Intelligenzen* dokumentiert (Stuttgart 1991).
280 Tibbs, Harding: »Report for the Global Business Network, Sustainability«, in: *Deeper News*, Bd. 3, Nr. 1, Januar 1999, S. 5.
281 World Commission on the Environment and Development: *Our Common Future*, Oxford 1989, S. 200.
282 Daly, Herman E., und Cobb, John B.: *For the Common Good: Redirecting the Economy toward Community, the Environment and a Sustainable Future*, Boston 1989.
283 Ehrlich, Paul R., u. a.: *Ecoscience: Population, Resources, Environment*, San Francisco 1977.
284 Zitiert bei Flemons, Douglas G.: *Completing Distinctions*, Boston und London 1991, S. 112.
285 Ebenda, S. 32.
286 *Lexikon der östlichen Weisheitslehren*, Bern, München, Wien, ^{2}1986, S. 212 f.
287 Laotse: *Tao te king*, München 1989, S. 41.
288 Eine Abhandlung dieser Ideen in der Sprache der Theorie des westlichen Systems liegt von Yongming Tang vor. Tang, Yongming: »Fostering Transformation through Differences: the Synergic Inquiry (SI) Framework«, in: *Revision* (Sonderausgabe zu transformativem Lernen), Bd. 20, Nr. 1, Sommer 1997, S. 15 ff.
289 Tarnas, Richard: *Idee und Leidenschaft: Die Wege des westlichen Denkens*, München 1999, S. 495.
290 Meadows, Donella, u. a.: *Die neuen Grenzen des Wachstums: Die Lage der Menschheit: Bedrohung und Zukunftschancen*, Stuttgart 1992.
291 Tibbs, Harding: »Sustainability«, in: *Deeper News*, Bd. 3, Nr. 1, Januar 1999.
292 Ebenda, S. 39, Hervorhebung im Original.
293 Ray, Paul und Anderson, Sherry Ruth: *The Cultural Creatives*, New York 1999; und dies.: *The Integral Culture Survey: A Study of the Emergence of Transformational Value in America*, Forschungsbericht, finanziell unterstützt vom Fetzer Institute und dem Institute of Noetic Sciences, 1996.
294 Elgin, Duane, und LeDrew, Coleen: *Global Paradigm Change: Is a Shift Underway?*, State of the World Forum, 2. bis 6. 10. 1996, San Francisco 1996, S. 20.
295 Eisenberg, David, M. D., u. a.: *The New England Journal of Medicine*, Nr. 328, 28. 1. 1993, S. 246 ff.
296 Langone, John: »Alternative Therapies Challenging the Mainstream«, in: *Time*, Sonderheft Herbst 1996, S. 40.

297 Internationaler Währungsfonds: *International Financial Statistics*, Bd. 47/7, Washington, Juli 1994, S. 8.
298 Cassidy, John: »The New World Disorder«, in: *The New Yorker*, 26. 10. und 2. 11. 1998, S. 199 f.
299 Titel eines Buches von John Kenneth Galbraith über die neue Gesellschaft, die wir geschaffen haben.
300 Waldrop, Mitchell: »The Trillion-Dollar Vision of Dee Hock«, in: *Fast Company*, Oktober/November 1996.
301 Furness, William Henry: *The Island of Stone Money: Uap and the Carolines*, Philadelphia und London 1910, S. 93, 96 ff.
302 Friedman, Milton: *Geld regiert die Welt: Neue Provokationen vom Vordenker der modernen Wirtschaftspolitik*, Düsseldorf 1992, S. 18 f.
303 Durrance, Bonnie: »The Evolutionary Vision of Dee Hock: From Chaos to Chaords«, in: *Training and Development*, April 1997, S. 26.
304 Huddle, Norie: *Butterfly: A Tiny Tale of Great Transformation*, New York 1990.
305 Greenspan, Alan: »Fostering Financial Innovation: The Role of Government«, in: *The Future of Money in the Information Age*, Washington 1997, S. 48.
306 Quelle: *Forrester Research*, als Grundlage dienten Interviews mit verschiedenen Vorstandsvorsitzenden.
307 Schätzungen der International Reciprocal Trade Association.
308 Kapitel 5 und 6 bieten zahlreiche Beispiele für diesen Prozeß, der Ende des 20. Jahrhunderts bereits in Gange ist.
309 Riemann Verlag, München 2000.
310 Interview im New Dimension Radio.

Bildnachweis

Seite 39: Maurice Cardon © VG Bild-Kunst, Bonn 1999
Seite 80: William Bramhall
Seite 112: © Hirmer Fotoarchiv München
Seite 119: © The British Museum, London
Seite 151: © Vance Rodewalt/Calgary Herald
Seite 155: © The New Yorker Collection 1998, Victoria Roberts/Cartoonbank.com
Seite 233: Peanuts ® © United Features Syndicate 1991
Seite 237: © John Grimes (www.grimescartoons.com)
Seite 243: ©Dennis Pritchard/Ottawa Citizen 1999
Seite 313: Gary Larson © Universal Press Syndicate 1985
Seite 364: Bob Thaves © Newspaper Enterprises Association, Inc.
Seite 409: William Hamilton © The New Yorker Collection 1997, William Hamilton/cartonbank.com

Über den Autor

Bernard Lietaer hatte über 25 Jahre verschiedene Positionen im Geld- und Finanzwesen inne, die sich üblicherweise eher ausschließen: Er war Zentralbankier und professioneller Währungsspekulant, Berater sowohl von multinationalen Konzernen als auch von Regierungen in Entwicklungsländern, er war Universitätsprofessor und Präsident eines elektronischen Zahlungssystems.

In seiner Führungsfunktion in der Belgischen Zentralbank zeichnete er verantwortlich für die Einführung des ECU, des Konvergenzmechanismus, der zur europäischen Einheitswährung führte. 1990, als der Geschäftsführer und Währungshändler des erfolgreichsten Offshore-Währungsfonds war, erhob ihn *Business Week* zum Welt-Top-Währungshändler. Über zwölf Jahre war er Berater multinationaler Konzerne in vier Kontinenten und wechselte dann die Seite, indem er die Entwicklungsländer Lateinamerikas bei der Optimierung ihrer Devisengeschäfte beriet. Er war Professor für internationales Finanzwesen und Präsident des umfassendsten und kosteneffektivsten elektronischen Zahlungssystems der Welt.

Seine siebte Buchveröffentlichung, *Das Geld der Zukunft*, entstand während eines Forschungsauftrags am Institute for Sustainable Resources an der Universität Berkeley und einer Gastprofessur an der Sonoma State University in Kalifornien.

Derzeit wird eine internationale Fernsehserie produziert, die auf den Ideen von Bernard Lietaers *Das Geld der Zukunft* und dem folgenden Buch *Mysterium Geld* aufbaut.

Weitere Informationen über *Das Geld der Zukunft* erhalten Sie in deutscher Sprache auf der Website www.futuremoney.de.

Direkten Kontakt für Fragen und Antworten bietet in Englisch die »Money Conference« unter www.transaction.net/money/.